KB194646

Seelenzauber
영혼의 건축가들

영혼의 건축가들
정신분석학의 세기

초판 1쇄 인쇄일 2025년 4월 8일   초판 1쇄 발행일 2025년 4월 15일

지은이 슈테베 아얀 | 옮긴이 이신철
펴낸이 박재환 | 편집 유은재 신기원 | 마케팅 박용민 | 관리 조영란
펴낸곳 에코리브르 | 주소 서울시 마포구 동교로15길 34 3층(04003) | 전화 702-2530 | 팩스 702-2532
이메일 ecolivres@hanmail.net | 블로그 http://blog.naver.com/ecolivres | 인스타그램 @ecolivres_official
출판등록 2001년 5월 7일 제2001-000092호
종이 세종페이퍼 | 인쇄·제본 상지사 P&B

ISBN 978-89-6263-307-8 03180

책값은 뒤표지에 있습니다.   잘못된 책은 구입한 곳에서 바꿔드립니다.

영혼의
건축가들

정신분석학의 세기

슈테베 아얀 지음 | 이신철 옮김

에코리브르

훌륭한 영혼의 에리카에게

"나는 가장 평화로운 신조를 지닌다.

······아니, 우리는 우리의 적을 용서해야 한다.

하지만 *그가* 교수형에 처해질 때까지는 아직 이르다."

-지크문트 프로이트, 하인리히 하이네(Heinrich Heine)를 인용해

~~~~~~~~

"심리치료의 창시자들 모두는 자신의 책에서

자신이 겪은 문제만을 해결하려고 시도했다."

-빅토르 프랑클

차례

무의식

늦게 온 손님

작은 키의 한 남자가 길을 따라 서둘러 걸어간다. 그는 모자를 깊이 눌러쓰고 안경은 비에 젖은 채 발걸음을 재촉해 어떤 집 모퉁이를 돌아간다. 보슬비는 내리고, 그는 모임에 늦었다. 모임은 매주 수요일 저녁 8시 반에 시작되고, 주최자는 누군가가 너무 늦게 오는 것을 좋아하지 않는다. 회중시계를 꺼내본다. 벌써 긴바늘이 6에 가까워지고 있다! 다행히 그는 거의 다 왔다.

날씨와 빠듯한 시간을 고려해, 그는 전차를 타고 레오폴트슈타트를 떠나서 도나우 운하를 거쳐 쇼텐토어 방향으로 향했다. 거기서부터 그는 걸어서 보티프 교회를 지나 베링거슈트라세를 따라 다음다음 모퉁이까지 계속 가야 했다. 이제 그는 '언덕 위에' 있다. 길 아래쪽 끝에서는 19번 도로의 밝은색 성문 아치가 빛난다.

짧고 가파른 내리막길이 있다. 미끄러운 포장도로에서 넘어지지 않아야 한다! 건물 입구에서 그의 눈길은 흐릿해진 게시문으로 향한다. "코르셋 회의(Miederversammlung)"……?! 아, 세입자(Mieter)! 그는 고개를 흔든다. 생각의 흐름은 얼마나 빨리 성적인 것을 향해 가는가! 가장 사소한 생각 배후에 실제로는, 그가 지금 만나러 가는 동료가 정신의 추동력으로 보는 리비도가 숨어 있지 않을까? 어쩌면 이것은 그가 말하듯 그야말로 터무니없는 소리일 수도 있다. 아니면 바로 이것이야말로 우리가 가장 내적인 곳에서 자신을 움직이는 것을 억압하려고 애쓴다는 점을 증명하는 걸까?

얼음장같이 차가운 저녁 바람이 벌써 겨울이 왔음을 알린다. 몇 안 되는 행인들만이 우산 아래 몸을 숨긴 채 서둘러 길을 걸어간다. 지금 19번지 입구에서 초인종을 울리는 이 남자는 30대 초반의 의사, 정확히 말하면 안과 의사로 매주 생각을 교환하는 모임에서 가장 젊은 참여자다. 그를 모임에 초대한 프로이트 박사는 이미 쉰을 바라본다. 거기서는 좀더 젊은 사람이 처음부터 끝까지 자신의 견해를 삼가는 것이 당연한 일이다. 특히 그와 달리 프로이트는 많은 것을 확신하고 있는 듯 보이기 때문에 더 그렇다. 늦게 온 손님은 의견 차이가 상당하리라는 것을 감지한다. 뭔가 독자적인 것, 위대한 것이 그 안에서 작용하고 있다. 다만 그는 그것이 무엇인지 아직 알지 못한다.

서두르는 발걸음에 상기된 이 남자는 호흡을 몇 차례 깊이 가다듬는다. 그리고 나서 삐걱거리는 소리와 함께 문이 열린다. 안으로 들어설 때 그는 이 문을 통해 재미있고 새로운 시대로 들어가는 듯한 기분을 느낀다.

~~~~~~~

1902년이 저물어가고, 오스트리아·헝가리 제국의 위풍당당한 수도 빈은 활기를 띠고 있다. 몇 년 전부터 끊임없이 건물 공사가 계속됐다. 특히 레오폴트슈타트의 운하 동쪽 거리는 예를 들어 보헤미아, 모라비아, 부코비나, 트란실바니아 같은 합스부르크 왕국 곳곳에서 새로 도착한 사람들로 붐빈다. 매주 수백 명의 사람들이 가난과 박해를 피해, 더 나은 삶을 찾아 도나우강 주변 대도시로 몰려들고 그 가운데 많은 이가 유대인이다. 우리의 손님이 태어나기 1년 전인 1869년 인구 조사에서 빈의 인구는 약 60만 명으로, 이 중 4만 명의 유대인은 대부분 왕국 동부에서 온 사람들이었다.[1] 그 이후 30년 동안 인구는 세 배 증가했다. 곧 200만 명에 도달할 것이다.[2]

산업화는 오스트리아를 뒤늦게 사로잡았지만, 격렬히 타오르고 있다. 빈은 호경기다. 공장, 상업, 행정, 신문사, 법원, 대학 등 어디서나 노동력을 구하려 애쓴다. 도시 풍경도 아주 빠르게 변하고 있다. 중세의 성벽이 허물어지고 넓은 번화가인 링슈트라세로 바뀐 이후 중심부는 거의 알아볼 수 없다. 오페라 극장과 의회 건물, 새로운 시청과 부르크 극장, 대학과 분리파 전시관, 어딜 봐도 오스트리아의 중요성에 대한 증거가 하늘 높이 솟아 있다. 호프부르크 왕궁, 헬덴 광장, 쇤브룬 궁전은 말할 것도 없다.

레오폴트슈타트의 프라터 공원 주변 같은 다른 지역에는 임대 주택들이 생겨나고 있다. 수많은 노동자, 일용직 근로자, 미숙련 일꾼과 가족을 위한 저렴한 숙소다. 여기에 사람들이 빽빽이 모여 산다. 많은 사람이 자기 집을 마련할 수 없고 낮에는 다른 이에게 자기 잠자리를 넘겨준다. 그들은 자신과 자녀의 생계를 꾸리기 위해 열네 시간이나 열여섯 시간 동안 뼈 빠지게 일한다. 위생 상태는 비참하고 질병과 전염병이 만연하다.

그사이에 프란츠 요제프(Franz Joseph)의 통치는 55년째에 접어들었다. 도나우 왕국의 고답적인 의전은 화려한 외관의 그늘에서 삶의 속도가 빨라지는 박자보다 시대에 뒤처진 것으로 보인다. 1873년 세계 박람회 이후 빈에는 가로등, 전신국, 전차 선로 등 수많은 혁신이 도입됐다. 최근에는 보이지 않는 손에 이끌리듯, 거리에 꼬리를 물고 질주하는 차량이 점점 더 많이 등장하고 있다. 발전과 창의성에 어떤 한계도 없는 것처럼 보이고, 그에 상응해 미래에 대한 기대도 크다.

그러나 새로움은 황금시대를 향해 나아가는 중이라는 희망과 더불어 아주 큰 당혹감도 숨기고 있다. 많은 사람이 너무나 빠른 변화에 유린당한다고 느끼고 과도한 자극과 신경과민의 불안감에 시달린다. 불안과 의기소침이 혼합된 신경 쇠약, 여성에게 널리 퍼져 있는 히스테리 같은 유행병이 돌아다닌다. 이는 나중에 사람들이 '빈 모더니즘'이라고 부르게 되는 이 시대의 질병들이다.

빈은 용광로이자 실험의 장이다. 여기서 예술·철학·과학 분야의 아방가르드들은 썩어 문드러진 것으로 감지되는 전통과 단절하는, 새로운 형식의 사고와 표현을 시험한다. 이 모든 다양성에도 불구하고 자기 결정이라는 하나의 비전이 혁신가들을 하나로 만든다. 강제와 박해로부터의 자유, 또한 각각의 고유한 가능성에 따라 자신을 창안할 수 있는 자유가 그것이다. 출신과 운명 대신 의지와 활동력이 개인의 몫을 결정하고, 재능과 야망이 그에게 합당한 삶을 보장해야 한다. 귀족은 계속 오페라 무도회를 즐기고 프롤레타리아는 생존을 위해 싸우겠지만, 발전을 추구하는 시민 계급은 자신들의 가치 척도를 개발한다. 찰스 다윈(Charles Darwin)에 따르면 자연을 지배하는 유능한 자의 법칙은 마침내 사회에서도 관철돼야 한다. 모든 사람은 자기 행운의 대장장이다. 이 생각은 새로운 시대의 회전축인 동시에 핵심이 된다.

오래된 것이 흔들릴 때, 어떤 이들은 그것을 더욱더 확고히 붙잡는다. 삶의 근대적 변화에 압도당한 보수주의자와 회의주의자들은 희생양을 찾는다. 모든 것이 있는 그대로 유지되도록 그들이 맞서 싸울 수 있는 누군가를 말이다. 이 희생양은 빠르게 발견됐다. 수 세기 전부터 똑같았기 때문이다. 바로 유대인이다. 자유주의적인 빈에서도 경제가 내리막길을 걸을 때마다 반유대주의가 거듭 부풀어 오른다. 1873년 여름, 젊은 지크문트 프로이트(Sigmund Freud)가 대학 진학을 준비하던 때를 예로 들 수 있다. 주로 독일 투자자들의 투기 거품으로 인해 빈 주식 시장이 갑자기 붕괴한다. 수많은 투자자가 돈을 잃고 기업들이 파산한다. 주식 시장이 무너진 것은 유대인 탓이라고 알려진다. 그들이 폭락으로 누구보다 많은 돈을 잃었다는 사실은 상황을 전혀 변화시키지 못한다.

지금까지 유대인들은 빈에서 다른 곳에서보다 훨씬 쉽게 사회적 사다리를 오를 수 있었다. 여기서는 그들이 부동산을 취득하고 행정 관리 경력을 쌓는 일이 가능했다. 1890년 무렵 이 도시의 의사·변호사·교사·공무원 중 절반 정도가 유대인이었는데, 인구 대비 유대인 비율은 10퍼센트에 훨씬 못 미쳤다. 심지어 동화되거나 그리스도교로 개종한 많은 유대인도 반유대주의적 원한을 품고 있었다. 유대 출신은 낙인처럼 여겨지고, 유대적 존재는 거짓되고 사악한 것으로 간주된다. 늦게 온 우리의 손님도 어느 정도는 실용적인 고려에서 개신교도가 되려고 생각하고 있다. 비유대인은 대학이나 종합 병원에서 보수가 좋은 일자리를 얻을 기회가 더 많기 때문이다.[3]

1900년 직후 이 격변의 시대에 빈에는 "풍요로운 관념의 눈보라"가 휘몰아친다.⁴ 활동적이고 창조적인 엘리트가 이 도시에 모여든다. 그 가운데는 화가 에곤 실레(Egon Schiele)와 구스타프 클림트(Gustav Klimt), 시인 후고 폰 호프만슈탈(Hugo von Hofmannsthal)과 아르투어 슈니츨러(Arthur Schnitzler)와 헤르만 바르(Hermann Bahr), 작곡가 아널드 쇤베르크(Arnold Schönberg)와 구스타프 말러(Gustav Mahler), 건축가 오토 바그너(Otto Wagner)와 아돌프 로스(Adolf Loos), 그리고 평론가 카를 크라우스(Karl Kraus)와 살롱의 암사자 루 안드레아스살로메(Lou Andreas-Salomé)가 있었다. 그들은 편협함과 공허한 화려함을 경멸하고, 일반적인 이성과 진보의 파토스에 반기를 든다. 죽음과 에로스가 그들의 주제다.

"합리성의 외관 뒤에 전혀 다른 뭔가가 숨어 있다는 것을 …… 19세기 후반의 예술적이고 지적인 아방가르드는 다 결론지어진 사태로 간주했다."⁵ 개인이 자기를 펼치려면 먼저 영혼에서 관능적 쾌락과 폭력에 지배되는, 어두운 미지의 영역을 정복해야 한다. 인간은 자신의 주인이 되기 위해 내적인 악마, 자기의 무의식을 제어해야만 한다. 현관에서 자기의 젖은 코트를 가정부에게 건네는 젊은 알프레트 아들러(Alfred Adler)도 이 점을 전혀 의심하지 않는다.

그렇게 20세기 초, 빈에서는 참으로 획기적인 정신의 변화가 시작된다. 그리고 매주 수요일 저녁 제9구역의 베르크가세 19번지에서 모이는 이 모임의 회원들은 자신들을 이 운동의 선봉으로 여긴다.

~~~~~~

중이층까지는 몇 계단만 올라가면 된다. 새로 도착한 젊은이는 잠시 김이 서린 안경을 닦고 이마의 땀을 훔친 뒤 이미 다른 사람들이 앉아 있는 대기실로 들어간다. 그리고 담배를 피운다. 빌헬름 슈테켈(Wilhelm Stekel)은 평소처럼 흠잡을 데 없는 차림새에 스스럼없는 표정으로 그곳에 있다. 여유 있어 보이는 막스 카하네(Max Kahane)와 내향적인 루돌프 라이틀러(Rudolf Reitler)도 출석했다. 방의 다른 쪽 끝에는 집주인이 베란다를 등지고 권좌에 앉아 있다. 그는 아들러에게 호의적으로 고개를 끄덕인다.

낮이면 프로이트의 환자들은 여기서 커다란 창문을 통해 안마당의 밤나무를 바라본다. 주최자는 꿈에 관한 책의 성공이 지금까지 기대한 대로 실현되지 않았음에도 불구하고 자기의 진료실은 만족스럽게 운영되고 있다고 설명한다. 겨우 이삼백 권이 팔렸고, 비평은 한 손으로 셀 수 있을 정도다.[6] 하지만 사람들이 그를 무시하고 거부하는 것은 놀랄 일이 아니다. 무의식의 힘과 그 추동력인─그러나 인간을 무엇보다 병들게 하는 억압된 성적 욕망의 작용인─리비도는 사람들에게 으스스하게 여겨질 것이고, 아무도 그것에 대해 뭔가를 알고 싶어 하지 않는다. 하지만 이해하지 못하는 사람들이 고개를 가로저을 때마다 자신이 심오한 진리를 밝혀냈다는 프로이트의 확신은 커진다.

알프레트 아들러는 또 다른 이유에서도 이 자리에 잘 왔다고 느낀다. 그와 성이 같은 빅토르 아들러(Victor Adler)─이 사람과 그는 친척도 인척도 아니다─가 바로 이 주소지에서 아내와 함께 소박한 단층 건물에 살았기 때문이다. 이 빅토르 아들러도 의사였으며 가난한 사람들을 위한 진료소를 운영했다. 1889년 그는 뜻을 같이하는 몇몇 사람과 함께 오스트리아 사회민주노동당을 창당했는데, 이 당에서 안과 의사인 알프레트 아들러도 활동하고 있다. 프롤레타리아트의 해방은 시간문제일 뿐이며, 마찬가지로 미래가 사회주의에 속한다는 것도 확실하다. 과연 이 것이 정신분석에도 적용될지는 여전히 미지수다.

1880년대 말, 빅토르 아들러의 집이 철거되고 그 자리에 5층짜리 시민 주택이 지어진다. 1891년 9월에 신경과 의사 지크문트 프로이트가 아내 마르타와 어린 딸 마틸데 그리고 아들 장마르틴, 올리버와 함께 이사해 여기에 정주한다. 1895년까지 또 다른 세 명의 아이 에른스트, 소피, 아나가 뒤따른다.

그사이에 막내둥이 아나는 벌써 일곱 번째인 생일을 곧 맞이한다. 프로이트 가족의 거처는 진료실 한 층 위인 중간층에 있다. 아침과 정오 그리고 마지막 환자가 나가고 서신 처리가 끝나는 늦은 저녁, 프로이트는 항상 계단이 있는 집에서 두 층을 오르내린다. 그런 식으로 일과 사생활이 분리되면서도 가까이 이웃해 있다.

아들러는 프로이트를 3년 전부터 알았지만, 그에 대해 속속들이 잘 알지는 못한다. 줄담배를 피우는 의사―그는 쿠바 시가를 가장 좋아하지만, 대개 값싼 트라부코에 만족한다―, 거기에 더해 남쪽으로 여행할 때 자주 가져오는 골동품의 정통한 수집가. 그의 치료실은 진료실이라기보다는 오히려 박물관처럼 보인다.

프로이트의 목소리는 따뜻하고 판단력은 단호하다. 그럼에도 그의 거동에서는 거의 다가설 수 없을 정도로 거리감이 느껴진다. 그는 아이러니한 어조로 말하기를 즐기지만, 비판과 반대 자체는 잘 견디지 못한다. 그리고 그런 경우 그는 치료에 나선다! 프로이트는 자기의 환자, 주로 지위가 높은 여성들의 이야기를 일주일에 몇 시간씩 듣고 그들의 말을 해석하는 것 말고는 아무것도 하지 않는다. 환자들은 중요하지 않아도, 아무리 고통스러울 것 같더라도 자기에게 떠오르는 모든 것을 전

사진 1 심리학사에서 가장 유명한 가구: 빈에 있는 프로이트의 환자용 소파.

혀 거르지 않고 끊임없이 말해야 한다. 프로이트는 이를 '자유 연상'이라고 부른다. 여기서 그는 여성들을 언젠가 한 환자가 그에게 준, 쿠션과 담요로 덮인 긴 의자에 눕힌다. 아들러는 자기 자리에서 열린 문을 통해 어두운 태피스트리 앞의 가구 모서리를 훔쳐본다.

솔직한 이야기는 뭘 위해서일까? 프로이트는 솔직하게 얘기하는 과정에서 드러나는 생각과 연상을 통해 파묻혀 있던 기억이 드러난다고 생각한다. 이런 기억의 억압은 불안, 강박, 히스테리의 원인이다. 프로이트는 인정받지 못한 욕망과 정서를 환자의 의식으로 끌어올림으로써, 환자에게 치유에 이르는 길을 제시한다. 프로이트는 의사라기보다 영혼의 무덤방으로 내려가는 고고학자다.

하지만 그의 방법이 성공한 것이 그가 옳았음을 증명한다. 대도시의 분망함과 부유층 인맥은 프로이트에게 그와 가족이 넉넉히 살 수 있을 만큼 고객을 데려다준다. 특히 히스테리 환자들은 설명할 수 없는 통증, 기억 및 언어 장애, 경련과 마비 증상을 호소하며 그를 찾는다. 히스테리는 신경 쇠약과 더불어 그 시대의 악이다. 히스테리는 거의 여성에게만 엄습하며, 그런 까닭에 휘스테라(hystéra, 그리스어로 자궁을 뜻한다)가 그 명명에 영향을 줬다. 다만 정확히 무엇이 이 신비한 착란을 불러일으키는지는 지금까지도 수수께끼다.

아들러는 1895년에 프로이트가 동료 요제프 브로이어(Josef Breuer)와 출판한 《히스테리 연구》에 자기가 얼마나 매혹당했는지 기억한다. 이 책에서 두 사람은 자신들의 진료실에서 새로운 치료 기법을 사용한 몇 가지 사례를 기술한다. 프로이트와 브로이어는 결정적 결과로부터 히스테리 환자가 대부분 회상으로 인해 고통받는다는 결론을 끌어낸다. 요컨대 의식해서는 안 될 정도로 압박을 가하거나 불쾌한 기억은 정신의 접근하기 어려운 부분에서 꿈틀거리다가 마침내 증상으로 나타난다는 것이다. 치료하기 위해서는 기억의 파편을 밝혀내고 이를 올바르게 해석할 줄 알아야 한다. 그리고 나서 환자가 행동을 통해 꽉 죄인 정서를 해소할 수 있으면 고통이 사라진다. 프로이트와 브로이어는 이를 카타르시스라고 부른다.

《히스테리 연구》이후 만 4년이 지난 1899년 말, 더 많은 치료를 경험한 프로이트는 후속 연구를 내놨다. 11월 8일 《꿈의 해석》이 라이프치히의 도이티케(Deuticke) 출판사에서, 제목에 미래를 가리키는 숫자 '1900'을 붙이고 출간됐다. 이 작품은 어떤 사람들에게는 계시고, 다른 사람들에게는 부당한 요구였다. 하지만 이 책이 어떤 폭발력을 지니는지 아직은 아무도 예감하지 못한다.

소명 대신 직업

1902년 말의 비 내리는 그날 저녁, 프로이트의 진료실에 모인 다섯 명의 신사 가운데 아무도 혁명을 기대하지 않는다. 하지만 프로이트가 정신분석이라고 부르는 그의 치료법은[7] 사람들의 자기 이해를 뒤흔들고 자신과 타인을 대하는 방식을 근본적으로 변화시킬 것이다. 정신분석의 핵심 사상은 의식적으로 체험한 모든 것이 더 깊고 숨겨진 의미를 지닌다는 것이다. 감정·생각·기억·욕망, 심지어 실수·불안·아픔 같은 영혼의 모든 움직임은 다른 것을 가리키며 말해야 할 뭔가를 품고 있다. 억압의 가면 뒤에 하나의 진실이 수수께끼가 풀리길 기다린다는 것은 새로운 무의식의 심리학에서 지배적인 이야기가 된다.

이 진동의 진원지는 말소리와 담배 연기로 가득 찬 베르크가세 19번지, 프로이트 박사의 대기실이다. 수요 모임의 첫날 저녁 주제는 적절하게도 흡연으로 선택됐다. 방 안은 지독한 공기가 지배한다. 마르틴으로 불리는 프로이트의 장남은 몇 년 후, 그런 모임 가운데 하나가 끝난 늦은 밤 언젠가 그 방에 들어와 사람들이 어떻게 그런 공기 속에서 숨 쉬고 생각할 수 있는지 궁금해하던 기억을 떠올린다.

손님을 위한 시가가 준비돼 있고, 집주인 자신은 이제 심장 때문에 파이프만 쓴다. 그 대신 그는 그만큼 더 자주 피운다. "그렇게 많이 흡연하는 사람은 거의 본 적이 없어요"라고 슈테켈은 말한다. 이 신경과 전문의는 1900년 초 신문에서 《꿈의 해석》에 대한 논평을 읽은 후 프로이트와 접촉했다. 프로이트에게 그의 생각을 소개하기 위한 대화 모임을 만들자고 제안한 것도 슈테켈이었다. 저널리즘에 있어 생산적인 슈테켈은 곧바로 초기 정신분석학의 비공식 홍보 요원이 된다. 첫 모임 다음 날 아침 이미 그는 프로이트의 집에서 전날 저녁에 있었던 일에 대한 보고서를 작성한다. 이 보고서는 〈흡연에 관한 대화〉라는 제목으로 1903년 1월 28일 〈프라거 타크블라트(Prager Tagblatt)〉에 게재된다.

슈테켈의 통속적인 보고에서 각 참여자는 가명을 달고 있다. 그 자신은 "불안한 사람", 아들러는 "사회주의자"이고, 빈 종합 병원 시절 프로이트의 전 동료이던 카하네는 "편안한 사람"이라는 별명을 얻으며, 라이틀러는 "말 없는 사람"이다. "대가"도 잊어서는 안 된다. 그들은 사고력과 창의력을 높이는 담배의 자극적 효과에 대해 신속히 이야기한다. 슈테켈은 자기가 문필가로서 최초로 시도한 때는 담배를 피우기 시작한 시기와 정확히 일치한다고 기억한다. 카하네는 "그건 흡연이 자기비판의 기반을 파괴한다는 나의 가정을 증명할 뿐이죠"라고 놀린다. 이에 대해 프로이트는 "재치 있지만 악의적이네요"라고 말한다. "그리고 틀렸죠!" 하고 슈테켈이 반격한다.

프로이트는 시가가 자기에게 일종의 가벼운 마취, "신경의 쾌감"을 가져다준다고 고백한다. 그는 하루에 스무 개비까지 담배를 피운다. 왜냐하면 그는 항상 "입술 사이에 따뜻한 뭔가"가 필요하기 때문이다. 남근 같은 형태, 아이가 어머니의 젖가슴을 빠는 것에 대한 연상 등이 언급됐다는 것을 슈테켈은 숨겼다. 어떻게 그가 그런 것에 관해 공개적으로 신문에 쓸 수 있었겠는가? 오직 "사회주의자"만이 "흡연은 많은 경우 친밀한 성적 관계와 관련된다"는 발언과 함께 인용된다. 그러나 이의 제기에 대해서는 대답이 나오지 않고, 참석자 가운데 누구도 첫날 저녁에 모임을 고백의 장으로 만들려고 하지 않는다.

계속되는 만남의 틀을 마련하기 위해 프로이트는 다음과 같이 절차를 확정한다. 매주 수요일 모임은 발표로 시작하고, 이어서 과자를 곁들여 커피를 마신 후 흡연으로 넘어가며, 그렇게 하는 가운데 모두가 돌아가면서 발표한 내용에 대한 의견을 나눈다. 프로이트는 항상 모두가 헤어지기 전에 맺음말을 마련해둔다. 그런 경우 때때로 이야기의 필요에 따라 자정 이후에야 헤어진다.

그러나 곧 보게 될 것처럼 슈테켈은 진실을 그리 정확하게 다루지 않는다. 그가 모임에서 제시하는 자신의 치료법 일부를 적합해보이는 대로 왜곡한다는 의혹이 동료들 사이에서 떠오른다. 어쩌면 그는 완전히 꾸며내는 것인지도 모른다. 왜냐하면 이 신경과 전문의는 누군가가 흥미로운 증세를 이야기하자마자 다음과 같이 말하기 때문이다. "바로 오늘 아침에 저는 정확히 그런 환자를 만났는데요……." 슈테켈의 '수요일 환자'는 전설이 된다.

이 모든 것에서 프로이트는 그 권위를 전혀 침해받지 않는 자비로운 대부로 등장한다. 그는 손님들에게 자신이 치료하는 직업을 마지못해 갖게 됐다고는 고백하지 않았을 것이다. 그는 "난 의사라는 지위와 활동에 특별한 애정을 느끼지 않았고, 더욱이 나중에도 그랬다"고 거의 20년 후 자서전에 썼다.[8] 원래 그는 대학에서 성공해 연구자가 되고 싶어 했다. 신경병리학, 즉 뇌 조직의 병리적 변화가 그의 전공 분야였다. 하지만 중요한 발견으로 돌파구를 마련하려는 시도는 전부 실패로 돌아갔다. 그리고 경쟁은 잦아들지 않았다.

19세기 말, 빈 대학은 여러 거장을 불러 모은다. 그중에서도 특히 정신물리학자이자 철학자인 에른스트 마흐(Ernst Mach), 동물학자 카를 클라우스(Carl Claus, 시험을 치르고 난 프로이트는 이 사람을 위해 생식 기관을 찾으려고 수백 마리의 강 뱀장어를 해부한다), 해부학자 헤르만 노트나겔(Hermann Nothnagel), 뇌 연구자 테오도어 마이네르트(Theodor Meynert)가 이곳에서 가르친다. 프로이트는 1881년 3월 말 박사 학위를 취득한 후 처음에는 마이네르트, 그다음에는 프로이센의 학자이자 카리스마 넘치는 생리학 교수인 에른스트 빌헬름 폰 브뤼케(Ernst Wilhelm von Brücke)의 조교로 일한다. 그는 현미경으로 사고 기관의 세포를 더 잘 볼 수 있게 하는 염색 기법을 연구한다. 하지만 다른 사람들이 그를 앞지른다.

그 후 1884년 프로이트는 코카나무의 알칼로이드가 지닌 행복감 효과를 실험한다. 그는 다름슈타트의 메르크 사에서 주문한 이 물질을 섭취하고는 감격에 겨워한다! 그는 몇 그램을 약혼녀 마르타 베르나이스에게 함부르크행 우편으로 보내 무조건 먹어보라고 권한다. 프로이트의 우울함이 날리듯 떨어져나갔다. 마르타의 어머니가 딸을 데리고 먼 함부르크로 이사한 후 그는 참으로 우울한 기분이 될 만도 했다. 분명 어머니는 그렇게 함으로써 가난한 모라비아 출신 양모 상인의 아들인 무일푼 의사와 딸의 관계를 끊어내고자 했을 것이다. 그런 사람과 함께한다면 마르타가 어떻게 될까? 그는 어머니가 장녀를 위해 염두에 둔 짝이 아니었을 것이다.

프로이트는 기적의 묘약 코카인에 관한 논문을 서둘러 쓰고 약혼녀를 다시 만나기 위해 반츠베크로 떠난다. 몇 주 후 돌아오는 길에 깨달았듯 그는 다시 한번 기회를 놓쳤다. 그의 동료 카를 콜러(Carl Koller)는 학술 논문을 쓰는 대신 코카인의 실제적 유용성을 찾았고, 눈 수술을 할 때 코카인을 국소 마취제로 사용할 수 있음을 발견했다. 그때까지 환자들은 전신 마취를 하면 일어나는 통제 불능의 경련 때문에 의식이 완전히 깨어 있는 상태에서 수술을 견뎌야 했다. 콜러는 환자들의 울부짖음을 감당할 수 없었다. 그래서 그는 한 가지 아이디어를 떠올렸다. 코카인 용액 몇 방울을 눈에 떨어뜨리자 곧바로 눈이 통증에 무감각해졌다. 이렇게 해서 환자의 가장 끔찍한 고통이 사라질 수 있었다.

브뤼케는 제자 프로이트의 양식에 호소한다. 프로이트에게 재정적 도움을 준, 14년 선배인 친구 요제프 브로이어도 학문적 경력이 물론 불가능하지는 않겠지만 거의 있을 법하지 않다고 설명한다. 그는 오직 자신의 진료실을 가진 개업의로서만 곧 가정을 꾸릴 만큼의 수입을 올릴 수 있을 것이다. 서른 살의 프로이트는 무조건 그렇게 하기로 한다. 그는 사랑에 푹 빠져 있었기 때문이다.

~~~~~~~~

이 프로이트는 어떤 사람인가? 확실히 단순한 사람은 아니다. 분명 그는 모순으로 가득 찬 초기 정신분석가 공동체에서도 가장 모순적인 인물일 것이다. 프로이트는 유쾌한 동시에 성마른 인물이다. 그는 정신에 관한 자기 가정의 과학성을 견지하지만, 보통 종교적 공동체만이 요구하듯 그것이 진리라고 주장하기도 한다. 프로이트는 혹독한 반유대주의를 체험하면서도 자신을 실제보다 더 고립된 존재로 내보인다. 그는 병적 욕망과 그것을 치료하는 방법에 대해 글을 쓰고 니코틴에 심각하게 의존하며, 아마 도박에도 심하게 중독된 것 같다(그가 사랑하는 타로 게임을 하지 않고 지나가는 날은 거의 하루도 없다). 그는 정상적인 정신생활과 병적인 것의 분리를 폐기하지만, 변절한 제자들을 '신경증적' 또는 '항문기 고착적'이라고 신랄하게 비난한다. 그는 정신적 고통을 숨겨진 트라우마의 결과로 간주하지만, 사회 개혁을 향한 어떤 종류의 의지도 품지 않는다. 반대로 그에 따르면 정신 장치가 따르는 쾌락 원리는 문명화된 공존에 대한 요구, 즉 현실 원리와 필연적으로 충돌한다. 그의 치료법은 카타르시스 효과가 있지만, 프로이트의 말대로라면 "신경증적 비참함을 일상적 고통"으로 전환하는 것일 뿐이다. 그가 나중에 그것을 "무어인 씻기기(Mohrenwäsche: 헛수고—옮긴이)"라고 부른 사실은 치료에 대한 그의 낙관주의가 보잘것없었음을 증명한다.

지크문트는 어린 시절부터 아버지, 즉 오늘날 프리보르가 된 모라비아 프라이베르크 출신의 불운한 양모 상인 야코프 프로이트와 갈등을 겪는다. 지크문트는 아버지에 대한 존경과 경멸 사이에서 흔들리는데, 아버지는 아들이 열두 살 때 다음과 같은 일을 이야기해준다. 그가 프라이베르크에서 거리를 걷고 있는데 갑자기 한 반유대주의자가 그의 모자를 쳐 머리에서 떨어뜨렸다. "이 유대인, 보도에서 내려와!" 그 남자가 소리쳤다. 하지만 아버지는 맞서 싸우는 대신 말없이 모자를 집어들고 갈 길을 갔다. 어린 프로이트는 그런 비겁함에 깜짝 놀랐다.

1896년 야코프 프로이트가 사망했을 때 지크문트는 장례식에 빠진다. 지크문트가 연구에 몰두하는 동안 병든 아버지를 돌보던 누이들의 성화에 못 이겨 그는 장례식 후의 식사에 뒤늦게 나타난다. 프로이트의 사유에서는 자신의 아버지를 (알지 못한 채) 죽이고 어머니와 결혼한 고대 그리스의 오이디푸스 이야기도 전기적 이유로 메아리친다. 시간이 지나면서 그는 심리학 전체를 고대 신화 위에 수립한다.

1856년 5월 6일 프라이베르크에서 태어난 지기스문트 슐로모 프로이트는 아이 때부터 이미 특유했다. 그는 엄청나게 읽었고 김나지움에서 몇 년간 학급 수석이었다. 배움에 대한 열의는 그의 타협하지 않는 성격에 뒤지지 않는다. 그래서 그는 이미 청소년 시절에 자기 이름을 줄여 지크문트라고 부르며, 가족은 유대교 의식을 행하지만 자신은 종교에 관심이 없다고 결정한다. 나중에 그는 약혼녀 마르타에게 보낸 수백 통의 편지 가운데 하나에서 자신은 "확실히 폭압적 성향"이 있다고 고백한다.[9]

지크문트가 네 살 때 야코프는 섬유 교역에 종사하기 위해 스무 살 연하의 두 번째 부인 아말리아(그러나 여러 자료에 따르면 그는 세 번째 부인이다)와 함께 라이프치히로 이주한다. 하지만 그는 거주권을 얻지 못한다. 가족은 다른 많은 유대인처럼 빈의 레오폴트슈타트에 정착한다. 지크문트는 일곱 남매 가운데 장남이다. 그에게는 다섯 명의 여동생과 1866년에 막내로 태어난 어린 동생 알렉산더가 있다. 지크문트보다 1년 반 후에 태어난 율리우스는 어릴 때 사망한다. 장남은 일찍부터 특별한 지위를 차지한다. 부모가 그의 재능을 알아보고 가족을 유복하게 해주기를 바랐기 때문이다. 지크문트는 프로이트 가족이 사는 집에서 방해받지 않고 공부할 수 있는 자기 방을 가진 유일한 아이였다. 책을 읽는 동안 누이의 피아노 연주가 지크문트를 방해하자 그 악기는 곧바로 집에서 치워졌다. 1867년 여름 프라터 공원을 방문했을 때 한 점쟁이는 소년이 언젠가 궁정에서 경력을 쌓게 될 거라고 예언한다. 부모는 이를 만족스럽게 받아들이고 주의를 기울인다. 그들은 공무원으로서의 경력, 아마 장관직까지도 떠올렸을 것이다.

그러나 고등학교 졸업 시험을 치른 후 열일곱 살의 그는 의학을 공부한다. 요한 볼프강 폰 괴테(Johann Wolfgang von Goethe)가 쓴 것으로 알려진 글 〈자연〉에 관해 강의를 들은 후 그는 법률가가 되겠다는 애초 계획에서 벗어난다. 프로이트는 아르투어 쇼펜하우어(Arthur Schopenhauer)와 프리드리히 니체(Friedrich Nietzsche)를 집중적으로 토론하는 독서 클럽에 가입한다. 이 모임의 회원 대부분은 유대교 신앙에 소원해졌고 자신을 이방인으로 느낀다. 프로이트도 이 시기를 회고하면서 다음과 같이 쓰고 있다. "1873년에 입학한 대학은 처음 얼마 동안 내게 뚜렷한 실망을 안겨주었다. 무엇보다 자신을 열등하고 민족에 속하지 못하는 자로 느껴야 한다는 강박관념이 나를 사로잡았다. 내가 유대인이었기 때문이다."[10]

어린 시절 친구들과 주고받은 서신이 분명히 보여주듯 학생 프로이트는 자기 판단에 자부심이 있고 야심이 가득하며 조롱하는 듯하고 가혹하다. 원한을 잊지 않는 그의 천성도 눈에 띈다. 그는 자신이 당한 모욕을 망각하지 못한다. 그런 까닭에 그를 실망시킨 사람들과의 관계는 대개 영구적으로 끊어진다. 프로이트의 야망은 아버지의 사업 실패 이후 가족이 한동안 가난하게 살았다는 사실로 인해 더욱 커진다.

지크문트에게는 여섯 명의 형제자매 외에도 야코프가 첫 번째 결혼에서 낳은 두 명의 이복형제가 있다. 그 가운데 한 명인 이마누엘은 지크문트의 어머니 아말리아보다 나이가 더 많고, 다른 한 명인 필리프는 지크문트에 따르면 아버지보다 어머니를 훨씬 더 닮았다. 이복형제는 1860년대 중반에 맨체스터로 이주한다. 지크문트는 1875년에 그들을 방문한다.

그는 1882년 봄에 마르타 베르나이스를 처음 만난다. 마르타는 스무 살이고, 그는 다섯 살 연상이다. 두 사람은 이미 6월에 약혼했다. 이제 그는 가능한 한 빨리 안정적 수입이 필요하다. 연구자로서의 경력에 대한 꿈과 자신의 두 발로 서고 싶은 욕망 사이에서 선택의 기로에 놓인 프로이트는 후자를 택하고 신경과 의사로 개업한다. 1886년 4월 25일, 그는 링슈트라세에서 가까운 라트하우스슈트라세 7번지에 진료소를 연다. 처음 며칠 동안 그는 자기 누이들이 대기실에서 자리를 지키도록 해 진료소 주인이 마치 수요가 많은 의사인 것처럼 보이게 한다. 그리해서 마침내 길이 열린다. 9월 13일, 지크문트와 마르타는 이 시점에 마르타가 여전히 살고 있던 함부르크 반츠베크의 시청에서 결혼식을 올린다. 발트해에서 신혼여행을 마치고 빈으로 돌아온 프로이트는 링슈트라세 북쪽에서 더 좋은 진료소 공간을 찾는다.

불타버린 극장 자리에 지어진 여기, 이른바 쥔하우스(Sühnhaus)에서 1887년 첫 아이 마틸데가 태어난다. 이어서 1889년에 장마르틴이 출생한다. 1891년 9월 마르타가 세 번째로 임신하고, 가족은 베르크가세로 이사한다. 프로이트는 그 후 47년 동안, 그러니까 1938년 여름 나치를 피해 도망칠 때까지 이곳에서 살면서 일하고 글을 쓴다. 그의 삶은 겉보기에는 같은 모양으로 진행된다. 그는 대개 9월을 여행으로 보내며, 한 해의 나머지는 식사와 휴식을 위해 정해진 시간에만 중단하는 진료와 처방, 서신 교환, 집필 노동의 변함없는 리듬으로 특징지어진다. 프로이트의 삶에서 모든 모험은 그의 서재와 치료실 안 환자들과의 대화를 통해 전개된다.

프로이트는 강박적인 일꾼이자—그는 거의 매일 우선 긴 편지를 쓰는데, 이런 서신은 시간이 지남에 따라 약 2만 통에 달하게 된다—가족의 가부장이다. 그는 마르타가 안겨준 아이들의 이름을 스스로 고르겠다고 고집한다. 결국 자녀는 아들 셋에 딸 셋이 된다. 첫째 마틸데의 이

프로이트 가족

사진 2　20대 초반의 지크문트가 어머니 아말리아
뒤에서 자매들과 다른 친척들에게 둘러싸여 있다.

사진 3　아버지 야코프와 열 살의 지크문트.

름은 존경하는 친구의 아내인 마틸데 브로이어의 이름을, 장마르틴, 줄
여서 마르틴은 프로이트가 1885년 겨울부터 1886년까지 5개월 동안 공
부한 파리의 스승 장마르탱 샤르코(Jean-Martin Charcot)의 이름을 따서
짓는다. 올리버는 유대인에게 종교의 자유를 부여한 영국 혁명가 올리

버 크롬웰(Oliver Cromwell)의 이름을, 에른스트는 프로이트의 스승 폰 브 뤼케의 이름을 받았다. 1893년과 1895년에 태어난 딸 소피와 아나는 각각 프로이트의 후원자 요제프 파네트(Josef Paneth)의 아내 이름과 그 가 가장 좋아하는 누이의 이름을 얻는다.

~~~~~~

1902년, 프로이트가 정신분석이라고 부르는 '그의 일'은 아직 초기 단 계에 있다. 순식간의 몰락도 눈부시게 빠른 상승도, 모든 것이 가능해 보인다. 첫 번째 수요 모임이 있기 약 6개월 전인 3월 3일, 최초로 괜 찮은 성과가 있었다. 프로이트는 의사로 활동하려고 학문적 경력을 포 기한 지 16년 만에 빈 대학교의 원외교수로 임명받는다. 그는 베를린에 있는 친구 빌헬름 플리스(Wilhelm Fließ)에게 장난스러운 편지를 보낸다. "사람들의 관심이 대단하네. 마치 폐하께서 갑자기 성의 역할을 공식적 으로 인정하시거나 한 것처럼, 꿈의 중요성이 각료 회의에서 확인되고 히스테리에 대한 정신분석적 치료의 필요성이 의회에서 3분의 2 다수 결로 통과되거나 한 것처럼 축하와 꽃 선물이 쏟아지고 있다네."[11]

이제부터 그의 추종자층은 꾸준히 증가한다. 네 번째 또는 다섯 번 째 수요 모임에 대한 슈테켈의 또 다른 기록이 존재한다. 그 기록은 첫 번째 모임에 참여한 네 명의 제자—아들러, 카하네, 라이틀러 그리고 슈테켈 자신—외에도 두 명의 다른 손님, 즉 음악비평가 다비트 바흐 (David Bach)로 짐작되는 "온건한 이"와 "저술가"를 묘사하고 있다. "저술 가" 뒤에는 우리가 불안에 지배당하는 아이에 대한 프로이트의 첫 번째 사례 기록에서 어린 한스의 아버지로 다시 만나게 될 막스 그라프(Max

Graf)가 숨어 있을 것이다. 뒤이어 몇 년 동안 다른 의사들이 많이 방문하지만, 숙련된 금속공 오토 랑크(Otto Rank), 변호사 한스 작스(Hanns Sachs), 출판인 후고 헬러(Hugo Heller) 등 비의료인도 모임에 참석한다. 이렇게 '프로이트주의자'의 견고한 핵심이 형성된다.

1907년 3월 초, 몇 년 전부터 프로이트와 서신을 교환해온 스위스 출신의 젊은 정신의학자 카를 구스타프 융(Carl Gustav Jung)이 마침내 모습을 드러낸다. 국제적으로 잘 알려진 취리히 부르크횔츨리 정신 병원의 유명한 연구원이면서 유대인이 아닌 융은 이 운동의 견인차가 되기에 이상적인 인물로 보인다. 프로이트는 그에게 큰 기대를 걸었고, 융을 자신의 황태자로 여긴다는 사실을 숨기지 않았다. 그래서 이런 명예에 대한 희망을 품고 있던 사람들의 불만을 산다.

1908년 프로이트는 베르크가세 19번지에서 자기 집 맞은편의 위층으로 진료실을 옮긴다. 수요 모임은 같은 해 4월 8일부터 '빈 정신분석학회'로 불리게 되며 시내 중심가의 카페 코르브(Korb)에서 만난다. 아들러나 슈테켈과 달리 프로이트는 카페를 즐겨 찾는 사람이 아니지만, 그의 진료실에서는 어떻게 해도 더 이상 이 모임을 위한 자리를 마련할수 없다.

1910년, 프로이트는 드디어 국제 학회를 설립하고자 한다. 융은 프로이트의 총독으로 뽑히며, 뉘른베르크에서 열린 제2차 정신분석학 대회에서 새로운 국제정신분석학회의 종신 회장으로 선출된다. 여기에 더해 프로이트는 그에게 자기 운동의 공식 저널인 〈중앙지〉의 편집을 맡기려고 한다. 하지만 아들러와 슈테켈은 이 계획에 반발한다. 그들은 융이 프로이트의 오른팔로서 출판물에 관해 결정할 때 은밀하게 검열할 것을 우려한다. 결국 타협이 이뤄진다. 융은 임기가 정해진 회장이 되고, 그

대신 아들러는 슈테켈을 대리인으로 해 빈 그룹의 지도자가 된다.

하지만 프로이트가 용서할 수 없는 한 가지가 있다면 그것은 바로 자기 권위에 대한 저항이다. 아들러와 슈테켈에 대한 그의 분노는 2년 동안 계속 타오르며, 결국 그는 두 사람을 잇달아 직위에서 해임한다. 1913년에는 '황태자' 융도 이전에 빌헬름 플리스와 요제프 브로이어와 의 우정이 깨진 것과 마찬가지로 내쫓겼다. 융은 다른 친한 의사들처럼 정신분석학의 도그마에서 벗어나 자기 길로 너무 멀리 나아갔다. 그렇 지만 프로이트는 다른 사람들에게서 잘못을 찾아낸다. 그는 이견을 용 서하지 않으며, 오로지 자신에게 충실한 사람들만 주위에 용납한다. 화 해하지 못하는 경향은 그의 삶을 통해 붉은 실처럼 이어진다.

1911년에 융의 이전 환자 한 명이 정신분석학자가 되고 싶어 빈의 프로이트를 만나러 갈 때 융은 그에게 조언한다. "위대한 스승이자 랍 비로서 그를 만나면 일이 잘될 거예요."[12] 젊은 사비나 슈필라인(Sabina Spielrein)은 수요 모임에서 생겨난 정신분석학회의 회합에 여러 번 참석 한 후, 대부에게 원래는 당연히 그래야 한다는 듯이 "그렇게 악의 있어 보이지 않네요"라는 말로 인사를 건넨다.[13] 프로이트는 그 말을 유머러 스하게 받아들인다. 결국 빈정대는 측면 공격은 여성에게서 나온다.

1899년 《꿈의 해석》이 출간된 지 10년이 채 지나지 않아 국제적으로 행동하는 조직과 일찍이 들어본 적 없는 심리학이 형성됐을 뿐만 아니 라, 프로이트가 엄격한 손짓으로 지휘하는 문화의 새로운 흐름이 생겨 났다. 그는 인간의 내면을 움직이는 것과 몸과 마음, 뇌와 정신의 관계 에 대한 전례 없는 관점을 선전한다. 이를 이해하기 위해 우리는 젊은 의사 프로이트가 빈 종합 병원에서 일한, 그의 의료 경력 첫 단계를 짧 게 살펴보고자 한다. 거기서 그의 아이디어가 시작됐다.

고통의 원천에 대하여

1880년대 초 어느 늦은 저녁, 생리학과 실험실에는 여전히 불이 켜져 있다. 한 연구 조교가 자기 프레파라트(현미경으로 관찰하기 위해 만든 생물체나 광물 표본—옮긴이)를 만들고 있다. 그는 주의 깊게 사람의 뇌를 매우 얇은 조각으로 잘라낸다. 오로지 이를 위해 설계된, 섬세한 기계 장치인 마이크로톰은 마치 치즈 덩어리를 저미듯 조직을 한 조각씩 잘라낸다. 조교는 이 일에 빠르게 익숙해졌고 심지어 손가락은 어느 정도 숙련됐다. 하지만 뇌 피질의 구성 요소인 뉴런을 현미경으로 볼 수 있도록 섬세한 표본에 색을 입히려는 시도는 성공을 거두지 못한다. 때론 염색이 너무 강하고, 때론 너무 희미하다. 때론 그 절차가 조직을 공격하고, 때론 굳는 과정에서 터진다. 그야말로 쥐 젖을 짜는 것 같다!

프로이트는 2000개가 넘는 병상을 갖춘 유럽 최대 규모의 종합 병원에서 이미 여러 해 전부터 일하고 있다. 그는 해부학과와 외과에서 내과와 소아과, 신경과에 이르기까지 중요한 부서를 모두 거친다. 그는 연구를 위해 동물학자 클라우스와 함께 몇 주 동안 트리에스테를 방문하는 등 비교동물학 연구를 수행한 후, 1876년 10월 브뤼케의 실험실에서 조교 자리를 떠맡는다. 프로이트는 스무 살이고 머릿속은 계획으로 가득 차 있다.

그 당시 뇌는 여전히 과학의 정복을 기다리는 중이었다. 뇌가 몸과 마음이 만나는 곳이라는 점만큼은 분명하다. 다만 그런 일이 어떻게 일어나는지, 1.5킬로그램 무게의 주름진 신경 조직이 사고·느낌·의지·기억과 정확히 어떤 관계가 있는지는 아직 어둠 속에 있었다. 연구자들은 오로지 죽은 사고 기관만을 표본으로 만들어 파악할 수 있었기 때문에 이는 놀라운 일이 아니었다. 일하고 있는, 살아 있는 뇌를 관찰하고 그 기능을 연구하기란 불가능했다. 그래서 전문가들부터가 뇌가 여러 분리된 단위로 구성됐는지 아니면 연관된 덩어리를 형성하는지에 대해 의견이 일치하지 않았다. 물론 뇌의 기본 구성 요소인 뇌세포 또는 뉴런은 적절히 염색하면 현미경으로 잘 알아볼 수 있었다. 다만 이것들이 과연 연결돼 있는지, 만약 그렇다면 어떻게 연결되고 기능하는지는 아무도 알지 못했다.

프로이트는 의기소침해 있다. 그는 현실에 발을 딛지 못하고, 돌파구를 마련하려는 모든 시도는 실패한다. 이탈리아의 카밀로 골지(Camillo Golgi)는 프로이트가 막 연구를 시작한 1873년에 질산 은의 흑색 반응으로 뇌 조직을 염색하는 최초의 방법을 발견함으로써 연구의 새로운 지평을 열었다. 자기가 과연 인간 존재의 내면으로 더 깊이 밀고 들어갈 방법을 찾을 수 있을까? 프로이트는 의구심을 가진다. 하지만 그는 망상, 히스테리, 우울, 불안 또는 강박 등 모든 정신적 고통이 신체적 손상에 뿌리를 둔다는 당시 의학의 기반을 더 의심한다. 의학의 오랜 도그마는 다음과 같이 말한다. 정신이 아프다면 사실은 뇌가 아픈 것이다. 하지만 정신 질환이 신경계의 결함 없이 '정신적으로만 발생'하는 조건은 없는 것일까? 이것이야말로 젊은 프로이트가 스스로에게 던진 물음이다.

그의 동료들은 정신적인 것을 모두 신체적 원인으로 고집스럽게 환원하려는 만큼이나 그 원인을 정확히 파악하지 못하고 있다. 프로이트는 자기 해부 테이블 위에 놓인 회색빛 뇌 덩어리를 바라보면서 이 모든 주름과 나선형 굽이 사이 어디에 인간의 의지가 자리하는지, 불안과 기억은 어디에 있는지 골똘히 생각한다. 우리가 이 층들을 들여다볼 수 있게 될까? 의식의 본성에 다가가게 될까?

당시의 생물학적 도그마는 자연을 연구하는 많은 분야에 영향을 미친 세기의 과학적 업적, 즉 감염학의 성과에도 기반하고 있었다. 루이 파스퇴르(Louis Pasteur)나 로베르트 코흐(Robert Koch) 같은 의사들이 질병을 일으키는 미생물을 발견한 후 다른 고통을 비슷한 방식으로 설명하게 되는 것은 단지 시간문제로 보였다. 괴저나 결핵이 맨눈으로 볼 수 없는 미세한 세균에서 비롯한다면, 이는 영혼의 장애에도 적용할 수 있을 것이다. 그런 병원체로 인해 생성된 독소가 영혼의 기관을 정상에서 벗어나게 하는 걸까? 프로이트는 과도한 히스테리적 흥분이 '성 독소(Sexualtoxin)'의 영향 때문일 수 있다는 생각을 한동안 검토한다. 그러나 그는 곧 이 가설을 포기한다.

그에게 정신의 신체적 뿌리에 대한 물음은 결정적 의미가 있다. 왜냐하면 영혼의 모든 고통에 생리적 원인이 있다는 가설이 맞다면 불안이나 마비를 비롯한 결함을 보이는, 신체가 건강한 사람들은 근본적으로 건강 염려증 환자나 꾀병쟁이기 때문이다. 생활 환경이나 정서적 스트레스를 유발 요인으로 고려하지 않는다면 단순한 의지박약이나 질병으로의 도피가 그 배후에 있을 수 있다. 요컨대 당사자들은 **아프고자 한다**. 그들은 일상의 요구 때문에 괴롭힘당하지 않으려고 병에 걸리기로 하는 것이다. 프로이트는 원칙적으로 이런 설명을 배제할 수 없다고 여긴다. 어쨌든 질병에는 분명 장점이 있기 때문이다. 그러나 병에 걸리자고 **의식적으로** 결정하는 당사자는 거의 없다. 만약 그들이 뭔가를 속이고 있다면, 실제 동기에 대한 통찰의 결여로 인해 자신도 속이고 있을 것이다.

이 시대에 영혼의 고통을 겪는 사람들은 대개 의사들에게서 이해도 실질적 도움도 얻지 못한다. 당대의 정신의학은 환자를 붙잡아두고 관찰하며 자기의 진단을 다듬는다. 실제적 치료 방법은 하나도 없다. 왜냐하면 종종 사용하던 수(水)치료나 전기 치료는 너무나 명백히 쓸모없기 때문이다. 얼음물 샤워와 '전류 치료'에는 오로지 신체적 고통으로 정신적 고통을 몰아내는 목적만 있다. 한편 최면을 통한 암시는 때때로 효과가 있지만, 그렇지 못한 때도 있다. 프로이트는 파리의 살페트리에르 병원을 연구차 방문했을 때 알게 된 이 기법을 그다지 신뢰하지 않았다.

1886년에 문을 연 프로이트의 진료실에도 전류로 자극을 줄 수 있는 전기 자극기가 있었다. 하지만 프로이트는 이걸 사용한 적이 거의 없다. 그는 말의 힘을 선호하며 "우선은 그리고 직접적으로 인간의 정신적인 부분에 영향을 미치려고 한다. ……그 수단은 무엇보다도 말이며, 이는 영혼에 대한 치료의 본질적 작업 도구이기도 하다." 이 시점에 그는 아직 정신분석에 대해 말하지 않으며, 이 개념은 1896년 5월 프로이트의 논문 〈방어 정신 신경증에 대한 또 다른 고찰〉에서 처음 등장한다.

치료자의 학대나 비방을 두려워할 필요가 없다는 것이 고통에 처한 사람들에게 얼마나 큰 안도감을 줄지 상상할 수 있다. 마음속을 털어놓을 수 있다는 것, 무엇이 자신을 괴롭히고 자기가 어떻게 느끼는지 말할 수 있다는 것, 의사의 전문 지식을 신뢰할 수 있다는 것, 이것이야말로 프로이트의 영혼 치료에 있는 커다란 장점이다.

하지만 아직은 그렇게 멀리 나아가지 못했다. 프로이트는 거대한 병원에서 자신의 임무를 찾고 있는 좌절한 레지던트일 뿐이다. 시간은 늦었고 눈은 따끔따끔하다. 저며낸 새 조각을 살펴보는 일은 내일로 미룰 수 있다. 게다가 담배를 피우고 싶은, 제어할 수 없는 욕망이 그를 덮친다. 그는 뇌를 다시 용기에 넣고 해부학 자료실로 가져간다. 그런 다음 불을 끄고 위풍당당한 정문을 통해 연구소를 나서며, 길거리로 나오자마자 시가에 불을 붙인다. 기분 좋게 연기를 내뿜으면서 그는 옷깃을 세우고 집으로 향한다.

영혼 없는 심리학

베이츠버그는 슬픈 보금자리다. 하루하루는 같은 모양으로 흘러가고, 단조로움은 끝없이 펼쳐진 면화 농장의 막막함만 더할 뿐이다. 그는 지역 농부들이 굼벵이와 촌색시라고 부르는 아이들에게 필요한 것을 가르쳐야 하는 학교 일이 끔찍하다. 그가 이곳에서 일한 지 아직 1년이 채 되지 않았다. 하지만 그가 5년간의 공부 끝에 남부에 있는 많은 침례교 대학 중 하나인 그린빌의 퍼먼 대학교에서 석사 학위를 받았을 때 그 일대에서 그에게 적합한 자리라곤 그것뿐이었다. 이제 스물한 살이 된 그는 오만하게도 스스로 '베이츠버그 인스티튜트'라고 부르는 그 학교의 교장이다. 존 브로더스 왓슨(John Broadus Watson)이 아는 것이 하나 있다. 그는 이곳을 떠나야 한다. 그리고 내일보다는 오늘 떠나는 것이 낫다.

프로이트가 빈에서 꿈에 관한 자기 책에 대한 반응을 학수고대하고 있을 무렵, 6000킬로미터 떨어진 미국 사우스캐롤라이나주에서는 대학을 졸업한 왓슨이 자신의 운명과 악전고투하는 중이었다. 그는 교육학 학위를 받은 가난한 시골뜨기다. 독실한 신자인 어머니는 그의 학업을 위해 돈을 아끼고 모았다. 왓슨은 최고의 성적을 받지도 않았고(그는 같은 해 졸업생 22명 가운데 14등을 차지했다), 영향력 높은 지위에 있는 친구도 없었다. 하지만 그는 불가능한 일을 시도한다. 1900년 7월 20일, 그는 몇 년 전 설립된 시카고 대학교의 총장 윌리엄 레이니 하퍼(William Rainey Harper)에게 편지를 쓴다. 그는 자기에게 장학금을 주거나 아니면 학비라도 면제해주길 부탁하면서, 온 힘을 기울여 노력할 것을 약속한다. 왓슨은 자신의 인생에서 뭔가를 이룬다는 생각에 고무됐고, 그에게 유일한 기회는 '진짜 대학'을 졸업하는 것이었다. 왓슨이 다닌 대학의 학장은 칭찬을 아끼지 않은 추천서로 그를 돕는다. 그는 왓슨이 "우리의 최고 인재 가운데 하나 …… 놀라운 재능을 가진 신사, 야심만만하고 성공적인 교사, 흠잡을 데 없는 인격을 지닌 사람"이라고 말한다.[14] 사실 이는 뻔뻔스러울 정도로 과장된 표현이다.

~~~~~

1878년 1월 9일에 태어난 존 왓슨은 목화밭으로 둘러싸인 작은 마을에서 자란다. 그는 여섯 자녀 가운데 넷째다. 존이 열세 살 되던 해 술주정뱅이에 허풍선이인 아버지는 가족을 버린다. 그의 아내 에마에게는 하나의 선택지만이 남는다. 에마는 농장을 팔고 아이들과 함께 가까운 그린빌로 이사한다. 그곳에서 존과 형제자매들은 학교에 다니고, 어머니의 소원에 따라 목사가 되어야 하는 소년은 대학에 진학한다.

그의 이름은 어머니가 존경하는 유명한 신학자 존 앨버트 브로더스(John Albert Broadus)를 딴 것이다. 20년 후 왓슨은 유명한 실험에서 털이 풍성하고 부드러운 물체를 보면 끔찍할 만큼 겁을 먹게 만든 어린아이에게 '앨버트 B.'라는 가명을 지어준다. 어쩌면 자신의 수호성인에 대한 뒤늦은 복수가 아니었을까? 어쨌든 에마 왓슨은 침례교구에서 일한다. 그렇지만 돈은 여전히 충분치 않다.

존은 고집통이다. 그는 내성적이고 성미가 급하며 건방진 경향이 있다. 한 교수는 그가 "사람보다 이론에 관심이 더 많고" "자신을 너무 높이" 평가한다고 판단한다.[15] 하지만 왓슨에게는 야망과 큰 계획이 있다. 그의 가장 대담한 아이디어는 훗날 엄격하게 과학적인 자신만의 연구 분과, 즉 의식이 없는 심리학을 창시하는 것이다. 그러나 우선 이 젊은이는 법률과 충돌한다. 그는 알코올을 싫어하지 않으며 패싸움을 여러 차례 선동한다. 한번은 길거리에서 총을 쏜 후 경찰에 체포되기도 했다.

하퍼에게 탄원서를 보내게 한 충동이 어디서 왔든지 간에 왓슨은 보상받는다. 1900년 가을, 새로운 세기의 문턱에서 그는 시카고에 도착해 교육과 심리학을 공부하기 시작한다. 미시간호의 대도시는 그에게 활력을 불어넣는다. 그는 약동하는 도시 생활에 푹 빠져든다. 빈이 화려함과 영광을 자랑하는 반면 루이스 설리번(Louis Sullivan)과 프랭크 로이드 라이트(Frank Lloyd Wright) 같은 건축가들은 이곳에 기능적 마천루, 미래의 성당을 짓는다. 그리고 강철과 콘크리트로 이뤄진 거대한 건물과 함께 그 거주자들의 꿈이 하늘로 뻗어나간다.

실용주의를 창시한 철학자 존 듀이(John Dewey)가 1894년 이후 시카고에서 학생들을 가르치고 있다. 왓슨은 이마누엘 칸트(Immanuel Kant)에 관한 세미나에 참석하지만 '인식의 가능성과 그 조건'에 관한 그의 사변으로는 거의 시작조차 할 수 없다. 그는 사람들의 삶을 변화시킬 수 있는 확고한 뭔가를 찾는다. 그렇게 왓슨은 심리학으로 나아간다.

하지만 그가 가장 좋아하는 연구 대상은 얽히고설킨 인간의 영혼이 아니라 실험용 쥐다. 왓슨은 생물학자 자크 러브(Jacques Loeb)의 지도로 설치류가 어떻게 미로를 돌아다니고 먹이가 있는 장소를 기억하고 감각 자극에 반응하는지 조사한다. 독일 출신인 러브는 살아 있는 것에 대해 엄격한 기계론적 관점을 지지한다. 인간은 객관적으로 기술할 수 있는 자연법칙을 따르는 생화학적 기계에 지나지 않는다. 러브에 따르면 "우리에게 윤리가 있다는 사실은 전적으로 본능에 기인하며" "본능은 우리 몸의 형태와 똑같은 방식으로, 화학적·유전적으로 확정돼 있다."[16] 이 연구자에게 사고·의식·의지는 신경 세포 활동의 부수 현상으로, 인과적 작용력이 없다. 이런 환원주의적 세계상은 왓슨에게 깊은 인상을 남긴다.

1903년, 그는 이 대학의 최연소 박사 학위 취득 예정자로서 학위 논문을 제출한다. 이 논문에서는 다양한 나이대에 걸친 쥐의 뇌 발달과 미로 속 동물이 하는 행동의 연관성을 다룬다. 신경 섬유를 둘러싼 조직층 또는 이른바 미엘린 말이집(수초)은 오늘날 우리가 알고 있듯 신경 경로에서 자극 전달 속도를 빠르게 하며, 이는 연상 학습의 전제다. 그 후 몇 년 동안 왓슨은 동물 연구에 충실하며, 때론 잔혹한 실험을 통해 감각 기관을 점차 박탈당한 동물이 어떻게 감각 자극 없이도 방향을 찾는지 조사한다.

왓슨은 대도시의 유혹에 저항하지 못한다. 그는 술집, 극장, 쇼, 심지어 홍등가까지 돌아다닌다. 행동과학자로서 돌파구를 마련할 때까지 그는 개인 파산을 막기 위해 거듭 빚을 지지 않을 수 없었다. 궁핍은 언젠가 큰일을 벌이겠다는 그의 욕망에 양분을 공급한다.

늘씬한 왓슨은 여성들에게 멋지게 보인다. 그는 몇몇 여학생, 특히 비다 서튼이라는 이름의 젊은 여성에게 구애하지만 퇴짜를 맞는다. 그의 격정적 태도는 아무에게도 호응받지 못한다. 그러던 어느 날 왓슨은 세미나에서 열아홉 살의 메리 아이크스를 알게 된다. 두 사람은 가까워졌고, 서로 간의 관계를 비밀로 한 채 1903년 12월 26일 결혼한다. 두 사람은 자신들과 마찬가지로 이름이 메리와 존인 두 아이를 갖게 된다.

왓슨이 예상하지 못한 것은 처남인 해럴드 아이크스의 집요한 불신이었다. 그는 왓슨을 견딜 수 없었고 왓슨이 비다 서튼과 함께 자기 누이를 속이고 있다고 비난한다. 아이크스는 왓슨에게 사립 탐정까지 붙였는데, 탐정은 확실한 걸 전혀 가져오지 못한다. 사실 왓슨은 간혹가다 서튼과 만나지만 친밀한 관계를 암시하는 것은 아무 데도 없다. 그런데도 아이크스는 대학 당국에 매부를 고발하고 그의 해임을 요구한다. 사건 조사는 증거 부족으로 종결된다.

엄밀한 실험실 연구로 명성을 얻은 왓슨은 빈 정신분석학회가 창립되는 1908년 가을에 볼티모어의 존스 홉킨스 대학교로 자리를 옮긴다. 그는 자기 몸값을 올리기 위해 한편으로는 진짜지만 다른 한편으로는 가짜인 타 대학의 제안을 교묘히 활용한다. 볼티모어에서 철학 및 심리학과의 리더이던 제임스 마크 볼드윈(James Mark Baldwin)이 성 추문으로 사임한 직후, 왓슨은 자신에게 기회가 왔음을 감지한다. 재능 있는 실험 연구자이자 철저한 경험주의자인 왓슨은 서른 살의 나이에 학과장으로 취임한다.

왓슨은 쉼 없이, 종종 탈진할 정도로 일한다. 그는 볼티모어에서 활동하는 동시에 플로리다 연안의 여러 섬에 있는 철새 번식지에서 현장 연구를 하고, 여러 대학에서 강좌를 열며, 과학 저널을 편집하고, 대중 잡지에 기사를 쓴다. 왓슨은 자신의 근사한 테제를 가지고 공론장에 나서는 것이 경력에 도움이 됨을 깨닫는다.

1910년, 그는 〈하퍼스 매거진〉에 〈동물 행동의 새로운 과학〉이라는 제목으로 최초의 선언문을 쓴다.[17] 이 글에서 그는 사변적인 영혼의 형

이상학에 진보적인 행동심리학을 대립시킨다. 행동심리학은 물리학이나 생물학과 다름없이, 전에 러시아의 이반 파블로프(Ivan Pavlov)가 개의 조건 반사를 통해 발견한 것 같은 일반 법칙을 기술한다. 종소리처럼 처음에는 중립적인('무조건') 자극이, 예를 들어 음식 같은 생물학적 자극과 함께 제시되면 그 자체로 전형적 반응을 유발할 수 있게 된다. 파블로프의 개들은 종소리만 울려도 침을 흘리기 시작했다.

1913년 봄, 왓슨은 뉴욕의 컬럼비아 대학교에서 새로운 과학의 시작을 선포한다. 그의 강의 가운데 하나가 곧바로 〈행동주의자가 보는 심리학〉이라는 제목으로 출판된다.[18] 왓슨이 '행동주의자'라는 용어를 고안한 것은 자신이 유일하게 실행 가능한 심리학의 기초라고 생각하는 것, 즉 인간과 동물 사이에 근본적 차이가 없으므로 인간에게서나 동물에게서나 마찬가지로 관찰할 수 있는 행동(영어로는 behavior)에서 얻은, 측정 가능한 데이터를 직업의 명칭에서 명확히 하기 위해서였다. 왓슨에 따르면 물론 언어와 추상적 사고는 행동의 선택지를 상당히 확장하지만, 공통성이 차이를 압도한다.

그는 심리학을 "행동의 예측과 통제를 이론적 목표로 하는, 완전히 객관적·실험적인 자연과학의 분야"라고 생각한다.[19] 그리하여 왓슨은 무의식에 대한 모든 사변을 거부할 뿐만 아니라 의식에 대한 경험적 연구를 추구한, 지금까지 지배적이던 심리학의 흐름과도 결별한다. 라이프치히의 빌헬름 분트(Wilhelm Wundt)와 그 제자들 같은, 이 분과의 개척자들은 체계적 자기 관찰을 통해 사고와 지각의 요소를 규명하고자 했다. 그들은 시선을 안쪽으로 돌려 감각과 연상을 기술하고 객관적 감각 자극과 그에 대한 주관적 지각 사이의 유사점을 끌어냈다. 왓슨은 이런 방법을 신뢰할 수 없는 것이라고 하며 거부한다. 그는 "심리학이

사진 4　위로 올라가고자 하는 한 연구
자: 젊은 시절의 심리학자 존 왓슨.

의식에 대한 참조에서 완전히 벗어나, 정신 상태를 연구해야 한단 착각
에 더는 사로잡히지 않는 때가 온 것으로 보인다"고 썼다.[20]

이 주장은 행동과학 프로그램의 근거가 된다. 행동과학은 정신분석에
서 요구하는, 정신적 갈등에 대한 해석이나 의식화와는 근본적으로 구
별된다. 행동주의는 행동, 좀더 정확히 말하자면 자극-반응 도식과 여
기서 도출할 수 있는 학습 법칙에 초점을 맞춘다. 이런 시각에서 심리
치료는 의도적으로 유도한 학습 과정일 뿐이다.

왓슨은 치료법 개발에는 관심이 없었지만, 궁극적으로 행동치료가
등장하는 연구 방향의 기초를 세운다. '영혼'은 아름다운 가상에 지나지
않는다고 한 사람이 현대 정신병학의 선조가 됐다는 사실은 확실히 역
설적이다. 1890년 철학자 윌리엄 제임스(William James)는 "심리학은 과
학이 아니라 과학에 대한 희망"이라고 선언했다.[21] 야심에 찬 왓슨 박사

는 이 희망을 현실로 바꾸고 싶어 한다.

아나 오의 기적 같은 치유

이름에 걸맞은 최초의 정신분석 치료는 '정신분석'이라는 개념이 탄생하기 약 15년 전인, 1880년 말부터 1882년 여름까지 이뤄진다. 또한 그 치료는 이 시기에 여전히 뇌 표본을 만들고 있던 프로이트가 아니라, 그가 상사인 에른스트 폰 브뤼케를 통해 만난 빈의 내과 의사 요제프 브로이어가 수행한다. 그리고 현대 심리치료의 역사에서 '사례 0'이라고 할 수 있는 이 환자는 이 문제에 대해 말 그대로 많은 것을 이야기해줄 수 있다.

'아나 오(Anna O.)'로 유명해지는 베르타 파펜하임(Bertha Pappenheim)은 자기가 이야기치료라고 부르는 이 치료를 어느 정도 스스로 처방한다. 나중에 여성인권운동가가 되는 영리하고 예민한 그는 때때로 농담 삼아 (그리고 노골적인 성적 암시를 담아) "굴뚝 청소"에 대해 말하는데, 좀더 정확히 말하면 그가 고통으로 인해 영어에 빠져드는 까닭에 "chimney sweeping"이라고 한다. 주치의는 그 과정의 계기가 되는 신호, 즉 말의 발신자이자 기록자에 지나지 않는다. 브로이어는 1882년 11월 중순에 동료 프로이트에게 이 기이한 사례를 얘기한다. 프로이트는 이 사례에 자극받아 히스테리의 기원에 대해 광범위한 결론을 도출한다. 어떻게 그런 일이 가능했을까?

베르타는 부유한 상인 가정 출신이며, 1882년 여름에 프로이트와 약혼한 마르타 베르나이스와 친했다. 베르타가 열한 살 때 파펜하임 가족—아버지 지크문트, 어머니 레하, 베르타, 남동생 빌헬름—은 프로이트의 미래 진료실에서 겨우 몇 걸음 떨어진 빈 제9구역 리히텐슈타인 슈트라세로 이사한다. 가족은 휴양지인 바트이슐의 산에서 여름을 보내길 좋아했다. 1880년에 거기서 베르타가 진심으로 사랑하는 아버지가 중병에 걸린다. 스물한 살의 그는 깊은 근심에 사로잡힌 채 아버지의 병상을 지킨다. 그리고 여기서 그의 특이한 고통이 시작된다.

처음에 베르타는 불안과 환각에 시달리고, 뱀과 사악하고 추한 얼굴을 본다. 그러고 나서는 말하지 못하게 된다. 그는 며칠 동안 실어 상태가 되거나 사이사이 영어·프랑스어·이탈리아어만 겨우 한다(그는 좋은 집안의 딸로서 외국어 교육을 받았다). 거기에 더해 얼굴에 격렬한 통증이 오며 한쪽 팔다리가 저리고 마비된다. 그는 곁눈질하기 시작하고 사물이 왜곡돼 보이며, 때론 한 입도 삼킬 수 없고 기억도 조각난다. 요컨대 그는 히스테리의 잘 알려진 증상을 거의 다 보인다.

19세기 말, 많은 여성이 전염병과 다름없을 정도로 전형적인 통증·경련·언어 및 기억 상실에 사로잡힌다. 마치 감염처럼 발작이 퍼져나가지만, 거의 가정에서 나이가 많은 딸에게만 닥친다. 노동자 가정 출신의 여성은 예외나 마찬가지다. 또한 주로 젊은 사람들이 병에 걸린다. 이 고통은 분명 당하는 사람들의 생활 사정과 어떤 관계가 있음이 틀림없다.

한편으로 시민 계급인 여성은 여러 측면에서 특권을 누리고 있었다. 그들은 영양 상태가 좋고, 교육 수준이 높으며, 육체노동을 거의 요구받지 않고, 명백한 트라우마 경험을 거의 하지 않는다. 다른 한편으로 그들은 24시간 압박받고 있었다. 그들은 항상 평정심을 유지해야 한다. 세기말의 사회에서는 모든 신체적 표현을 억제하는 것이 의무였다.

여성의 코르셋은 신분에 걸맞은 행동의 규칙만큼이나 꽉 조인다. 품위 있는 사람들은 예의를 지켜야 하고, 될 수 있는 대로 땀을 흘리거나 냄새를 풍기거나 소음을 내지 말아야 하며, 무엇보다 섹스에 대해 생각하지 말아야 하고, 하물며 그것에 대해 이야기해서는 더더욱 안 된다! 여성들은 규칙적으로 실신하며, 그런 까닭에 많은 집에서 비상시에 사용할 작은 탄산 암모늄 통을 준비해놓았다. 성교육은 적어도 공식적으로는 이뤄지지 않는다. 어쩌면 히스테리의 원인은 육체적 욕구에 대한 이런 거부에 있는 걸까? 어쨌든 이는 여성 노동자들이 히스테리에 걸리지 않는 이유를 설명할 수 있다. 그들의 삶이 온갖 부담으로 점철된다 할지라도, 그들은 냄새를 풍기며 원하는 만큼 섹스할 수 있다. 그러나 쾌락에 적대적인 당시의 사회에서 그런 지적은 생각할 수 없는 일이었다.

1885년 10월, 장학금을 확보한 프로이트는 살페트리에르 병원의 유명한 교수인 장마르탱 샤르코에게서 배우기 위해 파리로 향한다. 빈에서 온 이 손님은 의과 대학 강의실에서 히스테리에 대한 샤르코의 공개 강연에 참석한다. 여기서 샤르코는 최면술과 암시를 통해 환자를 마비에서 해방하고 실신 발작을 끝낸다. 대단한 제스처로 연출된 최면은 장래의 의사들을 훨씬 넘어선 범위의 청중을 사로잡는다. 샤르코는 최면에 걸린 사람의 배나 어깨 등을 만져 충격을 유도함으로써 참된 기적의 치료를 집전한다. 그 후 어떤 여성들은 즉각 증상이 완화된 것처럼 보인다. 나중에 밝혀진 바에 따르면 샤르코는 일부 환자들에게 자신의 안수에 어떻게 반응해야 할지 미리 지시했고, 다른 환자들은 아마 교수와 지켜보는 사람들의 기대를 충족시키기 위해 서둘러 순종하며 회복된 환자들을 흉내 냈을 것이다. 이런 행사에서는 마술과 의학의 경계가 어딘지 아무도 정확하게 말할 수 없다. 중요한 것은 치료의 효과에 대한 믿음이다.

그렇지만 당사자들의 고통은 단순히 꾸며낸 것이 아니다. 프로이트는 히스테리 환자가 가장하고 있다고 추정하지만, 그 환자는 거기에 대해 아무것도 알지 못한다. 이는 증상이 서로 충돌하는 영혼의 힘들을 위한 배출구로 기능하며, 다만 이를 가능케 하는 기제가 당사자들에게 숨겨져 있을 뿐임을 뜻할 것이다. 이들은 히스테리를 가장하는 것이 아니며, 상상력이나 약한 체질이 그것을 전부 설명하는 것도 아니다. 프로이트에 따르면 그 배후에는 더 많은 것이 있다.

프로이트는 브로이어와 함께 히스테리의 몇 가지 사례에 대한 〈예비적 보고서〉를 작성하며, 이는 1893년 〈신경학 중앙지〉에 실린다. 2년 후, 두 사람은 이 논문을 《히스테리 연구》의 첫 장에 싣는다. 이 책에서 그들은 다음과 같이 쓴다. "히스테리 환자는 대부분 회상으로 고통을 겪는다."[22] 다시 말해 증상은 성적 욕망의 무의식적 억압과, 기억에 접근할 수 없는 체험에서 결과한다.

프로이트는 어떻게 이런 생각에 도달했을까? 처음에 브로이어는 베르타와 그의 빠르게 변하는 고통을 어떻게 해줘야 할지 거의 몰랐다. 그는 환자의 행동을 관찰하고 직접 이야기하도록 두는 것으로 치료를 제한했다. 브로이어는 베르타가 자유롭게 이야기하도록 고무하기 위해 그를 모든 증상 각각의 원천과 최초의 출현을 기억하도록 시도하는, 최면과 비슷한 이완 상태에 가능한 한 깊이 빠트렸다. 이 방법은 행운의 선택이었던 것으로 밝혀진다. "우연하고 유도되지 않은 발언으로 인해 처음으로 …… 이미 오랫동안 존재한 장애가 사라졌을 때 나는 매우 놀랐다"[23]고 브로이어는 기록했다. 베르타는 각 증상이 처음 나타난 순간을 의도적으로 찾아내야 한다.

예를 들면 한 치료 회기에서 베르타가 음료를 마시지 못하는 것이 문제가 된다. 그는 필요한 수분을 멜론을 비롯한 과일로만 충족하는데, 이는 그가 물이나 다른 음료를 역겨워하기 때문이다. 최면 상태에서 그는 이 증상을 오래전에 잊은 사건과 연관시킨다. 잘 아는 사람의 영국 집에서 열린 파티 도중 유리잔을 핥는 "역겨운 작은 개"를 목격한 것이다. 그 기억으로 인해 그는 격렬히 흥분하고 분노하며 그 짖는 개를 꾸짖는다. "억눌린 분노를 열정적으로 표출한 후 그는 물을 달라고 요구했고 많은 양의 물을 주저 없이 마시고 나서 잔을 입술에 댄 채 최면에서 깨어났다. 이와 더불어 장애가 사라졌다."[24]

이는 정화를 뜻하는 그리스어 카타르시스(kátharsis)에서 유래한 방법이었다. 격한 정서에 반응함으로써 당사자는 숨겨진 악의 근원을 의식하고 그 악을 곧바로 제거할 수 있다. 1914년 프로이트는 〈기억, 반복, 훈습〉이라는 글에서 이 원리를 더 정교하게 다듬지만, 아이디어의 본질은 똑같이 유지한다. 밖으로 내보내라! 억압된 감정과 생각을 들어주면 무의식의 악마는 스스로 달아난다!

하지만 일이 그렇게 간단하지는 않았을 것이다. 물론 브로이어의 보고는 "그 이후 그(아나 오)는 완전한 건강을 누리고 있다"는 성공의 메시지로 끝난다.[25] 하지만 그가 베르타를 치료 직후에 계속 빈 근처의 벨뷔 요양소로 보냈다는 사실은 그의 회복이 완전하지 않음을 시사한다. 게다가 베르타는 그 후에도 거듭 히스테리 발작에 시달린다. 의학역사가 앙리 엘랑베르제(Henri Ellenberger)는 "아나 오의 성공적이지 못한 치료가 후세에 카타르시스 치료의 원형이 됐다는 사실은 참으로 역설적이다"라고 설명한다.[26]

그런 세부 사항은 프로이트를 혼란스럽게 하지 못한다. 그는 수십 년

사진 5   채찍과 모자가 그에게 잘 어울린다.
단추를 단단히 채운 베르타 파펜하임.

후 작가 슈테판 츠바이크(Stefan Zweig)에게 보낸 편지에 자신의 천재적
직관을 기술했다. "그날 저녁, 베르타가 모든 증상을 극복한 후 그(브로
이어)는 다시 그녀의 부름을 받고서 하복부 경련으로 몸부림치며 혼란스
러워하는 그녀를 발견했습니다. 무슨 일이냐는 물음에 그녀는 '지금 제
가 B박사에게서 가진 아이가 나와요'라고 대답했습니다." 프로이트에
따르면 이 순간 브로이어는 "손에 쥔 열쇠를 …… 떨어뜨렸습니다. 그
는 위대한 정신적 재능에도 불구하고 파우스트적인 면이 전혀 없었습
니다. 으레 그렇듯 깜짝 놀란 그는 어느 동료에게 아픈 여성을 맡기고
도망쳤습니다."[27] 프로이트에 따르면 이 수수께끼의 열쇠는 베르타가
자기 주치의와의 연애 관계를 상상한다는 사실이다. 그녀의 억압된 리

비도가 고통의 실제 원천이다.

브로이어는《히스테리 연구》를 출판하고 12년 후 정신의학자 오귀스트 포렐(Auguste Forel)에게 쓴 편지에서 다음과 같이 말한다. "저는 이론과 실천에서 성에 대한 몰입이란 제 취향이 아니라고 고백합니다."[28] 과연 히스테리의 기원이 프로이트가 믿듯 전부 성적인지에 대한 이견은 두 의사의 우정에 부담을 준다. 처음에 프로이트는 증상의 기저에 실제적 트라우마가 놓여 있음이 틀림없다고 주장하기도 한다. 그가 '유혹 이론'이라고 부르는 이 가설에 따르면 히스테리가 있는 여성은 모두 어린 시절이나 청소년기에, 보통 아버지나 다른 친척으로부터 유혹이나 학대를 당한 적이 있다.

1896년 4월 21일 프로이트는 자기 아이디어를 정신의학 및 신경학 협회 회의에서 발표한다. 사람들은 대부분 머리를 가로저었고, 격분한 항의를 쏟아내기도 했다. 빈 대학교의 유명한 정신의학 교수인 리하르트 폰 크라프트에빙(Richard von Krafft-Ebing)은 프로이트의 테제를 '과학적 동화'라고 부른다. 프로이트가 옳다면 다양한 형태의 히스테리가 널리 퍼져 있는 만큼, 수백만 명은 아니더라도 수만 명의 소녀가 아버지·삼촌·형제·집주인 또는 낯선 사람에게 (당시에는 그렇게 부르지 않았더라도) 성적 학대와 폭행을 당했을 것이다.

그런데 우리는 확실히 지배적 가부장제란 조건에서는 성적 침해가 결코 드문 일이 아니며, 동시대인들이 받아들일 준비가 된 것보다 더 널리 퍼져 있다는 데서 출발할 수 있다. 남성 가장은 아내·자녀·가정부를 지배하는 데 아무 제한도 받지 않는다. 자녀도 하녀도 그 앞에서 안전하지 않으며, 체벌이나 다른 형태의 폭력이 일상적 교육 수단으로 헤아려진다. 하지만 수많은 증상을 고려할 때, **하나의** 히스테리가 아니라 우리가 같은 것으로 분류하는 다양한 곤경이 있을 것이다. 심지어 특정한 옷차림만 봐도 실신·숨 가쁨·압박감으로 발작이 일어나기도 한다. 여기에 금지와 폭력으로 가득 찬 일상생활이 더해진다. 19세기 말의 사회적 제약 속에서 정신 건강을 유지하기란, 특히 젊은 여성에게는 그야말로 하나의 도전이었다.

오늘날 의학이 히스테리를 더 이상 인정하지 않는 것은 좀더 자유롭고 주체적인 삶 그리고 여성의 증대된 평등권과 깊이 관련된다. 심리적 증후군은 언제나 생활 조건의 산물이기도 하다. 프로이트가 억압된 리비도를 인간학적 상수로 끌어올리면서 시대와 결부한 현상으로 파악하지 않은 것은 심각한 오류였다.

아나 오의 사례와 더불어 오늘날까지 계속 살아 있는, '의식화가 치유한다'는 아이디어가 세계 무대에 등장한다. 자기 고통의 숨겨진 근원을 직시하고 자신의 상처와 욕망을 깨달으며 그와 관련한 감정을 마음껏 펼침으로써 악은 사라진다. 이런 주장은 심리학의 역사에서 다양하게 변형되고 거듭해서 떠오른다. 하지만 이 신조가 하나의 신화라는 의혹 역시 그만큼이나 오래됐다.

생각의 그물 속에서

"뜨겁다."

"차갑다."

"여자."

"남자."

"사랑."

— **"결혼식."**

"아이."

……**"가진다."**

"어머니."

……— **"죽음."**

실험은 그야말로 끝없이 이어진다. 진행자는 아무 표정도 없이 자기 목록을 한 단어씩 읽어 내려간다. 그는 단조로운 목소리로 개념을 차례차례 말해주고, 그때마다 실험 대상자는 그 개념을 듣고 가장 먼저 떠오르는 단어로 대답해야 한다. 그동안 피실험자는 검류계에 연결된 작은 금속 막대 두 개를 손에 쥐고 있다. 약한 직류 전류가 이 장치를 통해 흐르기 때문에, 피부의 전기 전도 수치에 나타나는 가장 작은 변화도 기록할 수 있다. 수십 년 후 거짓말 탐지기도 똑같은 원리로 작동한다.

이른바 연상 실험은 읽은 단어가 불러일으키는 무의식적 정신 반응을 드러내기 위한 것이다. 목록은 100개의 단어로 구성되며, 그래서 시간이 꽤 걸린다. 그 목록이 끝나자마자 두 번째 목록을, 종종 세 번째 목록까지 실험하기도 한다. 첫 답변에서 벗어난 답이 더 많은 통찰을 가져다줄 수 있기 때문이다. 평가에는 산출한 개념의 의미와 성격 외에도 속도와 억양, 그리고 간혹 나타나는 말더듬이나 단어 바꾸기 및 피부 반응도 포함된다. 어떤 자극 단어가 지원자를 흥분시킬까? 어떤 말이 그를 주저하게 만들거나 특이한 연상을 하게 만들까? 이 모든 것으로부터 취리히 부르크횔츨리에서 젊은 정신의학자들이 이룬 팀은 그들이 "감정적으로 강조된 관념의 복합체"라고 부르는 것, 즉 감정적으로 충전되고 숨겨진 한 사람의 욕망과 생각에 대한 귀납적 결론을 도출한다.

양심적인 의사 프란츠 리클린(Franz Riklin)은 세기가 전환된 직후, 에밀 크레펠린(Emil Kraepelin)의 뮌헨 병원에 손님으로 머물면서 이 방법을 배워 부르크횔츨리로 가져온다─부르크횔츨리는 1870년부터 비길 데 없이 훌륭한 정신질환자 요양소가 자리 잡은, 도시 외곽의 포도밭이 있는 언덕 이름이다. 이곳의 목표는 단순히 환자를 수용하는 것이 아니라 치료하는 것이다. 3미터 높이의 벽으로 둘러싸인, 성처럼 생긴 이 시설에 대한 책임은 1898년부터 정신의학자 오이겐 블로일러(Eugen Bleuler)가 맡아왔다. 그와 조교인 카를 구스타프 융은 리클린의 설명을 듣고 연상법의 잠재력을 알아차린다. 그들은 곧바로 이 절차를 그곳의 히스테리 환자·정신착란자·치매 환자·알코올중독자들에게, 그리고 비교를 목적으로 건강한 사람들에게도 시험해보기로 한다. 연상 실험에 관해 융과 리클린이 쓴 첫 논문은 1904년에 출판됐다.

이 방법은 실험심리학의 선구자인 빌헬름 분트도 세계적으로 유명한 자신의 라이프치히 연구소에서 오래전부터 사용해왔다. 그러나 자극 단어에 대한 자발적 반응에서 인간의 정신 상태를 추론하려는 원래의 시도는 영국의 완고한 신사, 프랜시스 골턴(Francis Galton) 경에게로 거슬러 올라간다.

그는 1883년에 생명과학의 주제 모음집인 《인간 능력과 그 발달에 대한 탐구》를 출간했다. 이 책에서는 무엇보다 자기 관찰의 특성을 다뤘다. 런던의 펠멜가를 산책하던 골턴은 많은 사람·집·상점 같은 것들이 어린 시절의 기억과 이미지를 일깨우고 생각의 사슬을 이어지게 한다는 사실을 알아차렸다. 꼼꼼한 수집가이던 골턴은 결국 자기가 한 가지 이상을 연상한 300여 개의 사물을 적었다. 그중 상당수는 반복됐다. 그의 생각은 마치 배우처럼 의식의 무대로 돌진했다가, 그 후 바로 배

사진 6 수용소 아닌 요양소: 1900년경 취리히의 부르크횔츨리 정신 병원.

경 뒤로 사라졌다가, 다른 곳에서 다시 나타나는 것처럼 보였다. 골턴에 따르면 기억에 새겨진 경험을 보존하는 "정신적 실행의 더 깊은 층들"이 존재함이 틀림없었다. 이것이야말로 20세기 초 취리히의 정신의학자들이 관련 연구를 통해 신경학의 최전선에 서게 한, 관념 복합체의 출발점이었다.

융과 동료들은 정신병 환자들의 이른바 혼란스러운 환상조차도 내적으로 연관돼 있으며, 언뜻 보기보다 더 의미 있다고 추측한다. 거기에 의하면 환자들의 환각, 종종 혼란스러운 이미지와 생각은 어떤 규칙을 따른다. 정신 착란에는 치료법이 있으며, 연상 실험의 도움을 받으면 정신 연구를 통해 그 방법을 해독할 수 있다고 융은 확신한다. 이 기법을 부르크횔츨리보다 더 창조적이고 체계적으로 사용하는 곳은 어디도 없다. 융과 리클린 그리고 다른 동료들은 수백 번을 이어진 시험에서 무의식의 흔적 찾기에 나선다.

그들의 조사 결과는 프로이트의 억압 이론과 아주 잘 조화되는 것처럼 보인다. 실험 대상자가 대답을 특히 오랫동안 망설이거나 매우 감정적인 단어들을 언급하면 이는 트라우마, 묻힌 기억 또는 욕망과 관련한 환상을 가리킨다. 융은 다음과 같이 설명한다. "나는 내 연구에서 오랫동안 내가 개발한 연상 실험이 원칙적으로 똑같은 결과를 낳는다는 점을 지적해왔다. 마치 정신분석이 실제로는 연상 실험과 전혀 다르지 않은 것처럼 말이다."[29] 무의식의 결절점을 드러내는 융의 접근법은 정신분석에 프로이트가 열망해온 과학적 확증을 제공한다. 왜냐하면 그때까지만 해도 정신분석은 유명하지 않은 빈 신경과 의사의 취미에 불과했기 때문이다. 빈의 의사는 스위스인의 도움으로 마침내 자신이 마땅히 받아야 할 전문가 세계의 인정을 받길 바란다.

그러나 모든 전문가가 융과 같이 확신을 지닌 프로이트 지지자인 것은 전혀 아니다. 1906년 5월 말, 정신의학자 구스타프 아샤펜부르크(Gustav Aschaffenburg)는 연상 실험에 대한 정신분석학적 해석에 날카로운 공격을 시작한다.[30] 그에 따르면 이 실험에서 나온 반응은 결코 무의식의 성적 욕망과 갈등을 드러내지 않는다. 이 욕망과 갈등은 전혀 설득력이 없는, 광범위한 전제에서만 도출될 수 있다는 것이다. 취리히 연구진은 원천이 다양한 단어의 내용과 함축으로부터 허용할 수 없는 결론을 도출하고, 단어 전체에 있는 것보다 더 많은 의미를 집어넣었다.

아샤펜부르크는 융의 교수 자격 취득 논문 〈진단에 따른 연상 연구〉에서 사례를 인용한다.[31] 융이 이 논문의 마지막 장에서 소개하는 강박신경증 환자는 자극 단어 '나무(Baum)'에서 곧바로 '오얏(Pflaume: 외음부를 뜻하기도 함—옮긴이)'을 떠올린다. 이에 관해 융은 "오얏은 자두와 마찬가지로 우리의 일상어에서 매우 사랑받는 성적 상징"이라고 설명한다. 이어지는 연상에서 환자는 '노랑' '관습' '멸시' '사랑하는' '부분' '늙은'이라는 단어에서 주저하며 '아이'라는 단어를 여러 차례 언급한다. 융의 결론은 다음과 같다. "환자는 자기가 늙고 못생겼다고 느끼며, 자신의 노란 안색이 불쾌하다고 생각하고, 자기 몸에 신경을 쓴다. 특히 자신이 너무 작다는 사실이 마음에 들지 않는다. 그는 아마 결혼하고 싶은 욕망이 클 것이고, 확실히 한 남자의 사랑스러운 아내가 되고 싶어 하며, 아이를 갖고자 한다. 그러나 덜 의심스러운 성적 증상 밑에, 환자가 더 강하게 억압해야 하는 성적 콤플렉스가 있는 것으로 보인다. 그가 자신의 생식기에 보통 이상으로 많은 관심을 기울임을 시사하는 징후가 있다. 그것은 예의 바르고 교양 있는 여성에게서 본래 자위행위를 의미할 뿐이다."

아샤펜부르크는 황당하다는 반응을 보인다. "여기서 나의 추론 능력은 완전히 길을 잃는다. 나로서는 이 해석에 어떤 개연성을 부여할 수 있다고 인정할 수 없다."[32] 그가 회의적인 이유는 많은 연상이 단적으로 습관을 따른다는 점이다. 다시 말해 즉흥적 착상은 반드시 영혼의 가장 내적인 삶을 표현하는 것이 아니고, 어쩌면 그저 전에 접했거나 소리가 비슷한 것을 반영할 수도 있다. 그래서 '큰' 뒤에는 '작은'이, '탁자' 뒤에는 '의자'가, '마우스(Maus)' 뒤에는 '하우스(Haus)'가 따라온다. 그리고 한 사람의 모든 습관과 생활 사정이 다 알려지진 않는 까닭에, 우리는 평범한 일상적 체험이 대답에 흘러들어오는 것은 아닌지 알 수 없다. 요컨대 아샤펜부르크에 따르면 취리히 연구진은 환자들이 한 말에서 자기가 보고 싶은 것을 보고, 그것을 환자가 말하게 했다. 이는 정신분석 전체와 마찬가지로 독창적 형태의 암시다. "프로이트의 진행 방식은 연상법이다. 환자는 떠오르는 대로 아무거나 이야기한다. 그러나 이 제 검사자는 질문과 때때로 해석을 통해 일정한 방향을, 그것도 성적 해석으로 이어지는 방향을 제시한다."[33]

융은 완전히 다르게 본다. 그는 자신이 다른 사람의 죽음에 책임이 있을지도 모른다고 두려워하는, 강박 장애가 있는 환자에게서 수많은 성적 환상을 확인했다고 말한다. 이런 환상은 여성에게 불편함을 유발 하고, 그리하여 그의 의식은 "위장 원인", 즉 그럴듯한 이유를 찾아 살 인에 대한 두려움을 구성한다. 나중에 밝혀지듯 이 여성은 어릴 때 부 모의 성교를 엿들은 적이 있다. 융에 따르면 이에 대한 억압된 기억이 성행위에 대한 강박적 집착을 유발한다. 젊은 여성이 엿들은 트라우마 없이도 성적 환상을 품을 수 있는지는 융에게 아무 상관없다. 그에게 는 환자의 비밀로 인해 발생하는 심리적 압박이 환자의 집착과 불안을 설명해준다. "강한 에너지만이 병적 상상을 영구적으로 억제할 수 있는 데, 강박적인 사람들은 약하며, 그래서 그들은 자신의 상상을 억제할 수 없다."[34]

융은 자서전《카를 융: 기억, 꿈, 사상》에서 삶에 지친 여성을 부르 크횔츨리에서 치료한 것도 묘사한다. 사랑의 아픔에 시달리던 이 여성 은 두 자녀에게 하천의 더러운 물을 마시게 했다. 그 후 네 살짜리 딸 은 장티푸스에 걸려 사망했고, 얼마 지나지 않아 어머니는 정신 병원 에 입원했다. 융은 다음과 같이 썼다. "나는 그가 살인자라는 사실과 그 가 숨긴 비밀의 많은 세부 사항을 연상 실험으로 알게 되었고, 내게는 이로써 우울증의 이유는 충분하다는 것이 분명했다."[35] 융은 어떻게 자 극 단어에 대한 반응에서 그토록 중대한 비밀의 세부 사항을 추론할 수 있는지 밝히지 않는다. "내게는 분명했다"는 점만으로도 충분히 근거가 될 수 있다는 것이다.

이런 불명확성에도 불구하고 20세기 초의 연상 실험은 그때까지 빈약하던 정신의학적 진단의 가장 날카로운 칼이다. 물론 일련의 전형적 증상과 경과, 가령 사고와 지각과 감정적 체험 및 표현의 장애가 알려져 있었지만, 이것들이 논리정연하게 구별되는 임상 증상으로 짜맞춰지지는 못한다. 그래서 환자는 대부분 에밀 크레펠린으로 거슬러 올라가는 두 가지, 즉 조울성 광기와 조발성 치매 가운데 하나로 분류된다. 그 밖에 몽유병(Somnambulismus, 최면 상태 등 영감에 의해 흐려진 의식), 신경 쇠약(불안정한 신경과 염려), 히스테리 같은 유행성 증후군도 퍼져 있었다.

또한 부르크휠츨리의 책임자인 오이겐 블로일러는 1908년 말 한 학술 대회에서 연상 연구에 기초해, 조발성 치매로도 불리는 '조기 뇌연화증'의 이름을 '조현병'으로 바꿔야 한다고 제안한다. 이는 그 중심에 정신의 기능 부전이 아니라, 현실로부터 사고와 감정의 분리가 있다는 사실을 표현하기 위한 것이었다. 부르크휠츨리의 환자 대부분이 앓고 있던 정신병적 장애는 융을 사로잡는다. 우연을 믿지 않는 까닭에 그는 환상 속에 숨은 심층 구조를 추측한다. 하지만 이 복잡한 그물을 어떻게 밝힐 수 있을까? 그에게 가장 좋은 방법이란 당사자의 연상을 외부에서 유도하지 않으면서 정확히 측정하는 것으로 보인다. 문제는 실험자가 (무의식적으로) 자신이 예감하는 것보다 더 많은 연상을 유도하지 않느냐는 것이다.

~~~~~~

연상 실험은 통계적 개연성을 개별 사례에 대한 명확한 판단으로 변환하는, 심리학적 절차라는 장르의 대표적 초기 사례다. 여기는 나중에 부르크횔츨리의 정신의학자가 되는 헤르만 로르샤흐(Hermann Rorschach)가 개발한 잉크 얼룩 검사도 속하는데, 이 검사에서는 실험 대상자가 대칭적 패턴에 대해 지어내는 이야기가 영혼의 상태에 대해 뭔가를 드러낸다고 본다. 또는 반세기 후 미국 법정에서 유행하는 방법인 거짓말 탐지기도 있다. 이 방법을 쓸 때는 예를 들어 범죄 행위와 관련한 물음에 답할 때의 감정적 흥분이나, 신경과민의 정도를 통해 범죄에 대해 뭔가를 숨기고 있다고 추론한다. 물론 이 방법이 완벽한 것은 아니다. 대상자는 범죄와 아무 관련이 없어도 긴장할 수 있고, 반면 냉혈한 사이코패스는 눈도 깜빡하지 않을 것이다. 그런데도 뇌파 기록은 종종 재판에서 증거로 인정받는다.

융은 자기의 연상 실험이 범죄 수사에 쓸모가 있는지의 문제에 관해 〈심리학적 사실의 진단에 대하여〉라는 논문을 쓰는데, 이 논문은 프로이트의 고전인 《성욕에 관한 세 편의 에세이》와 거의 같은 시기인 1905년에 출간된다. 그사이에 취리히는 빈과 더불어 정신분석의 두 번째 중심지로 자리 잡았다. 부르크횔츨리의 명성은 국제적 발판을 마련할 가능성을 높인다. 왜냐하면 자신의 사례에 관해 의견을 교환하는, 이곳저곳에 흩어진 일군의 개업의들은 스위스에 뭉친 전문능력과 거의 경쟁할 수 없기 때문이다. 프로이트는 융이 자기의 운동에 대해 자신이 할 수 있는 것보다 더 많은 인정을 확보해줄 것임을 깨닫는다. 그래서 그는 스위스인들을 자기 일에 끌어들이기 위해 할 수 있는 것을 다 한다.

그러나 융의 창의성과 자부심은 그의 상사 블로일러를 골치 아프게 하고 있다. 블로일러는 자신의 위치에서 당연히 지시할 수 있다고 생각하는 번거로운 일들을 하라고 이 수석 의사를 설득하는 데 어려움을 겪는다. 융은 그의 지시를 마지못해 받아들인다. 부르크휠츨리에서 블로일러의 전임 원장이던 오귀스트 포렐이 연구 진행 상황을 알고자 취리히를 방문했을 때 그는 놀라서 묻는다. "도대체 이 병원의 책임자는 누군가요? 블로일러 박사입니까, 아니면 융 씨입니까?" 융은 자의식으로 가득 차 누가 책임자인지 거의 신경 쓰지 않는 것처럼 보였다.

융의 에고는 그의 출신에도 근거한다. 1875년 성직자 가정에서 태어난 그는 바젤 인근의 클라인휘닝겐에서 자란다. 그의 아버지 요한 파울 아킬레스 융은 마을의 목사이고, 어머니 에밀리는 역시 유명한 목회자이던 사무엘 프라이스베르크의 딸이다. 그의 친할아버지 카를 구스타프 융은 자신이 괴테의 사생아라고 믿었는데, 이는 융이 자랑스럽게 전파한 전설이다. 손자 역시 평생 시성의 작업과 결부돼 있다고 느낀다. 마찬가지로 오래된 가족의 전통은 초감각적인 것에 대한 애착이다. 융의 사촌인 헬레네 프라이스베르크는 수백 번의 강령술 모임과 오컬트 회합에서 저편의 메시지를 전하는 성공적 영매가 되었다. 하지만 그는 결국 사기 혐의로 유죄 판결을 받는다.

융의 상상력은 일찍부터 나타난다. 그는 어릴 때부터 생생한 꿈을 꾼다. 열 살 때의 꿈에서는 하늘에서 떨어진 거대한 똥 더미에 유서 깊은 바젤 대성당이 묻힌다. 이것은 융에게 아버지가 걸은 삶의 길을 따르지 말라는 징조였다. 그런데도 그는 생애 내내 영적인 것을 추구한다.

1895년 취리히에서 의학을 공부하기 시작한 융은 정신의학을 전공하고, 1900년 부르크휠츨리 병원에 들어간다. 공부를 마칠 1902년 즈음 그는 〈이른바 오컬트 현상의 심리와 병리에 대하여〉라는 논문에서 사촌의 영성주의를 결산한다. 이는 분명 과학적으로 생각하는 교수들을 위한 고려였을 것이다. 융의 전기 작가인 디어드리 베어(Deirdre Bair)는

"이 박사 학위 논문에서 그는 영적인 힘이 특정한 정신 상태에서 비롯하며 이른바 초자연적인 것과 아무 관련도 없다는 점을 분명히 하고자 했다"고 썼다.[36] 융이 프라이스베르크의 강령술 모임에 대한 자기의 경험을 꾸밈없이 털어놓은 때부터 외가 쪽 가족과의 관계는 흐려지기 시작한다.

엄격한 수련에도 불구하고 융에게 텔레파시와 예지는 논란의 여지 없는 현실로 남는다. 1907년 봄, 그가 빈을 처음 방문한 때의 일화가 이를 보여준다. 3월 3일 그는 아내 그리고 부르크횔츨리의 동료인 루트비히 빈스방거(Ludwig Binswanger)와 함께 베르크가세에 도착했다. 프로이트와 융은 첫 만남에서 정오부터 밤이 깊어지기까지 거의 열세 시간 동안 대화를 나눈다. 그들이 프로이트의 서재에서 저녁이 늦도록 토론을 계속하고 있을 때 갑자기 붙박이 책장 벽에서 갈라지는 소리가 울려 방 뒤쪽을 가득 채웠다. "그것은 촉매적 외부화 현상이었습니다"라고 융은 설명한다. 프로이트와 그렇게 긴 대화를 나눈 후에도 그가 여전히 이런 말을 유창하게 입에 올리는 것은 그야말로 놀라운 일이다. '외부화'는 물리적 세계에 영향을 미치는 것으로 추정되는 정신의 능력을 말한다. 융은 소음을 두 사람이 사상을 교환하면서 유발한 과잉 에너지의 결과로 생각한다. 프로이트는 무미건조하게 대꾸한다. "아, 그건 정말로 말도 안 되는 소리죠." 이 대답을 기회로 삼아 융은 두 번째 소음을 예측한다. 그리고 잠시 후 "책장에서 똑같이 우지끈하고 갈라지는 소리가 시작되었다!"[37] 프로이트는 그리 감명받지 못한 모습을 계속 보인다. 그의 합리주의적 사고에는 오컬트가 들어설 자리가 없다.

나중에 융은 프로이트와의 또 다른 만남에 대해 이렇게 말한다. "프로이트가 제게 어떻게 이야기했는지 생생하게 기억합니다. 친애하는 융, 성 이론을 절대로 포기하지 않겠다고 약속해주세요. 그거야말로 가장 본질적인 거예요. 보세요, 우리는 그걸로부터 도그마, 흔들리지 않는 보루를 만들어내야 합니다." "보루라고요? 무엇에 대한 보루죠?"라고 융이 되묻자 프로이트는 "오컬트주의라는 검은 오니 더미에 대한 보루죠"라고 간결하게 대답했다.[38]

융은 다음과 같이 인식한다. "도그마, 다시 말하면 논의할 필요가 없는 고백은 의심을 단적으로 억압하고자 하는 곳에서만 성립한다. 그러나 그것은 과학적 판단과 더는 관련이 없고 오직 개인적 권력 욕동과 이어질 뿐이다."[39] 첫 만남 이후 불과 2년 만에 이런 욕동은 열매를 맺는다. 프로이트와 융은 미국 동부 해안의 한 명문대에서 함께 강의하도록 초청받는다.

"내가 클라크 대학교에 초청받은 것은 연상 연구 덕분이었다"고 융은 자서전에 썼다. "나를 미국에서 유명하게 만든 것은 연상 실험과 정신 전기 전도 실험이었다." 미국의 '달러 아저씨'에 회의적인 프로이트와 달리, 융은 그의 무의식 심리학에 관심 있는 기업가 및 영향력 있는 인사들과 빠르게 관계를 맺는다. 여기서 그는 정신분석의 유명한 대변인인 철학자 제임스 퍼트넘(James Putnam)의 도움을 받는다. 우스터에서 격식을 갖춘 행사를 마친 후, 융과 프로이트는 퍼트넘과 산속 집에서 함께 시간을 보낸다.

신세계로 떠나기 몇 달 전인 1909년 6월에 융은 이미 부르크휠츨리에서 사직했다. 블로일러와의 관계는 오래전부터 긴장돼 있었다. 같은 해 미국에서 돌아온 융은 바로 아내 에마 및 자녀들과 함께 자기가 직접 설계에 참여한, 취리히호숫가 퀴스나흐트의 큰 집으로 이사한다. 그는 여기에 자신의 진료실을 연다. 결혼 전 성이 라우센바흐인 에마 융

사진 7 행복한 부부: 1903년 2월 14일에 결혼한 카를 구스타프와 에마 융.

(Emma Jung)은 스위스에서 가장 부유한 상속녀 가운데 한 명이며, 나중에 정신분석가가 된다. 그의 아버지는 시계 제조업체 IWC로 많은 재산을 축적했는데, 이 회사는 1905년 그가 사망한 후 부인과 딸들에게 넘어갔다. 이때는 카를 구스타프와 에마가 결혼한 지 2년이 지났다. 정신의학자이며 고상한 것을 좋아한 융은 이제 모든 물질적 걱정에서 벗어날 수 있었다.

도라가 알지 못하는 것

1907년 1월, 융이 처음 대가를 알현하기 두 달 전에 부르크휠츨리의 또 다른 조교가 손님으로 베르크가세를 방문한다. 그의 이름은 막스 아이팅곤(Max Eitingon)이다. 그는 특히 프로이트 학파에 대해 더 정확히 알기 위해 빈으로 왔다. 왜냐하면 취리히 병원이 정신분석에 열려 있긴 하지만, 그 접근 방식에 대한 정보는 거의 없기 때문이다. 아이팅곤은 그것을 직접 보려고 한다. 그러나 빈의 동료들이 그에게 보여주는 모습은 이 젊은 정신의학자를 당황케 한다. 그들은 서로에 대한 공격에 몰입하고 조롱과 분노로 일관한다. 심지어 다음과 같이 기본적인 것에 대해서도 의견이 일치하지 않는다. 신경증은 어디서 오는가? 분석은 어떻게 작동하는가? 성은 어떤 역할을 하는가? 이에 관해 집단에는 분명 그 구성원 수보다 많은 의견이 돌아다니고 있다.

아이팅곤은 그렇게 큰 불화를 예상하지 못했다. 그는 의견의 불일치를 명확한 규칙으로 억제해야 한다고 생각한다. 몇 년 후 아이팅곤은 프로이트의 측근들로 구성돼 1912년부터 순수한 교설을 준수하는지 감시하는 '비밀위원회'의 주요 책임자가 된다. 정신분석 운동은 물질적 측면에서도 아이팅곤에게 큰 빚을 진다. 모피 상인이었던 아버지 하임 아이팅곤이 모은 재산으로 그는 1920년부터 베를린의 정신분석연구소에 자금을 지원한다. 그때부터 분석가들 사이에는 "정신분석의 가장 아름다운 사례는 늙은 아이팅곤의 털가죽"이라는 익살이 널리 퍼진다.[40]

말이 난 김에 아름다운 사례에 대해 말하자면, 모두 1900년대에 성립한 프로이트의 임상 이야기들은 훌륭한 문학 작품이다. 히스테리적인 도라, 다섯 살짜리 공포증 환자 한스, '쥐 인간' 에른스트 란처, 늑대를 꿈꾸며 강박 신경증이 있는 세르게이 판케예프의 운명은 언뜻 보면 진짜 사례 보고 같다. 하지만 이들 이야기는 명백히 하나의 목적에 이바지하는, 언어적·사상적으로 세부까지 하나하나 형상화된 작품이다. 이는 프로이트의 접근 방식을 확인할 수 있도록 돕기 위한 것이다.

이런 텍스트에서 그는 자신의 무지와 오류 그리고 잘못된 경로를 언급한다. 하지만 그렇게 함으로써 그는 결국 독자에게 깨달음과 치유에 이르는 길이 얼마나 험난한지를 보여주고 거기에 설득력을 부여하며, 특별한 긴장감을 준다. 사실 그의 '임상 자료'는 결함이 있고, 해석에 대한 충동이 넘쳐나며, 문제를 향한 의지는 분명히 알아볼 수 있다. 이거야말로 이 이야기들을 의심스러운 만큼이나 읽을 가치가 있는 것으로 만든다.

일화적 사례 보고는 예부터 의사를 돕는 무화과 잎사귀였다. 환자에 대해 일반화할 수 있는 데이터가 없는 까닭에, 개별적으로 선택한 관찰은 의사가 취한 조치의 유용성을 뒷받침하려는 것이었다. 정신의학자들은 실로 오랫동안 사실과 질병의 경과를 살펴볼 필요가 없다고 생각했다. 그런 배경에서 19세기 말 사례 보고가 유행하기 시작한 것은 한 발 진전했다고 할 수 있다. 그러나 단일한 운명, 특히 환자 자신의 치료가 겪은 운명에 대한 기술은 증거에 기반한 의학을 향한 첫걸음에 지나지 않았다.

치료를 따라 할 수 있도록 제시하는 것이 단순히 치유를 주장하는 것보다 더 좋다. 하지만 저자가 객관성을 위해 노력할 때도 개별 사례는 그 방법의 질에 대해 거의 알려주지 않는다. 왜냐하면 결과가 우연이나 자연 회복이나 플라세보 효과에 근거할 수 있기 때문이다. 신뢰할 만한 결론은 많은 치료법을 개관할 때 비로소 도출될 수 있다. 그리하여 프로이트의 정신분석 보고들은 다름 아닌 한 가지, 즉 좋은 이야기에 대한 필요를 충족한다.

~~~~~

프로이트가 '도라'라고 부르는 소녀에 관한 유명한 사례 연구도 그런 좋은 이야기 가운데 하나다. 그는 오랜 망설임 끝에 1905년 〈한 히스테리 분석의 단편〉이라는 제목으로 그 사례 연구를 발표했다.[41] 단편인 까닭은 이다 바우어라는 환자에 대한 치료가 겨우 열한 주 만에 중단됐기 때문이다. 연구가 출판되기 오래전인 1900년 12월 31일의 일이었다. 물론 프로이트는 초고를 1901년 1월 말에 이미 끝냈다. 하지만 그는 이 원고의 공개를 주저한다. 첫째로 치료가 사실상 실패했고, 둘째로 그 과정에서 프로이트는 성적 실천과 욕망에 대해 18세 소녀와 꾸밈없이 이야기를 나누는데 당시에 이는 그야말로 추잡한 일이었기 때문이다. 프로이트가 소녀에게 자신의 은밀한 비밀(또는 그가 그렇다고 여기는 것)을 털어놓도록 압박을 가하는 방식은 전문가들의 분노를 불러일으킨다. 리비도 이론을 모두 이해한다고 해도 그런 심문은 많은 사람들에게 지나친 것이었다.

프로이트의 기준에서 보더라도 도라는 젊은 환자다. 그는 이미 여러 해 동안 주기적 안면 통증, 목소리 상실을 동반한 기침 발작, 실신, 경련으로 고통받아왔다. 도라가 자살하겠다는 의도를 밝힌 후 아버지는 그를 프로이트의 진료실로 데려온다. 그래서 프로이트는 자발적으로 그리고 호전을 기대하며 치료를 시작하는 것이 아니라, 강제로 치료받아야 하는 소녀와 마주한다.

이 보고에서 프로이트는 우선 도라의 가족이 처한 상황을 묘사한다. 이는 전체적으로 숨겨진 에로티시즘, 권력, 퇴폐에 관한 아르투어 슈니츨러식 실내극을 연상시킨다. 사업가인 도라의 아버지는 자기 아내, 즉 도라의 어머니와 그 오빠에게 이미 오랫동안 지겨움을 느껴왔다. 거기에 더해 그의 건강 문제도 있었다. 그는 전에 매독 때문에 프로이트에게 치료받은 적이 있었고, 그래서 두 사람은 서로를 알았다. 그리고 도라 가족의 절친한 친구인 K씨 부부가 등장한다. K부인은 도라의 아픈 아버지뿐만 아니라 딸도 정성을 다해 돌봐준다. 추측건대 그래서 아버지와 매력적인 K부인의 불륜이 시작됐을 것이다.

그 후 산책 중에 K씨가 도라에게 강제로 키스하자 그는 겁에 질려 부모에게 이 일을 털어놓는다. 하지만 아버지는 오히려 자신의 불륜이 발각될 것을 걱정하며 도라를 '그런 책들(연애 소설로 보인다)'을 읽고 접근을 상상한 거짓말쟁이로 몰아세운다. 프로이트는 도라가 스스로 인정하는 것보다 K씨에게 더 많은 것을 느낀다고 생각한다. 하지만 그는 거기에 더해 참된 사랑의 대상인 아버지를 숨기고 있다.

치료 과정에서 도라는 프로이트가 전부 자기 가설에 맞는 의미로 해석하는 꿈에 대해 보고한다. 꿈속에서 도라의 가족은 불타는 집을 나와 도망치지만, 어머니는 '작은 보물 상자를 구하려고' 한다. 아버지는 화를 내는 것으로 반응한다. 지금 그럴 시간이 없어! 가족 모두가 밖으로 나오자마자 꿈은 끝나고 도라는 깨어난다. 프로이트는 소녀에게 '작은 보물 상자'는 여성의 성에 대해 자주 출현하는 은유라고 설명한다. 도라의 어머니는 보물 상자를 아버지에게 넘겨주려고 하지 않는다. 반면 도라는 자기 것을 기꺼이 주려고 한다.

이 사례에서처럼 프로이트는 도라를 거듭 성적 관련성에 부딪히게 한다. 그는 아버지에 대한 성적 매혹을 감추기 위해서일 뿐이지만 K씨에 대한 사랑에 빠졌다. 그 밖에도 프로이트는 도라가 경탄하는 '아름다운 하얀 몸'을 가진 K부인과 도라의 관계에서 동성애적 요소를 본다. 프로이트는 이 드라마에서 나중에 '전이'와 '역전이'라는 개념으로 기술하는 자신의 역할을 간과한다. 도라는 아버지에 대한 자기의 애착을 무의식적으로 치료자에게 '전이'하고, 따라서 아버지와 마찬가지인 치료자에 대한 사랑이 명시적으로는 드러나지 않도록 그를 거부한다. 프로이트는 도라와의 경험을 통해 의사와 환자의 관계에 대해 집중적으로 숙고하게 된다. 전이는 애정 어린 숭배로 나타나든 거부로 나타나든 치료에서 의식화를 어렵게 하거나 심지어 저지한다. 프로이트는 도라의 치료도 결국 이로 말미암아 실패했다고 생각한다. 그는 앞으로 이런 문제를 피하기 위해 치료자에게 어떤 애착도 갖지 않는, 엄격한 중립성과 거리 두기라는 기본 치료법을 권장한다. 치료자는 환자가 자신을 인식하는 거울로서만 기능해야 한다.

도라는 프로이트의 설명을 거부하지만, 프로이트는 바로 그 거부에서 추측하던 억압에 대한 확증을 발견한다. 하지만 그가 드러난 갈등을 해결하기 전에 도라는 치료를 중단한다.

많은 동시대인에게 충격을 준, 자기 확신에 찬 집요함이 프로이트의 묘사를 관통한다. 예를 들어 프로이트가 어떤 신체적 원인도 찾을 수 없는, 불가사의한 도라의 기침 발작을 해석하는 구절을 생각해보자. 의사 프로이트는 이를 도라의 아버지가 K부인과 행하는, 좀더 분명한 종류의 불륜에 관한 무의식적 생각과 연관시킨다. 프로이트는 이렇게 썼다.

"그(도라)가 다시 한번 아버지가 **능력 있는** 사람이기 때문에 K부인이 그를 사랑하는 것이라고 강조했을 때, 나는 그 표현의 일정한 부수적 사정으로부터 …… 문장 배후에 반대되는 뜻, 즉 아버지가 **무능력한** 사람, 무능한 사람이라는 뜻이 숨어 있음을 알아차렸다. 그가 의식적 앎을 통해 이 해석을 확인한 후, 나는 그가 한편으로는 그런 관계가 일반적 사랑의 관계임을 견지하면서 다른 한편으로는 아버지가 무능하므로 그 관계를 이용할 수 없다고 주장할 때 어떤 모순에 빠져 있는지 들려준다. 그의 대답은 그가 이 모순을 인정할 필요가 없음을 보여주었다. 그는 성적 만족에는 두 종류 이상이 있다는 것을 잘 알고 있었다. 그러나 그는 자기 앎의 원천을 찾아낼 수 없었다. 내가 성관계를 위해 생식기 외의 다른 기관을 사용하는 것을 의미하는지 거듭 물었을 때, 그는 그렇다고 대답했고 나는 계속할 수 있었다. 그때 그는 바로 자극받은 신체 부위(목구멍, 구강)를 생각하고 있었다. 그가 자기 생각에 관해 아무것도 알고 싶어 하지 않았다면 증상이 언제 나타나는지 전혀 깨닫지 못했을 것이다. 하지만 평소처럼 목의 간지럼을 자극으로 느끼는 그의 경련성 기침으로 미뤄볼 때 끊임없이 그를 사로잡는, 두 사람 사이에 성적 만족이 일어나는 상황을 상상하고 있었음은 부인할 수 없는 사실이었다."[42]

노골적으로 말하자면, 프로이트가 보기에 도라의 기침은 아버지가 K 부인의 구강으로 만족할 수 있을 거라는 억압된 환상에 근거한다. (당시 남성은 성교할 수 없거나 자녀를 낳을 수 없는 경우 '무능'하다고 여겨졌다. 발기 능력과 관계가 있을 수는 있지만 반드시 그런 것은 아니었다). 저널리스트 디터 E. 치머(Dieter E. Zimmer)는 이 장면에 대한, 프로이트에게 비판적인 논평에서 그가 결정적 전환을 제대로 설명하지 않았다고 강조한다. 도라가 사용한 '능력 있는'이라는 말이 사실은 '무능력한' 또는 '무능한'을 의미한다는 것을 프로이트는 단지 "그 표현의 일정한 부수적 사정으로부터"만 추론한다는 것이다.

부수적 사정이라는 말에서 뭘 유추해야 할까? 망설임? 헛기침? 불확실한 목소리? 고통스러운 표정? 어쨌든 그토록 대담한 테제를 정당화할 수 있는 것은 전혀 없다. 젊은 여성이―오히려 프로이트에게서 비롯한—'그의 생각'을 허용하지 않는 까닭에 증상이 형성된다. 소녀의 기침은 그의 무의식적 환상이 작동하고 있음을 증명한다. 그리고 통찰의 순간에 기침이 즉시 사라지는 까닭에 설명은 분명히 들어맞게 된다. 《히스테리 연구》가 출판됐을 때 이 사례는 신경성 기침의 기원을 이론의 여지 없이 확인시켜줬다.[43]

이 일화만으로도 정신분석의 논리가 왜 다음과 같은 농담을 연상시키는지 알 수 있다. 의자에 고양이가 앉아 있다면 고양이가 보일 것이다. 하지만 의자에서는 고양이가 보이지 않는다. 그러므로 고양이를 볼 수 없다! 도라의 사례에 대한 해석은 그 논리적 일관성에도 불구하고 다른 구절에서도 도발적인 것으로 입증된다. 예를 들어 프로이트는 소녀의 숨 가쁨과 빠르게 뛰는 맥박을 "성행위의 분리된 부분"으로 설명한다. 그래서 신경성 천식은 "같은 유인, 즉 성인의 성관계를 엿듣는 것으로 거슬러 올라갈" 수 있다.[44] 치머는 이를 다음과 같이 설명한다. "아빠가 동침할 때 바지를 벗으면 어린 딸이 천식에 걸린 듯이 그르렁거린다."[45]

이 저널리스트에 따르면 프로이트는 자신의 사례를 이야기하면서 의도치 않게 "어떤 가설을 마침내 의심의 여지 없이 입증된 것으로 선언하기 위해 기괴한 비약을 수행하는" 희극의 귀중한 예를 남겼다.[46] 문학사가 프레더릭 크루스(Frederick Crews)에게 프로이트의 사례 연구는 "대부분 안성맞춤인 일화, 흥분을 가라앉히는 문학적 비유, 이의에 대해 구실이 많은 방어, 증거를 나중에 제출할 것이라는 약속 또는 그것을 이미 제공했다는 거짓 확언으로" 구성돼 있다. 그의 결론은 다음과 같다. "정신분석이 엄밀한 자연과학이라고 계속 주장했지만, 프로이트는 그저 과학 공동체로부터 물러서서 그것을 자기의 개인적 권위에 대한 숭배로 대체했을 뿐이다."⁴⁷ 그럼에도 불구하고 그의 가르침은 현대적 사유의 세계적 강자로 올라선다. 정체를 폭로하는 통찰력과 범접하기 어려운 확신의 혼합은 너무나 매력적이다.

~~~~~~~~

1905년은 하나의 치료법에서 널리 인정받는 심리학으로 나아가는 정신분석의 도정에서 전환점이 된다. 프로이트는 짧은 시간에 신경증의 발생뿐만 아니라 건강한 사람의 영혼 활동도 설명하는 작품을 여럿 발표한다. 이런 저술에는 〈한 히스테리 분석의 단편〉 외에도 《농담과 무의식의 관계》《성욕에 관한 세 편의 에세이》가 있다. 그때부터 리비도의 억압은 보편적 설명 방식이 된다. 억압(체험을 기억하지 않기), 합리화(어설프고 진부한 이유 끌어들이기), 투사(자신의 동기를 타인에게 돌리기), 전치(리비도를 물신이나 자아로 돌리기), 승화(예술 활동 등을 통해 쾌락 충족) 같은 무의식적 방어 기제의 목록은 병리학뿐만 아니라 모든 심리적 사건 각각의 구성 요소를 기술한다.

　기본 원칙은 똑같이 유지된다. 정신분석적 해석에 대한 저항이야말로 그 해석의 올바름을 확증한다는 것이다. 더구나 프로이트의 이론과 실천은 서로를 보장한다. 치료에서 효과가 있는 것은 분명 과학적으로도 들어맞는다. 역으로 그렇게 정교한 설명은 실천에서 잘못되기 어렵다. 1927년 《비전문가 분석의 문제》의 에필로그에서 프로이트는 처음부터 자신의 학설과 함께해온 "치유와 연구 사이의 연계"에 대해 이야기한다. 정신분석의 급격한 부상은 우리 자신의 희망적 사고가 우리가 참이라고 여기는 것에 대한 이미지를 얼마만큼이나 형성할 수 있는지 보여주는, 인상적인 예다.

　다만 도라는 이 모든 것에 대해 더 이상 알고 싶어 하지 않는다. 그가 프로이트와 3개월간의 치료를 중단한 후 처음에는 침묵이 지배한다. 1년 반이 지난 1902년 4월 초 그는 또다시 고통스러운 안면 신경통을 호소하며 프로이트를 찾아온다. 도라는 자기가 K씨 부부에게 해명을 요구했다고 보고한다. K부인은 아버지와의 불륜 사실을 고백했고, K씨도 도라를 성적으로 괴롭혔음을 인정했다. 그 후 도라는 한동안 증상에서 벗어난다.

　자아도취의 인간인 프로이트는 도라의 재방문을 그가 얼마 전 신문에서 프로이트가 원외교수로 임명됐다는 소식을 읽은 것을 가지고서 설명한다. 그는 도라가 떠나간 것이 자기를 얼마나 괴롭혔는지를 관대하게 봐 넘긴다. "나는 그가 고통에서 훨씬 더 철저하게 해방되는 만족감을 박탈한 것을 용서하기로 약속했다."[48] 프로이트는 자기가 신경통을 추방할 수 있었는지, 없었는지는 밝히지 않는다.

　1904년 도라는 마침내 결혼해서 빈을 떠나며 아들러라는 성을 가지게 된다. 그래서 프로이트는 그의 사례 이야기를 출판할 수 있게 됐다. 결혼 전 성이 바우어이던 이다 아들러는 나치를 피해 미국으로 가며, 1945년 크리스마스 직전에 뉴욕에서 사망한다.

꿈같은 전망

　　　　　　　　오늘날 정신분석을 체화한 전문가들만 알퐁스 메데(Alphonse Maeder)를 알고 있다. 하지만 그는 자신의 시대를 훨씬 앞선 업적으로 인정받을 만하다. 왜냐하면 메데는 제1차 세계대전에 앞서 꿈에 대한 기능적 이론을 개발했기 때문이다. 그는 밤의 환상 여행을 간단히 말하자면 정신의 예비 훈련으로 간주한다. 꿈은 아이들의 놀이와 비슷한 기능을 한다. 그것은 행동·생각·감정을 연습하고, 배운 것을 확고히 하며, 미래의 도전에 대비하기 위해 우리가 필요로 하는 시험 운전이다.

당시에는 이 아이디어를 진지하게 받아들이는 사람이 거의 없었다. 현대적 꿈 해석의 창시자인 프로이트도 회의적이었다. 그는 메데의 접근법이 "신비주의적"이고 "위험"하며, 꿈을 잠의 수호자로 여기는 자기의 생각과 너무나 모순이라고 질책한다. 프로이트에 따르면 꿈은 힘들게 억압된 욕동 에너지가 해를 끼치지 않고 흘러나올 수 있는 정신적 배출구다. 환상이 실재에서 그토록 멀리 떨어져 있는 까닭은 그 불안한 성격이 잠을 방해할 위험을 방지하기 때문이다. 그렇게 프로이트는 꿈에서는 소원이 항상 변장하고 나타난다는 테제에 도달한다.

하지만 메데는 포기하지 않고 그사이 융과 프로이트가 리비도에 대한 견해차를 두고 벌이는 갈등의 전선에 끼어든다. 프로이트에게 반유대주의자로 폄하된 메데는 다른 편인 부르크횔츨리의 전 동료 융에게는 무시당한다. 융은 〈정신병리학 연구와 정신분석 저널〉에 메데의 이론을 발표하기를 계속 연기한다. 왜냐하면 프로이트와의 의견 불일치가 그를 감정적으로 괴롭혔고 더는 불에 기름을 붓고 싶지 않았기 때문이다. 그래서 대단히 유망한 접근법이 망각 속으로 사라진다. 물론 메데는 취리히의 정신과 의사로서 수년 동안 계속 진료했지만, 더 이상 정신분석의 역사에서 중요한 역할을 하지 못한다.

그의 추정 뒤에는 수년 후 꿈 연구자들이 다시 포착하는 생각이 있다. 밤의 시나리오가 깨어 있는 체험에서 가치를 얻기 위해서는 실재적인 것의 경계를 넘어서야 한다. 꿈속에서 모든 것이 일상적이라면, 즉 평범한 지각의 틀 안에 있다면 얻을 수 있는 것이 거의 없다. 오늘날 인공지능 전문가들은 이런 현상을 과대 적합(영어로는 overfitting)이라고 한다. 학습 시스템에 너무 제한적이고 자기 유사성이 높은 입력이 주어지면, 그 시스템은 패턴을 형성해 새로운 사례에 적용하는 데 거의 성공하지 못한다. 이를 위해서는 분명 이상값과 극단이 필요하다. 즉 환상적인 것이 교정 수단으로 작용한다. 꿈에서 우리의 생각이 그럴듯한 것의 지반을 자주 벗어나는 이유도 비슷할 것이다. 그런 경우 우리의 생각이 더 잘 정돈될 수 있다. 다시 말해 우리가 비행에 대해 꿈꾸는 것은 달리기할 때 균형을 유지하는 데 도움이 되기 때문이다.

프로이트도 꿈 사건의 종종 비합리적인 성격을 놓치지 않는다. 그는 〈무의식에 대한 소고〉에 다음과 같이 썼다. "가장 정상적인 사람에게서 발견할 수 있지만, 광기라는 가장 거친 산물에 너무나 놀라운 유비를 제공하고 철학자들에게는 광기 그 자체보다 더 이해할 수 없던 정신적 산물이 존재한다. 바로 꿈이다."[49] 1899년 11월 8일에 출간된, 압도적으로 유명한 그의 저작은 꿈에 관한 것이다. 이 책은 다음과 같은 말로 시작한다.

"이제 나는 꿈을 해석할 수 있게 해주는 심리학적 기법이 있으며, 이 방법을 적용하면 모든 꿈이 깨어 있는 영혼의 활동에서 인식할 수 있는 자리에 배치가 가능한, 의미 있는 정신적 형성물로 밝혀짐을 증명할 것이다. 나아가서 거기서 꿈의 낯섦과 알아볼 수 없음이 파생되는 과정을 밝히고, 그 과정으로부터 함께 또는 서로에 반해 작용함으로써 꿈이 생겨나게 하는 정신적 힘의 본성에 대한 귀납적 추론을 끌어내려고 시도할 것이다."[50]

그야말로 선풍을 일으키는 개막이다. 그 앞에는 라틴어 표어가 적혀 있다. "더 높은 힘들을 달랠 수 없다면, 나는 지하 세계를 뒤흔들 것이 다(Flectere si nequeo superos, Acheronta movebo)." 이 인용구는 로마 시인 베르길리우스(Vergilius)의 《아이네이스》에서 유래했고 이미 노동자들의 지도자 페르디난트 라살레(Ferdinand Lassalle)가 채택했지만, 이는 프로이 트가 덧붙였듯 "사회적—즉 심리학적이지 않은—계층화와" 관련한다.[51] 그 자신은 이 표어를 다음과 같이 이해하려고 한다. "상위 심급이 거부 한 욕망 충동(유아적 욕망)은 자신을 관철하기 위해 정신의 지하 세계(무 의식)를 움직이게 한다."[52] 그에 더해 개인적 차원도 있다. 베르길리우스 의 아이네이스는 지하 세계로 가서 죽은 아버지 앙키세스에게 조언을 구한다. 프로이트의 책 역시 1896년 야코프 프로이트의 죽음과 함께 시 작된 자기 몰두의 결과다. 프로이트 전기의 작가 어니스트 존스(Ernest Jones)는 "아버지의 죽음은 이 책뿐만 아니라 자기 분석의 동인이기도 했다"고 설명한다.[53]

프로이트는 《꿈의 해석》에서 처음으로 정신 과정의 기제를 자세히 전개한다. 그 기제는 우리의 내면을 움직이는 것을 숨기는 기능을 정신 과정에 부여한다. 억압, 전이, 투사와 같이 여기서 사용한 여러 개념이 일상어로 흘러들어간다. 오늘날에도 정신분석학의 전문 용어는 사람들 이 자신에 대해 생각하고 말하는 방식을 지속해서 각인한다. 물론 이런 변화는 하루아침이 아니라 좀더 오랜 기간에 걸쳐 이뤄졌다.

프로이트에게 꿈의 해석은 무의식에 이르는 왕도(王道)다. 꿈에 나타 나는 현상은 모두 의미심장하다. 모든 이미지·행동·느낌은 아무리 혼 란스럽게 나타날지라도 메시지를 담고 있다. "여기에 제시한 꿈 해석 방법을 따라가게 되면 우리는 꿈이 실제로 의미를 지닌다는 것을 알 수 있다. ……해석 작업을 완료한 후에 꿈은 욕망 실현으로 인식될 수 있다."[54]

이런 독법에 따르면 정신은 핑계가 많은 욕망 기계와 닮았다. 무의식적 욕동의 원천에서 나오는 충동과 생각은 공존의 요구와 양립할 수 없는 까닭에 의식에게 적극적으로 숨겨야 한다. 그 결과는 예를 들어 꿈 사건의 '왜곡' 같은 형태로 나타나는 영구적 자기기만이다. 그것은 프로이트가 도덕적 요구와 내적 욕동의 역학 간 타협 형성이라고 부르는 것에서 생겨난다. 그는 이걸 어떻게 생각해야 하는지를 수백 쪽으로 풀어놓는다.

프로이트는《꿈의 해석》에서 두 과정, 즉 전치(이동)와 압축을 강조한다. 이것들은 "우리가 꿈의 형태화를 주로 그들의 활동으로 돌릴 수 있는 두 장인"이다.[55] '잠재적' 내용은 이것이 금지된 걸 불안정하게 만들 가능성이 있다고 인식하고, 이것을 (기억할 수 있는) 꿈의 '현시적' 내용으로 위장함으로써 누그러뜨리는 검열자에 의해 전치된다. 예를 들면 꿈에서는 음경 대신 뱀이나 시가가, 질 대신 상자나 어두운 굴이 나타난다. 반면 압축은 꿈에서 낮의 잔여물, 즉 깨어 있을 때 우리를 사로잡은 체험의 여러 층이 겹침을 의미한다. 그래서 꿈속의 인물은 여러 실제 인물의 요소가 합성돼 이른바 집합 인물과 혼합 인물로 나타나기도 한다.

우리는 해석 작업을 통해 꿈의 잠재적 내용에 도달한다. 프로이트는 이 작업을 어떻게 진행하는지를 1895년 어느 여름날 밤에 자신에게 닥친 사건을 통해 보여준다. 이는 '이르마의 주사 꿈'으로 유명해진다.

'이르마'는 설명할 수 없는 통증, 현기증 발작, (아마 월경 전의) 기분 저하로 고통을 겪는 프로이트의 환자다. 그는 분명 나중에 여성인권운동

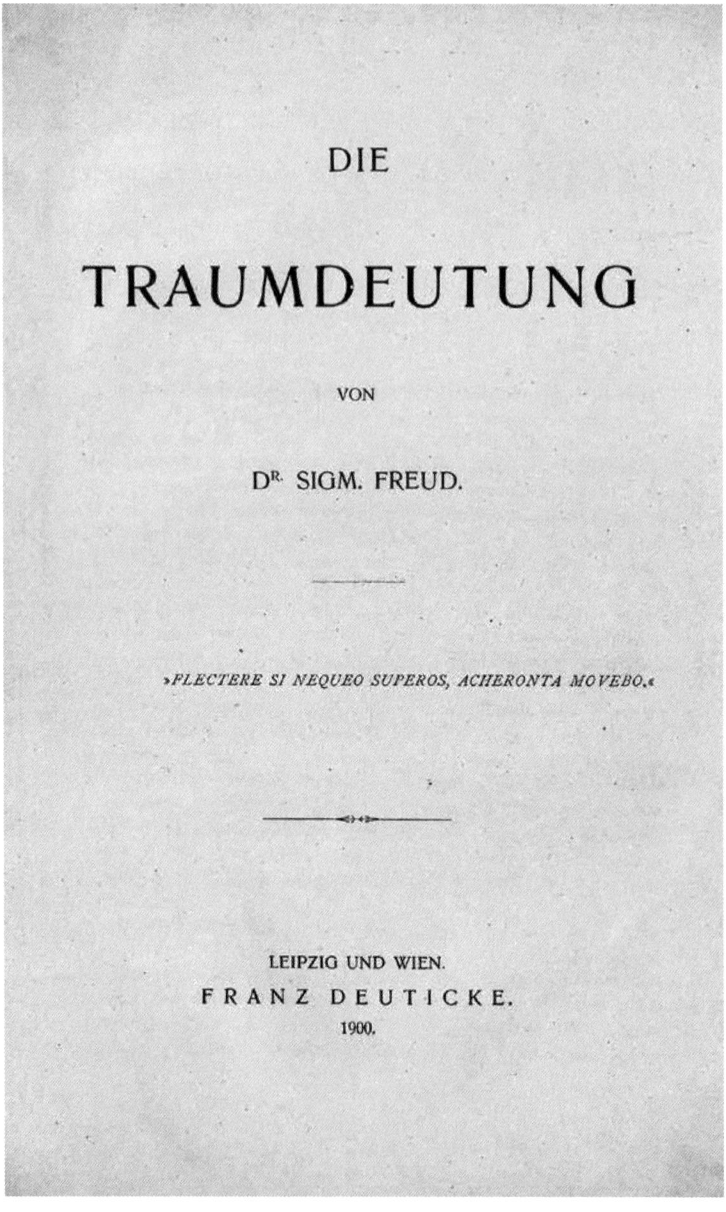

DIE

TRAUMDEUTUNG

VON

Dᴿ· SIGM. FREUD.

›FLECTERE SI NEQUEO SUPEROS, ACHERONTA MOVEBO.‹

LEIPZIG UND WIEN.

FRANZ DEUTICKE.

1900.

사진 8   역사를 만든 책: 프로이트의《꿈의 해석》은 1899년 11월 초에 출판되지만, 제목에는 1900년이라는 연도가 적혀 있다.

가가 된 에마 에크슈타인(Emma Eckstein)일 것이다. 그는 이미 오래전부터 프로이트와 개인적으로 알았고, 치료는 어쩌면 그가 베푼 호의였을 것이다. 하지만 프로이트는 환자의 여러 고통에 대해 별 진전을 보지 못하며, 그를 베를린의 이비인후과 전문의인 친구 빌헬름 플리스에게 소개한다. 플리스는 예전부터 남성의 코피가 여성의 생리 주기와 같은 것이라는 '비강 반사 이론'을 주장해왔다. 난해하게 들리고 당시에도 기이한 이론이었지만, 프로이트는 플리스의 '발견'을 높이 평가한다. 어쨌든 이 이비인후과 의사는 남성의 후각 기관과 여성의 생식기 사이에 심리생리학적 관련이 있다고 굳게 믿었다. 이 가정이 뒤따르는 드라마의 배경을 형성한다.

요약하면 플리스는 에마의 코를 수술하는데, 그것이 그가 겪는 통증의 원인이라고 생각했기 때문이다. 하지만 환자의 상태는 호전되지 않았고 오히려 그 반대였다. 곧바로 점막 감염이 발생하고 코피가 잦아졌다. 이 젊은 여성은 빈으로 돌아와 또다시 심인성 히스테리에서 출발하는 프로이트의 치료를 받는다. 그러나 문제의 원인을 확신하지 못한 까닭에 그는 1895년 3월 8일 친한 외과의와 상의한다. 그는 깜짝 놀라는 참석자들의 시선 속에서 환자의 비강에 든 "약 2분의 1미터 길이의 거즈 조각"을 끄집어낸다! 플리스가 수술하면서 이것을 잊어버렸음이 틀림없고, 이는 명백한 의료 과실이다. 프로이트는 플리스에게 보낸 편지에 다음과 같이 썼다. "바로 다음 순간 피가 줄줄 흘러내렸고, 환자는 창백해졌습니다. ……우리는 그에게 잘못을 저질렀습니다. 그는 전혀 이상이 없었던 것이죠."[56]

이 정도가 플리스와 프로이트가 주고받은 서신을 통해 최근에야 비로소 재구성할 수 있게 된 사건의 전말이다. 하지만 《꿈의 해석》에서는 이 모든 것에 대한 언급이 전혀 보이지 않는다. 오직 이르마가 자신의 고통에 대한 프로이트의 '해결책'을 거부했다고 할 뿐이다. 자신이 통증의 신체적 원인을 간과했을지도 모른다는 두려움이 분명 의사를 사로잡고 있었을 것이다.

프로이트는 앞서 언급한 꿈속에서 환자의 목과 코를 자세히 살펴보다가 목구멍에서 노란 반점을, 콧속에서 "회백색 딱지"를 발견한다. 다른 의사들이 나타나고, 그 가운데 한 명이 분명히 말한다. "의심할 여지 없이 감염이군요." 꿈꾸는 사람은 갑자기 얼마 전에 한 동료가 이 환자에게 주사를 놨다는 사실을 기억해낸다. 이 보고는 다음과 같은 말로 끝난다. "아마 주사기도 깨끗하지 않았을 거예요."

실제 배경을 안다면 꿈의 의미는 명백하다. 프로이트는 자기 실패 탓에 환자의 고통을 완화하는 대신 더할 수 있었다는 생각에 괴로워한다. 그러므로 이것은 불안에 대한 꿈이다. 의료 과실에 대한 두려움은 코카인 대체 요법의 실패로 친구인 에른스트 플라이슐 폰 마르크소프(Ernst Fleischl von Marxow)를 파멸로 몰고 갔을 때부터 프로이트를 따라다닌다. 플라이슐은 브뤼케의 연구실에 있던, 의학에 재능을 나타낸 동료였다. 그는 격렬한 통증으로 인해 스스로 모르핀을 주사하기 시작했다. 통증의 이유는 해부하다가 접촉한 시체의 독소에 중독된 것이었다. 플라이슐은 엄지손가락 하나를 절단해야 했지만 다른 신체 부위에도 계속 극심한 통증을 겪었다. 모르핀은 순식간에 그를 심각한 의존에 빠뜨렸다. 프로이트는 중독성이 없는 것으로 알고 있던 코카인을 투여해 플라이슐을 모르핀 중독에서 벗어나게 하려고 했다. 그러나 결국 이 불행한 사람은 이중의 중독으로 고통을 겪으며 급속히 쇠약해졌다. 플라이슐은 프로이트가 베르크가세의 진료실로 이사한 직후인 1891년 10월에 사망했다. 그의 서재에는 항상 고인의 사진이 하나의 경고로서 걸려 있었다.

프로이트는 《꿈의 해석》에서 '이르마의 주사'에 대한 해명으로부터 열두 쪽이 넘는 신비롭고 기나긴 흔적 찾기로 나아간다. 자기 꿈속의 문장과 이미지를 하나하나 해부한 끝에 그는 자신이 밤의 환상 속에서 죄책감을 씻고 싶어 했다는 결론을 끌어낸다. 이르마의 고통에 감염 같은 신체적 이유가 있다면 프로이트의 히스테리 치료는 당연히 효과가 있을 수 없다. 그는 꿈에서 자기의 양심을 달래며, 거기서는 주사에 대한 성적 암시에 책임이 있는 동료가 특히 악당으로 나타난다. "해석 작업을 완료한 후에 꿈은 욕망의 실현으로 인식될 수 있다"는 것은 프로이트가 자주 인용하는 결론이다.

그는 이 꿈을 빈에서 북쪽으로 몇 킬로미터 떨어진 힘멜슈트라세의 빌라 벨뷔에서 꿨는데, 여기는 프로이트가 정기적으로 여름휴가를 보낸 곳이다. 그는 플리스에게 다음과 같이 써서 보냈다. "자네는 언젠가 이 집의 대리석 명판에서 '1895년 7월 24일, 여기서 지크문트 프로이트 박사에게 꿈의 비밀이 밝혀졌다'라는 글을 읽게 될 거라고 믿는가?"[57] 이 건물이 서 있던 곳(건물은 1950년대에 철거됐다)에서 지금은 이 편지의 인용문이 기념비를 장식하고 있다. 이 얼마나 기묘한 자기실현적 예언인가!

'이르마의 주사'는 프로이트의 책에 나오는 200여 가지 꿈 이야기 가운데 하나일 뿐이며, 그중 43편은 프로이트 자신이 한 밤의 모험 이야기다. 저자는 자기 접근법의 문제점도 철저히 논의한다. 가령 그는 서두에서 다음과 같이 말한다. "우리는 잠에서 깬 후 그에 대한 기억을 통해서만 꿈을 알 수 있다."[58] 하지만 프로이트는 여기에 놓여 있는 곤란한 문제를 일관적으로 무시하고 있다. 왜냐하면 그가 실제로 분석하는 것은 꿈이 아니라 꿈에 대한 **보고**, 즉 기억하고 언어화하는 과정에서 여러 차례 변형된 재구성이기 때문이다. 꿈이 단편적으로 나타날 때가 얼마나 많은지, 꿈꾼 것을 나중에 덧붙인 것으로부터 그리고 잠잘 때의 의식을 깨어 있는 의식으로부터 분리하기가 얼마나 어려운지 누구나 경험을 통해 알고 있다. 모든 기억은 일정한 방식으로 허구다. 왜냐하면 우리는 언제나 체험한 것을 기분과 상황에 따라 의미 있어 보이는 이야기로 새롭게 조합하고 장식하고 변화시키기 때문이다. 기억한다는 것은 복제하고 완성하는 것을 의미한다. **실제로** 꿈꾼 것은 비밀이고 계속 비밀로 남는다.

프로이트는 이런 불가해성에 개의치 않는다. 그는 능란하게 꿈의 사건을 극적으로 연출하고, 그렇게 보고와 꿈이 동일하지 않다는 사실을 무시한다. 그의 분석은 종종 자신이 선택한 정식화에 기반한다. 예를 들어 그가 꿈에서 침몰하는 배를 보고 "심하게 겁을 먹었다"고 말하면, 뒤따르는 해석을 이런 "강한 감응" 위에 세운다. 그의 꿈 보고는 객관적 사실이 아니라 일관성과 해석 가능성을 목표로 하는 언어적 상상력의 산물이다. 프로이트는 자기가 꿈꾼 것을 묘사하고 그 묘사 자체를 '꿈'으로 지어 올린다. 하지만 자세히 살펴보면 이는 허용될 수 없는 동일시다.

사람들은 옛날부터 꿈에 예언의 힘을 부여해왔다. 예를 들어 창세기에 나오는 조상 요셉은 이집트 파라오의 꿈을 해석한다. 이 꿈에서는 살진 일곱 마리의 소 다음에 볼품없고 여윈 일곱 마리의 소가 나타나 살진 소를 잡아먹는다. 요셉은 이를 이집트에 다가온 7년 동안의 기근으로 해석한다. 기원후 2세기 소아시아 해안에 살던 의사인 달디스의 아르테미도로스는 저서 《해몽》의 독자들에게 다양한 해석의 모범을 제공한다. 누군가의 꿈에 나타난 메추라기는 불행을 알리며, 날개 달린 개미는 위험천만한 여행을, 프라이팬은 벌금을 나타낸다. 이상하게 들릴 수도 있지만 아르테미도로스도 개인에게 맞춘 예측을 제공한다. 가령 (꿈에서) 자기 어머니와의 섹스는 때론 아버지의 임박한 죽음을 가리키고 때론 풍부한 수입이나 권력에 대한 약속일 수 있다. 모든 것은 전적으로 상황에 달려 있다.

아르테미도로스는 자신의 과학적 요구에 따라 인상적 숙고를 시도하는 프로이트와 달리 근거를 제시하지 않는다. 그렇지만 저널리스트 슈테판 클라인(Stefan Klein)이 지적하듯 프로이트의 접근법은 고대 선구자의 그것과 다르지 않다. 왜냐하면 근본적으로 두 사람의 해석은 반박할 수 없기 때문이다. 아르테미도로스가 그랬듯 프로이트도 모든 해석이 필연적으로 깨어 있는 상태에서 이루어진다는 점에서 실패한다. 클라인에 따르면 "이성이 우월한 입장에서 밤의 이미지를 내려다보며 언어의 논리를 가지고서 그것의 의미를 찾는다." "그러나 낮의 논리가 다른 의식 상태에서의 경험을 결코 완전하게는 파악할 수 없다면 어떻게 될 것인가?"[59] 사실 프로이트의 경우 꿈이 항상 계획을 따라가는 것처럼 보인다. 무의식에서 떠오르는 욕망이 무엇이든 검열자는 미묘한 내용을 검토하고, 필요한 경우 조작하거나 위장하거나 다른 영역으로 전치한다. 오로지 그런 식으로만 욕동 에너지를 조화로운 궤도로 돌릴 수 있다.

꿈이 욕망의 위장된 실현이라는 생각을 프로이트가 처음 제시한 것은 아니다. 예를 들어 그는 이미 1845년에 이를 정식화한 정신의학의 초기 개척자 빌헬름 그리징거(Wilhelm Griesinger)를 언급한다. 그러므로 선구자가 있었다고 할 수 있다. 하지만 가령 아르테미도로스가 꿈의 상징에서 예언적 의미를 찾았던 데 비해, 프로이트는 좀더 미묘한 방식으로 나아간다. 그의 이론에 따르면 무의식적 생각은 혼란을 불러일으키지 않도록 해롭지 않은 표상으로 위장된다. 이를 꿰뚫어 보기 위해서는 무엇보다 자유로운 연상을 통해 상징을 "말로 표현"하기만 하면 된다. 그러면 전에 잊히거나 간과된 측면이 드러날 것이다. 여기서 그는 "기억한" 것들의 창의적 장식이 문제가 될 수 있다는 사실을 단적으로 무시한다.

프로이트의 새로운 점은 그가 꿈의 해석을 1895년 〈심리학 초고〉에서 다듬어낸 심리 장치의 복잡한 톱니바퀴에 완벽히 통합했다는 것이다.[60] 그에 따르면 꿈의 모든 것은 다른 뭔가를, 가장 먼저 성적 욕망을 가리킨다. 그래서 막대기·우산·비행선·넥타이 같은 길쭉한 물체는 남근의 변장이고, 그에 반해 찬장·상자·통·궤짝·방 같은 속이 빈 물체는 질을 나타낸다. 또한 남성의 원초적 불안인 거세에 대한 상징도 많이 있다. 여기는 우선 베기나 자르기(머리 손질, 잔디 깎기, 옷 줄이기)와 관련한 활동이 포함된다.

프로이트의 꿈 해석은 아르테미도로스의 그것보다는 덜 천편일률적이지만, 비슷한 어려움에 붙들려 있다. 철학자 필리프 휘블(Philipp Hübl)은 다른 형태로 나타나는 욕망은 이미 **다른** 욕망이라는 어려움을 지적한다. 욕망은 대상에 대한 관련성을 통해 정의된다. 그것은 "잠재적" 대상으로부터 "현시적" 대상으로 옮겨질 수 없다. 새로운 욕망이 문제가 되지 않고서는 말이다. 여기에 대해 휘블은 다음과 같은 예를 제시한다. 정신분석학적 해석에 따르면 페티시즘은 소년이 소녀에게 음경이 없다는 사실에 겁을 먹을 때 발생한다. 이 발견은 사내아이에게 불안을 일으킨다. 왜냐하면 이 아이는 거세당하는 일을 두려워하기 때문이다.

따라서 만지고 소유함으로써 자신의 성기를 잃는 데 대한 두려움을 없애줄 대체물을 찾는다. **본래의** (거세되지 않으려는) 욕망은 예를 들어 광택제나 부츠에 대한 음탕한 집착으로 위장돼 나타난다.

욕망에 대한 이런 산술의 문제는 부츠를 핥고 싶다는 것과 음경을 유지하고 싶다는 것은 근본적으로 다르다는 점이다. 그 연결은 억지로 지어낸 것이다. "프로이트는 욕망을 녹이면 새로운 형태로 만들 수 있는 청동상처럼 생각한다"고 휘블은 말한다. "하지만 욕망을 비롯한 정신적 상태에서는 질료와 형식이 동일하다. 언제나 새롭게 형태화될 수 있는 날것의 욕망-소재는 존재하지 않는다."[61]

비유를 구성하는 것, 해석, 연결되지 않는 것들의 연결은 예술과 문학의 영역이다. 그래서 프로이트의 사상이 처음에 의사보다 시인과 예술가들 사이에서 더 많은 추종자를 끌어들인 것은 놀라운 일이 아니다. 프로이트는 "내가 쓰는 질병 이야기가 소설처럼 읽힐 수 있고, 그것이 이를테면 과학성이라는 진지한 성격을 벗어난다는 사실에 나 자신도 이상하게 감동한다"고 말한다.[62] 1895년의 《히스테리 연구》부터 1939년의 미완성된 《정신분석학 개요》까지, 그의 분석 작업은 논증의 여러 약점을 언어의 우아함과 관찰력 때문에 얼마나 쉽게 간과할 수 있는지를 잘 보여준다. 잘 생각하고 아름답게 쓴 글이라면 당연히 참이어야 한다! 프로이트가 세련된 문체와 수사학적 섬세함을 발휘하지 않았다면 그의 작업은 그다지 영향력이 없었을 것이다. 오늘날에도 이 작업은 여전히 매력적이다. 동시에 그것은 우리에게 지적 능력이 우리를 오류로부터 보호해주지 못한다고 경고한다. 때때로 지성은 우리가 자기 잘못을 진지하게 받아들이지 못하도록 한다. 그렇다고 해서 프로이트가 행한 영혼의 마법이 성공을 거두지 못한 것은 아니다.

나중 된 자가 먼저 될 것이다

1907년 초 빈을 방문한 막스 아이 팅곤이 체험한 일은 정신분석의 확산에 걸림돌이 될 수 있었다. 프로이트 집단 구성원들 사이의 의견 불일치와 적대감은 명확히 전달될 수 있는 교설과 치유법이라는 이미지를 흐린다. 프로이트는 추종자들의 대열을 닫아걸고 노선 이탈자들에 대해 조처해야 함을 알고 있다. 그리고 그는 여러 해에 걸쳐 성장한 유대를 끊어야 할 때도 주저하지 않는다. 그는 이미 젊은 시절 친구인 빌헬름 플리스 그리고 스승 요제프 브로이어와 불화를 겪었지만, 후회하는 기색을 보이지 않았다. 다시 관계가 틀어지는 것은 시간문제일 뿐이다.

특히 프로이트 이론의 한 가지 초석에 대해서는 가까운 동지들조차 비록 비공식적일지라도 회의적 반응을 보였다. 그것은 바로 신경증 증상에는 남김없이 성적 기원이 있다는 단정이다. 심지어 프로이트는 처음에 히스테리가 발생한다면 기억에서 억압된 성적 트라우마가 존재하는 것이 틀림없다고 믿기도 했다. 그는 이런 "유혹 이론"에서 곧바로 "심인성 병인론"이라는 것으로 선회한다. 상상한 사건과 욕망도 심리적 긴장을 유발해 신경증 증상이 나타날 수 있다는 것이다.

리비도 이론에 대한 의구심은 1906년부터 오토 랑크가 관리한 수요 모임 회의록에서 찾아볼 수 있다.[63] 비판자들 가운데는 프라터 공원 근처 체르닝가세에 있는 자신의 진료실에서 여러 신경 장애를 치료한 알프레트 아들러도 있었다. 그의 환자 중 소수만이 프로이트의 고객 대부분이 속하는 부유층 출신이다. 회사원, 노동자, 심지어 오락 산업에 종사하는 예술가들도 아들러를 찾아온다. 이런 환경에는 성적 욕망에 대한 부정이 덜 퍼져 있다. 프롤레타리아나 소시민에게는 성이 그렇게 대단한 문제가 아니다. 프로이트의 가르침은 물론 성관계를 하지만 그것에 대해 생각하거나 이야기해서는 안 되는 사람들을 주로 겨냥한 것으로 보인다.

아들러는 건강하든 아프든 정신을 움직이는 것이 무엇인지에 관해 다른 생각을 점차 발전시킨다. 그에 따르면 아이에게 최초의 경험은 자신의 무능력에 대한 체험이다. 작고 약하며 돌봄에 의존한다는 느낌, 머리를 들고 잡고 걷는 것부터 시작해 스스로 할 수 없는 일이 지배적이라는 관찰, 아들러에 따르면 바로 이런 것이 불안감·불편함·두려움을 산출한다. 청소년기를 지나 성인이 돼서도 모든 사람은 필연적으로 한계에 부딪히고 좌절과 패배를 체험한다. "인간이 된다는 것은 자기가 열등하다고 느낀다는 뜻이다"라고 아들러는 설명한다.[64] 그에게 다른 것은 모두 여기에 따라오는 것이다. 그가 자신의 접근법을 열등감에 전적으로 맞추는 것은 고통스러운 어린 시절과 관련한다.

~~~~~~

알프레트 아들러는 1870년 2월 7일에 태어났다. 그는 부르겐란트 출신의 곡물 상인과 그의 아내 사이에서 난 둘째 아이다. 가족은 쇤브룬 궁전에서 멀지 않은 빈 외곽의 루돌프스하임에 살았는데, 어린 알프레트는 그 궁전의 정원을 자주 거닐었다. 1874년 1월, 알프레트의 네 번째 생일을 조금 앞두고 남동생 루돌프가 디프테리아로 사망한다. 생후 8개월 된 아기는 밤에 알프레트의 침대 옆에 있는 자기 침대에서 숨이 막힌다. 알프레트도 심한 구루병에 걸리고 호흡 곤란과 숨 막힘에 대한 지독한 두려움을 동반하는 성문(聲門)의 경련성 폐색증으로 고통받는다.

학교에 입학하자마자 알프레트는 자기보다 한 살 반이 많고, 운명의 아이러니겠지만 미래의 대부와 마찬가지로 이름이 지크문트인 형과 달리, 병약한 자신을 거의 믿지 않는 어머니에게 무시당한다고 느낀다.

알프레트는 엄마를 원망하지만, 아버지와는 잘 지낸다. 그런 까닭에도 그는 '마마보이' 프로이트가 가정한 오이디푸스 콤플렉스를 가질 수 없었다. 아들러는 1895년 박사 학위를 취득하며, 그 후 얼마 지나지 않아 안과학을 전문으로 하는 일반의로서 자기 진료소를 개업한다. 1902년 말에 그는 프로이트의 동아리에 합류한다.[65]

젊은 알프레트에게는 겉보기에 여러 면에서 열등감을 느낄 만한 이유가 있다. 그는 이런 상태가 모든 사람을 덮치는 까닭에, 이를 극복하고 성취와 인정을 통해 보상받으려는 욕망도 보편적이라고 믿는다. 아들러는 실제적일 수도 있고 단지 추정될 뿐일 수도 있는 결함에 대한 이런 보상과 당시 널리 퍼져 있던 생각을 연결한다. 그때의 의사들은 종종 신체적 질병을 약해진 기관이 다른 부위에서 보상 활동을 촉발하는 것으로 설명했다. 아들러는 이런 원리를 정신에 응용해 예컨대 왜 음악가 가족에게는 청각 문제가 자주 생기고 화가에게는 시각적 결함이 흔히 발생하는지에 대한 자기 생각을 그럴듯하게 설명했다. 또한 그는 그리스의 정치가 데모스테네스를 증거로 끌어들인다. 이 기원전 4세기의 말더듬이는 나중에 고대의 가장 위대한 수사학자로 여겨졌다.

하지만 이런 보상이 언제나 성공적인 것은 전혀 아니다. 지나치거나 잘못될 수도 있다. 여기서 결과하는 신경증적 집착은 대개 어린 시절에 시작돼 오래도록 성격을 각인한다. 부모로부터 칭찬을 거의 받지 못하는 아이는 자기애적 인정 욕구를 발전시킨다. 금지를 끊임없이 당한 아이는 규칙에 반항한다. 아들러는 자신의 설명 방식을 형제자매의 순서

에까지 투사한다. 가족의 막내둥이는 자기의 자립성을 증명해야 하고, 맏이는 책임에서 도망치며, 외동은 항상 누군가 도와줄 때까지 기다린다. 아들러에 따르면 정서적 냉대뿐만 아니라 응석을 받아주는 것도 정신의 발달에 해를 끼친다.

여기서 이미 아들러가 대중적 견해와 편견의 기반으로부터 얼마나 많은 것을 끌어내는지가 분명해진다. 다른 심리학자들과 달리 그는 정신에 대한 대중적 가정을 과학적 토대 위에 올려놓는다. 그의 접근법은 정상적인 것과 병리적인 것을 날카롭게 분리하지 않으며, 결국 모든 사람은 자신의 열등성에 부딪히기 마련이다. 누구에게나 결함을 극복하고 보상하려는 충동이 있다. 이는 외부를 향하고 심지어 공격적이기까지 한 평가 절하, 시기, 과도한 긴장, 위대함의 망상으로 이어질 때만 문제가 된다. 이런 경향은 한 사람의 '인생 계획'을 일단 지배하게 되면 제거하기가 몹시 어렵다. 따라서 아들러는 발달과 양육의 초기 단계에 주목하게 된다. 이 단계에서는 근본적인 것이 변화할 수 있고, 나쁜 결과를 예방할 수도 있다.

1904년의 논고 〈교육자로서의 의사〉에서 아들러는 처음으로 자신의 교육적 이상을 자세히 이야기한다. 그에게는 자기 능력에 대한 신뢰, 용기, 자립성이 교육의 핵심 목표다. 그는 "용기 있는 어린이는 나중에도 자신의 운명을 외부가 아니라 스스로의 힘에서 찾을 것이다"라고 썼다.[66] 격려하고 관심을 기울이는 교육에 대한 그의 호소는 결핍과 처벌을 통한 단련이라는 당시의 지배적 이상과 단절한다. 그 시대에 아이들은 규칙적으로 폭력에 노출되거나 혼자 방치됐다. 아들러는 여기서 정신적 고통의 주요 원인을 본다. 그러나 그는 아이에 대한 **지나친** 사랑과 응석을 받아들이는 것도 거부한다.

아들러는 프로이트와 마찬가지로 열등성에 대한 보상이라는 자신의 개념에 관한 근거로 우선 일화적 보고를 제시한다. 그의 저술에는 많은 사례와 상황이 등장하는데, 그는 이를 자신의 이론에 비춰 평가한다. 아들러는 섬세한 관찰력과 심리학적 직감을 지녔다. 그럼에도 불구하고 그의 일반화 가운데 여럿은 사실이 결여돼 의심스럽다. 가령 오늘날 우리가 잘 알고 있듯 형제자매의 순서가 사람의 성격에 미치는 명확한 영향에 대해서는 전혀 이야기할 수 없다. 그럼에도 '고생스러운' 맏아들이나 편안한 외동아들 같은 진부한 표현은 살아남았다.

아들러의 논문과 책은 그의 테제가 사랑받는 데 이바지하는 신화들로 가득하지만, 그것들은 종종 사소한 데 얽매이곤 한다. 영웅은 약점을 극복해야만 강해진다는 생각도 그중 하나다. 수많은 동화와 전설에 이런 표현이 담겨 있고, 일상생활에서도 우리는 타인의 눈에 띄는 행동에 대해 사실은 그 사람이 반대를 보상하는 것이라고 설명한다. 과시하고 잘난 체하는 사람들은 실제로는 자기가 '너무 못났다'고 느끼고, 익살꾼은 자신의 우울함을 은폐하며, 반항적인 아이는 부모의 사랑을 잃을까 두려워한다.

아들러에게는 단 하나, 즉 성적 욕동만이 정신생활의 주요 동기를 나타내는 것이 아니다. 처음에 그는 정신분석학회 모임에서 그것에 대한 자신의 무관심을 조심스럽게 카펫 아래로 쓸어 감춘다. 아들러는 유아의 성적 욕구와 오이디푸스 콤플렉스 대신 유아로 하여금 배려와 보호를 추구하게 하는, 타고난 '애정에 대한 욕구'를 가정한다. 또한 아들러는 공격 욕동을 중요하게 여기는데, 왜냐하면 이것은 신경증 환자가 자신의 열등성에 공격적으로 맞서는 수단이기 때문이다. 이를 둘러싸고 프로이트와의 첫 번째 갈등이 불붙는다. 프로이트는 다음과 같이 밝혔다. "나는 우리에게 잘 알려진 자기 보존 및 성적 욕동과 특수한 공격 욕동을 동등한 권리를 지닌 것으로 결정할 수 없다."[67]

여러 면에서 아들러는 프로이트와 반대인 인물이다. 프로이트가 19세기의 학자 유형에 사로잡혀 있는 반면, 아들러는 현대인이다. 프로이트는 수많은 장문의 서신으로 의사소통하지만, 아들러는 대개 전보문으로 연락을 주고받는다. 프로이트는 여성을 결핍된 존재로 간주하지만, 아들러는 평등한 권리를 옹호하고 '약한 성'을 가부장제의 발명으로 여긴다. 프로이트는 비종교적임에도 불구하고 자기가 유대인임을 자신 있게 주장하지만, 아들러는 개신교로 개종한다. 프로이트는 환자를 소파에 눕히고 자기는 그 뒤의 안락의자에 앉지만, 아들러의 치료에서는 의사와 내담자가 마주 보는 의자에 앉는다.[68] 프로이트는 자신의 진료실에서 정신분석 운동을 지휘하고, 아들러는 커피하우스와 극장을 좋아한다. 프로이트는 지적으로 탁월한 사람인 데 반해, 아들러의 학교 점수는 평범했고 대학에서 더 높이 올라가려는 시도는 계속 거부당한다. 프로이트는 자신의 습관에 주의를 기울이고, 아들러는 옷차림에 무관심하다. 프로이트는 권위적이고 아들러는 쾌활하며, 프로이트는 비관주의자이고 아들러는 낙관주의자다.

무엇보다 아들러는 사회주의자다. 어린 시절 그는 빈 교외의 휴경지에서 불량소년들과 어울려 거리를 돌아다닌다. 그는 평생 자신의 소박한 출신과 빈 억양을 자랑스럽게 여긴다. 1897년 그는 마르크스주의 학생 모임에서 라이사 티모페예브나 엡스타인(Raissa Timofejewna Epstein)을 알게 된다. 이 젊은 러시아 여성은 모스크바의 부유한 집안 출신이면서 확신을 지닌 공산주의자였다. 같은 해 크리스마스이브에 두 사람은 결혼한다.

언젠가 아들러는 수요 모임에서 '심리학과 마르크스주의'에 대해 발표한다. 이 발표에서 그는 자신의 보상 이론에 따라 노동 계급의 투쟁은 극복해야 할 굴욕감에서 비롯한다고 설명한다. 하지만 아들러가 통찰력 있게 지적하듯 혁명가들은 인민의 통치 대신 자신들의 절대적 권력만을 염두에 두고 있다. 때때로 아들러의 집에서는 열렬한 공산주의자인 라이사와 그보다 온건한 알프레트 사이에 다툼이 벌어지기도 한다.

아들러는 1906년 11월 7일에도 발표를 준비했다.[69] 그는 약 4년 전부터 프로이트의 모임에 참석해왔지만, 자신의 입장을 명확하게 밝힌 적이 없었다. 그러나 이날 마침내 그는 〈신경증의 유기체적 기초에 관하여〉라는 제목으로 오래전부터 자신을 사로잡은 주제를 다룬다. 회의록 서기인 랑크가 썼듯 "아들러가 자기 논문의 임박한 출판을 전망하고 있음을 고려해" 자세한 기록은 하지 않았다.[70] 이 논문은 1907년 출간된 〈기관의 열등성에 관한 연구〉로, 아들러는 여기서 자신의 견해를 포괄적으로 제시한다. 그날 저녁의 발표 시간이 30분으로 제한됐기 때문에 그에게는 프로이트와 슈테켈을 포함한 청중이 더 소중했을 것이다. 그의 발표에 대한 반응은 엇갈렸지만 대체로 호의적이었다. 프로이트는 아들러에 의해 "신경증의 유기체적 기초에 대한 인식이 확실히 확장됐다"고 칭찬하기도 했다.[71]

그 후 1907년 3월에 열린 아들러의 또 다른 발표회에는 취리히의 동료 융과 빈스방거도 초청받는다. 아들러는 물을 가득 채운 대야에 얼굴을 담그고 3이나 7 또는 49까지, 종종 숨이 막힐 때까지 세야 한다는 강박증에 시달리는 환자의 치료 사례를 발표한다. 아들러의 테제에 따르면 이 젊은이는 자기 형의 음경 크기와 음모가 자기보다 우월하다는 것을 알게 됐다. 그는 기이한 담금의 의식을 통해 자기가 유기체로서 열등함에도 뭔가 할 수 있음을 스스로 증명하고자 한다.

　이 사례에 대한 논의는 지각된 결핍의 보상에서 유대인과 기독교인의 음경 크기로 빠르게 옮겨간다. 랑크는 7은 작은 음경을, 49는 큰 음경을 나타낸다고 설명한다. 프로이트는 3은 기독교인 남성의 생식기로 간주해야 하며, 7과 49는 유대인의 크고 작은 음경을 나타낸다고 생각한다. 취리히에서 온 손님들은 그런 남근과 수에 대한 신비주의에 놀라움을 금치 못한다. 몇 년 후 빈스방거가 회상하듯 프로이트는 모임이 끝난 후 그를 옆으로 데려가, 둘러선 사람들을 바라보며 이렇게 물었다. "그래, 지금 이 패거리를 보셨나요?" 분명 그는 자신의 추종자들을 그리 대단하게 생각하지 않았다.

　아들러는 자신이 시작한 토론에서 눈에 띄게 삼간다. 자신이 진지하게 받아들여지지 않는다고 느끼는 걸까? 갈등을 두려워하는 걸까? 아니면 그저 분열의 씨앗을 뿌릴 필요가 없다고 생각하는 걸까? 여기에 대해 회의록은 아무 해명도 없다. 그렇지만 이 시기에 아들러는 프로이트의 교의에서 점점 풀려나기 시작했다. 융과 마찬가지로 성 이론이 결렬의 지점이 된다. 아들러는 무의식적인 정신적 갈등의 원천을 리비도가 아닌, 결핍과 무력감의 경험에서 찾는다.

~~~~~~

아들러는 1907년 〈기관의 열등성에 관한 연구〉에서 무의식과 성은 단지 부차적 역할을 할 뿐이라는 신경증 이론을 기획한다. 물론 그에게 무의식은 정신 상태와 관련해 중요한 측면이지만 둘의 인과관계는 없다. (남성의 경우) 성적 영역에서 가장 쉽게 권력을 행사할 수 있고, 그런 까닭에 종종 신경증 환자들은 특히 여기서 보상을 위해 노력하고 자신의 힘을 강조한다. 신경증 환자에게 근본적 문제가 되는 것은 강인함을 증명하는 것이다. 그는 자신의 열등성을 여성적인 것과 연관시키고 여기에 대해 그의 "남성적 항의"가 일어난다. 그러나 아들러의 명명법에서 이 표현은 결코 남성에게만 국한되지 않는다. 여성에게서도 힘과 위대함을 지향하는 정신의 '남성적' 부분이 전면에 나타날 수 있다.

아들러의 글은 프로이트의 글만큼 다듬어져 있지 않다. 그는 많은 것을 그저 다룰 뿐이고, 다른 것들은 반복되거나 불분명하게 남는다. 나중에 그는 "남성적 항의" 대신 프리드리히 니체에게 기대 "힘에의 의지"를 말하지만, 여기서 뭔가를 향하는 항의는 분명 단순한 의지와는 다르다. 또한 아들러가 신경증 환자의 전형적 자기중심성과 대립시키는 수상쩍은 공동체 감각이 뭔지도 불분명하다.

아들러의 독창성은 찰스 다윈의 진화론에 따라 규정된 당시의 사유를 뒤집은 데 있다. 그는 개인이 약함으로부터 비로소 그것을 보상하는 강함을 획득한다는 이유로 약함을 장점으로 해석함으로써, **자연적으로** 더 강한 자가 자기를 관철한다는 생각과 단절한다. 더 잘 적응하는 사람이 아니라 자기의 결함을 가장 잘 보완하는 사람이 앞서 나간다. 누구나 자신의 부족함을 극복하고 뭔가를 스스로 이룰 수 있다는 희망적 소식이다. 철학자 에른스트 블로흐(Ernst Bloch)는 이를 경멸적으로 "경쟁 심리학"이라 부른다.[72] 실제로 아들러의 교설은 두 세계대전 사이에 등장한 개인주의적·자본주의적 자기 계발 사상이 없었다면 그토록 성공하지 못했을 것이다. 그는 당대의 핵심을 건드렸다.

아들러의 전제를 극단으로 몰아간다면, 어떤 사람의 모든 업적이나 특수성을 그것의 이른바 반대를 통해 설명할 수 있다. 누군가 특별한 재능을 보이더라도 숨겨진 결함을 추정할 수 있다. 그리하여 시인 로베르트 무질(Robert Musil)은 자신의 소설 《특성 없는 남자》에서 "우리의 본성은 우리가 그 위에 산을 쌓길 원할 때 언제나 구덩이를 먼저 판다"고 조롱하듯 말한다.[73] 나아가서 아들러는 부적절하거나 특이한 것을 모두 의심한다. 누군가가 야망이 크다면 그것은 실패에 대한 은밀한 불안의 표현이다. 누군가가 복종적으로 행동한다면 실제로는 권위에 대한 문제가 있다. 덧붙여 아들러는 도덕적 평가를 꺼리지 않는다. 지배적 행동은 수동적으로 물러나는 것과 마찬가지로 잘못이다. 건강한 사람은 의지가 강한 동시에 공동선을 지향한다. 아들러는 나중에 많은 치료자가 본받으려 노력하는 유형을 구현했다. 그들은 단순히 사람들의 고통을 완화하는 대신 더 나은 삶, 올바른 삶으로 인도하고자 한다.

아들러와 프로이트 사이의 갈등은 여러 해에 걸쳐 더 첨예해진다. 하지만 이 갈등이 폭발하기 전 놀라운 일이 일어난다. 정신분석은 예기치 못하게 대서양 건너편에서 온 우호적 초청으로 큰 국제 무대에 등장한다.

위대한 여정에서

1909년 9월 초, 뉴욕에서 북동쪽으로 가는 기차를 타고 한 시간 거리인 매사추세츠주의 소도시 우스터에 세 사람, 즉 헝가리인 샨도르 페렌치(Sándor Ferenczi)와 스위스인 카를 구스타프 융을 동반한 빈 출신의 논쟁적인 프로이트 박사가 하나의 이념으로 신세계를 정복하기 위해 도착한다. 여기에 영국인 어니스트 존스와 오스트리아 태생이자 뉴욕에 거주하고 있는 아브라함 브릴

(Abraham Brill)이 합류한다. 두 사람 다 프로이트의 가르침을 열렬히 지지한다. 이들은 명문 클라크 대학교의 20주년을 기념하기 위한 심리학 교수 그랜빌 스탠리 홀(Granville Stanley Hall)의 초청을 받아들였다.

홀은 빈의 신경과 의사와 그의 동료들을 기념식의 귀빈으로 모시기 위해 모든 수단을 강구했다. 봄의 첫 시도는 프로이트가 치료 회기 취소로 너무 많은 소득을 놓칠 것을 우려하는 바람에 실패했다. 홀이 다시 한번 사례금을 증액하고 프로이트가 통상적으로 휴가를 보내는 9월로 일정을 조정하자, 프로이트는 제안을 받아들인다. 심리학자 대표단은 브레멘에서 8월 20일 출항한다.

그들은 당시 가장 큰 여객선이던 조지워싱턴호에 올라 대서양을 건너기 전에 기억에 남을 저녁 식사를 한다. 프로이트, 페렌치, 융은 브레멘의 '에시히하우스(Essighaus)'에서 식사한다. 함께 떠나는 여행을 축하하기 위해 평소 엄격히 금주하는 융도 와인을 한두 잔 마신다. 1901년부터 융이 일하는 부르크휠츨리에서는 적어도 공식적으로는 환자, 간병인, (대부분이 병원에 거주하는) 의사가 알코올을 한 방울도 마실 수 없게 돼 있었다. 따라서 알코올은 융의 머릿속으로 빠르게 들어간다. 그는 먹으면서도 잠시도 쉬지 않고 자신을 매혹하는 주제에 관해 이야기한다. 북독일의 몇몇 이탄 습지에서 나이와 유래가 밝혀지지 않은, 미라화된 시체가 발견됐다는 것이다. 융의 황당무계한 이야기는 끝이 없었고, 프로이트와 페렌치도 그를 저지할 수 없었다. 어느 순간 제공받은 연어가 마음에 들지 않은 프로이트는 결국 폭발해 힐문한다. "당신은 도대체 이 시체들을 갖고 뭘 하는 거지? 그냥 내가 쓰러져 죽는 걸 보고 싶다고 인정하는 게 낫지 않겠어?"[74] 이 말에 융은 당황한다. 프로이트는 죽음이라는 주제에 대한 그의 고집을, 마치 융이 정신분석적 양아버지인 자기를 저세상으로 보내길 바라는 것처럼 '대가'에 대한 무의식적 저항으로 해석한다.

이는 긴 여행과 배탈로 약해진 프로이트에게 너무 힘든 일이다. 그는 기절해 쓰러진다. 두 사람이 힘을 합쳐 프로이트를 옆방으로 옮기고, 거기서 그는 빠르게 의식을 되찾는다. 그리하여 미국으로의 위대한 여정을 앞둔, 얼큰하게 취한 저녁이 마무리된다.

배에서 융은 스위스 시계 제국의 상속녀 남편이라는 지위에 어울리게 일등칸에 머물고, 프로이트와 페렌치는 이등칸에 만족한다. 이들은 갑판에서 만나 밤에 꾼 꿈과 여행에 거는 기대에 관해 이야기한다. 프로이트는 선내에서 한 승무원이 자신의 《일상생활의 정신병리학》을 읽는 것을 보고 즐거워한다. 배가 뉴저지의 호보켄에 정박했을 때 프로이트는 "우리가 전염병을 옮기고 있다는 사실을 저 사람들은 알까?"라는 농담을 던졌다고 한다. 이는 프로이트식 블랙 유머에 들어맞지만, 비판자들은 그에게 불길한 동기를 덮어씌우기도 한다. 이 시점에 프로이트는 정신분석학이 미국에서 머지않아 하게 될 개선 행진을 거의 예상할 수 없었을 것이다. 미국인들의 시치미 떼기와 피상성은 너무 크게 보인다. 하지만 실제로는 수십 년 내에 무의식에 대한 탐구가 미국의 자기계발 및 치료 문화의 지주가 된다.

물론 클라크 대학교의 20주년을 기념하는 축하 행사에는 유명한 물리학자 어니스트 러더퍼드(Ernest Rutherford)와 함부르크의 지능 연구자 윌리엄 스턴(William Stern)을 포함해 또 다른 귀빈 20여 명도 참석한다. 하지만 다른 사람들이 호텔에 머무는 동안 정신분석가들은 홀의 집에 머물며 그의 아내와 하인들의 보살핌을 받는다. 초청자인 홀은 프로이트의 방문이 큰 홍보 효과를 가져다줄 것으로 기대한다. 그리고 그 계산은 적중한다. 추문이 꼬리를 무는 '섹스 박사'의 방문은 미국 동부 해안의 신문에 소용돌이를 일으킨다. 프로이트가 《꿈의 해석》을 출판한 지 10년, 《성욕에 관한 세 편의 에세이》에 유아기의 리비도와 오이디푸스 콤플렉스를 기술한 지 4년이 지났다.

미국에서 프로이트는 히스테리를 비롯한 신경증의 치료법 이상을 제시한다. 그는 몸과 마음이 건강한 사람이라도 누구나 성적 욕동 에너지의 지배를 받는다는 자신의 테제로 도발한다. 쾌락과 폭력에 대한 환상은 인간들의 공존을 방해하지 않도록 의식에서 끊임없이 억압되고 위장되고 승화돼야 한다. 하지만 검열이 결코 완벽히 기능하진 않기 때문에, 그런 충동은 말실수·망각·꿈에서 길을 찾거나 사람들을 문화적 위업으로 몰아간다. 프로이트에 따르면 그 뒤에 숨겨진, 참된 동인을 드러내기 위해서는 징표를 올바르게 해석하기만 하면 된다.

프로이트는 빈의 진료실에서 히스테리, 강박 및 불안 신경증을 오랫동안 치료한 후 1905년부터 병리학에서 '정상인'의 심리학으로 결정적 발걸음을 내딛는다. 그는 말실수, 아기의 엄마 가슴에서 젖 빨기, 꿈속에 나타나는 긴 기차와 어두운 터널의 이미지 등 너무나 평범한 일상의 사건들이 숨겨진 원천인 리비도로 인해 생겨난다고 주장한다. 애써 은폐한 쾌락 추구를 드러내기 위해서는 영혼의 저항 저편에서 본래의 '잠재적' 내용으로 돌진해야 한다.

이것은 영향력을 미치는 범위가 엄청난 구상이지만, 그에 못지않게 달리 표현하는 그 모든 생각에도 불구하고 인간이란 자신의 주인이 아니라 추동받는 존재라고도 말한다. 영혼의 밑바닥에서는 단 하나의 목표, 즉 욕동의 충족만을 아는 반도덕적 힘이 작용하고 있다. 문명화한 공존을 보장하기 위해서는 이런 쾌락 원리 대신 현실 원리가 지배해야

사진 9 눈부신 회합: 1909년 스탠리 홀(앞줄 가운데)은 클라크 대학교 개교 20주년을 맞이해 융(오른쪽)과 프로이트(왼쪽)를 비롯한 정신분석학자 대표단을 우스터로 초청했다.

하며, 욕동은 사람들이 욕망을 숨기고 포기하고 대리 만족함으로써 지속해서 억제되거나 일정한 방향으로 유도돼야 한다. 다른 배출이 가능하지 않으면 리비도는 불안, 강박 또는 그 밖의 증상에서 배출구를 찾는다.

1909년 늦여름, 처음이자 마지막인 미국 방문에서 프로이트는 철저히 호의적인 청중에게 자신의 견해를 제시한다. 그는 이 캠퍼스에서 5일 연속으로 다섯 차례 강연하며, 융도 우스터에서 자신의 연상 실험 그리고 무의식과의 관계에 대해 이야기한다. 마침내 인정을 끌어낼 유일한 기회였다. 지금까지 정신분석은 베를린, 빈, 부다페스트, 파리에서 무엇보다 기존 과학의 저항으로 인해 작은 집단에만 머물렀다. 주류 과학은 영혼의 숨겨진 삶에 대한 프로이트의 사변을 거부한다. 그는 그런 사변을 통해 에로스와 내면의 영적 힘에 매혹당한 예술적 엘리트에게 호소할 수 있지만, 그것은 진지한 연구와는 아무 관련이 없다. 프로이트와 융은 미국 여행이 이런 이미지를 수정하는 데 도움이 되길 바랐다.

우스터에서 프로이트의 청중 가운데는 미국의 철학자 윌리엄 제임스도 있었다. 67세의 나이에 암을 앓고 있던 그는 특별히 케임브리지에서 먼 길을 달려온다. 캠퍼스를 산책한 후 제임스는 이 빈의 분석가에게 위대한 예언을 했다고 한다. "심리학의 미래는 당신의 연구에 달려 있습니다." 이 말을 프로이트의 전기 작가 어니스트 존스가 유포하고 다닌다. 그에 반해 제임스는 사적 편지에서 정신분석의 상징주의가 "위험하다"고 말하며 정신분석을 야바위에 가까운 것으로 격하한다. 제임스는 검증 가능성이 부족하다는 문제를 인식하고 있었다. 프로이트가 강연에서 논증하듯 꿈뿐만 아니라 기억의 빈틈, 말실수, 오류, 갑작스러운 착상도 의미가 있을 것이다. 아무것도 우연히 일어나지 않는다. 모든 말과 행동은 우리가 그것을 정신분석 이론에 비춰 해석하자마자 진실을 드러낸다. 그리고 누군가가 정신분석적 해석에 이의를 제기하면 그 해석은 그만큼 더 개연적으로 들어맞을 것이다. 왜냐하면 그 사람은 분명 진실을 인정하려고 하지 않기 때문이다. 이런 술책을 많이 쓰는 논리는 거의 반박할 수 없다고 제임스는 진단한다.

여기서 프로이트의 사유에 고유한, 비판에 대한 면역은 숨겨진 단점이자 성공의 비법임이 증명된다. 많은 전문가가 제임스처럼 고개를 절레절레 흔들지만, 프로이트는 대중 사이에서 자기 내담자의 정신적 심연을 당사자보다 더 잘 아는 심오한 통찰가라는 명성을 누린다. 경험적으로 사고하는 연구자들에게는 정신분석의 태생적 오류인 것이, 심리치료라는 신흥 시장에서는 장점으로 드러난다. 프로이트는 오늘날에도 여전히 유효한 서사를 확립한다. 당신은 당신이 믿는 것과 다르다. 당신은 당신을 이끄는 동기에 접근할 수 없으며, 당신의 정신적 삶에 영향을 미치는 각인과 갈등을 간과한다. 그래서 심리치료는 예상치 못하게 막힌 부분을 뚫어주고 자기 인식을 가능하게 하는, 폭로의 한 형식이 된다.

그리하여 치료자는 상대방이 전혀 예감하지 못한 것을 드러내는 사람의 기분 좋은 역할에 빠져든다. 나아가서 프로이트는 도라의 치료에 실패한 후 전이의 기제를 치유 과정의 핵심으로 간주한다. 환자들은 부모에 대한 리비도적 정서를 치료자에게 투사한다. 요컨대 그들은 치료자에 대한 사랑에 빠지고 바로 그런 까닭에 무의식적으로 그를 거부한다. 이런 상황은 치료자에게 엄청난 책임을 부과한다. 왜냐하면 그는 상대방의 저항을 극복하는 동시에 숨겨진 성적 호의로부터 자기를 방어해야 하기 때문이다. 그는 환자가 인정하려 하지 않는 것을 드러내야 하며 스스로 사랑의 대상이 된다. 이것은 경계를 넘어서는 위험을 내포하는 동시에 뒤따르는 많은 분석가를 사로잡는 문제다.

프로이트에 따르면 쾌락 원리가 영혼의 **바로 그** 원동력이다. 그의 학회원 가운데 누구도 이 전제를 흔들 수 없었다. 하지만 미국 여행 직후 이미 그 문제로 인해 아들러 및 융과의 사이에 금이 간다. 프로이트와 스위스인의 관계에서 첫 균열은 미국에서 몇 주 체류한 후 돌아오는 길에 이미 나타난다. 8일에 걸쳐 뉴욕에서 브레멘으로 돌아가는 카이저 빌헬름름호 안에서, 두 사람은 서로의 꿈을 분석하며 더디게 흐르는 시간을 보낸다. 그런 가운데 프로이트가 말하는 밤의 환상을 다루는 데서 더는 성과를 거두지 못하게 된 융은 프로이트의 사생활에 대해 더 자세히 물어본다. "이 말에 프로이트는 불신이 가득한 눈빛으로 나를 기묘하게 쳐다보고는 '내 권위를 위험에 처하게 할 수는 없네'라고 말했다. 이 순간 그는 권위를 상실했다. ……프로이트는 개인의 권위를 진리보다 위에 놓는다."[75] 그러나 두 사람의 길이 최종적으로 갈라지기까지는 5년이 더 남았다.

~~~~~~

빈에서는 아들러가 좀더 의식적으로 프로이트와 다른 입장을 주장한다. 여기에 대해 여러 학회원은 그를 존중하지만, 그저 속삭이거나 말없이 다가설 뿐이다. 아들러는 마침내 큰 성공을 거두고 싶어 한다. 그는 자신의 접근법에 필요한 토대를 제공할 책을 집필한다. 근본이념은 빠르게 등장한다. 유아의 무능력, 즉 자연적으로 주어진 결함으로부터 개인의 내적 역동성과 성격 전체가 발생한다. 유아는 사실상 아무것도 할 수 없는 까닭에 다른 사람에게 맡겨져 있다. 그는 잡을 수 없고 달릴 수 없고 스스로 안심할 수 없고 먹을 것을 구할 수 없다. 끊임없이 보살핌이 필요한 무력한 젖먹이일 뿐이다.

그의 책 첫 부분에서 아들러는 기관의 열등성과 유사한 많은 것을 끌어낸다. 이런 생리적 기능 장애는 자주 신체에 의해 보상된다. 다른 기관이나 능력이 그에 상응하여, 심지어는 종종 필요 이상으로 성장하기 때문이다. 아들러는 똑같은 원리가 성격 형성에서도 작용한다고 본다. 성격 형성의 목표는 자신의 열등성을 극복하는 것이다.

여기서 아들러는 프로이트와 결정적으로 결별하게 된다. "그(신경증 환자)는 회상으로 고통받는 것이 아니라 회상을 창조한다"고 그는 썼다. 프로이트의 신경증적 충동은 억압된 유아기의 성욕과 트라우마적 경험에 뿌리를 두는 데 반해, 아들러에게 모든 것은 자신의 결함에서 벗어나고자 하는 욕망에서 시작한다.

국제정신분석학회가 설립되고 융이 회장으로 임명된 1910년, 아들러는 뉘른베르크에서 열린 제2차 정신분석학 대회 이후 빈 지부를 이끈다. 또한 그는 슈테켈과 함께 이 운동의 두 주요 저널 중 하나인 〈정신분석 중앙지〉를 발간한다. 하지만 1911년 2월과 3월에 프로이트와의 갈등이 공공연히 드러난다. 여러 학회 회의에서 아들러의 입장을 둘러싸고 논란이 벌어진다. 의견을 달리하는 이 인사는 눈길을 신경증 환자 개인의 과거에서 인간의 근본적 상수로 돌린다. 모든 사람은 문자 그대로 자기를 작고 약하다고 느끼며 이런 치욕을 감당해야 한다. 그래서 아들러는 치료적 지도가 필요한 사람들의 영역을 확장한다. 모든 사람은 안전, 위대함, 권력을 추구한다. 다만 신경증 환자는 이를 극단적·반항적인 방식으로 수행할 뿐이다.

프로이트는 두 가지 근거로 아들러를 비난한다. 첫째로 그는 "성적인 것을 제거"하고 억압된 리비도의 인과적 역할을 부인한다. 둘째로 그는 무의식적 동기의 깊이를 들여다보지 않는 자아심리학을 옹호한다. 두 가지에서 뭔가 나타난다. 아들러에게 성적인 것은 하나의 증상이다. 자신의 힘을 부각하거나 여성을 비하함으로써 권력을 증명할 수 있기 때문이다. 그렇지만 성적 욕망이 신경증의 원인은 아니다. 실제로 아들러는 심리적 과정이 무엇에 이바지하는지, 그것이 어떤 목적을 성취하는지 묻는 목적론적 입장을 받아들인다. 아들러에게 있어 모든 사람은 각자 자기 인생 계획을 개발해 모든 새로운 상황 각각에 적용한다. 아들러가 정식화했듯 신경증 환자는 "자기 허구의 십자가에 못 박혀" 있다.

아들러는 정신분석학회 회의에 처음 초청받은 지 거의 9년이 지난

1911년 5월 24일, 이 회의에 마지막으로 참석한다. 이듬해 여름 방학에 그는 '자유정신분석연구협회'를 직접 설립한다. 이 명칭은 뭔가를 노골적으로 암시한다. 여름휴가가 끝나고 첫 모임 직후인 10월 11일에 프로이트는 추종자들에게 자신의 학회와 아들러가 이끄는 협회에 동시에 속할 수 없다고 선언한다. 차이가 너무 크다. 이후 일곱 명의 회원이 탈퇴한다. 상호 비방과 적의의 시기가 시작된다.

1912년 아들러는 마침내 그의 주저 《신경질적 성격에 대하여》를 출간한다. 여기서 신경질적이란 대체로 신경증, 지나친 긴장, 콤플렉스의 지배를 의미한다. 이 책은 다시 한번 열등감과 보상 및 신경증이라는 기본 개념을 과도하고 굳어진 권력 추구로 요약한다. 이듬해 아들러는 자신의 집단 명칭을 '개인심리학협회'로 바꾼다. 이는 해부적·분석적 접근법과 대립되는 인간의 전체성을 강조하기 위한 것이었다. '개인심리학'이라는 표현을 보면 주로 개인과 그의 욕구가 문제인 듯하다. 하지만 역설적이게도 개인심리학에서는 공동체 감정, 집단에 대한 헌신이 중심 역할을 한다.

아들러의 많은 개념이 규정돼 있지 않은 까닭에 그의 가르침은 다양한 흐름과 연결될 수 있다. 심지어 그가 비난하는 것들에 대해서도 마찬가지다. 그의 글은 '힘에의 의지'와 자신에 대한 가혹함이 관건인 마르크스주의와 국가보수주의 모임 모두에서 읽힌다. 아들러는 의식적으로든 아니든 자기가 어떤 종류의 공동체를 염두에 두는지를 열어놓는다. 여기에 아리안 민족 공동체도 들어갈 수 있을까? 그리고 **지나친** 공동체 감각은 자아에 대한 포기와 이념적 기만으로 이어지지 않을까? 아들러는 집단을 향한 건강한 지향의 전면에는 연대가 있다고 강조하지만 연대는 일반적으로 가족, 생각이 같은 사람들, 국가와 같이 한정된 집단에 제한되고 다른 집단은 배제된다. 우익 이데올로그들은 아들러의 접근법에서 이렇게 열린 측면을 어떻게 활용할 수 있는지 알게 된다.

아들러의 낙관적인 근본 성향도 그의 매력에 이바지한다. 그는 1922년 《신경질적 성격에 대하여》의 제3판 서문에 "우리 개인심리학의 직관은 권력 추구의 무조건 해체와 공동체 감정의 전개를 요구한다"고 썼다.[76] 10년 전에는 울림이 이것과는 다소 달랐다. 세계대전의 공포가 있기 전 아들러는 자아 가치 절상의 보편적 기제를 "힘에의 의지"라고 불렀다. 물론 그는 당시에도 위대한 일을 하려는 경향을 비난하고 그것의 파괴적 힘에 대해 경고했다. 하지만 아들러는 약하고 수동적인 사람과 영웅적 자기 극복을 대립시키기 때문에 많은 세계관에 심리학적 먹이를 제공한다.[77]

프로이트와 달리 아들러는 단연 화해하는 성향의 사람이다. 그는 1933년 《삶의 의미》에서 빈의 초기 시절을 되돌아보며, 프로이트가 "처음으로 과학적 꿈 이론을 형태화하려고 시도했다. 이것은 영속적 업적이다"라고 설명한다. 그리고 다음과 같이 덧붙인다. "그는 자신이 이해한 바보다 훨씬 더 많은 것을 알았던 듯하다. 하지만 모든 정신 현상을 그가 인정하는 유일한 지배적 실체, 즉 성을 중심으로 묶으려고 무리하다 보니 잘못 나가지 않을 수 없었다."[78]

~~~~~~

1909년 9월 미국에서 돌아오는 길, 융은 밤늦게 자기 선실에 누워 있다. 바다는 잔잔하지만, 침대는 190센티미터가 넘는 거구의 남자에게 너무 짧다. 그는 비좁다고 느끼며 벽과 소파 사이에 불안하게 웅크리고 앉는다. 갑자기 그가 해방된 듯 똑바로 일어나자 넓은 집 안에 서 있다. 아, 내 집이구나. 융은 나쁘지 않다고 생각한다. 그는 호기심에 주변을 둘러본다. 그리고 벨벳으로 덮인 안락의자, 당당한 비서, 벽에 걸린 귀중한 그림과 함께 아름다운 로코코 양식으로 꾸며진 위층 거실에 있는 자신을 발견한다. 그는 집의 나머지 부분을 살펴보려고 1층으로 계단을 내려간다. 여기서 불현듯 분위기가 어두워지고 낮은 천장과 좁은 창문 틈새가 공간에 중세풍의 느낌을 준다. 단순하고 거칠게 만든 가구와 고풍스러운 집기로 인해 건물의 이 공간은 유래가 15세기 또는 16세기로 거슬러 올라간다고 추론할 수 있다.

융은 내리닫이 아래서 돌로 된 지하실 계단을 발견하고 밑으로 더 내려간다. 벽돌은 로마의 성벽을 상기시킨다. 퀴퀴한 냄새가 나고 바닥의 먼지 아래서 석판이 반짝인다. 융은 그 가운데 하나에서 쇠고리를 발견한다. 그가 그것을 끌어당기자 석판이 어이없을 정도로 가볍게 들어 올려진다. 그러자 툭 터진 바위 동굴이 보이고, 자기에게 무슨 일이 일어나고 있는지 모르는 융은 동굴 속으로 더 깊이 기어 내려간다.

칠흑 같은 어둠이다. 융의 발이 모래로 된 바닥으로 가라앉을 때 갑자기 그는 딱딱한 뭔가에 부딪힌다. 몸을 앞으로 구부린 융은 희미하게 빛나는 뼈와 발 바로 앞에서 반으로 쪼개진 해골을 알아본다. 이 순간 그는 깨어난다.

~~~~~

미국에서 돌아온 후 프로이트는 그 어느 때보다 자기 일에 대해 확신한다. 의식, 무의식, 전의식의 체계로 이뤄진 영혼의 지형학은 이제 확고히 정립됐다. 1912년 그는 "무의식적 관념은 우리가 알아차리지 못하지만, 그럼에도 불구하고 다른 곳으로부터의 징후와 증거에 근거해 그 존재를 인정할 준비가 되어 있는 관념이다"라고 강령처럼 썼다.[79] 그런 징후나 증거에는 어떤 것이 있을까? 프로이트는 최면 후 암시를 예로 제시한다. 최면 상태의 사람들은 최면술사가 그들에게 깨어나면 이렇게 하라고 속삭여줌으로써 특정한 행동을 하도록 지시받는다. 당사자는 때때로(언제나 그런 것은 아니다) 깨어난 후 그런 충동이 어디서 오는지 깨닫지 못한 채 실제 충동을 느낀다.

프로이트는 "히스테리 환자의 정신생활은 작용력이 있지만 무의식적인 생각으로 가득하다. 모든 증상은 거기에서 비롯한다"라고 상론한다.[80] 논의는 계속된다. "히스테리 여성이 구토할 때 그는 분명 자신이 임신했다는 생각으로 그렇게 할 수 있다. 그럼에도 불구하고 그는 이 생각에 대해 조금도 알지 못한다. ……그가 '발작'을 이루는 경련과 몸짓을 할 때 의식적으로는 스스로 의도한 행동이라고 전혀 생각하지 않는다. ……그렇지만 분석을 통해 공격받는 기억이 무의식적으로 작용한 삶의 장면을 극적으로 재연하는 데서 그가 제 역할을 했음을 입증할 수 있다. 다른 모든 형태의 신경증에 대한 심리학에서 본질적인 것과 똑같은, 작용력이 있는 무의식적 생각의 지배가 분석으로 밝혀진다."[81]

여기에 더해 프로이트는 전의식과 무의식을 구별한다. 무의식은 의식적 지각·기억·숙고로부터 단절된 내용을 포괄한다. 반면 전의식적인 것은 우리가 **잠재적으로** 의식할 수 있다. 여기서는 다음과 같은 진술이 타당하다. "모든 정신적 행위는 무의식적인 것으로서 시작된다."[82] 어떤 것이 무의식에서 전의식으로 전치되는 방식과 이유는 불명확하지만 그런 이행이 존재해야 하는 까닭은, 그렇지 않으면 무의식적인 것 모두가 언제나 무의식에 남을 것이기 때문이다. "전의식적 활동과 무의식적 활동의 구별은 …… '방어'가 작용한 후에야 비로소 산출된다."[83] 다시 말해 생각이나 욕망은 억압되거나 소외되는 한 전의식에 머물며, 그렇지 않다면 깨어 있는 의식으로 넘어간다.

이런 견해에는 미묘한 오류가 있다. 관념·의도·기억·감각·추론은 꺼내올 수 있도록 머리 한구석에 준비돼 있다가 의식의 밝은 빛 속으로 들어서거나, 일정한 방어 기제가 방해할 때는 들어서지 않는 것이 아니다. 우리는 머릿속에 완성된 생각의 아카이브를 갖고 다니지 않는다. 예를 들어 어젯밤을 돌이켜볼 때 나는 완결된 생각과 관념을 꺼내는 것이 아니라 그때그때 새롭게 회상을 창조한다. 뇌는 체험하거나 원한 것을 여러 단편을 통해 능동적으로 재구성한다. 반면 프로이트의 무의식에서는 모든 '자료'가 발송될 준비가 끝난 채 놓여 있으며 검열자에 의해 때론 여기로, 때론 저기로 전치되거나 위장된다. 소재는 똑같은데 위치와 형식이 바뀔 뿐이다.

이는 당혹스러운 문서를 암호가 있는 보관소에 넣어두거나 숨기는 파일 관리자로서의 정적·기계적 정신이라는 이미지에 상응한다. 미리 만들어진 정신 상태가 존재하는 것이 아니라 우리가 생각·감정·관념을 끊임없이 창조적으로 만들어낸다는 사실이 프로이트 생전에는, 예감할 순 있었겠지만 아직 확실한 지식이 아니었다. 따라서 많은 동시대인, 특히 비전문가는 정신의 사물화를 주저 없이 받아들였다.

또 하나의 숨겨진 단점은 프로이트의 모델이 초래하는 자원 낭비다. 그에 따르면 욕구 충족에 이바지하는 반도덕적 욕망의 피난처인 무의식은 그 참된 활동이 드러나지 않게 방어 기제의 무기에 24시간 감시받아야 한다. 하지만 이 모든 수고는 뭘 위한 걸까? 인간이 자신의 동물적 뿌리를 깨닫지 못하도록 하는 것? 성과 신체에 대한 19세기 후반의 적대성이 없다면 이런 논리는 카드로 만든 집처럼 무너져 내린다.

영혼의 극장에서 문제가 되는 바가 욕동적인 것에 문명화된 것의 외관을 부여하는 것뿐이라면, 요컨대 우리의 정신이 그토록 힘든 이중장부 기재에 실제로 관여한다면 에너지 소비가 엄청날 것이다. 오히려 그 반대가 사실일 가능성도 분명 있다. 즉 무의식이 의식되기를 촉구하는 것이 아니라, 어떤 의식도 필요하지 않은 모든 것이 자동으로 실행된다. 뇌는 효율이 좋은 기계다. 현대의 영상신경과학이 비로소 이런 인식에 도달했다. 빅토리아 시대의 프로이트에게 그것은 아직 멀리 있다. 증기 기관의 시대에 에너지는 절약해야 하는 것이 아니었다. 그래서 욕동적 힘의 영구적 부정·억압·승화는 정신적 활동이 가능한 이상 경제적 작동과 거의 양립할 수 없는 것으로 나타난다.

그러나 프로이트의 접근법은 한 가지 측면에서 큰 진보다. 그는 '치료적 허무주의', 즉 병자에게 귀 기울이거나 치료하려 하지 않고 관찰과 진단만 하는 당시 의사들의 태도와 절연한다.[84] 대신 프로이트는 개선에 대한 약속을 심리치료의 중심에 놓는다.

신경증적 콤플렉스를 드러내고 '철저히 연구하는' 것이야말로 정신분석의 의미이자 목적이다. 나중에 프로이트는 자신이 무의식을 발견하는 행운을 누렸다고 과시적으로 겸손하게 설명했다. 이것은 그야말로 허풍이다. 왜냐하면 우리가 내 집에서 주인이 아니라는 사실은 이미 그보다 오래전에 알려져 있었기 때문이다. 예를 들어 낭만주의 시대의 시인들과 의사이자 자연철학자인 카를 구스타프 카루스(Carl Gustav Carus)는 무의식적 예감을 영감과 좀더 고차적인 통찰력을 가져다주는 긍정적 힘으로 봤다. 18세기와 19세기 초의 계몽주의자들은 이 문제를 놓고 심령론자들과 격렬한 다툼을 벌였다.

프로이트는 예로부터 비어 있는 자리로 여겨진 무의식을 자기 삶의 현실을 반영하는 가정들로 채웠다. 또한 그는 여기에 그 참된 의미를 해독하기 위해 고유한 영혼의 움직임을 추적하는 과업을 연결한다. 어떤 것도 보이는 대로가 아니며, 모든 것이 트라우마와 초기의 각인이든 억압된 부도덕이든 뭔가를 가리킨다. 그리하여 프로이트의 업적은 무의식을 발견한 것이 아니라, 처음으로 생각·감정·상상·욕망을 순수하게 심리적인 것으로 간주하고 그에 맞게 치료한 것이 된다. 프로이트가 연구자로서의 원래 직업적 목표를 포기한 후[85] 그의 관심은 오직 한 주제, 즉 영혼의 밑바닥에 집중됐다.

프랭크라는 이름의 소녀

제1차 세계대전이 발발하기에 앞서 또 다른 변절자, 즉 프로이트의 이전 기대주이던 카를 구스타프 융과의 균열이 발생한다. 또다시 신성모독이 불화에 선행한다. 요컨대 1912년에 아들러의 대작 《신경질적 성격에 대하여》뿐만 아니라 융의 저작 《상징과 리비도》도 출간됐다. 서른여섯 살의 융은 이 책에서 프로이트의 성 이론을 거부하고, 단순한 개인적 경험을 넘어서는 무의식 이론을 기획한다.

프로이트는 《꿈의 해석》이 출판된 후 몇 년 동안, 의식과 무의식의 경계를 넘나드는 일을 조정하는 모든 정신 과정에 대해 복잡한 명명법을 창조했다. 여기서 유아기의 성은 특별한 의미가 있다. 프로이트는 유아가 이미 성적 욕망을 느끼고 아버지의 죽음에 대한 오이디푸스적 소망이나 어머니와 합일하는 환상을 품는다는 것, 무의식적으로 소년은 거세에 대한 불안을, 소녀는 남근 선망을 느낀다는 사실을 정신 발달의 고정된 매개 변수로 간주한다. 융은 그렇게 확신하지 않는다. 그는 자신의 초개인적 접근법을 발전시킨다. 여기에 따르면 억압된 욕동 에너지가 신경증을 불러일으키는 것이 아니다. 신경증을 유발하는 것은 오히려 신화와 상징에서 드러나는, 모든 사람에게 깊이 뿌리박힌 태고의 갈등이다. 그것이 유전되는지 문화적으로 매개되는 것인지는 융이 말할 수 없다(당시에는 유전자가 뭔지도 기억이 어떻게 기능하는지도 알려지지 않았다). 그의 관점에서 도약한 부분은 우리가 신경증적으로 되려고 부모의 성교를 보거나 그들 가운데 한 사람의 죽음을 원할 필요가 없다는 것이다.

처음에 융과 프로이트는 서신을 교환하며 이런 문제를 철저히 공개적으로 논의한다. 프로이트에게는 융이 무슨 까닭으로 실제 삶의 경험이 원인으로서 훨씬 더 가까이 있음에도 불구하고 전승된 패턴이 절대적으로 작용한다고 보는지 분명치 않다. 반면 융은 무의식이 개인적 각인에만 기반하지 않는다고 확신했다. 그는 자신을 그야말로 사로잡은, 해골이 있는 집에 대한 꿈으로부터 오랜 의식의 인류사적 층도 존재한다고 추론한다. 융은 중세 양식의 1층과 로마풍 지하실과 선사시대의 동굴을 그런 층으로 해석한다. 역사적 시대 각각은 마치 '인간 영혼의 구조를 나타내는 도형'처럼 서로 다른 의식의 단계를 나타낸다.

융에게 또 다른 영감의 원천은 부르크횔츨리에서 구리를 다루는 대장장이의 아들로 여러 해를 살면서 거기서 자기와 동료 요한 호네거(Johann Honegger)에게 치료받는 에밀 슈비처의 사례다. 슈비처는 스무 살 무렵에 1908년 이후 블로일러의 주도로 조현병이라고 불리게 되는 '조발성 치매'에 걸렸다.[86] 여러 병원을 전전하던 슈비처는 결국 친척에

사진 10 원칙의 사나이: 오이겐 블로일러는 1898~1927년 취리히에서 부르크횔츨리 병원을 이끌고 '조현병'이라는 개념을 만들었다. 그는 정신분석학회가 종파주의적이라고 비난하며 1년 만에 학회를 떠났다.

의해 취리히의 요양원으로 옮겨진다. 그의 정신병적 상태는 정상적 대화가 가능하지 않을 만큼 뚜렷했다. 또한 그는 연상 실험에서의 지시도 따를 수 없었다. 슈비처의 생각과 말은 망상과 완전히 뒤섞인 것으로 보였다. 융과 호네거는 그가 때때로 고개를 앞뒤로 심하게 흔드는 데 주목한다. 그들이 꼬치꼬치 캐물어 알아낸 바에 따르면, 슈비처는 이런 움직임으로 날씨에 영향을 미칠 수 있다고 믿는다. 그는 태양에 이어지고 자기 행동으로 진동시킬 수 있는 큰 남근 모양의 돌기를 통해 태양광을 조절하고 있다.

같은 시기에 역사의 신화적 기술을 연구하던 융은 여기서 놀라운 일치를 발견한다. 바로 이런 '태양 남근'이 미트라교에 존재하는 것이다! 기원후 수 세기 동안 소아시아·북아프리카·그리스에 널리 퍼진 이 신비로운 제의의 추종자들은 태양의 아래쪽 가장자리에 있는 길쭉한 돌기가 태양열을 지구로 전달한다고 믿었다.[87] 아무래도 교육을 받지 못한 슈비처가 이런 지식을 책에서 얻었을 것 같지는 않다. 융에 따르면 이는 단 하나만을 의미할 수 있다. 즉 무의식 속에는 여러 세대에 걸쳐 새겨진 이미지들이 존재하며, 이것들이 사회적이거나 민족적인 공동체에 전승돼 개인의 정신적 표현을 각인한다는 것이다. 이런 이미지는 광기를 비롯한 장애가 있는 사람들에게서 많이 드러난다. 왜냐하면 이런 사람들은 무의식의 깊은 층에 접근할 수 있기 때문이다. 그렇게 원형이라는 개념이 탄생했다.

1911년 3월 말, 놀랍게도 융의 조교 호네거가 모르핀 과다 복용으로 자살한다. 그의 아버지에게도 닥쳤던 사고 장애가 이미 시작돼[88] 그는 점차 일을 할 수 없게 됐다. 호네거의 글에서 종종 슈비처의 관점이 그 자신의 관점에 용해된다. 조교가 사망한 후 융은 그의 원고를 가져가 거기에 담긴 아이디어를 더 발전시킨다. 여러 동료가 융이 이 과정에서 호네거의 집단 무의식 개념을 베꼈다고 짐작한다. 하지만 이것이 사실이라 할지라도, 융은 그 개념을 결정적으로 다듬고 생명을 불어넣었다.

1911년 〈정신분석학과 정신병리학 연구 연보〉에 융의 《상징과 리비도》 중 제1부가 먼저 게재됐고, 제2부는 1912년 초에 실렸다.[89] 이 텍스트는 융이 서문에 썼듯 "프로이트 심리학과 세계관의 혼잡한 편협함"에서 그가 탈주했음을 표현한다.[90] 이는 꿈과 시와 문학적 관련성이 역사적 에피소드·신화적 단편·심리적 해석과 뒤섞인, 대단히 복잡하고 구불구불하게 나아가는 사상의 흐름이다. 융의 이념적 우주를 거칠게나마 관통해보자.

여기서 중요한 역할을 하는 것은 융이 전문 서적에서 가져온, 지나치게 젊은이다운 환상의 사례다. 프랭크 밀러라는 젊은 미국 여성의, 자기에 대한 증언을 처음 프랑스어로 출간한 사람은 제네바의 심리학자 테오도르 플루르누아(Théodore Flournoy)였다.[91] 융은 이 여성을 만난 적이 없었고 그 사안에 대해 여러 차례 그릇된 길로 들어선다. 그의 실수는 여성의 이름을 가명으로 착각한 것뿐만이 아니다(실제로 그는 아버지 프랭크의 이름으로 세례를 받았다). 그는 원격 진단을 통해 환자를 정신병의 "전조 단계", 즉 초기 조현병으로 진단하기도 했다. 하지만 플루르누아에게서 배우고 시인이자 역사적 형상들의 인격화로서 무대에 등장한 밀러는 정신의학적인 의미에서 병에 걸리지는 않았을 것이다.

그야 어쨌든 간에 융은 이 제멋대로인 젊은 여성의 보고로부터 인류의 무의식적 유산에 대한 광범위한 결론을 끌어낸다. 가령 밀러의 놀라운 능력 가운데 하나는 종종 오랜 과거의 낯선 인물과 자기를 동일시함으로써 마치 자신이 그인듯 말하는 것이다. 예를 들어《시라노 드 베르주라크》를 읽을 때 그는 결투에서 칼에 찔려 죽는 주인공과 같이 가슴이 강렬히 불타오르는 것을 느낀다. 수건을 머리에 터번처럼 두르고서 목욕탕을 나올 때 그는 갑자기 파라오 시대의 이집트 여인이 된 듯 느끼며 정확히 고대 무덤방의 벽화에 묘사된 대로 움직인다. 융은 이 일화 외에도 밀러의 세 가지 환상, 요컨대 시〈신에게 영광 있으리〉〈태양에 나방을〉및 아즈텍 이야기〈치완토펠〉을 열정적이고도 진지하게 해석한다. 밀러는 이 텍스트들을 여행 중 반쯤 잠든 상태에서 받았다고 주장한다.

융은 주해를 시작하기 전 책의 중심이 되는 장에서 근본적으로 다른 두 유형의 사고, 즉 개념에 얽매인 논리적 사고와 "감정적이고 회화적이며 말이 없는" 유추적 사고, 곧 "내부로 향해 가는 과거 자료의 되새김질"을 구별한다.[92] 후자는 무의식이 사용하는 사고 형식이다. 그는 분명하게 표현하기 어려운 태곳적 패턴에 빠져드는 것을 내향성이라고 지칭한다. 이 과정을 통제하지 않으면 성격은 유추적 사고에 휩쓸릴 위험이 있다. 그 결과는 정신병이다.

밀러로부터 영감을 받은 신화적 조망의 결론은 논리정연하다. "영혼은 오늘날의 것이 아니다! 그 나이는 수백만 년을 헤아린다. 그러나 개인의 의식은 지하의 뿌리에서 자라나는 …… 계절에 따라 꽃과 열매를 맺는 줄기일 뿐이다."[93]

프로이트는 이 모두를 아무것도 아니라고 여긴다. 물론 그 역시 레오나르도 다빈치(Leonardo da Vinci)의 동성애와 창조력을 그에 대한 과도한 모성애로 설명하는 1910년의 글 〈레오나르도 다빈치의 어린 시절 기억〉이 보여주듯 신화적 주제에 대한 애착이 있다. 하지만 프로이트는 역사적 신화를 개인의 전기를 비춰 이해하는 배경으로서만 이용한다. 그러나 융은 개인을 '신화'의 현현으로 간주한다.[94] 예를 들어 프로이트에게 고대 오이디푸스 신화는 오랜 아버지 콤플렉스의 원형이다. 반면 융에 따르면 이 신화는 집단 무의식의 일부다.

처음에 두 견해 사이의 갈등은 암시와 빈정댐에서 연기를 피워 올리지만, 여전히 정신분석을 밀고 나가는 공동의 프로젝트에 가려진다. 시간이 지남에 따라 차이가 첨예해지고, 두 사람의 어조는 신경증에 대한 상호 간의 비난에서 읽어낼 수 있듯 거칠어진다. 집중적 신화 연구 단계를 거친 융은 1911년 5월 프로이트에게 거의 사정조로 편지를 보낸다. "제발 걱정 없이 이 무한한 세계를 떠돌 수 있게 해주십시오. 저는 인간 영혼의 인식을 위해 풍요로운 전리품을 가져올 것입니다. 무의식이 그 심연에 어떤 비밀을 품고 있는지 완전히 이해하려면 저는 한동안 마법의 향기에 취해야 합니다."[95] 하지만 1년 후《상징과 리비도》가 출간되고 두 사람의 관계는 심각하게 흔들리며, 전문적 다툼은 개인적 반감으로 돌변한다.

처음에 이 논쟁은 융이 욕동 이론에서 이반한 것을 중심으로 전개된다. 융에게 리비도는 근원이 아니라 영혼이 갈등하는 무대다. "무의식의 성은 겉으로 드러나는 것이 아니다. 그것은 단지 상징일 뿐이다."[96] 1912년 11월 말 뮌헨에서 열린 회의 도중 프로이트는 미국으로 출발하기 전의 기억할 만한 그날 저녁에 이어 두 번째로 기절한다. 이번에도 프로이트가 불안해하는 '아버지 살해'에 관한 문제 때문이었다. 사람들은 일신교의 창시자로 추정되는 이집트의 파라오 아멘호테프가 모든 공공건물에서 자기 아버지의 이름을 지워버린 것이 옳았는지를 두고 논쟁을 벌인다. 융은 그가 새로운 종교를 도입하기 전에 우선 오랜 신적 통치자의 흔적을 제거해야 했다고 생각한다. 여기서 프로이트는 다시 한번 자신의 권위에 대한 숨겨진 공격을 본다.

실제로 융은 공동의 여행 이후 다른 접촉을 맺었다. 그는 미국에서 매우 주목받는 강연을 하고 영향력 있는 후원자들을 확보했다. 그는 이런저런 편지에서 프로이트가 자기 추종자들이 정통 교설에서 벗어나자마자 그들을 병리학화한다고 비난한다. 프로이트는 분노하며 이를 거부하고 뒤로 물러선다. 1913년 초 그는 융에게 이렇게 써 보낸다. "그러므로 나는 우리가 사적 관계를 완전히 포기할 것을 제안합니다."[97] 스위스인은 건조하게 대답한다. "저는 개인적 관계를 포기하려는 당신의 소원에 따를 것입니다. 저는 결코 우정을 강요하지 않기 때문입니다. 게다가 당신 자신이 이 순간이 당신에게 뭘 의미하는지 가장 잘 알 것입니다. '나머지는 침묵입니다.'"[98]

10월에 융은 국제정신분석학회 회장직을 공식적으로 내려놓는다. 6년 전 열세 시간에 걸친 마라톤 대화로 시작된 두 사람의 관계는 이렇듯 갑작스럽게 끝을 맞이한다. 그동안 편지에서 서로 "친애하는 친구"라고 부르던 둘은 이제 적수이자 경쟁자가 된다.

융과 헤어지기 직전에 프로이트는 분명 나쁜 예감이 들었다. 그는 1913년 5월 페렌치에게 사람들이 자신에게 닥칠 "나쁜 일을 예견할 수 있습니다"라고 써 보낸다. "물론 우리의 진리에서 멀어지는 모든 것은 그 자체로 대중의 박수를 받을 것입니다. 우리가 그토록 자주 헛된 장송곡을 부르고 나서 이번에는 정말로 우리를 매장하는 일이 가능합니다."[99]

이는 프로이트의 이전 이별들과 패턴이 똑같다. 처음의 충만함에 이어 소외가, 그리고 나서 의견의 불일치가, 마침내 관계의 단절이 뒤따른다. 결국 모욕과 침묵 그리고 자신의 견해에 대한 끈질긴 고집이 이어진다. 융은 프로이트가 절교를 통보한 마지막 제자가 아니다. 이런 수많은 다툼은 정신분석의 역사와 함께했다. 여러 해에 걸쳐 충성스러운 추종자이던 샨도르 페렌치와 오토 랑크도 1920년대에 자기 길을 걷게 된다. 페렌치는 치료자에게 환자에 대한 공감을 요구하는데, 이는 절제라는 프로이트의 계율과 모순이다. 한편 랑크는 단순히 과거를 헤집는 것이 아니라 지금 여기서 사고방식을 변화시키는 정신분석을 선호한다. 앞으로 보겠지만 두 사람 모두 새로운 세대의 심리치료자에게 중요한 자극의 원천이 된다.

프로이트와 융의 분열은 무의식이 뭔지에 대한 그들의 이상이 서로 다른 데에 뿌리를 뒀다. 역사학자이자 심리학자인 존 커(John Kerr)는 이를 다음과 같이 설명한다. "융은 언제나 자신에게 조언하고 안내하고 심지어 자기 인격의 분열을 치유하는 데 도움이 되는 무의식을 원한 것으로 보인다. 반면 프로이트는 내면세계에 대해 그런 인격적 관계를 추구하지 않았다. 근본적으로 그는 비밀에 싸인 텍스트처럼 연구할 수 있는 무의식을 원한 것으로 보인다."[100]

'황태자'를 잃은 실망에도 불구하고 프로이트는 동요하지 않는다. "우리의 운명은 많이 바뀌겠지만 과학의 운명은 전혀 바뀌지 않을 것입니다"라고 그는 페렌치에게 써 보낸다. "나는 우리가 진리를 손에 쥐고 있다고 15년 전과 마찬가지로 확신합니다."[101]

맹세한 공동체

이런 말들은 과학에 대해 어떤 이미지를 전달할까? 짧게 말하면 교조적 이미지다. 1906년 가을의 한 에피소드가 이를 증언한다. 당시 의대생이던 프리츠 비텔스(Fritz Wittels)가 빈 대학교에서 프로이트의 강의를 듣고 있었다. 교수는 실험심리학의 약점에 대해 강의한다. 실험심리학의 대표적 지도자인 빌헬름 분트(Wilhelm Wundt)는 1875년 라이프치히에 세계 최초의 심리학 연구소를 설립하고 초기 심리학자 거의 전원을 양성했다. 프로이트는 그를 루도비코 아리오스토(Ludovico Ariosto)의 서사시에 나오는 광란의 오를란도에 비유하며 신랄하게 비꼰다. "지금까지의 심리학은 나의 꿈 이론에 의해 죽었을 수도 있다. 그러나 그것은 이를 아직도 깨닫지 못하고 계속되고 있다."[102]

이는 전형적인 프로이트다. 그는 기존 지도 체제에 반대하는 동시에 자신의 모임에 대한 접근을 제한함으로써 아방가르드의 오라를 발산한다. 프로이트는 외부 학생의 경우 특별 허가를 받았을 때만 청강을 허용한다. 그리고 정신분석학회에 입회하기는 그야말로 어려운 일이었다.

블로일러, 융, 빈스방거를 중심으로 한 취리히 사람들이 정신분석을 지지한 것은 이 운동의 명성에 천금 같은 가치가 있었다. 나중에 '비밀 위원회'에 속하는 막스 아이팅곤이나 카를 아브라함(Karl Abraham)처럼, 프로이트의 충실한 추종자 가운데 몇 명은 부르크횔슬리에서 조교로서 경력을 쌓기 시작한다. 하지만 하필이면 그곳의 지도자인 오이겐 블로일러가 빈 사람들의 종파주의적 행동을 불신한다.

1910년 크리스마스에 열린 뮌헨 회의에서 프로이트는 정신분석학회에 가입하라고 블로일러를 설득하지만 그는 이듬해 11월에 제안을 거절한다. 그가 제시한 이유는 다음과 같다. "제 생각에 '우리를 위하지 않는 사람은 우리에게 반대하는 사람이다' '전부 아니면 전무'는 종교 공동체에는 필요하고 정당에는 유용합니다. 그런 까닭에 저는 그 원칙 자체는 이해할 수 있지만 과학에는 해롭다고 생각합니다. ……그건 이제 세계관이 아닙니다."[103] 이때 빈 사람들은 주로 비유대인인 취리히 동료들이 절실히 필요했다. "우리는 아리안 친구들이 필요하다네"라고 프로이트는 페렌치에게 설명한다. 그가 빈에서 '지크프리트'로 불리는 융을 자기의 총독으로 선택한 데는 그런 이유도 있었다.

프로이트는 정신분석의 초기 몇 년 동안 지침서, 즉 해석의 규칙이 담긴 편람에 대한 기대를 여러 차례 드러낸다. 하지만 치료의 실천에 관한 논고가 여기저기 있었음에도 불구하고 그는 그토록 갈망하던 안내서를 제공하지 못한다. 대신 그는 소설 같은 사례 연구들과 수많은 이론적 텍스트를 출판한다. 빠진 것은 따라할 수 있는 기법, 신진 분석가를 위한 기본 구상이다.

프로이트는 막다른 골목에 처한다. 한편으로 모든 의학은 투명성과 소통 가능성의 원칙에 기반한다. 재능 있는 제자 각자뿐만 아니라, 예비 교육을 충분히 받은 사람이라면 누구나 치료법을 적용할 수 있어야 한다. 그래야 치유의 방도를 폭넓게 수립할 수 있다. 확실히 일부 치료자는 다른 치료자보다 재능이 많고, 개인적 선호와 강점 및 약점도 있다. 하지만 고안한 사람과 소수의 전문가만 능숙하게 구사할 수 있는 접근법이 무슨 소용이 있을까? 어떤 종류의 장애를 어떤 방식으로 제거할 수 있는지 보여주지 않는 사람은 의학이 아니라 예술에 종사하는 것이다.

그러나 프로이트는 예로부터 전해진 것에 반대함으로써 자기 제안의 매력을 높이는 방법을 탁월하게 이해하고 있었다. 융과 헤어진 후 그는 앞서 언급한, 여러 충성스러운 추종자들로 '비밀위원회'를 구성한다. 랑크, 아브라함, 존스, 페렌치, 작스는 순수한 교설의 준수를 감시하고자 한다. (막스 아이팅곤은 몇 년 후 합류한다.) 그들은 모두 프로이트에게 맹세의 징표로 반지를 받는다. 진정한 과학을 위해 포기할 수 없는 투명성과 회의주의를 그들은 충성심에 양보한다. 올바른 것은 사실에 기초한 조사를 견뎌내는 것이 아니라 '대가'가 옳다고 선언하는 것이다. 수요 모임의 첫 회의에서 이미 그랬던 것처럼 마지막 말을 하는 것은 프로이트여야 한다.

우리는 그 시대의 가장 뛰어난 물리학자인 알베르트 아인슈타인(Albert Einstein)이 우주에 대한 자신의 견해를 전파하기 위해 비밀 클럽을 만들고 닐스 보어(Niels Bohr), 막스 플랑크(Max Planck), 베르너 하이젠베르크(Werner Heisenberg) 등 여러 동료가 충성 서약을 했다고 상상해볼 수 있다. 아인슈타인은 자기 영감의 힘으로 중력·입자의 움직임·시간과 공간의 사정이 어떤지에 대해 미묘한 설명을 고안하고, 이런 생각을 일화

사진 11 비밀위원회: 프로이트의 가르침을 공격과 이탈자들로부터 보호하기 위해 1912년부터 그의 주변에 가장 가까운 모임이 형성된다. 왼쪽부터 오토 랑크, 지크문트 프로이트, 카를 아브라함, 막스 아이팅곤, 샨도르 페렌치, 어니스트 존스, 한스 작스.

적 보고로 뒷받침한다. 동시에 그의 발견은 간접적으로만 추론할 수 있고 측정하거나 검증할 수 없다. 아니, 그는 이런 검증을 완전히 거부한다. 나아가서 '대가' 아인슈타인이 추종자들에게 무조건적 충성을 요구하고 자기에게서 벗어난 의견을 잘못되거나 병적인 것으로 몰아붙인다고 상상해보자. 그런 아인슈타인이 과학자로서 허용받을 수 있을까? 무슨 까닭에 심리학에는 명백히 다른 척도를 적용했을까?

물리학을 당시의 심리학과 구별하는 것은 경험적 시금석, 즉 누구나 통찰할 수 있는 데이터와 여기서 도출하는 예측이며, 이런 예측은 관찰한 바를 가능한 한 잘 설명하고 새로운 것에 비춰 입증돼야 한다. 무엇이 옳고 그른지를 결정하는 것은 어떤 권위도, 심지어 그럴듯한 이론도 아니다. 우리는 많은 것을 생각해낼 수 있지만, 누구도 그냥 지나칠 수 없는 증거 또한 수집해야 한다.

1916년 5월 알베르트 아인슈타인은 〈일반 상대성 이론의 기초〉라는 논문에서 태양의 중력이 우리의 중심 별 가까이 지나가는 빛을 극소한 만큼 휘게 만든다고 주장했다. 그러므로 많은 별의 실제 위치가 보기와는 다를 것이다. 그 차이는 아인슈타인의 계산에 따르면 1.75초였다(이는 대략 몇천 미터의 거리에서 유로 주화의 크기에 상응한다). 이 계산이 맞을까? 1919년 5월 29일의 개기 일식은 아인슈타인의 예측을 시험할 기회를 제공했다. 영국인 아서 에딩턴(Arthur Eddington) 경은 망원경과 노출계를 갖춘 두 원정대 중 하나는 에스파냐령 기니 연안의 프린시페섬으로, 다른 하나는 브라질 북부의 소브라우로 파견한다. 두 곳 모두 성공적 측정을 위한 최상의 기후 및 지리를 보장한다. 조건은 까다로웠고 결국 일식에 노출된 사진판 가운데 소수만 사용할 수 있었다. 하지만 기록을 비교해보니 태양권에서 가까이 있는 별들의 실제 위치는 보기와 아주 미세한 차이가 난다. 1979년에 현대적 장비로 새롭게 계산한 결과 그 차이는 약 1.90초에 달한다.

아인슈타인의 예측이 관찰한 데이터와 일치하는 까닭에, 새로운 이론이 사실을 더 우아하게 설명하거나 그의 모델에 반하는 사실이 나타날 때까지 당분간은 그 올바름이 흔들릴 수 없다. 정신생활과 관련해 왜 비슷한 생각을 할 수 없었을까? 심리학자들은 왜 물리학, 화학 또는 생물학과 비슷한 정도의 명확성을 자기 분야에 부여할 수 없을까? 모든 사람이 자신의 환상으로 채우는 무의식과 달리 우주는 관찰하고 측정할 수 있다. 반면 '임상 자료'인 정신은 주관적 해석과 전제 없이는 이해할 수 없다. 프로이트의 사례들은 문학적으로는 걸작이지만, 과학적으로는 거의 가치가 없다.

덧붙여 정신분석은 처음부터 아첨과 적개심을 동반한다. 때론 환자의 고통을 실제보다 더 심각하게 묘사하거나 사실 미미한 치유를 성공으로 보고하기도 하고, 때론 비판자들의 권위를 약화시키기 위해 그들의 '결함'을 무고하기도 한다. 심지어는 반대의 목소리를 그 목소리를 내는 사람이 옳지 못하다는 증거로 여기기도 한다. 왜냐하면 그는 자기의 저항을 아직 극복하지 못했음이 틀림없기 때문이다. 여기에 대해 카를 크라우스는 "정신분석은 자기를 그 치료법으로 생각하는 질병이다"라는 익살을 만들어낸다.

그럼에도 불구하고 많은 동시대인이 프로이트의 테제를 열심히 흡수한다. 어쨌든 이보다 더 좋은 진통제는 없다. 프로이트는 다른 사람보다 더 깊이 들여다보고자 하는 보편적 욕구를 충족시키는 신화를 창조했다. 그래서 존 커가 썼듯 "정신분석은 일찍이 치료 방법이기를 그치고—그것은 결코 과학인 적이 없다—하나의 운동이자 세계관이 되었다."[104]

성

발견

　　　　　　팔레 윌슨은 제네바 호수 서쪽 기슭에 위엄 있게 자리하고 있다. 이 신고전주의 양식의 건물은 1870년대에 200개가 넘는 객실을 갖춘 세련된 호텔로 지어졌고, 1920년부터는 새로 설립된 국제연맹의 본부가 된다. 이 건축물은 4년 후 국제연맹의 설립자인 우드로 윌슨(Woodrow Wilson) 미국 대통령을 기리기 위해 오늘날까지 유지하고 있는 이름으로 명명됐다. 지금은 유엔난민기구(UNHCR)가 이곳에 상주하고 있다.

1970년대 중반에 이 건물은 개보수가 긴급히 필요했다. 1977년 미로 같은 지하의 어느 방에 들어간 작업자들은 구석에서 거미줄에 싸이고 손때가 묻은, 낡은 여행 가방을 발견한다. 이 가방을 열자 구름처럼 피어오르는 먼지 사이로 손으로 쓴 메모·편지·엽서 그리고 곰팡이가 슨 일기장 더미가 드러났다.

반세기 전 이 건물의 날개 부분에는 제네바 대학의 장 자크 루소 심리학연구소가 있었다. 아동의 사고 분야를 개척한 것으로 유명한 장 피아제(Jean Piaget)가 이곳에서 연구를 수행했다. 이 문서는 그 당시의 것일까? 제네바의 학교 역사 전문가가 부름을 받는다. 멀리 로마에 사는 그는 정신분석가 친구인 알도 카로테누토(Aldo Carotenuto)에게 제네바 호수에서 발견된 것을 조사해달라고 부탁한다. 카로테누토는 자기 눈을 믿을 수 없었다. 그는 곧바로 프로이트의 구부러진 글씨와 융의 간결한 스위스식 필체를 알아본다. 거의 70년이 지난 서류를 훑어보던 카로테누토는 자기가 얼마나 큰 보물을 손에 들고 있는지를 예감한다. 이것은 1908년부터 융 및 프로이트와 활발하게 서신을 교환한 사비나 슈필라인이 썼거나 받은 편지 여든한 통의 원본과 사본, 초안과 단편이었다. 카로테누토는 여기에 더해 이 러시아 여성이 1909년부터 1912년까지 쓴 일기를 발견한다. 당시 그는 처음에는 자기를 치료하는 의사였고 그다음으로는 상사였으며 마지막엔 연인이었던 융에게 분석가로 훈련받는 동시에 빈의 대부와 서신 왕래를 하고 있었다.

제네바에 남은 여행 가방은 정신분석의 역사에 큰 관심을 유발하는 퍼즐 조각을 몇 개 추가하고 그 주인공의 이미지를 완성하는 데 도움이 될 것이다.

～～～～

1923년 봄, 사비나 슈필라인은 자질구레한 소지품을 마지막으로 정리한다. 그는 곧 모스크바로 떠나려 한다. 거기서 그는 마침내 남편 파벨 셰프텔을 다시 만나 새로운 삶을 시작할 것이다. 부부는 몇 년 전부터 따로 살아왔다. 향수병에 시달리던 남편은 제1차 세계대전이 시작될 때 피난처를 찾았던 스위스에서 고향으로 돌아가 있었다. 거기서 그는 혁명의 불길에 고무돼 새로운 사회, 자유로운 사람들의 공동체를 건설하는 데 일조하고자 했다. 한편 아내는 제네바 대학에서 연구에 매달리며 어린이의 정신분석에 중요한 공헌을 하고 있었다. 그는 자신의 연구를 볼셰비즘의 불확실한 미래와 맞바꿀 수 없었다.

하지만 사비나와 마찬가지로 의사인 파벨은 그에게 보낸 편지에서 젊은 소비에트 연방에서의 진보와 각성한 정신에 대해 열광한다. 이 나라는 어디서나 경제적으로, 또한 문화생활과 과학 분야에서도 앞으로 나아가고 있었다. 레온 트로츠키(Leon Trotsky) 인민위원의 보호하는 손길 아래 여러 곳에 정신분석 연구소와 병원이, 심지어 모스크바에는 정신분석 훈련을 위한 세계 최초의 국가 기관이 설립되는 중이었다. 슈필라인은 고향 도시인 로스토프나도누에서 아동심리학 연구를 계속해 차르의 지배에서 해방된 사람들을 자신의 방식으로 도울 수 있다고 확신했다. 그는 지난 20년 동안 서구의 퇴폐와 이중적 도덕을 충분히 몸소 체험했다.

사비나 슈필라인이 열아홉 살일 때, 어머니는 그를 취리히의 부르크횔츨리 병원에 맡겼다. 에바 류블린스카야 슈필라인이 달리 딸을 도와줄 여지가 없었다. 딸은 여름에 가족이 자주 묵는 파라데 광장의 품위 있는 호텔 바우르에서 행패를 부리고 소리를 지르며 소동을 일으켰다. 분노의 폭발은 빙산의 일각에 불과했고, 여러 해 동안 쌓인 히스테리의 정점에 도달한 것이었다.

1904년 8월 18일 밤, 어머니는 도우미 한 명과 함께 미쳐 날뛰는 딸을 데리고 공식적으로 부르크횔츨리라고 부르는 정신 병원의 정문으로 차를 몬다. 입원 직후 환자는 진정되고, 다음 날 아침 병력이 시작된다.

사진 12 키 크고 자부심 강한: 부르크휠 츨리 현관 앞의 젊은 레지던트, 카를 구 스타프 융.

레지던트 카를 구스타프 융이 이 젊은 여성을 돌본다. 융은 스물아홉 살이고, 약 1년 전에 부유한 시계제조업자의 딸인 에마와 결혼했다. 이 무렵 촬영된 사진 속의 융은 사비나 슈필라인이 병원으로 들어온 바로 그 문 앞에서 자신감 있는 자세를 취하고 있다.

러시아 남부 로스토프나도누 출신인 사비나의 가족도 마찬가지로 부유하다. 바르샤바 출신이며 비료 및 동물 사료 생산자인 아버지 니콜라이는 유능한 사업가다. 그는 가부장으로서 가정을 엄격하게 이끌며, 세 아들과 두 딸의 맨엉덩이를 정기적으로 때리는 방식으로 아이들을 훈육한다. 게다가 그는 가족에게 월요일에는 독일어, 화요일에는 프랑스어, 수요일에는 영어, 목요일에는 러시아어 등 요일마다 다른 언어를 사용하도록 지시한다. 어린 사비나는 곧 각 언어를 유창하게 구사할 수 있게 된다. 그의 히스테리 증세가 언제 어떻게 시작됐는지는 분명치 않다. 융은 자신의 입증된 연상 실험을 통해 그의 억압된 콤플렉스를 추적하고자 한다.

그가 곧바로 깨닫듯 환자는 아마 몇 가지 트라우마적 경험을 했을 것이다. 그가 열여섯 살 때 사랑하는 여섯 살짜리 여동생 에밀리아가 죽었다. 사비나가 그 폭정을 경멸하면서도 동시에 우상화하는 아버지의 무자비한 엄격함이 그를 무겁게 짓누른다. 학교를 졸업한 후 사비나는 하루하루를 정처 없이 살아간다. 당시 차르 제국의 억압은 그 정도가 점점 더 심해지고 있었다. 여성은 러시아에서 공부할 수 없었다. 사비나 같은 신분의 여성이 바랄 수 있는 것은 좋은 짝을 만나 아이를 낳고 살롱에서 이지적으로 시간을 보내는 것뿐이었다. 그는 그런 삶을 전혀 원하지 않았다!

그렇지만 사비나 슈필라인이 정확히 무엇 때문에 고통을 겪었는지는 여전히 명확하지 않다. 수십 년 후 정신의학자들은 융이 극적으로 묘사한 것으로 추정되는 이야기에 토대해 편집성 조현병을 추측하며, 경계성 성격 장애를 의심하기도 한다. 그러나 어쩌면 슈필라인은 단순히 사춘기의 급성 위기를 겪었을지도 모른다. 그의 지나치게 빠른 회복은 이를 뒷받침한다.

슈필라인은 부르크횔즐리에서 곧바로 더 호전한다. 1904년 10월, 입원한 지 두 달이 채 지나지 않아 블로일러는 로스토프나도누의 아버지에게 "슈필라인 양이 내년 봄부터 여기 취리히에서 의학 공부를 시작하기로 결심했다는 기쁜 소식"을 전한다. 그리고 매우 총명한 이 젊은 여성은 금세 마음을 바꾼다. 융의 이 환자는 그의 조수가 되어 회진에 동행하며 지루한 서류 작업의 부담을 덜어준다. 그는 의학적 검진에 참여하고 아무 학문적 훈련 없이 매일 의사들의 테이블에서 진단과 질병의 진행에 대해 논의한다.

슈필라인은 공부를 시작하면서 도시에 작은 집을 얻어 융과 비정기적 상담을 이어간다. 만남은 때론 융이 거주하는 부르크횔츨리에서, 때론 그 집에서 이루어진다. 언젠가부터 환자와 의사는—아니, 그는 이미 더는 의사가 아니었을까?—서로 가까워진다. 슈필라인은 일기에서 갑작스럽게 스스로를 자기 "시인" 융과 결합해 주는 "시", 즉 당시에 사용하던 성의 완곡한 표현에 대해 열광한다. 그의 어린 시절 경험과 고통과 구타의 쾌락에 사로잡힌 점을 고려할 때 슈필라인은 마조히즘적 성향이 뚜렷했던 것으로 추측할 수 있다. 예를 들어 그의 어린 시절에 이미 항문이 그야말로 터질 것 같을 때까지 꽉 조여 대변을 참는 것이 엄청난 쾌감을 가져다줬다고 한다. 빈 정신분석학회 회원들에게 이유 없이 '지크프리트'라는 별명을 얻은 것이 아닌 건장한 융이 아내 에마에게는 낯선, 에로틱한 놀이 방식을 그와 함께 탐구했다고 가정해볼 수 있다.[1]

이 기록은 불륜이 정확히 언제 시작되는지 드러내지 않는다. 편지 속의 많은 것은 두 사람이 처음에는 의사와 환자 사이의 에로틱한 매혹인 전이 및 역전이를 억제했음을 시사한다. 그러나 그 후, 아마 1908년 여름에 융은 양심의 가책을 내던진다. 그가 얼마 전에 코카인과 모르핀에 중독된 동료를 몇 주 동안 치료한 것은 우연이 아니었다. 오토 그로스(Otto Gross)라는 이름의 이 카리스마 넘치는 괴팍한 사람은 성적 억제로부터의 해방을 선전한다. 그는 부르주아적 관습을 넘어선 구속되지 않는 사랑, 욕동을 마음껏 펼치는 데서 개인과 사회 모두를 위한 치유의 길을 보았다. 그는 융에게 환자와의 성관계를 문제가 아니라 해결의 일부로 바라보도록 부추겼을 가능성이 높다.

~~~~~~

두 정신의학자는 1907년 한 학술 대회에서 처음 만난다. 회의가 끝난 후 융은 프로이트에게 이렇게 보고한다. "그로스 박사는 제게, 자기가 사람들을 성적 비도덕주의자로 만드는 까닭에 그들이 의사에 대한 전이를 곧바로 수행한다고 말했습니다. ……신경증 환자에게 진정 건강한 상태는 성적 비도덕성이라는 것입니다."2 이 말은 많은 해방의 사도가 그들의 깃발에 계속 새겨 넣는 비전에 관해 이야기해준다. 사람들은 꽉 죄는 사회의 족쇄를 벗어던지고 병들게 만드는 관습을 극복함으로써 자신과의 일치를 발견해야 한다.

카리스마 넘치는 그로스가 이 시기에 억제로부터의 해방을 설교하는 유일한 사람은 아니다. 스스로를 '현대인'이라고 부르는 자유사상가와 예술가 집단은 세기가 바뀐 직후에 뮌헨의 보헤미안 슈바빙 지역 및 마조레호수 아스코나 근처의 몬테베리타에서 대안적 삶의 형식을 실험한다. 여기 티치노의 남쪽 태양 아래서 그들은 무엇보다 먼저 채식과 누드를 무정부주의적 사고와 결합한다. 공동체원들이 통일된 세계관이나 사명을 대표하지는 않지만, 대부분 일부일처제를 의심한다.

정숙과 결혼 서약은 여성을 억압하는 수단으로 여겨지고, 욕동의 포기는 신경증으로 가는 지름길로 생각된다. (당시에는 남색이나 사도마조히즘과 더불어 동성애와 성전환도 포함하던) 도착증은 인간의 자연스러운 일부다.

그러나 가부장제는 욕망을 적대시하도록 교육함으로써 민중에게 권력을 행사하는 식으로 이를 억압한다. 인간은 본질적으로 양성애자이자 일부다처주의자이며, 리비도는 설령 제한한다고 하더라도 꼭 필요한 한계만 둬야 한다.

그로스가 한계의 설정과 아무 관계도 없다는 사실은 그가 때때로 소비하는 하루 몇 그램의 코카인과 모르핀뿐만 아니라, 그의 성적 일탈도 보여준다. 그는 여성 환자와 함께 자고 두 명의 사생아를 낳으며 슈바빙과 몬테베리타를 쉬지 않고 오가며 방황한다. 우리가 살펴볼 그로스의 비극적 운명은 모든 강제로부터의 해방이 얼마나 쉽게 정신적 심연으로 이어지는지 맛보여준다. 하지만 우리는 우선 정신분석가로 변신한 환자 사비나 슈필라인이 욕망, 사랑, 공격성을 풀려고 시도하는 과정을 함께하고자 한다.

실험실에서의 폭발

1908년 여름, 슈필라인은 프로이트에게 보낸 편지에서 "그(융)는 이제 더 이상 저에 대한 감정을 억누르려고 하지 않습니다"라고 보고한다.[3] 분명히 융은 동료인 오토 그로스에게 자극받아 일부다처제에 대한 다른 견해에 도달했다. 융과 슈필라인의 불륜이 얼마나 오랫동안 지속됐는지 우리는 알지 못한다. 그러나 슈필라인의 일기에서 알 수 있듯 그는 비밀로 인해 고통받는다. 거기다 그는 자신이 융의 유일한 '시적' 여자 친구가 아니지 않을까 두려워하며 잠시 자살을 생각한다. 하지만 그는 자해하는 대신 어떻게든 일에 몸을 던진다.

1911년 초, 슈필라인은 〈조현병 사례의 심리학적 내용〉에 관한 박사 학위 논문으로 학업을 마친다. 이 논문은 여성이 쓴 최초의 정신분석학 박사 논문으로, 같은 해에 프로이트와 융의 지원을 받아 〈정신분석학과 정신병리학 연구 연보〉에 게재된다. 이 젊은 분석가는 이듬해 여름을 뮌헨에서 지낸다. 여기서 그는 다름 아닌 성적 욕동에 대해 새로운 이론을 발전시킨다. 그는 프로이트가 훨씬 나중에야, 즉 제1차 세계대전의 대학살이라는 인상 아래《쾌락 원리의 저편》이라는 저술에서야 비로소 숙고하는 깊은 적대성이 작용한다고 본다.

슈필라인이 제기하는 물음은 다음과 같다. 한편에 있는 욕망과 사랑, 다른 한편에 있는 공격성과 증오의 관계는 어떤 것인가? 모든 존재의 궁극적 목적이 존속과 성장을 향함에도 불구하고 인간에게 삶을 부정하는 경향, 심지어 죽음 욕동이 존재할 수 있는가? 슈필라인 이전에 이미 알프레트 아들러나 테오도어 라이크(Theodor Reik)를 비롯한 학자들이 이 문제를 이리저리 따져본 바 있다. 하지만 인간의 영혼에 대해 반대되는 여러 원칙을 요청하는 것은 의미 있는 방식으로 정당화하기 어렵다. 슈필라인은 좀더 우아한 해결책에 다다른다. 증오와 사랑처럼 대립적으로 나타나는 경향은 서로를 제약하며, 글자 그대로 동전의 양면이라는 것이다. 그러므로 영혼에는 단 **하나의** 추동력이 존재하며, 그럼에도 그 추동력에서 두 요소가 분리될 수 없게 결합해 있다.

슈필라인이 1912년에 발표한 〈생성의 원인으로서 파괴〉라는 연구의 제목이 그 접근법을 드러낸다. 새로운 것이 출현하기 위해서는 낡은 것이 사라져야 한다. 아니, 살아 있는 존재는 자기를 퍼트리려고 애씀**으로써** 궁극적으로 자신의 몰락, 자아의 해소를 위해 노력한다. 그리하여 욕망에는 처음부터 파괴가 불가피하게 새겨져 있다.

사진 13 환자, 연인, 개척자: 욕망의 양면에 관한 사비나 슈필라인의 이론은 자신의 삶과 밀접한 관련이 있다.

1911년 가을, 슈필라인은 빈으로 향했고 프로이트의 동의를 받아 빈 정신분석학회에 입회하려고 애쓴다. 격렬한 논쟁 끝에 일부 회원들의 저항에도 불구하고 그의 신청에 대해 긍정적 결정이 내려진다.[4] 나이 든 신사들이 모인 클럽에서 여러 언어에 능통하고 매력적인 25세의 여성이 함께 유아적 욕망, 여성의 히스테리, 자위와 도착증에 관해 이야기하는 모습을 상상해보라! 베르크가세에서의 모임에 몇 차례 참석한 후 그는 이렇게 적었다. "프로이트의 제자들은 그가 자기 의지대로 형성하는 아이들과 같다."[5] 프로이트는 슈필라인의 재기에 감명받는다. 그는 독자적으로 생각하고 판단하며 남성의 인정 욕구를 경멸한다. 그는 냉정하게 단언한다. "과학에서 진정한 인식에 대한 욕망은 경탄받고자 하는 욕망, 권력을 향한 욕망으로 대체된다."[6]

프로이트의 오른팔이자 전기 작가인 어니스트 존스는 이 러시아 여성을 견디지 못하며, 프로이트의 전기에서 그를 전혀 언급하지 않는다. 심지어 대가 자신도 그 모든 공감에도 불구하고 슈필라인의 기여를 인정하기 위해 특별히 노력하지 않는다. 결국 그는 프로이트의 작품에서 삶을 긍정하는 리비도의 힘에 죽음 욕동을 대립시키는 연구에 있는 단 하나의 각주에서만 등장한다. 1920년 《쾌락 원리의 저편》에서 프로이트는 마조히즘을 죽음 욕동이 자아에 대항하는 것으로 취급하는 구절에 다음과 같은 지적을 덧붙인다. "내용과 사상이 풍부하지만 유감스럽게도 내게는 완전히 명확하지 않은 작품에서 사비나 슈필라인은 이런 추측을 전부 선취했다. 그는 성적 욕동의 사디즘적 요소가 '파괴적'이라고 묘사한다."[7]

그러나 여기서 프로이트는 슈필라인의 관심사를 근본적으로 오해하고 있다. 왜냐하면 그는 인간이 독자적 죽음 욕동을 지닌다고 믿지 않았고, 이런 구성을 프로이트의 척도에서도 무모한 것으로 간주하기 때문이다. 오히려 그는 "생식 욕동은 심리적으로 적대적인 두 구성 요소로 이뤄지며, 따라서 파괴 욕동인 만큼이나 생성 욕동이다"라는 방향으로 나아가고자 한다.[8] 간단히 말하면 사랑한다는 것은 죽고 싶다는 것을 뜻한다. 그리하여 프로이트는 슈필라인을 그가 본래 공유하지 않는 입장으로 받아들이고 있다.[9]

~~~~~~

카를 구스타프 융은 1907년 암스테르담에서 열린 국제 정신의학 및 신경학 대회에서 〈슈필라인의 사례〉를 처음으로 발표한다. 여기서 그는 아마 사비나의 증상을 실제보다 어느 정도 더 심하게 묘사해 치료의 성공을 더욱 커 보이게 만들었을 것이다. (물론) 두 사람이 서로에게 느낀 매력에 대한 언급은 없다. 어쩌면 불륜은 1908년 5월 말에야 비로소 시작됐을 수도 있다. 왜냐하면 그 직전에 슈필라인은 프로이트에게 보낸 편지에서 융이 자신을 무시한다고 불평하기 때문이다. "그에게 가는 것은 제게 굴욕입니다."[10] 다른 한편으로는 바로 이것이 슈필라인의 욕망을 불러일으켰을 수도 있다.

융의 아내 에마는 곧 의혹을 품고 로스토프나도누에 있는 사비나의 어머니에게 익명의 편지를 보내 딸의 흐트러진 처신을 비난한다. 그 후 에바 류블린스카야는 융의 상사 블로일러에게 이를 알리고자 한다. 당시의 기준으로도 의사가 자신이 맡은 환자와 친밀한 관계를 시작하는 것은 심각한 의료 규칙 위반이었다. 융은 자기 경력과 결혼 생활에 미칠 피해를 방지하기 위해 슈필라인과의 관계를 끝내고, 딸을 계속 치료하려면 한 회기당 10프랑의 사례금을 내야 한다고 어머니에게 거리를 두는 어조로 편지를 보낸다. 이를 알게 된 사비나 슈필라인은 융에게 한바탕 소란을 피운다. 그 후 두 사람의 관계는 냉각된다.

융은 1909년 7월 10일 프로이트에게 보낸 편지에서 그의 표현을 빌리자면 "이제 매우 호의적으로 해결된 슈필라인 문제"와 관련한 지원에 감사를 표한다.[11] 이전에 프로이트는 남성들만의 공감 속에서 누구에게나 들어맞을 수 있는 구호로 융을 격려했다. "화학자의 손에 들린, 파열된 시험관에 관한 라살레의 비유를 생각해 보세요. '연구자는 물질의 저항에 가볍게 이마를 찌푸리면서도 연구를 계속한다'는 것이죠. 우리가 다루는 소재의 본성을 고려할 때 실험실에서의 자그마한 폭발은 결코 피할 수 없습니다. 어쩌면 시험관을 충분히 비스듬히 들지 않았거나 너무 빠르게 가열했을 수 있습니다. 그렇게 우리는 소재와 그 취급에 어떤 위험이 있는지 배우게 됩니다."[12]

프로이트는 스스로 부과한 절제의 규칙을 엄격하게 준수하며, 그것을 자기 제자들의 기념첩에도 써넣는다. "치료는 가능한 한 결핍, 즉 절제 상태에서 수행해야 한다."[13] 그것은 치료자가 자기를 가리고, 논평하지 않고, 일반적으로 필요한 것만 말하고, 자신의 감정과 욕망을 드러내지 않으며, 애정 표현과 사랑에 대한 환자의 모든 요구를 거부함을 뜻한다. 오토 랑크나 샨도르 페렌치 같은 몇몇 제자들은 나중에 이 가르침에서 벗어나 만지는 것까지 포함하는 '적극적 기법'을 발전시킨다. 하지만 프로이트는 종신토록 절제를 고수한다. 그래야만 증상을 없애는 대신 강화하는 대리 만족이 치료자의 애정으로부터 발생하지 않게 막을 수 있다는 것이다. 이를 정신분석적으로 '이차적 질병 이득'이라고 한다.

거리를 유지해야 하는 훌륭한 이유가 존재하는데, 억압과 전이 사이의 상호 작용은 곧바로 한계를 넘도록 유혹하기 때문이다. 한편으로 치료자는 환자의 잠재된 욕망을 드러내기 위해 환자의 저항을 극복해야 한다. 다른 한편으로 그렇게 하면서 그 자신이 빠르게 욕망의 대상이 되기도 한다. 프로이트보다 성격이 덜 확고한 사람에게 이는 그야말로 하나의 도전이다. 하지만 '실험실의 폭발'에 관한 이야기가 보여주듯 자신의 약점은 연구 대상의 간계로 쉽사리 설명할 수 있다. 몇 년 후 융은 슈필라인과 마찬가지로 동료가 된 환자, 토니 볼프(Toni Wolff)와 또다시 허락되지 않은 불륜을 저지른다. 에마는 남편의 외도에 실망감을 삼키고, 예쁜 토니는 종종 가족들과 함께 점심을 먹는다. 에마는 단호한 여성이며, 남편을 다른 여성과 공유하길 원치 않는다. 한편 그는 네 자녀를 위해 가정의 행복을 위태롭게 하고 싶지 않았고, 그래서 이를 갈며 전능한 리비도에 굴복한다.

자위행위의 은밀한 매력

       무의식의 심리학이 성적인 것에 그
토록 몰두하는 것은 무엇보다 그 주인공들의 강박 때문이다. 세기가 바
뀌고 얼마 지나지 않아 프로이트 서클이 형성됐을 때 이미 거기서 논
의한 세부 사항은 회원들 사이에 특별한 헌신이라는 조건을 둔다. 이는
프로이트와 이 운동의 첫 대변인이던 빌헬름 슈테켈과의 관계도 각인
한다.

  1904년 5월 21일, 빈의 신문 〈디 바게(Die Wage)〉에 〈자기 성애와 건
강〉이라는 제목의 기고문이 실린다. 여기서는 다음과 같이 말한다. "얼
마 전 의사들의 소모임에서 수음의 해로움에 대한 긴 논쟁이 벌어졌다.
자위행위는 해로운가? 그렇다면 어느 정도로?" 이 소규모 '모임'은 프
로이트의 수요 모임이며, 이 기사의 필자는 바로 슈테켈이다. 독자들이
모르는 것은 슈테켈이 오랫동안 발기 부전으로 고통받고 있다는 점이
다. 동시에 프로이트와 슈테켈 및 다른 사람들이 교환한 서신이 암시하
듯 그는 과도하게 수음한다.[14] 다시 말해 그는 자기 혼자 손으로 진동하
며 발기하고 오르가슴을 느낄 수 있는데 그의 지체는 '부부의 의무'를
이행하길 거부한다. 그가 얼마나 자주 자신을 만족시키고 이것이 그의
사생활에 어떤 영향을 미치는지 알려주는 전거는 없다.

  슈테켈은 입심 좋고 외향적이며, 진리를 너무 엄밀하게 받아들이지
않는 다작의 작가다. 정신분석과 관련해 그는 과학자나 의사보다는 오
히려 문예란 필자로서 처신한다. 사실 내과 의사 슈테켈은 프로이트의
최초이자 최고로 열성적인 홍보 요원이었다. 1924년 프리츠 비텔스는
그의 동료에 대해 "모든 독일 일간지의 윤전기가 그의 찬사에 신음했
다"고 썼다.[15] 프로이트와 슈테켈이 처음 접촉한 것부터가 《꿈의 해석》

에 대한 열광적 논평이 계기였다. 슈테켈은 대가를 '교수님'이 아니라 '프로이트'라고 부르는 몇 안 되는 사람들 가운데 하나지만, 그 대가는 자신이 증정한 책에 다음과 같은 헌사를 덧붙인다. "W. 슈테켈 박사에게. 제 책의 가치에 대한 당신의 큰 공헌에 진심으로 감사하며."

그 후 몇 년 동안 슈테켈은 300편이 넘는, 대부분 대중적인 과학 논고에서 빈의 심리학자와 그의 업적을 찬양한다. 이런 글에서 프로이트는 "병든 영혼에 대한 유명한 전문가" "탁월한 심리학자" "오늘날 살아 있는 가장 중요한 꿈 연구자"로 등장하며, 그의 "뛰어난 작업"과 "장대한 연구"는 "심리학 분야에서 가장 큰 진보"다.

두 사람이 서로를 잘 알기 시작한 직후, 아마 1901년에 슈테켈은 프로이트에게 분석받는다. 그러나 슈테켈의 진술에 따르면 치료는 8회기만 이어지는데, 이는 슈테켈이 스스로 말하듯 "아무런 억압도" 보이지 않기 때문이다. 이 시점에 프로이트는 여전히 질 외 사정이나 자위 같은 행위가 신경 피로의 빈번한 형태인 신경 쇠약을 유발하는 성적 독소를 방출할 수 있다고 여겼다. 프로이트에 따르면 일부 증상은 반드시 무의식적 갈등에 뿌리를 두는 것이 아니고 현재의 행동으로 인해서도 발생할 수 있으며, 그래서 그는 이런 장애를 "현실 신경증"이라고 부른다. 구체적으로 보면 성교 대신 자위 같은 대체 행동만 하는 경우 욕동 에너지가 고여서 충분히 방출되지 않는다는 생각이다. 이는 병을 유발하는데, 왜냐하면 자위는 욕구 충족이라는 측면에서 실제 성관계의 모방일 뿐이기 때문이다.

프로이트는 리비도의 정체 또는 "유보"로 인한 종류의 불안을 근대적 삶에 책임이 있는 또 다른 신경증, 대표적으로 신경 쇠약 또는 "신경질"과 구별한다. 여기에 대해서는 1870년에 미국의 신경과 전문의 조지 비어드(George Beard)가 처음 설명했다. 피로·두통·불안·발기 부전 같은 증상은 상당 부분 대도시 거주자의 분주한 일상생활에 뿌리를 두는 까닭에, 유일하게 의미 있는 치료는 신선한 공기와 평화, 좋은 음식이 있는 요양소에서 진정으로 쉬는 것뿐이다.

슈테켈은 자기 고통에 대한 프로이트의 진단을 완강히 거부한다. 그가 보기에 수음은 유기체에 전혀 해롭지 않고 오히려 이완과 균형을 촉진한다. 그럼에도 불구하고 그가 프로이트에게 치료받으려고 한 이유는 불분명하다. 어쩌면 그는 단순히 존경받는 사람과 가까워지기를 원해서 곧 후회하게 된 분석에 동의했을 수도 있다.

20세기 초에 의사·교육자·목회자들은 임신을 목적으로 한 부부의 동침이 아닌 성행위를 전부 비난하는 데 재빨랐다. '낭비한' 사랑의 힘으로 다양한 질병의 원인을 설명했으며 이는 자위행위가 병을 부른다는, 18세기부터 널리 퍼진 생각과도 연결된다. 정액을 낭비하는 것은 의지박약과 부도덕의 표현일 뿐만 아니라 건강에도 해롭다. 이런 측면에서 자위는 동성인 상대뿐만 아니라 동물과의 성관계도 포함하는 이상 성행위 직후에 일어난다.

해석에 만족하지 못한 슈테켈은 대가에게 받던 정신분석을 다시 중단한다. 물론 그는 거기서 내밀한 세부 사항을 이미 많이 넘겨줬다. 이제 프로이트가 어떤 환상이 슈테켈을 불안하게 만드는지를 잘 알고 있는 까닭에, 슈테켈은 되도록 그와 함께하는 일을 망치지 않아야 한다.

세기가 바뀐 직후 슈테켈의 치료는 최초의 정신분석 '수련'이면서 다양하게 모방되는 패턴을 정립하기도 한다. 교육 분석의 원칙은 분석 방법의 전달 범위를 분석가와 제자의 긴밀한 양자 관계로 제한한다. 이때 우리는 제자가 일반적 상호 관계에서 사적 비밀을 털어놓는 수준을 훨씬 뛰어넘는 자기 폭로를 요구받는다는 점을 염두에 둬야 한다. 의존 관계는 여기에 기초한다. 교사는 제자에 대해 스스로 만족할 만한 것보다 훨씬 더 많은 경험을 하게 된다. 반면 다른 방향의 의사 전달은 0으로 수렴하는 경향이 있다.

아마 프로이트의 신랄한 지식이야말로 슈테켈이 그와 많은 점에서 의견이 다름에도 불구하고 왜 그렇게 오래 충실했는지를 설명해줄 것이다. 그는 심지어 프로이트가 1905년《성욕에 관한 세 편의 에세이》에서 유아의 성을 스케치했기 때문에 그것은 자기가 발견한 것이라고 주장한 일도 참아낸다. 하지만 슈테켈은 그 오래전에 거기에 관해 썼다. 프로이트는《꿈의 해석》에서도 유아에게 언급할 만한 성적 충동이 없으며, 특히 자발적인 성적 충동은 없다고 설명했다. 반면 1895년에 출간한 슈테켈의 논문〈유년기의 성교에 대하여〉에는 유아의 은밀한 쾌락에 대해 많은 이야기가 나온다.[16] 프로이트는 처음에 유아의 성적 감각을 성인들의 성관계를 관찰하거나 어머니에게 과도하게 자극받은 것 같은 트라우마적 경험의 부산물로 간주한다. 슈테켈은 다르다. 그에 따르면 유아는 자신의 생식기를 만질 때 자발적 기쁨을 느끼고 성행위를 모방한다. 그래서 이를 훈계와 처벌로 억압하는 부모는 불안과 신경증을 초래하게 된다.

프로이트와 슈테켈 사이의 긴장은 해가 갈수록, 특히 융을 종신 학회장으로 임명한 데 대한 반란 이후 더 고조됐다. 프로이트는 슈테켈의 봉기를 용서치 않았고 1911년에 결국 그를 파문한다. 슈테켈은 지체 없이 자신의 학교를 세우고 "적극적 정신분석 치료"를 위한 협회를 창립한다. 이를 통해 그는 자기 접근법을 프로이트의 소극적 치료 태도와 차별화하고자 한다. 게다가 슈테켈은 덜 유복한 사람들도 감당할 수 있는, 더 짧은 치료 기간을 주장한다. 그에 따르면 몇 달, 몇 년에 걸쳐 일주일에 몇 번씩 치료에 시간을 들이는 대신 수 주 안에 성공할 수도 있다. 이를 위해서는 밝혀진 환자의 갈등을 공개적으로 언급함으로써 그의 의식에 신속히 "심어주기만" 하면 된다. 다만 여기에는 문제가 하나 있다. 짧게 치료하는 사람은 새로운 고객이 더 자주 필요하다. 프로이트가 하는 것처럼 충성도가 높은 소수의 환자를 오랫동안 자기에게 묶어두는 것이 더 실리적이다.

기쁨으로, 자유로

담쟁이덩굴로 뒤덮인 벽 가장자리에 거의 3미터 길이의 사다리가 기대 있다. 그것은 이곳에서 방금 펼쳐진 드라마를 말없이 증언한다. 대낮에 한 환자가 벽 위에 올라 그 너머로 뛰어내렸다. 그에게 모든 것을 의미하는 자유 속으로.

"환자가 탈출했다! 환자가 탈출했다!" 마당을 둘러보다 이를 발견한 간호사가 외친다. 그는 복도를 지나 의사의 방으로 달려갔고, 그곳에는 이미 융 박사가 기다리고 있었다. 그는 마치 무슨 일이 일어났는지 오래전부터 알았다는 듯이 침착하고 차분하게 거기 서 있다. 적어도 그는 환자, 즉 **자기** 환자가 부르크횔츨리에서 오래 머물 수 없으리라고 예감했을 것이다.

1908년 6월 17일이다. 5주 전인 5월 11일에 오토 그로스는 아내 프리다와 함께 취리히 병원에 나타났다. 공교롭게도 그날은 사비나 슈필라인이 의학부에서 전공의 과정을 수료한 날이기도 했다. 처음에는 그로스에게 치료의 효과가 있는 것으로 보였다. 다만 융은 대체 누가 누구를 분석하고 있는 건지를 때때로 자문했다.

왜냐하면 그로스 박사 자신이 의사, 그것도 뛰어난 의사이기 때문이다. 그라츠 대학의 신경병리학 사강사인 그는 정신분석적 콤플렉스 해독의 기교를 융만큼이나 잘 구사한다. 자기 아버지에 대한 그로스의 강박적 관계는 **억압된** 콤플렉스라고만 표현할 수 없다. 깊은 애증의 관계가 두 사람을 얽어매고 있다. 오토는 진심으로 사랑받는 유일한 자식이면서도 어릴 적부터 아버지의 지배적 권력에 시달린다. 이 아버지 한스 그로스(Hans Gross)는 오스트리아를 넘어 유럽에서도 가장 영향력 있는 사회학자이자 범죄학자로 여겨지는 인물이었다. 그는 아들을 위해 모든 것을 했지만 동시에 무조건 자신의 이상에 따라 아들을 기르고자 했고, 어머니 아델레는 가부장의 의지에 저항 없이 굴복했다. 경제적으로 '대부'에게 의존하는 오토는 나름의 방식으로 반항한다. 그러므로 사다리는 자기에게서 벗어나 자신의 환각 위로, 아무도 막을 수 없는 곳으로 올라가는 영원히 불안한 남자에게 적합한 상징이다.

부르크횔츨리에 있는 몇 주 동안 융과 오토 그로스는 한 번에 거의 열두 시간씩 많은 대화를 나눈다. 융은 프로이트에게 자신들의 머리가 "잘 익은 오렌지처럼 늘어질" 때까지 대화를 나눴다고 보고한다. 융에게 그로스는 쌍둥이 형제처럼 보였다. 그는 융보다 2년 뒤인 1877년 3월 17일에 태어난, 좋은 집안의 재능 있는 자식이었다. 부모는 그로스가 매우 똑똑했음에도 불구하고 스스로 결정할 필요가 전혀 없을 만큼 응석받이로 기른다. 아버지 한스는 아들을 그야말로 학문적 신동이 되게 길들인다. 한편 오토는 일찍부터 격정적 기질을 드러낸다. 그의 어린 시절 기억에는 아버지가 다섯 살짜리 앞에서 한 손님에게 "조심하게, 얘가 물 거야!"라고 경고하는 순간이 생생히 남아 있다. 오토는 짧

사진 14　섹스, 마약, 환각: 그라츠의 의사 오토 그로스는 정신분석 운동의 앙팡 테리블이었다.

은 생 내내 무는 버릇이 있었다.

　그는 아무것도 걱정할 필요가 없고 돈도 중요치 않으며, 부모는 소년의 어떤 소원도 거부하지 않는다. 삶의 실천적 경험이 부족한 그로스는 융의 진단서에서 말하듯 "끊임없는 이론화"에 빠져든다. 박사 학위를 마친 그는 선박에서 일하는 의사로서 남아메리카를 여행하는데, 거기서 코카인을 접한다. 이미 프로이트가 즐기던, 코카인의 행복감에 빠지게 하는 효과는 우울증의 경향이 있던 의사를 열광시킨다. 귀국한 후 그는 그라츠의 정신의학 교수 가브리엘 안톤(Gabriel Anton)의 조교로, 그다음에는 프로이트가 "교황"이라고 부른 뮌헨의 유명한 의사 에밀 크레펠린의 조교로 일한다.

　정신분석에 열광한 그로스는 단순히 개인을 신경증에서 해방하는 데 전력투구하고자 하지 않는다. 그는 모든 인류를 치유하길 꿈꾼다. 그가 1913년 표현주의 저널 〈행동〉에 기고한 논문에서는 "무의식의 심리학은 혁명의 철학이다"라고 쓰고 있다. 정신분석, 그것은 "자신의 무의식에 얽매인 개성의 해방이다. 이것은 내면적으로 자유를 누릴 수 있게 하라는 부름을 받았고, 혁명의 **준비 작업**으로서 사명을 지닌다."[17]

그로스는 1908년 4월 잘츠부르크에서 열린 정신분석학 회의 제1차 대회에 참석한다. 프로이트는 〈정신분석의 사회적 역할〉에 대한 기고문을 "우리는 의사이며, 또한 의사로 남고자 한다"라는 말로 마무리한다.[18] 그는 자유로운 사랑 및 성도덕에 대한 호소에 전혀 공감하지 않는다. 오히려 그는 그로스 같은 무정부주의적 자유사상가들이 자기 운동의 명성을 훼손할까 봐 우려한다. 1916년의 《정신분석 입문》에서 프로이트는 단호하게 선언한다. "성적으로 마음껏 살라는 조언은 분석적 치료에서 아무 역할도 할 수 없다."[19]

프로이트의 동시대인과 후계자들 가운데 적지 않은 수가 이 문제를 다르게 본다. 그들은 잘못된 수치심과 욕동의 포기를 극복하도록 돕고 싶어 한다. 억제되지 않고 스스로 결정하는 성에 대한 꿈은 모든 사람이 낙원의 순진무구 속에서 자신의 욕망을 추구하고 행복해질 수 있는, 더 나은 사회를 예고한다. 그로스나 나중의 빌헬름 라이히(Wilhelm Reich) 같은 젊은 야만인들은 프로이트가 요구한 지배, 현실 원리에 대한 욕동의 복종에 근본적 의문을 제기한다.

~~~~~~

이미 낙원이 소규모로 실현되고 있는 곳이 앞서 언급한, 마조레호의 아스코나 위에 있는 몬테베리타다. 이름부터가 과장인데 '산'은 환상을 자극할 뿐 사실 300미터 높이의 둥근 언덕이기 때문이다. 여기에는 고행하는 채식주의자, 무정부주의자, 예술가, 영성과 그 밖의 의미를 추구하는 사람들이 모여든다. 이 공동체는 음악교사이자 페미니스트인 이다 호프만(Ida Hofmann)과 기업가의 아들 앙리 외덴코벤(Henri Oedenkoven)을 중심으로 한 6인조가 설립했다.

1900년 가을, 이들은 여기에 신지학(神智學) 수도원을 세우고 싶어 하던 스위스의 정치가 알프레도 피오다(Alfredo Pioda)로부터 외덴코벤의 돈으로 언덕을 사들인다. 햇볕과 공기에 굶주린 공동체 구성원들은 수도원 대신 단식 요법, 자유로운 신체 문화와 표현적 춤 그리고 엄격한 채식을 제공하는 일종의 요양소를 세운다. 1902년의 광고용 안내지에 처음으로 '몬테베리타'라는 이름이 등장한다. 여기에 같은 생각을 하는 사람들과 함께 요양하려는 (그리고 때로 구운 고기를 찾으러 마을에 몰래 들어가는) 에리히 뮈잠(Erich Mühsam)이나 헤르만 헤세(Hermann Hesse) 같은 시인들만 오는 것이 아니다. 오토 그로스는 1905년에 이곳을 처음 방문한 것으로 추정된다. 그 후 몇 년 동안 그는 뮌헨 보헤미안의 중심지인 슈바빙과 '진리의 산' 사이를 오가며 아스코나에 무정부주의자들의 학교를 설립하는 꿈을 꾼다.

그라츠의 고향집에서 아버지 한스는 이 모든 것에 경악한다. 그는 약물 중독과 편집증적 성격을 치료받게 하겠다는 바람으로 아들을 데리고 프로이트를 찾아온다. 프로이트는 학생 시절 친구인 에른스트 플라이슐 폰 마르크소프가 죽음에 이를 때까지 코카인의 생기를 불어넣는 힘을 실험한 적이 있었다. 소량을 가끔 복용하면 기분이 밝아지고 심리적 압박이 해소되지만, 그로스가 소비하는 양은 의심할 여지 없이 해롭다. 특히 도취 효과가 점점 감소하는 까닭에 같은 효과를 얻으려면 더 많은 양이 필요했다.

프로이트는 젊은 그로스의 성격이 자신에게 문제를 일으킬 것을 예감한다. 그는 그로스를 융이 처음에 약물 금단 증상을 치료하던 부르크 횔츨리로 이송한다. 프로이트는 이 어려운 환자를 10월부터는 자신이 맡겠다고 관대하게 제안한다. 그때까지는 취리히 사람이 이 기인을 돌볼 수 있을 것이다.

융과 그로스, 두 천재적 정신의 소유자들은 영혼 연구에 달라붙는다. 처음에는 융이 프로이트에게 보고하듯 행복감이 가득했다. 이들은 "모든 종류의 과학적으로 아름다운 결과"를 얻었고 "유아기 콤플렉스"를 연구했다. 심지어 그로스는 자기의 약물 사용도 제한한다. 물론 그는 패주하지 않을 수 없는 금단 증상으로 고통을 겪는다. 다른 측면에서 환자는 분별없어 보인다. 그로스는 일부일처제를 경멸한다. 그는 슈바빙의 카페 슈테파니에서 밤의 일탈 속에 '정신분석'을 하는 엘제(Else)와 프리다 폰 리히트호펜(Frieda von Richthofen) 자매와 연애 관계에 들어간다. 그중 경제학자 에드가 야페(Edgar Jaffé)와 결혼한 한 사람은 1907년 그로스의 아들 페터를 낳는다(그가 그라츠에서 만나 결혼한 프리다 슐로퍼도 몇 달 전 똑같이 페터라는 이름으로 세례받은 아들을 낳았다). 우울증의 시인 레기나 울만(Regina Ullmann)도 마찬가지로 그로스의 아이를 임신하고 1908년에 둘의 딸 카밀라를 낳는다. 하지만 한스 그로스는 양육비 지급을 거부하고, 오토는 이를 무관심하게 받아들인다. 그는 레기나에게 다량의 마약을 남기는데, 아마 그가 이것으로 자살하길 바랐을 것이다. 대신 그는 라이너 마리아 릴케(Rainer Maria Rilke)의 찬사를 받는 시와 극본을 쓴다.

그로스의 비도덕성은 다른 사람들에게서 비록 독이 들었을지라도 더

Gesamtansicht von Monte Verità: 1 Privathaus der Gründer; 2 Gemeinschaftshaus; 3 Wohnhütte; 4 Verwaltungshaus und Magazin

사진 15 몬테베리타: 마조레호숫가의 아스코나 근처에 있는 300미터 높이의 언덕은 1900년 직후 새로운 삶의 형식을 위한 실험장이 된다.

많은 열매를 맺는다. 1906년 4월 19일, 몬테베리타 공동체의 공동 창립 자이며 정신적으로 불안정한 샬로테 하테머(Charlotte Hattemer)는 그로스 가 만든 마약 칵테일을 마시고 자살한다. 5년 후인 1911년 3월, 이 분 석가의 오랜 환자이자 연인이 같은 장소에서 비슷한 운명을 맞이한다. 바로 화가인 소피 벤츠(Sofie Benz)로, 그도 슈바빙에서 그로스를 만났 다. 그는 곧바로 벤츠를 분석하기 시작했다. 불안과 목소리가 그를 뒤 쫓았기 때문이다. 그로스는 벤츠와 잔 후 곧바로 그를 악마로부터 해방 하는 데 사로잡힌 듯 설득을 계속한다. 소피는 스스로 코카인을 흡입하 기 시작했고, 어느 정도는 오토의 명령에 따라 그가 자기를 위해 선택 한 다른 남자들과 잠을 잔다. 시간이 지나면서 두 사람의 관계는 지속 적 약물 사용과 정신적 위기로 인해 점점 더 통제 불능이 된다.

1911년 초, 오토와 소피는 '요양'을 위해 몬테베리타로 여행을 간다. 소피는 그를 영원히 떠나겠다고 여러 차례 위협하고, 3월 3일에 그로스가 항상 넉넉하게 갖고 다니는 코카인과 아편을 과도한 양만큼 삼킨다. 그로스에 따르면 이 드라마는 "내가 벽난로 바로 옆에 앉아 불을 바라볼 때 세 걸음 뒤에서", 다시 말해 그의 개입 없이 일어난다. 거기에 책임에 대한 방어가 얼마나 포함되는지는 판단할 수 없다. 그러나 이제 소피 벤츠의 자살 사건에 연루된 그로스는 경찰의 지명 수배를 받게 됐다. 1914년 초, 경찰은 형법학자로서 인맥이 두텁던 아버지의 지시에 따라 베를린에 있는 오토의 은신처를 급습하고, 이 "정신병적 무정부주의자"를 기차에 태워 오스트리아로 향한다. 거기서 그는 빈 근처의 툴른 요양소에 구금당한다.

그사이 한스 그로스는 아들이 금치산자 선고를 받도록 시도하고 결국 성공한다. 아버지는 법원이 오토의 이의 제기를 받아들일 때까지 몇 달간 그의 후견인이 된다. 또한 아버지는 며느리 프리다를 상대로 어린 손자에 대한 양육권 소송을 시작한다. 이 계획은 실패한다. 법적 다툼의 과정에서 프리다 그로스에게 조언한 사회학자 막스 베버(Max Weber)가 젊은이들이 "심각한 자기기만의 강력한 그물에 얽혀 있다"고 지적한 것은 확실히 틀린 말이 아니다. 그럼에도 불구하고 그로스는 책임질 능력이 있는 것처럼 보이며, 지식인들 사이에서 그에 대한 지지는 주목할 만하다.

무엇이 무법자라는 악명을 넘어 그로스의 생각을 그토록 많은 동시대의 남녀에게 매력적으로 만든 것일까? 시인 레온하르트 프랑크(Leonhard Frank)는 자신의 실화 소설 《심장이 있는 왼쪽에서》에서 그로스를 모델로 한 크로이츠 박사를 이렇게 묘사한다. "기혼인 서른 살의 크로이츠 박사는 그라츠 대학에서 정신의학을 공부했다. ……파랗고 어린애같이 순진무구하게 바라보는 눈, 매부리코, 언제나 살짝 벌어진 통통한 입술은 마치 그가 세상의 모든 고통을 짊어지고 소리 없이 헐떡이는 것처럼 보였다. ……가볍게 착색된 도자기로 만든 듯한, 광적인 새의 얼굴을 본 적이 있는 사람이라면 누구나 그 얼굴을 잊지 못할 것이다. ……크로이츠 박사는 대담하고 독창적으로 사유하는 이론가이자 현실의 삶 속에서 선의로 맹목에까지 이르는 인간 본성에 관해 생각할 수 있는 최악의 전문가였다."[20]

순진함과 과대망상 사이에서 흔들리는 그로스와의 대화는 사비나 슈필라인과의 관계에 대한 융의 심경 변화에 크게 이바지한다. 시간적 일치도 눈에 띈다. 그로스가 부르주아적 성도덕의 극복에 관한 자신의 비전을 융 앞에서 펼치자마자 그는 러시아 여성과의 불륜을 시작한다. 나중에 융은 그로스의 치료에 실패한 것을 합리화하기 위해 그로스도 자신의 성공하지 못한 수많은 분석에 이용한 수단으로 손을 뻗는다. 그는 저항이 극복할 수 없는 장애물이었다고 설명한다. 비록 얼마 전에 그로스가 호전의 길로 접어드는 모습을 보았지만, 환자가 탈출하자마자 융은 그를 가장 심각한 질병인 조발성 치매로 진단한다.[21] 다시 말해 그는 어차피 도움을 받을 수 없는 상태였다. 하지만 그로스는 중독, 편집증, 자제력 없음, 무분별함 등 여러 증상을 보였을지언정 조현병은 아니었다.

그는 쾌락의 유토피아에 대한 인식 및 방법을 통해 사람들을 정화하고자 한다. 이를 위해서는 '모권', 즉 섹스 상대에 대한 여성의 자유로운 선택을 억압하는 데 기반한 권력 구조를 전복해야 한다. 그로스는 빌헬름 라이히와 허버트 마르쿠제(Herbert Marcuse)를 거쳐 신프로이트주의자 에리히 프롬(Erich Fromm)으로 이어지며 1968년 학생 운동에서 많은 추종자를 확보하는, 심리학에 기초한 해방 이론을 발전시킨다.

성적 욕동을 마음껏 펼침으로써 영혼의 구제에 이른다는 생각은 제1차 세계대전 이전의 청년 운동과 반더포겔 운동에서 메아리친다. 여기서 그로스는 아버지 세대에 대한 반란을 상징하는 컬트적 인물이 된다. 목표는 스스로 결정하는 좀더 참다운 삶이다. 사회학자이자 역사가인 미하엘 슈뢰터(Michael Schröter)에 따르면 "내적 성찰, 사회 비판, 인간과 문화에 대한 장대한 이론, 성적 해방, 정신분석이 제공하는 것 같은 개인적 치유에 대한 약속의 혼합은 젊은이들에게서 특히 호의적인 배양지를 발견했다."[22] 이는 그로스가 수년에 걸친 마약의 환각에 빠져 건강을 망친 점을 고려하면 더 환상적으로 보인다.

1919년 가을, 가난하고 정신적으로 산산이 부서진 몽상가는 베를린의 프리데나우 지역에 사는 뮌헨 시절의 친구인 시인 프란츠 융(Franz Jung)에게서 피난처를 찾는다. 그로스의 아내와 이전의 다른 전우들은 이미 오래전 그에게 등을 돌렸다. 전후의 두 번째 겨울은 혹독했고 식량과 석탄은 부족했으며 스페인 독감으로 매일 수백 명이 급사하고 있었다. 그로스는 한계에 다다랐다. 그는 정처 없이 도시를 돌아다니며 카페에서 수프 한 접시로 몸을 녹이고, 거기에 대한 대가를 행복했던 슈바빙 시절처럼 즉흥 연설로 치른다. 1920년 2월 초, 그로스에게 마약값을 빌려주길 거부한 프란츠 융과 다툼이 벌어지고, 그는 분노하며 집을 나선다. 그 후 그로스는 돌아오지 않는다.

융은 친구들과 함께 도시를 샅샅이 뒤진다. 그들은 2월 11일 밤에 마침내 마당 진입로에서 반쯤 얼어붙은 그로스를 발견한다. 그는 이틀 후 판코브의 한 병원에서 마흔세 번째 생일을 한 달 앞두고 사망한다.

분석가들의 학교

그로스가 세상을 떠난 다음 날, 베를린 정신분석폴리클리닉이 도시의 약동하는 중심지인 포츠담 광장에서 불과 몇백 미터 떨어진 곳에 문을 연다. 막스 아이팅곤은 포츠담슈트라세 29번지(현재 74번지)의 건물 4층에 있는 넓은 주택을 임대해 진료와 훈련에 충분한 공간을 마련한다. 다섯 군데의 치료실, 접수대, 세미나실 그리고 아이팅곤의 학창 시절 친구로 시각장애인에 가깝고 거기에 계속 머무는 가정의학과 의사 안나 스멜리안스키(Anna Smeliansky)를 위해 연결한 아파트가 있다. 임대료를 바로 마련하지는 않았지만, 라이프치히의 모피 상인인 하임 아이팅곤의 아들에게는 지불할 수 없는 금액이 아니다.

소부르주아와 프롤레타리아도 정신분석의 혜택을 받을 수 있어야 한다는 목표를 선언했기 때문에 폴리클리닉의 서비스는 명백히 사회적 약자를 대상으로 한다. 그리고 후속 세대 치료자들은 실습 대상이 필요했다. 환자들은 할인받은 시간당 요금을 치르며, 어떤 경우에는 아무것도 내지 않기도 한다. 사례금의 빈틈은 협회의 지원금, 수련 지원자의 기부금, 후원금 그리고 아이팅곤이 채운다. 그는 폴리클리닉을 운영하기 위해 한 달에 약 1만 라이히스마르크(오늘날의 구매력으로 환산하면 네 자릿수의 유로에 달하는 액수)를 들인다. 거기에 대한 대가로 그는 카를 아브라함과 함께 이 시설의 지도자로 활동한다. 아이팅곤은 치료해야 하는 경우뿐만 아니라 교육을 위해 분석할 환자도 선정한다.

후원자가 없었다면 전쟁이 끝나자마자 정신분석이 독일제국 수도의 중심부에 자리 잡을 수는 없었을 것이다. 아이팅곤은 의식적으로 자신의 재정적 지원을 공개하지 않는다. 그러나 정신분석의 '빈자 병원'을

사진 16 신흥 도시 베를린: 1920년 초, 활기찬 포츠담슈트라세에 정신분석폴리클리닉이 문을 연다.

위한 추동력의 원천은 부다페스트의 같은 시설에 자금을 지원하고자 한, 헝가리의 자선가이자 양조장 상속인인 안톤 폰 프로인트(Anton von Freund)에게로 거슬러 올라간다. 1918년 9월에 헝가리의 수도에서 열린 정신분석학 대회에서 프로이트는 '정신분석 치료의 길'에 대해 연설했는데, 이때 그는 폰 프로인트의 계획을 소리 높여 칭찬했다. 프로이트에 따르면 우리는 덜 부유한 사람들에게 정신적 지원을 제공하도록 사회의 양심에 호소해야 하며, 그런 일이 "정신분석의 금"을 암시나 최면이라는 덜 가치 있는 수단과 합금하는 것을 의미하더라도 마찬가지다. 교육받지 못한 사람들에게는 분석적 해석의 기예를 거의 기대할 수 없다. 우리는 "더 나은 집단"에서는 잘못인, 교육적 권위와 요구를 통해 그들에게 맞서야 한다.

하지만 병약한 폰 프로인트는 자신의 병원을 완공하기 전에 사망한다. 게다가 1919년 11월 미클로시 호르티(Miklós Horthy) 제독의 우익 정권이 집권해 좌익과 유대인 사냥에 나서면서 정신분석 운동을 위한 그의 재산 대부분이 사라진다. 프란츠 알렉산더(Franz Alexander), 산도르 라도(Sándor Radó), 멜라니 클라인(Melanie Klein)을 포함해 부다페스트의 수많은 분석가가 베를린으로 피신하고, 그들에게는 거기서 아이팅곤의 도움으로 새로운 활동의 장이 열린다.

처음부터 단지 인간애만이 폴리클리닉의 설립으로 이어진 것은 아니었다. 그사이에 수많은 수련의 지원자가 오스트리아와 국외에서 빈과 베를린으로 몰려들면서 교육 분석에 대한 수요가 높아졌다. 역으로 돈을 내는 후속 세대는 자기 기법을 검증할 수 있는 환자가 필요하다. 베를린 연구소의 여러 방에서 때론 아침부터 밤까지 분석을 진행하고 때론 100건 이상의 치료를 동시에 하며, 그리하여 바이마르 시대가 지나는 동안 약 800명이 정신분석의 혜택을 받는다. 주의해야 할 점은 치료가 일주일에 여러 차례 이뤄지고, 심지어 여러 달에 걸친 매일의 치료 회기도 드물지 않았다는 점이다.

미국과 영국 및 그 밖의 유럽 국가에서 온 의대생과 의사들이 점점 늘어났고, 이들은 저명한 분석가에게 교육 분석을 받기 위해 주머니를 털고 있었다. 프로이트는 한 회기당 적어도 40크로네(현재 가치로 환산하면 약 250유로)의 비용을 요구했기 때문에, 많은 사람에게 대가는 감당할 수 없을 정도로 비쌌다. 그런 만큼 빈이나 베를린에서 프로이트의 측근인 카를 아브라함, 한스 작스, 산도르 라도, 카렌 호르나이(Karen Horney)에게 줄을 서는 지원자는 훨씬 더 많다. 여기에 더해 슈프레강가의 베를린에서는 그들에게 이론적 과정 전체가 열려 있고, 배운 지식과 숙련한 기술을 즉시 치료에 적용할 수 있다.

그래서 곧바로 긴급한 물음이 제기된다. 누구를 수련받도록 허락하고 누구를 허용하지 않아야 할까? 치료에 대한 적성은 어떻게 알아낼 수 있을까? 의학 전공 같은 최소한의 자격이 전제 조건이 돼야 할까, 아니면 충분한 재능과 시간과 돈이 있는 사람에게는 모두 문호를 열어야 할까? 지금까지 정신분석가가 되고 싶은 사람은 빈, 부다페스트 또는 베를린의 개척자 가운데 한 명을 설득해 제자로 들어가야 했다. 몇 달 동안 이어지는 교육 분석에서 지원자는 자신에 대해 많은 것을 드러냈고, 이는 선생에 대한 의존을 강화했다. 교과 과정과 졸업증이 있는 공식 훈련은 없었다. 이런 빈틈을 1923년부터 베를린 연구소가 다년간의 훈련 계획 초안을 가지고서 메운다. 이렇게 폴리클리닉과 평행한 강좌를 갖춘 교육 기관은 개소한 뒤부터 '베를린 정신분석연구소(폴리클리닉과 교육 기관)'라고 불린다. 이곳은 빠르게 정신분석을 처음부터 철저히 배우고자 하는 사람들이 가장 먼저 찾는 곳이 됐다. 빈은 베를린의 훈련 범위 및 질을 따라잡을 수 없었다. 프로이트의 측근 가운데 일부는 슈프레강의 간부 양성소에 질투 어린 눈길을 보낸다.

프로이트와 절친한 세 명의 길동무 한스 작스, 테오도어 라이크, 오토 랑크도 1920년대가 지나는 과정에 빈에서 베를린으로 이주한다. 이들 가운데 아무도 의학을 공부하지 않았다. 프로이센은 오스트리아와 달리 의사들의 세계에서 비전문가를 낮춰 부르는 명칭인 '평신도'에게 치료의 자유를 부여한다. 다시 말해 여기서는 의학적 훈련을 거치지 않았어도 치료 요청을 받아들일 수 있었다.

그렇지만 브레멘 출신의 카를 아브라함은 프로이트의 가장 재능 있는 전문가라는 명성을 얻는다. 종교 교사의 아들로 태어난 그는 처음에 뷔르츠부르크에서 의학을 공부하다가 1904년 취리히로 이주하고, 거기서 블로일러와 융 밑에서 레지던트로 일하며 정신분석을 접하게 된다. 그는 1907년 빈에서 프로이트의 모임에 가입한 후 1909년 신경과 의사로서 베를린에 정착한다. 신경과민의 대도시 거주자들이 끊임없이 늘어나는 상황에서 그는 수요 부족에 대해 불평할 수 없었다. 1909년 5월 15일 프로이트에게 보낸 편지에서 아브라함은 다음과 같이 보고한다. "저는 거의 온종일을 계속 치료로 채우고 있습니다. 내일은 아홉 명의 환자가 명부에 올라 있는데, 그 가운데 여섯 명이 정신분석 환자입니다! 1년 반 전에는 꿈도 꾸지 못했을 일입니다. ……어쨌든 저는 심리 치료가 상당히 피곤한 일일 수 있다는 점을 이제야 깨닫고 있습니다."[23]

하지만 다른 사람들에게는 어떻게 정신분석 기술을 가르칠 수 있을까? 프로이트의 저서를 공부하는 것은 아름답고 좋은 일이지만, 그것만으로는 능숙한 치료자가 되지 못한다. 물론 빈에서 고안한 교육 분석의 원칙, 즉 경험 있는 동료가 지도하는 집중적 자기 몰두는 확립됐다. 그러나 누구를 언제 자기 날개 밑으로 데려갈지는 대개 더 나이 많은 교육분석가의 판단에 맡겨진다. 더불어 교수법에 대한 재능과 공명심도 종종 더 많은 것을 요구할 수 있다. 따라서 베를린의 교과 과정은 지원자에 대한 안전장치로 이른바 통제 분석을 규정한다. 여기서 지원자들은 자신의 사례에 대해 의논하고, 비판적 태도를 취하는 동료와 함께 증상과 치료 계획을 평가한다. 오늘날 이런 '감독(슈퍼비전)'은 모든 심리치료 훈련의 확고한 구성 요소다.

비전문가의 분석에 대한 찬성과 반대를 둘러싸고 여러 해에 걸쳐 타오르는 논쟁이 불붙는다. 비의료인도 정신분석을 할 수 있도록 허용해야 할까? 1926년 프로이트는《비전문가 분석의 문제》에서 분석가가 필요한 이론적·실천적 기초를 습득하는 한 의학 학위가 필요하지 않다고 주장한다. 여기서 한편으로는 확대 재생산의 범위를 너무 제한하지 않으려는 욕구가 나타나고 있다. 아브라함과 같이 비전문가 분석을 적대시하는 사람도 교사, 교육자, 법률가, 범죄학자 등을 분석에 끌어들이는 것이 학파의 확산을 위해 얼마나 중요한지 인정한다. 다른 한편으로 정신분석가라는 직업이 명성을 상실하는 일을 막고자 한다면 동업자 조합은 접근 제한이 필요하다.

베를린에서는 공식적으로 의사들에게만 정신분석연구소에서의 훈련이 허락됐지만, 예외가 존재했다. 작스와 랑크는 프로이트와의 개인적 인연으로 인해 회원 자격에서부터 특권을 누린다. 또한 대학을 나온 모든 정신의학자가 훌륭한 분석가는 아니며, 배경이 다른 사람들도 민감한 영혼의 안내자가 될 수 있다. 그럼에도 불구하고 아브라함과 아이팅곤은 무엇보다 신분 정책상의 이유로 의사로 제한하는 원칙을 유지한다. 그래야만 전달해야 하는 교육 내용과 지원자를 통제할 수 있기 때문이다. 역설적이게도 변호사 작스가 베를린 정신분석연구소에서 가장 부지런히 가르치는 분석가가 된다.

여기서는 프로이트의 남근중심주의에 당당히 반대하는 여성도 활발히 활동한다. 함부르크 출신인 카렌 호르나이는 소녀와 여성이 '진정한 생식기성'의 결여로 인해 남근 선망에 시달리고 자신을 결핍된 존재로 체험한다는 견해를 공유하지 않는다. 반대로 호르나이는 남성이 여성의 숨겨진 생식기를 두려워하고, 생명을 낳을 수 없는 까닭에 자기를 열등하게 느낀다고 가정한다. 프로이트의 여성상에 대한 근본적 비판에도 불구하고, 호르나이는 빌헬름 라이히를 비롯한 많은 사람에게서 교육 분석을 의뢰받는다. 빈의 대부가 보이는 반감조차도 베를린 정신분석연구소에 대한 호르나이의 헌신을 중단시키지 못하는데, 여기서 우리는 그곳의 가르침이 빈의 정통에서 얼마나 멀어졌는지 알 수 있다.

~~~~~~

1920년대 베를린에서의 삶은 날카로운 대립과 긴장으로 각인된다. 군주주의자, 보복주의자, 무정부주의자, 공산주의자, 사회주의자, 독일 민족주의자, 자유주의자, 교권주의자 그리고 여전히 조롱의 대상이자 주변적 현상인 나치의 갈색 셔츠 등, 서로 격분하며 싸우는 정치적·세계관적 흐름들로 인한 야만적 혼돈이 지배한다. 임대 연립 주택의 빈곤은 암시장에 알코올과 섹스는 물론이고 감자와 조개탄에 이르는 일용품도 팔려고 내놓는 행운 사냥꾼과 벼락부자를 위한 배경을 형성한다.

억압된 리비도가 영혼을 병들게 하며 무의식적 저항을 극복함으로써 내적 갈등을 해결해야 한다는 생각은 1920년대가 지나는 과정에서 널리 받아들여지는 이야기가 된다. 그 중심에는 내부와 외부, 자아와 타자, 개인과 사회의 대립이 있다. 이는 오랜 권위적 질서가 전복되고 황제에 대한 충성과 조국에 대한 무조건적 사랑이 개인의 발전과 행복에 대한 열망 앞에 사라지는 격변의 시대와 맞물린다. 자신을 인식하기 위해서는 배워서 익숙해진 관습 뒤에 잠들어 있던 참되고 진정한 것을 드러내야 한다. "너는 이러하다, 왜냐하면……", "당신은 오직 …… 때문에만 그것을 한다." 모든 영혼의 움직임은 밝혀내기 위해 인내와 지식이 필요한, 좀더 깊은 의미를 지닌다. 새로운 직업적 계층이 이 지식을 준비한다.

그러나 1923년의 초인플레이션으로 수많은 사람의 삶이 파괴되면서 젊은 바이마르공화국에서 분출한 행복감은 곧 꺾인다. 일상생활에 대처해야 한다는 압박감에 불안감이 더해지고, 이는 다양한 색깔의 이데올로그와 구원자를 불러낸다. 이들은 그 본성이 마르크스주의적이든 파시스트적이든 비교(秘敎)적이든 구원의 비전을 던진다. 여기서 영혼을 풀려나고 완성돼야 하는 하나의 힘으로 보는 이미지는 분명히 정치적 차원도 지닌다.

신체의 치유자

1918년 늦여름 저녁, 빈의 중앙역에 내린 빌헬름 라이히는 가진 것이 그야말로 하나도 없었다. 21세 청년의 삶은 계속되는 재앙과도 같았다. 부모님은 돌아가셨고, 어린 시절을 보낸 고향의 농장은 연락이 닿지 않았으며 아마 파괴됐을 것이다. 이탈리아 북부의 이손초에서 오스트리아군 중위로서 체험한 전쟁의 공포는 그에게 한 편의 씁쓸한 광대극, 의미도 목적도 없이 한 세대의 젊은이 전체를 짓밟아버린 권력의 광기 어린 파도로 보였다.

라이히는 오래전부터 몸에 거듭 광범위한 영향을 미치는, 심하게 가려운 마른버짐으로 괴로워한다. 그 덕에 그는 군 복무를 일찍 마치고 세 살 어린 동생 로베르트와 함께 도나우의 대도시에서 생활할 수 있게 됐다. 로베르트는 그에게 아직 남아 있는 유일한 사람이다.

1897년과 1900년에 태어난 두 형제는 합스부르크 제국 동쪽 끝자락의 동화한 유대인 가정에서 자란다. 아버지 레온 라이히는 유이네츠(Jujinetz)라는 마을에서 농장을 소유하고 소를 사육하며, 그 고기를 주로 독일 군대에 팔아 큰 수익을 올린다. 빌헬름과 로베르트는 가정교사의 가르침을 받는다. 그들은 우크라이나 아이들과 함께 놀거나 이디시어를 사용하는 인근 마을의 유대인들과 어울려서는 안 된다. 두 형제는 오후 내내 동물들이 풀을 뜯고 짝짓기를 하는 모습을 구경하며 시간을 보낸다.

　　아버지는 파괴적인 폭군이다. 라이히의 첫 출판물인 자전적 〈사례 연구〉는 삼인칭으로 쓰였음에도 불구하고 자기 어린 시절의 많은 세부사항을 내보인다. 거기서 말하듯 그는 "매우 엄격하게 교육받았고, 아버지의 공명심을 충족시키기 위해 언제나 남들보다 더 많은 것을 성취해야 했으며, ……아주 어릴 적부터 친밀한 애정으로 어머니에게 매달렸다. 어머니는 종종 아버지의 폭력으로부터 그를 보호해주곤 했다. 부모의 결혼 생활은 어머니가 아버지의 질투로 끔찍한 고통을 겪어야 했기 때문에 행복하지 않았다."

　　라이히는 이미 상황이 최선이 아닐 뿐만 아니라 내면적으로도 내몰리고 있다고 느낀다. "성적으로 조숙했던 그에게는 이미 다섯 살 때부터 '아무 비밀도' 없었고, 육체적으로도 강했던 그는 11살 반에, 물론 하녀에 의해 그렇게 됐지만, 최초의 성교를 했다."[24] 십대 시절 그는 어머니에 대한 성적 환상을 가졌지만, 자신에게 어머니가 도달할 수 없는 존재로 남으리란 것을 잘 알고 있었다.

　　이후 비극적 사건들이 얽히고설키며 결국 부모가 모두 죽게 된다. 라이히는 열두 살 무렵의 어느 밤 어머니가 저택에 거주하는 가정교사의 방으로 몰래 들어가는 모습을 본다. 무분별함에서든 타오르는 복수심에서든 아버지에게 그날 밤의 짧은 방문에 대해 말하자,[25] 레온 라이히는 악명 높은 질투심에 불타 미친 듯 날뛴다. 그는 어머니를 모욕하고 구타하며 몇 달 동안 그녀의 삶을 지옥으로 만들었다. 상황을 벗어날 길이 없어 보이자 그녀는 음독자살을 시도한다. 1910년 가을, 마침내 그녀는 성공한다. 체칠리아 라이히는 서른다섯 살의 나이로 사망한다.

하지만 드라마는 이것으로 끝나지 않는다. 아버지는 자신의 무자비함을 후회하며, 점점 더 뒤로 물러서며 우울해한다. 결국 그는 자신의 생명 보험에 가입하고 눈에 띄지 않게 삶으로부터 떠나고자 한다. 머리에 총을 쏘거나 목을 매는 방법은 배제한다. 왜냐하면 자살하면 보험금이 나오지 않기 때문이다. 레온 라이히는 다른 방법을 통해 죽기로 결심한다. 그는 겨울의 눈과 얼음에도 불구하고 얇은 옷을 입고 몇 시간이나 들판을 걸어 다닌다. 그렇게 열망하던 감염은 오래지 않아 폐렴, 고열, 섬망으로 이어진다. 어머니가 세상을 떠난 지 3년 반 만에 아버지는 그녀를 따라 무덤으로 향한다. 1914년 5월 초의 일이다. 레온 라이히는 아들의 생계를 보장하기 위해 할 수 있는 일을 다했다는 믿음으로 세상을 떠난다. 하지만 보험 회사는 그의 죽음을 고의로 간주하고 보험금 지급을 거부한다.

그래서 겨우 열일곱 살이던 빌헬름 라이히는 고아가 되어 동생을 돌보고 소를 길러야 했다. 자기 고자질로 인한 결과를 예견할 수는 없었지만 그가 가족의 몰락을 자초했다. 죄책감이 소년을 얼마나 무겁게 짓눌렀을지 상상할 수 있다. 1917년 대학 입학 자격시험을 치른 그는 부모님의 농장을 포기하고 군대에 자원해 곧바로 중위가 된다. 반면 동생 로베르트는 빈에서 일자리를 찾는다. 빌헬름은 영토를 획득하기 위해

피비린내 나는 전투에서 싸우지만, 이것도 곧 지나간 일이 된다. 그는 스스로에게 묻는다. 내가 뭘 더 잃어야 할까?

유일한 희망의 빛은 그가 일기장에 쓴 이탈리아 농민 여성과의 불륜이다. 그녀는 소년에게 오르가슴과 황홀경의 기쁨을 가르치고, 그녀와의 거리낌 없는 섹스는 그에게 방출을 추구하는 것을 모두 지배하는 욕동 에너지에 대한 생각을 각인한다.

군 복무를 마치자마자 빌헬름은 빈에서 로베르트와 협약을 맺는다. 두 형제 중 나이가 많고 재능이 더 있는 빌헬름은 대학에 진학하고, 로베르트는 운수 회사에서 일하면서 빌헬름을 재정적으로 지원하기로 한다. 물론 이는 빌헬름이 빚을 갚을 만큼 돈을 벌 때까지만이다. 빌헬름은 법학 전공으로 입학하지만, 첫 학기에 의학으로 바꾼다.

공부는 극심한 어려움을 겪으면서 시작된다. 빈의 많은 사람이 굶주리고 얼어 죽었다. 대학도 난방이 되지 않았고, 학생들은 너덜너덜한 군용 코트와 담요를 두르고 강의실에 앉았다. 라이히는 곧 개인 보충 수업으로 생계를 위한 자기 몫을 벌어들인다.

세 번째 학기에 라이히가 강의실에 앉아 있는데 쪽지 하나가 돌아다닌다. 동료 학생 오토 페니헬(Otto Fenichel)이 학생들 스스로가 조직하고 공식 교과 과정에 나오지 않는 문제를 다루는 '성학(性學) 세미나'에 참여할 전우를 모집한다. 이 프로젝트를 통해 1920년부터 장래의 의사들 소수가 그들이 보기에 소홀히 다뤄지는 성 이론에 대해 서로를 계몽한다. 라이히는 필요한 문헌을 구해달라는 의뢰를 받는다. 얼마 전인 1919년 3월, 그는 일기에 분명히 다음과 같이 밝히고 있다. "나의 경험으로부터, 나 자신과 다른 사람들에 대한 관찰을 통해 나는 성이 개인의 내적 정신세계뿐만 아니라 사회적 삶 전체의 중심이라는 확신에 이르렀다."[26]

라이히는 학생 세미나를 위해 다양한 분석가들로부터 사례 자료를 확보하고 마침내 베르크가세의 그 교수 주변 사람들과 접촉한다.

프로이트의 개성은 라이히에게 "결정적으로 너무나 강한 지속적 인상"을 남긴다. 그는 다음과 같이 적었다. "슈테켈은 이기려 했고, 아들러는 실망스러웠다. ……그와 달리 프로이트는 무엇보다도 태도가 단순했다. 다른 사람들은 그 거동을 통해 교수, 인간 본성에 관한 위대한 전문가, 탁월한 과학자라는 역할을 했다. 프로이트는 아주 평범한 사람처럼 나와 이야기를 나눴고 불타는 듯한 명민한 눈을 갖고 있었다. 그 눈은 예언자적 자세로 상대방의 눈을 뚫어지게 보는 것이 아니라 그야말로 진정 세계를 바라봤다."27

이 몇 마디 말에서도 라이히의 중요한 성격적 특징인 열광이 드러난다. 실제로 '오르가슴의 힘'을 가지고 프로이트 욕동 이론의 생물학적 기초를 발견했다는 확신은 그에게 필생의 주제가 된다. 라이히는 자신보다 마흔 살이 많은 프로이트를 결코 가진 적이 없던 아버지의 형상으로 변용시킨다. 역으로 프로이트는 자기에게 경탄을 보내는 이 총명한 학생에게 매료된다. 아직 의학을 한창 공부하는 중이었지만 그는 스스로 분석할 수 있는 권한을 부여받는다.

라이히의 매력적인 태도와 나이 많은 동료들과의 인맥은 그에게 최초의 여성 환자들을 데려다준다. 그는 열아홉 살이던 두 번째 환자와 곧바로 정사를 나눈다. 몇 달 후 그 젊은 여성이 사망했다. 그의 부모는 라이히에게 책임을 묻고자 하지만, 그들이 추정하듯 실제로 딸이 야만적 낙태의 합병증으로 사망한 것인지는 밝혀지지 않는다. 라이히는 비난을 반박하며 분석을 계속한다. 고인의 친구인 여학생 아니 핑크(Annie Pink)가 그의 다음다음 환자가 된다. 그리고 또다시 전이와 역전이의 법칙이 작용한다. 아니와 빌헬름은 사랑에 빠진다. 물론 라이히는 프로이트의 절제 계율을 잘 알고 있지만, 그 계율이 그가 매력적이고 영리한 아니의 성적 매력에 굴복하지 않도록 막지는 못한다. 그렇지만 그는 그녀에게 다른 분석가를 찾도록 권고하고, 그녀도 그렇게 한다.

라이히는 나중의 노벨상 수상자인 빈 정신 병원의 율리우스 바그너 야우레크(Julius Wagner-Jauregg) 밑에서 공부한다. 1920년 이곳에서 정신분석 기법에 관해 강의할 때 그는 총 네 명의 여성 환자에 대한 치료를 돌아보는데, 그는 이 중 두 명과 관계를 시작했다. 얼마 안 돼 아니의 부모는 두 사람을 현행범으로 붙잡는다. 오랜 논의 끝에 부모는 둘에게 결혼을 강요한다. 1922년 3월 17일 빈에서 빌헬름과 아니 라이히는 거기에 동의한다. 따라서 그들은 관습에 굴복한 것이지만, 그들의 결혼 생활은 관습적인 것과는 전혀 달랐다. 두 사람은 은행 계좌를 각자 보유하고, 아니도 의학을 공부한 후 분석가로 일한다. 무엇보다 그들은 서로에게 혼외 성관계를 가질 권리를 부여하는데, 빌헬름은 이 권리를 아니보다 훨씬 더 많이 사용한다.

라이히를 포함해 모든 예비 분석가들은 경험 있는 동료와 함께 교육 분석을 수료해야 하는 까닭에 태도가 단연 보수적인 프로이트주의자 집단은 곧 이 젊은이의 성적 관용에 대해 전부 알게 된다. 그의 바람둥이라는 명성과 오르가슴에 대한 강박에는 결과가 따를 것이다.

~~~~~

역사를 살펴보면 질병과 회복에 대한 관념이 시대에 얼마나 제약받는지 알 수 있다. 서로 다른 역사적 단계에 따라 정신적 고통을 기술하고 완화하는 데 대한 서로 다른 설명이 그럴듯하게 여겨진다. 프로이트가 주로 억압된 성적 사고에 신경증의 발생에 대한 책임을 지우는 것은 19세기 말의 극도로 엄격한 성도덕에서 비롯한다. 여기서 초기 정신분석가들의 테제는 종종 놀라운 답답함을 드러낸다. 어디서든 섹스가 벌어지자마자, 예를 들어 부모가 성교하는 것을 엿듣자마자 은밀한 흥분과 트라우마를 불러일으킨다는 것은 오늘날 구시대의 유물처럼 보인다.[28] 왜 '원초적 장면'인 성교를 목격하는 것이 아이들에게 그런 충격을 불러일으킬까? 무슨 까닭에 벌거벗은 어머니나 노출된 성기가 평생 불안을 유발할까? 프로이트에 따르면 나체의 소녀를 본 남자아이에게는 자기의 성기도 잘릴지 모른다는 두려움이 덮치며, 이런 거세 불안은 그의 삶에 그림자를 드리운다. 반면 여자아이들은 힘을 눈에 띄게 주장하는 남자아이의 음경을 부러워한다. 왜 그런 환상이 과학으로 올라선 걸까?

한 가지 확실한 이유는 20세기 초에 성적 욕구에 대한 억압과 낙인이 많은 사람을 죄책감 콤플렉스로 몰아넣었다는 것이다. 그러나 분석가 대다수는 느슨한 도덕에 따르지 않는 것은 말할 것도 없고 그런 도덕을 옹호하는 자유사상가가 아니다. 그들은 프로이트처럼 도덕적으로 엄격한 빅토리아 시대 사람이며, 욕동을 일정한 방향으로 유도해 승화하는 것을 불가피하다고 간주한다. 여기서 오토 그로스나 빌헬름 라이히 같은 인물은 오히려 예외가 된다. '젊은 야만인'이 개인과 사회를 치유하기 위해 성적 장벽을 허물어뜨려야 한다고 요구하자마자 그들의 얼굴에 기존 체제의 차가운 입김이 불어닥친다.

~~~~~

겨우 스물세 살의 나이에 빌헬름 라이히는 빈의 분석가들 사이에 갑자기 나타난 혜성이 된다. 프로이트는 이 자신감 넘치는 풋내기를 높이 평가한다. 헨리크 입센(Henrik Ibsen)의 동명 희곡에 등장하는 주인공 페르 귄트의 환영에 대한 해석을 다루는 강의는 라이히에게 프로이트의 학회에 들어갈 길을 닦아준다. 그로스가 죽은 지 몇 년이 지나 라이히에게서 성의 해방에 대한 비전이 되살아난다. 그는 리비도의 억압이 가부장적 질서를 유지하며, 나아가서 개인의 영혼에 대한 구제를 희생시킨다고 추정한다. 그는 이렇게 병들게 하는 상황을 뒤집어엎는 것을 자기 삶의 과제로 삼는다. 하지만 그는 아직 멀리 나아가지 못했고, 여전히 기존 정신분석 이론 및 실천의 토대 위에 확고히 서 있다.

라이히는 1922년 박사 학위 연구를 끝내기 전에 정신분석학회에서 욕동 에너지 및 신경증 이론에 대해 강연한다. 2년 후 그는 자신이 설립을 제창한 빈 기법 세미나의 책임자가 된다. 그가 뼈저리게 경험해야 했듯 그때까지 빈에는 분석가를 배출하기 위한 정규 교육이 부족했다. "교육 기관뿐만 아니라 정돈된 교육 과정도 없었다. 모두가 스스로 해내야 했다. 나는 종종 선배들에게 조언을 구하러 다녔다. 그들이 말해준 것은 거의 없었다. '인내심을 갖고 계속 분석하라'고 할 뿐이었다. '잘될 거야!' 어떻게 될지, 어떤 일이 일어날지 하나도 몰랐다."[29]

라이히는 1924년부터 1930년 9월 베를린으로 이주할 때까지 '기법 세미나'를 이끈다. 그의 강의는 주로 치료의 실패 사례를 제시하기 때문에 유익했다. 그는 성공 이야기를 꾸미는 대신 실패한 치료의 모든 것을 발표했다. 이 시기에 라이히가 자주 관찰한 것은 환자에게 단순히 증상이나 꿈에 대한 정신분석적 해석을 전달하는 것만으로는 무엇도 이룰 수 없다는 점이었다. 무의식적 기제에 대한 설명이 치유 효과를 발휘하려면 먼저 환자의 저항을 해결해야 한다.

'먼저 저항, 그다음에 해석'이 라이히의 준칙이다. 따라서 그는 환자의 방해를 무너뜨리려는 시도를 방법의 중심에 둔다. "저항 분석 기법은 이론적 근거가 확실하지만, 실천으로 옮겨지지는 않았다. '당신은 저항하고 있다'고 말하면 환자는 이해할 수 없다는 표정을 지었다. ……그에게 '당신은 자기 무의식에 저항하고 있다'라고 말해도 형편은 나아지지 않았다." 말만으로는 도움이 되는 것 같지 않은데, 그렇다면 어떻게 해야 할까?

라이히는 창의적이고 자기와 자기 접근법에 대해 매우 당당하다. 치료에 주저함은 거의 없다. 그는 내담자에게 특정한 자세를 취하거나 몸짓을 반복하거나 적절한 경우 감정적으로 자신을 드러내도록 밀어붙인다. 라이히에게 리비도는 '방출'해야 하는 신체의 실제적 긴장이며, 지속적 방어는 경직으로 이어진다. 그가 보기에 신경증은 말로만이 아니라 가시적으로도 파헤쳐야 하는 화석화, '성격 갑옷'이다. 그러므로 그는 환자를 만지고, 근육과 조직을 이완시키고 풀어주며, 생명 에너지의 자유로운 흐름을 자극한다. 이것이 바로 라이히가 1930년대 중반부터 "생장치료"라고 표현하는 신체치료의 시작이다. 시간이 지나면서 신체치료는 생체 에너지 요법에서 무용치료에 이르기까지 다양한 치료법에 영감을 준다.

하지만 이는 아직 미래의 꿈이다. 1925년의 저서 《욕동적 성격》에서 라이히는 우선 자기가 명민한 진단자임을 입증한다. 그는 처음으로 성격 신경증을 신경증과 정신병 사이의 독자적 장애로 정의함으로써 정신 질환의 도식을 확장한다. 신경증은 강박 행동·고통·불안과 같은 증상으로, 정신병은 잘못된 지각과 망상으로 특징지어지는 데 비해 성격 신경증은 그 사이에서 움직인다. 이것은 주로 왜곡된 감각적 인상, 기분 변화 및 공격적이거나 자해하는 행동으로 나타난다. 성격 신경증이 경계(영어로는 borderline)에 있다는 점을 근거로, 정신의학 편람에서는 성격 신경증을 '경계선 장애'라고 부른다.

라이히는 자신의 진료소 밖에서 빈곤층을 위한 외래 진료에도 참여하는데, 거기서 주로 일반 노동자와 직원들을 치료한다. 그는 프로이트의 모임이 '끔찍하게 지루하다'고 생각한다. 그에게 핵심적 경험은 나이많은 헝가리인 동료인 예뇌 하르니크(Jenö Harnik)와의 교육 분석이었는데, 그는 치료 중에 거의 아무 말도 하지 않고 발로 긁어 소리를 내는 것으로만 회기가 끝났다는 신호를 보낸다. 라이히는 이런 극단적 절제로는 아무것도 시작할 수 없었다. 그는 심지어 일부 분석가들이 환자가 그들에게 마음을 쏟아내는 동안 잠자고 있다고 의심하기도 한다.

라이히는 자신의 재능을 잘 알고 있으며, 많은 동료가 평범한 다변가라고 생각한다. 그는 한 회합에 대해 다음과 같이 보고했다. "여덟 명에서 열 명 정도가 둘러앉아 있었고, 각자 이런저런 것에 대해 의견이 있었다. ……내가 합류하자 모든 것이 어떻게든 움직이기 시작했다. ……나는 잉어 양식장의 메기 같았다."[30]

~~~~~~

재능 있는 라이히 박사가 어떤 독자적 길을 걷게 될지 점점 분명해진다. 일부 변절자들은 리비도라는 황금 송아지 주위에서 따라 춤추려고 하지 않기 때문에 프로이트를 추종하길 거부한다. 그러나 성 이론에서 대가 자신보다 훨씬 더 멀리 나아가는 결론을 끌어내는 사람들도 존재

사진 17 "취미 승마가": 빈에서 가장 재능 있는 프로이트의 제자이던 시절의 빌헬름 라이히.

한다. 그중에서도 라이히가 가장 중요한 인물로서 정체를 드러낸다. 그는 이후 10년 동안 프로이트의 정신분석학과 점차 거리를 두면서 '힘의 장'이나 '에너지 흐름' 같은 생물물리학적 개념이 지배적인 정신의 그림을 그린다. 라이히는 리비도의 신체적 기층을 보편적 생명 에너지로 단정하고 "식물적으로 무의식적인, 궁극적 헌신"을 위한 능력을 필수로 간주한다.[31] 따라서 신경증을 치유하기 위한 핵심은 무의식을 해석해내는 것이 아니라 욕동의 정체를 해체하는 데 있다. 그런 '흥분 억제'를 해소하고 에너지가 자유롭게 흐르도록 하는 것이야말로 건강을 위한 전제다.

라이히는 정신의 치료자인 만큼이나 신체의 치료자이기도 하다. 그는 묻힌 기억을 꺼내 보이는 감정을 일깨우기 위해 환자의 신체를 활성화한다. 하지만 예를 들어 요하네스 하인리히 슐츠(Johannes Heinrich Schultz)가 개발한 자율 훈련이나 에드먼드 제이컵슨(Edmund Jacobson)의 점진적 근육 이완과 달리, 라이히의 방법은 '신체 갑옷'을 깨는 것을 목표로 한다. 그에게 문제는 단순히 이완과 안녕을 촉진하는 것이 아니라 정신의 방어 과정을 제거하는 것이다.

프로이트 자신도 언젠가 이런 시도의 흔적을 남겼다. 그는 현실 신경증에 대한 이론에서 "성적 정체"가 많은 증상의 원천이라고 설명했다. 배출할 수 없는 리비도는 불안으로 변한다. 또한 프로이트는 1908년에 〈'문명적' 성도덕과 현대인의 신경병〉에서 경직된 성도덕이 정신적 고통을 조장한다고 지적했다. 하지만 그는 사회 개혁이나 새로운, 심지어 사회주의적인 공동체에 대한 명백한 요구는 의도적으로 피했다. 프로이트는 자신이 불러낸 유령들을 이제 더는 제거할 수 없게 된다. 그는 반도덕주의자들의 전복적 클럽이라는 정신분석의 명성이 자신의 대의를 손상하지 않을까 두려워한다.

라이히의 생물학적 사고방식만 비정통적인 것이 아니다. 그의 치료법도 새롭고 독특하다. 라이히에게 인간 해방의 왕도는 성격 갑옷의 화석화를 깨는 데 있다. 말이 아니라 신체가, 지적 이해가 아니라 감정적 해소가 치유의 열쇠다. 라이히는 소문을 예방하기 위해 환자가 신체 행위를 하는 동안 적어도 속옷은 입고 있도록 주의한다. 유명한 아나 오와 기억을 '행동을 통해 해소하기'로 시작한 프로이트의 정신분석은 상징과 환상의 해석에 초점을 맞춘 해석의 기예로 점점 변모해왔다. 어떤 의미에서 라이히는 초창기의 카타르시스로 되돌아간다.

모든 것이 생식기?

빌헬름 라이히에 따르면 모든 신경증 환자는 생식기 장애를 앓고 있다. 왜냐하면 성적 만족에 대한 자연스러운 욕구의 억압이 리비도의 완전한 방출을 방해하기 때문이다. 그래서 그는 '정체 신경증'에 대해 이야기한다. 많은 (대부분 남성인) 환자의 사디즘과 위대함에 대한 환상뿐만 아니라 복종, 과도한 배려 또는 삼가는 태도도 그런 억제의 결과일 수 있다.

라이히는 몰아의 순간에 신체적 헌신을 자발적으로 하는 능력을 의미하는 오르가슴의 힘이라는 개념을 발전시킨다. 그는 성행위의 두 단계를 구별한다. 첫째는 의식적 준비와 삽입의 개시로, 이는 질벽에 대한 음경의 점차 증가하는 율동적 비빔(마찰)을 통해 두 사람 모두에게 쾌락을 준다. 둘째는 깨어 있는 의식이 감소하고 골반 근육이 수축하며 신체를 통해 성 에너지를 '방출'하는 절정, 순수한 관능적 쾌락이다. 이런 도취는 깊은 이완과 감사와 친밀함의 단계로 이행한다. 이론에 따르면 그렇다.

라이히는 자위, 질 외 사정, 구강성교, 애무 등 다른 모든 성적 행위에 앞서는, 완전히 발전한 '생식기성'에 대한 이상적 이미지를 구성한다. 처음에는 그런 대체 행위가 해방적으로 작용하지만, 오로지 생식기 쾌락의 자유로운 흐름만이 성숙한 성격을 특징짓는다. 그래서 라이히는 많은 성적 선호를 열등하고 심지어 병적인 것으로 평가 절하한다. 이는 음핵을 통한 여성의 만족이 질에서 절정에 이르는 능력보다 '가치'가 덜하다는 생각으로 자연스럽게 이어진다. 영혼의 구제는 올바른 섹스의 문제다.

이 때문에 라이히와 프로이트를 비롯해 많은 동료들 사이에서 온전한 생식기 성생활을 하는 신경증 환자가 존재할 수 있는지를 둘러싼 논쟁이 벌어진다. 라이히에게 이는 자기 모순이다. 반면 프로이트는 신경증의 원인은 **하나**가 아니라고 주장한다. 그는 생식기성을 만병통치약으로 여기는 것을 거부한다.

라이히에게 욕동을 마음껏 펼치는 것은 악마의 소행이 아니라 생명에 필수적인 일이다. 왜냐하면 성 에너지가 방해받지 않고 흐를 때만 정서가 갇히지 않기 때문이다. 그리고 일단 발생한 봉쇄는 제거하기 힘들기 때문에 예방하는 것이 더 좋다. 아이들을 가능한 한 일찍 그리고 포괄적으로 계몽하고, 만지고 만져지고 싶은 욕구를 장려하며, 젊은이들이 억제하지 않고 연애 생활을 할 수 있게 피임약에 접근 가능하도록 해야 한다. 반면 처벌의 위험, 고통스럽고 치밀한 압력과 회피는 죄책감의 분위기를 조성해 신경증의 밑거름으로 작용할 뿐이다. 1933년에 출간된 그의 저서 《파시즘의 대중심리》에서 라이히는 성에 대한 억압이 선동가들이 자기 목적을 위해 이용하는, 겁에 질린 권위주의적·사디즘적 성격의 사람들을 대량으로 만들어낸다고 주장한다.

프로이트는 이런 이론에 경악하지만, 우선은 라이히를 기법 세미나의 책임자로 계속 용인한다. 1927년 5월에 프로이트는 루 안드레아스살로메에게 이렇게 써 보낸다. "이곳에는 착실하지만 격정적이고 젊은 열정적 취미 승마가 라이히 박사가 있습니다. 그는 지금 생식기 오르가슴을 통한 모든 신경증의 해독제를 숭배하고 있습니다."[32] 이로부터 1년 전 라이히가 프로이트의 칠순 생일에 저서 《오르가슴의 기능》의 헌정본을 선물하자 그는 무미건조한 표정으로 답한다. "그렇게 두꺼운가?"

빈의 정신분석가 공동체 내부에서 라이히의 주도적 역할은 그를 둘러싼 침묵과 눈에 띄는 대조를 이룬다. 프로이트의 저술에는 그의 이름이 거의 등장하지 않으며, 다른 사람들도 '오르가슴의 힘'을 완전히 무시한다. 라이히가 전개한 성격 및 저항 분석에 대한 접근법만이 호의적으로 받아들여진다. 오르가슴의 기능에 관한 그의 주요 작품은 출판된 지 만 3년이 지나서야 비로소 한 정신분석학 저널에서 라이히의 이전학우이던 오토 페니헬의, 물론 철저히 인정하는 방식이긴 하지만, 비평의 대상이 된다.

1926년 프로이트는 빈에 상주하는 동료들을 더는 분석하고 싶지 않다며 그에게서 교육 분석을 수료할 수 있게 해달라는 라이히의 요청을 거부한다(그사이 많은 미국 의사가 그를 만나기 위해 줄을 선다). 이 거절에 라이히는 크게 상처받고, 프로이트와의 관계에 첫 균열이 발생한다. 부지런한 모범생이던 라이히가 얼마 후 다른 이유로도 대부와 대립하게 된다. 그가 공산주의자가 된 것이다.

~~~~~

라이히의 정치의식이 깨어난 시점은 정확히 확인할 수 있다. 그 날짜는 1927년 7월 15일이다. 이날 빈 경찰은 노동자들의 봉기를 잔인하게 진압한다. 89명이 사망하고 1000명이 넘는 부상자가 발생했다. 이 이야기의 전사는 금방 설명할 수 있다. 1월 말, 빈 인근 샤트도르프에서 우익 성향 단체인 보국단 회원들이 한 노동자 협회에 소총으로 일제 사격을 가해 사회주의자와 어린이를 한 명씩 살해한다. 우익 폭력 가해자에게 관대한 것으로 악명 높은 빈 법원은 총격범들에게 무죄를 선고한다. 이에 분노한 노동자들 수백 명이 거리로 쏟아져 나온다. 그들 가운데 일부는 법원에 난입해 불을 지른다. 그러자 밀어닥친 경찰이 갑자기 발포한다. 노동자들 사이에 있던 라이히와 아내도 사선에 놓인다. 마지막 순간에 그들은 줄지어 선 나무 뒤로 몸을 숨긴다. 이 사건은 서른 살의 라이히에게 큰 충격을 준다. 그때부터 그는 폭력에는 폭력으로 맞설 것을 요구하며, 좌익 사회민주당과 공산당이 치열한 적대 관계였음에도 불구하고 둘 모두의 내부에서 선동한다.

아무리 세련된 수사로도 대중을 선동해 현 상황을 뒤엎을 수 없다는 사실에 좌절한 라이히는 전략을 바꾼다. 전복은 서민들의 일상적 필요에서, 아래로부터 시작해야 한다는 것이다. 그는 뜻을 같이하는 의사 및 교육자 몇 사람과 함께 성정치적 계몽을 위한 협회인 섹스폴(Sexpol) 운동을 설립한다. 라이히는 자비로 전단을 인쇄해 전우들과 함께 노동 계급 거주 지역의 현관문 앞과 광장에 배포한다. 이 동지들은 성관계와 낙태에 관한 정보를 제공하고 피임약을 나눠주는 야외 상담 모임을 열기도 한다. 이는 불법인데, 왜냐하면 오스트리아에서 낙태는 형사 범죄이기 때문이다. 게다가 라이히의 캠페인은 주로 젊은이를 대상으로 한다. 그는 젊은이들에게 '신경증 예방 치료'로 자유로운 성생활을 권장한다. 섹스폴 팀은 주기적으로 경찰을 피해 도주한다.

라이히의 다음 주요 프로젝트는 프로이트의 무의식 및 억압된 리비도의 심리학을 카를 마르크스(Karl Marx)의 사회 이론과 결합하려는 시도였다. 그의 성경제학 이론은 프랑크푸르트학파에서 지적 성숙을 이룰 프로이트-마르크스주의의 선구자 격이다. 하지만 이렇게 함으로써 라이히는 정확히 그에게 주어진 두 자리 사이에 착지했다. 대부분의 정신분석가는 혁명적 해방 이론에 대해 매우 회의적이었다. 한편 사회민주주의자와 공산주의자들의 지도부는 정신분석을 마르크스주의 및 유물론적 인간관과 양립할 수 없는, 부르주아적 퇴폐의 산물로 여겼다. 그들은 프롤레타리아가 주권을 쟁취하자마자 무의식적 갈등과 억압된 욕동은 흔적도 없이 사라질 것이라고 확신했다. 많은 동지들의 견해에 따르면 새로운 공산주의 사회의 탄생이 임박했는데, 왜냐하면 역사적·변증법적 유물론에 따르면 이거야말로 자연법칙이기 때문이다. 과학자 라이히는 이를 입증된 것으로 간주하지 않는다. 그는 직접 정치 상황을 파악하기로 결심하고 1929년 9월부터 몇 달 동안 아니와 함께 소련을 여행한다. 이제 막 다섯 살과 한 살이 된 그들의 아이 에바와 로어는 조부모와 함께 지낸다.

라이히 가족은 돌아오자마자 독일어권에서 공산주의의 아성인 베를린으로 갔다. 그들은 베를린 남서부의 예술가 집단 거주지 근처에 있는 주택을 발견한다. 이곳 침실에서 라이히는 온종일 진료한다. 환자와 교육 분석을 받은 사람들이 낸 사례금이 가족의 주 수입원이었고, 더불어 라이히는 성 및 교육 문제에 대해 강연하고 자문한다.

두 딸 가운데 더 어린 로어는 어린아이들을 '오이디푸스 콤플렉스 없이' 키우는 공산주의 아동 센터에 다닌다. 하지만 라이히에게는 그것만으로 충분치 않다. 성적 충동과 자신 또는 타인의 생식기를 갖고 놀고 싶은 욕구는 억압하면 안 되고 장려해야 한다. 그래서 이 아이들은 부모가 샤워하며 섹스할 때 "매우 부풀어 오른" 생식기를 보며 감탄할 수 있다.[33]

프로이트는 1905년에 이미 《성욕에 관한 세 편의 에세이》에서 유아기 성의 여러 단계를 구별했다. 생후 첫해에는 구강의 쾌락이 지배적이며, 그다음에는 항문을 통한 배설이 가장 큰 기쁨을 주는 항문기가 뒤따른다. 그다음으로 남근기와 마지막인 성기기가 이어진다. 누군가가 이런 단계 가운데 하나에 정서적으로 집착하면, 그 퇴행은 전형적 행동

패턴으로 나타난다. 예를 들어 구강에 고착된 성격은 중독으로, 항문에 고착된 성격은 탐욕과 과도한 통제로, 생식기 유형은 '다형적·도착적 대상 선택', 간단히 말하면 리비도가 물신의 성격이지만 진정한 욕동 배출을 허용하지 않는 대상에 집착하는 것으로 기울어진다. 욕동의 진정한 배출은 당시 프로이트도 밝혔듯 완전히 발전한 생식기 성생활을 통해서만 가능하다. 라이히는 이 견해를 따르지만 사회적 환경의 영향이 더 크다고 믿는다. 아이들은 지속적 훈계, 처벌 또는 모욕당한 뒤의 침묵 탓에 불안과 죄책감의 분위기에서 자랄 수 있다. 이는 오르가슴의 힘이 펼쳐지지 못하게 방해하며 궁극적으로 신경증 환자를 만들어낸다.

베를린으로 이주하기 전인 1930년 9월, 라이히는 그룬들호수의 여름 별장에 있는 프로이트를 방문한다. 이전의 스승은 라이히가 정신분석의 '중도'에서 벗어난 것을 안타까워한다. 신경증의 원인은 한 가지가 아니고 완전한 오르가슴은 신경증을 제거하는 수단이 아니다. 라이히는 의견 불일치를 유감스러워하지만, 자신의 관점을 견지한다. 몇 달 전 '성 개혁을 위한 세계 연맹'이 주최한 한 대회에서 그는 금기 없는 성교육, 무료 피임과 낙태, 전통적 일부일처제 가족의 해체와 같이, 분명 사회주의적 조건 아래서만 시행할 수 있는 조처를 한 묶음 요구했다. 라이히에 따르면 "평생의 강제 결혼" 대신 공동 육아를 통해 유아기의 성이 정당한 자리를 찾도록 도와야 한다. 전통적인 도덕의 수호자들에게 이는 공포의 캐비닛이다.

프로이트는 빈의 분석가들 가운데 '최고의 두뇌'인 라이히를 높이 평가했지만, 그의 요구가 운동에 해를 끼칠까 우려한다. '세상을 구하는 것'은 정신분석의 임무가 아니다. 특히 행복한 상태는 "창조의 계획에 포함돼 있지 않다."[34] 그래서 불가피한 대로 된다. 라이히는 베를린으로 이주하자마자 기법 세미나의 책임자 자리에서 해고당한다. 게다가 그는 빈 학회의 집행위원회에서도 역할을 상실한다. 프로이트는 라이히가 오스트리아로 돌아온다면 언제든 직책을 다시 수행할 수 있다고 설명한다. 그가 스스로 "그때까지 불가능하게 만들지 않는다"면 말이다. 이듬해 여름에 프로이트는 라이히를 완전히 파면한다.

라이히로부터 나를 해방하라

1934년 8월, 어느 기혼남이 연인과 함께 캠핑 여행을 떠난다. 그들은 덴마크에서 스위스까지 자동차로 이동하는데, 그 구간의 첫 부분인 코펜하겐에서 네덜란드까지는 페리를 탄다. 나치 독일을 통과하는 여행은 유대인이자 공산주의자이자 성개혁가인 그들에게 너무 위험했을 것이다. 그렇지 않아도 여행은 이미 충분히 까다로웠다. 왜냐하면 라이히와 그의 여자 친구 엘사 린덴베르크(Elsa Lindenberg)는 미성년자인 라이히의 두 딸, 열 살의 에바와 여섯 살짜리 로어를 데리고 있었기 때문이다. 호텔에서 하룻밤 묵을 때마다 소란이 일어날 수 있는 까닭에, 네 사람은 텐트를 치고 야영한다!

아버지의 결혼 생활은 파탄이 났지만, 그에게서는 그 흔적을 찾을 수 없었다. 그는 베를린 오페라단의 무용수 엘사와 사랑에 빠지고, 아이들은 아버지가 얼마나 변했는지 체험한다. 그의 성마름도 좀더 쾌활한 침착함에 길을 비켜준 것처럼 보인다. 이 여름 그들은 맘에 드는 곳이면 어디든 머물며 헤엄치고, 농부들에게 물건을 사고, 달빛 아래서 춤을 추고, 긴 밤 모닥불을 피운 채 지친 몸으로 텐트 안에 기어든다. 빌헬름과 엘사는 다시 한번 구속받지 않는 자유로움과 사랑으로 가득 채워짐을 느낀다.

여행의 목적지는 루체른이다. 그곳의 호숫가에서 1934년 8월 26일부터 31일까지 국제정신분석학회 제13차 대회가 열리고 있었다. 이 학회의 회장인 영국인 어니스트 존스는 라이히에게 그의 그야말로 비정통적 견해에도 불구하고 학회에 남을 수 있도록 전력투구하겠다고 최근에야 약속했다. 존스는 1933년 5월에 이미 아나 프로이트(Anna Freud)에게 "미치광이"가 스스로 떠나는 것이 최선이라고 말한 바 있었다.

텐트 휴가 직전에 라이히는 베를린 지부의 책임자인 카를 뮐러브라운슈바이크(Carl Müller-Braunschweig)가 보낸 편지를 통해 자신이 대회 참가자 명단에 이름을 올리지 못한다는 사실을 알게 된다. 그러나 그가 곧바로 노르웨이 지부에 가입해 회원 자격을 확보한다면(라이히는 1934년 봄부터 오슬로에 살고 있다), 손님으로서 강연할 수 있었다. 하지만 동시에 독일의 고위 분석가들은 노르웨이 동료들에게 만약 라이히를 받아들인다면 본인의 제명을 각오해야 할 것이라고 위협한다. 그 와중에 알게 된 사실이지만, 라이히는 이미 오래 전에 베를린 정신분석연구소의 회원 명단에서도 삭제된 상태였다.

루체른에서 라이히와 엘사, 소녀들은 호텔에 머물지 않고 호숫가 바로 옆에 있는 넓은 공원에 텐트를 치고 야영한다. 라이히는 엘사가 선물한 단검을 벨트에 차고 있다. 이는 학회의 반대자들이 그가 "제정신이 아니다"라고 선언할 완벽한 기회다. 곧 라이히의 전 부인이 될 아니는 정신분석가로서 루체른 대회에 참석하며, 라이히의 어린 시절 친구 오토 페니헬과 이전 교육 분석가 산도르 라도도 마찬가지다. 세 사람 모두 라이히가 서서히 진행되는 정신병을 앓고 있다는 소문을 퍼뜨린다.

8월 30일에 라이히가 〈심리적 접촉과 식물적 흐름〉이라는 강연을 할 때 그에게는 깊은 환멸의 고통이 자리하고 있었다. 그는 다음과 같은 말로 강연을 시작한다. "저는 회원이 된 지 14년 만에 처음으로 대회의 손님으로서 이야기하고 있습니다."[35] 라이히는 속으로 부글부글 끓고 있지만 냉정함을 잃지 않는다. 그는 환자들이 스스로와 접촉하지 못하는 것이 "생장 에너지의 흐름"을 방해한다고 설명한다. 하지만 유기체에 쌓이는 신체적 긴장은 반드시 배출돼야 하며, 그렇지 않으면 경직화를 초래할 수 있다. 이 생각은 라이히의 모든 후속 연구에서 출발점을 형성한다. 그의 동료들은 호의적 박수를 보내고 말없이 의사일정으로 넘어간다.

정신분석가들 사이에는 마지막으로 나타난, 이 기억할 만한 등장 이후 라이히는 자신의 '성경제학을 위한 출판사'에서만 글을 발표한다. 1933년에 이미 공산당은 《파시즘의 대중심리》를 이유로 그를 추방했다. 온갖 인위적 고려에서 벗어난 라이히는 이제 인식에 대한 자기 갈망을 따라 더욱더 대담한 주장을 펼친다. 마지막에 남은 것은 수상쩍은 생명 에너지 '오르곤'에 기초하는 생장치료와 스스로 제작한 장치인 오르곤 축적기다. 20년 후 이 장치의 판매는 그에게 불행을 안긴다.[36]

프로이트에게 중요한 것은 단 하나다. 그는 평판을 손상하는 견해로부터 자기 운동을 보호하고자 한다. 이를 위해 구개암을 앓는 일흔여덟 살의 그는 다시 한번 오랜 우정을 희생할 준비가 돼 있다. 프로이트는 더 이상 라이히에 대해 공개적으로 이야기하고 싶어 하지 않는다. 이런 소원함은 나중에 베를린 정신분석가들의 회장이 되는 펠릭스 뵘(Felix Boehm)에게 거의 간청하듯 요청할 때 절정에 달한다. "라이히로부터 나를 해방하라!" 뵘도 카를 뮐러브라운슈바이크와 마찬가지로 유대인이 아니다. 두 사람은 나치의 압박으로—그리고 프로이트와 그 측근들의 동의를 받아―망설임 없이 회장직을 받아들였다. 학회는 해산하는 대신 '아리안화'에 대한 요구에 응하는데, 아마 이 소동이 곧 지나가리라는 희망에서 그랬을 것이다. 프로이트의 딸 아나와 런던에 거주하는 학회장 존스도 정신분석이 존립할 수 있도록 독일에서는 비유대인만 회원으로 받아들인다는 정관 변경에 동의한다.

그래서 유대인 아이팅곤은 같은 유대인인 라이히에게 이제 폴리클리닉의 방에 발을 들여서는 안 된다고 지시하게 된다. 여전히 정치적 흐름이 바뀌거나 나치가 권좌에서 쫓겨나길 희망하는 사람들은 종종 목숨으로 그런 실수에 대한 대가를 치른다. 라이히는 체포를 피하기 위해 때맞춰 스칸디나비아로 도망친다. 하지만 프로이트-마르크스주의자인 빌헬름은 덴마크에서 거주권을 얻지 못하고 오슬로로 옮겨간다. 여기서 그는 다음 도피까지 6년을 머문다. 1939년 9월 초, 제2차 세계대전이 발발하는 것과 거의 동시에 라이히는 뉴욕항에 있는 자유의 여신상을 보게 된다.

불안

3

교수와 사랑의 신

한스는 두려워한다. 그러는 것이 당연하다! 그저 멀리서 말을 보는 것만으로도 섬뜩한 공포가 소년을 사로잡는다. 1908년 빈에서 말을 목격하는 것은 거의 피할 수 없는 일이다. 그런 까닭에 다섯 살배기 아이는 집 밖으로 나가기를 전혀 원치 않는다. 소년은 이 큰 동물이 자기를 물거나 덮치지 않을까 불안해한다. 만약 말이 그의 방에 들어와 무슨 짓을 한다면 어떻게 될까?

특히 한스는 동물들의 거대한 '잠지'에 깊은 인상을 받는다. 그는 모든 인간에게 그런 생식기가 있다고 믿으며, 그래서 엄마도 '말 같은 잠지'가 있다고 추측한다. 왜냐하면 엄마도 그만큼 크기 때문이다. 이 어린아이는 음경이 오줌을 누기 위해 있을 뿐만 아니라 만지면 즐거움을 준다는 것을 오래전에 발견했다. 매일 저녁 잠자리에 들 때 "그는 손을 내려놓는다." 어머니는 그에게 그렇게 해서는 안 되며, 말을 안 들으면 그의 잠지를 잘라버릴 거라고 위협한다! 그녀는 자위행위가 병을 일으킨다는 당시 널리 퍼진 생각을 공유한 것이 틀림없다.

엄마에 대한 한스의 애정은 끊임없이 그녀와 밀착하고 싶은 욕망으로 나타난다. 동시에 그는 엄마를 잃거나 아버지가 엄마를 뺏어가지 않을까 두려워한다. 한스의 아버지 막스 그라프가 직업적 이유로 아주 가끔 갖는 휴가 동안 한스는 엄마와 함께 방해받지 않는 둘만의 생활이라는 기쁨을 누린다. 여행을 떠나는 날, 소년은 자신에게 계속 영향을 미치는 장면을 목격한다. 한 아버지가 자기 아이에게 말을 쓰다듬지 말라고 경고한다. "손을 내려놓지 않으면 그게 널 물 거야!" "손을 내려놓는다"는 표현은 생식기를 만지는 것과 말을 만지는 것을 함께 묘사한다. 그리고 둘 다 분명 위험과 결부된다.

프로이트는 음악비평가 막스 그라프가 처음으로 수요 모임에 손님으로 참석한 해인 1904년 초에 잠지에 대한 애착이 있는 영리한 한스를 이따금 언급한다. 겉보기에는 그라프가 자기 아이에 관한 이야기로 대가를 즐겁게 해준 것으로 보인다. 어머니인 올가 그라프회니크는 전에 프로이트의 치료를 받은 적이 있고, 그렇게 접촉이 이뤄졌다. 그렇지만 한스의 공포증에 대한 작업은 프로이트가 아니라 전문가의 지도를 받은 아버지가, 그것도 1908년 봄에 수행한다. 프로이트는 아름다운 '재료'를 제공하는 대가로 아버지에게 취해야 할 치료법을 가르친다.

어떻게 해야 할까? 프로이트는 명백하다고 생각한다. 아버지는 소년에게 말과 관련한 일이 "어리석은 짓"이며, 아무도 그를 물지 않을 거라고 설명해야 한다. 그리고 나서 한스가 남녀가 생물학적으로 다르며 어머니는 암말처럼 음경이 없음을 배우는 성교육을 받아야 한다고 프로이트는 조언한다. 아버지는 고심 끝에 전자를 해냈지만, 처음에 후자는 단념한다. 아버지가 아이에게 그런 방향에서 뭔가 이야기하려 해도 그를 거의 설득할 수 없다. 한스는 어머니의 잠지를 본 적이 있다고 완강하면서도 확고하게 주장한다.

프로이트는 서둘지 않고 천천히 퍼즐 조각을 맞추며 억압된 성적 욕망이 유발한 불안 신경증의 그림을 그려나간다. 그 중심에는 어머니에 대한 한스의 애틋한 사랑과 여기에 이어진 아버지에 대한 불안, 동시에 아버지를 **둘러싼** 불안이기도 한 것이 있다. 왜냐하면 한스는 엄마를 독점하고 싶어 하는 만큼이나 아빠를 잃는 것도 두려워하기 때문이다. 이 갈등으로 인해 불안은 또 다른 대상인 말에게로 옮겨간다.

프로이트 자신은 본명이 헤르베르트 그라프(Herbert Graf)인 한스를 개인 진료실에서 짧은 상담을 위해 단 한 번 만났을 뿐이다. 상담은 1908년 3월 30일에 그의 아버지가 있는 자리에서 이뤄졌다. 소년은 점점 더 뚜렷해지는 불안에 관해 이야기하며 '특히 눈앞에 있는 말과 그 입 주위의 검은 부분이 나를 괴롭힌다'고 밝힌다. 소년은 수수께끼같이 말한다! 그러자 프로이트는 번뜩이는 영감을 얻는다. "내 앞에 앉아 있는 두 사람을 보고 나서 말에 대한 불안 이야기를 들었을 때, 해결의 또 다른 조각이 머릿속을 스쳐 지나갔다. ……나는 한스에게 농담으로 말이 안경을 썼는지 물었고, 그는 부인했다. 그러고 나서 아버지도 안경을 썼는지 물었고, 그는 모든 증거에도 불구하고 다시 이를 부인했다. 나는 그에게 '입' 주위의 검은 부분이 콧수염이라고 생각하는지 물은 다음 그에게 다음과 같은 점을 말해주었다. 그는 어머니를 너무 사랑하기 때문에 아버지를 두려워한다. 그는 아버지가 이 일로 그에게 화를 낼 거라고 믿겠지만 그건 사실이 아니며, 아버지는 그를 좋아하고, 그는 아버지에게 모든 것을 두려움 없이 고백해도 된다. 세상에 태어나기 오래전부터 어머니를 너무 사랑해서 아버지를 두려워하지 않을 수 없는 어린 한스가 오리라는 것을 내가 알았다는 것을 말이다."[1]

집으로 돌아오는 길에 한스는 경외심에 찬 목소리로 아버지를 향해 묻는다. "교수님이 사랑의 신과 대화해서 이걸 미리 다 알 수 있는 거예요?" 프로이트가 자신에 대해 이보다 더 좋은 칭찬을 들은 적은 별로 없었을 것이다.

회복 과정에서 다른 수수께끼같은 꿈도 몇 가지 해명된다. 예를 들어 어느 날 밤 한스가 자고 있는데 아름답고 큰 기린 한 마리와 '억눌려서 구겨진' 기린 한 마리가 꿈에 나타난다. 큰 기린은 한스가 자기에게서 구겨진 기린을 떼어내려고 하자 끔찍하게 울부짖는다. 프로이트의 설명에 따르면 큰 기린은 한스의 아버지를 상징하고(길고 강한 목은 그의 음경을 상징한다), 작은 기린은 어머니를 나타낸다. 꿈의 마지막에 한스는 과시하듯 작은 기린 위에 앉는다. "마음껏 소리쳐, 엄마는 내 거야!"라고 말하고 싶은 것 같다. 또 한 번은 한스의 엉덩이와 음경을 '떼어내고' 더 큰 것으로 교체하는 배관공 꿈을 꾼다. 얼마 지나지 않아 말 공포증은 사라진다.

프로이트는 이 사례에서 중요한 두 결론을 도출한다. 첫째, 어린이도 쾌락과 불쾌함의 지배를 받고 억압된 욕망을 지니며, 이를 대개 어른보다 더 환상적으로 표현할 뿐이다. 그리하여 프로이트는 "정신적인 것 일반에 자의란 존재하지 않는다"는 구호에 충실하게 어린아이들의 정신적 표현을 연구하는 초석을 놓는다.[2] 둘째, 그는 한스를 통해 억압된 욕망이 불안으로 바뀌고, 그 욕망이 단순히 사라질 수 없는 까닭에 다른 대상에 '영향을 끼친다'는 이론이 확증된다고 본다. 따라서 모든 것이 두려움의 잠재적 유발 요인이 될 수 있다. 다섯 살짜리 아이도 그 뒤에 실제로 뭐가 있는지 파악하면 빠르게 안도할 수 있다.

여기서 놀라운 것은 소년의 억압된 욕망이 사랑하는 어머니와 하나가 되고 싶어 하지만 그럴 수 없는 한 계속 존재한다는 것이다. 그러므로 불안의 원천은 마르지 않는다. 다만 통제할 수 있을 뿐이다. 프로이트는 다음과 같이 설명한다. "분석은 …… 과도한 자동적 억압의 과정을 신중한 의도적 극복으로 대체한다." 욕망의 해방을 선전하는 빌헬름 라이히 같은 혁명가들과 달리, 프로이트는 내적 욕동의 갈등을 피할 수 없는 것으로 본다. 중요한 것은 그 갈등이 신경증 증상으로 이어지지 않고 더 건강하고 수용이 가능한 방식으로 통제받는 것뿐이다. 또는 후기 프로이트의 가장 유명할 것 같은 격언대로 "이드가 있던 곳에 자아가 생성돼야 한다."[3]

한스가 실제로 프로이트가 은밀히 일러준 아버지와의 대화를 통해 치유받았는지 아니면 단순히 적응과 성숙 또는 시간의 흐름으로 치유받았는지는 답할 수 없다. 아이들은 발달하고 감정과 생각, 심지어 불안마저도 왔다가 사라진다. 비슷한 걱정거리가 있으면서 일부는 치료받고 다른 일부는 치료받지 않은 같은 나이의 많은 아이들을 비교해봐야 소아 분석에 어떤 효과가 있는지 알 수 있을 것이다. 개업의로서 프로이트는 그런 노력을 기울일 여유가 없었고, 그렇게 하고 싶어 하지도 않았다. 그에게는 좋은 사례 하나만으로도 충분한 증거가 된다.

어린 한스에 관한 보고는 오토 그로스로부터 영감을 얻은 융도 아버지의 역할에 대한 논문을 발표한 1909년 〈정신분석 연보〉의 같은 권에 실린다. 프로이트의 연구는 어린이에 대한 최초의 정신분석적 원격 진단 및 분석이다. 1920년대에 이르러서야 치료자가 동료의 전문적 도움 또는 '감독'을 받는 것이 베를린의 훈련 기관에서 일반적 관행이 된다. 분석의 초창기에는 아무도 이런 생각을 하지 못한다. 모두가 나름의 방식으로 치유하거나 말 그대로 치유하지 못한다.

1922년 4월 교수와 한스, 즉 헤르베르트 그라프는 두 번째이자 마지막으로 만난다. 그사이에 열아홉 살이 된, 완벽하게 건강하고 정신적으로 균형 잡힌 한스는 전에 말을 무서워한 것을 기억하지 못한다. 또한 아버지가 프로이트의 지도를 받으며 치료했다는 것도 자신의 사례 기록을 읽으면서 알았고, 이는 지혜로운 영혼의 의사에 대한 그의 호기심을 일깨웠다. 자기 아버지처럼 헤르베르트 그라프도 음악사를 공부하고 성공적인 오페라 연출가가 된다.

바알세불 작전

1914년 여름날, 갑자기 전쟁이 발발한다. 유럽은 앞날을 빤히 내다보면서도 재앙으로 치닫고 있었다. 아무도 그 규모를 상상하지 못했기 때문이다. 반면 전쟁에 대한 열광은 엄청났다. 합스부르크 왕가와 호엔촐레른 왕가가 이끄는 중부 유럽 제국과 프랑스·영국·러시아로 이뤄진 연합국, 양측 모두 승리가 그저 몇 주면 가능하다고 확신했다. 이런 제1차 세계대전의 가장 쓰라린 깨달음은 인간이 얼마나 자신을 모르고 있는지, 모든 것을 으스러뜨려 절멸시키는 맹목적 분노의 힘을 얼마나 과소평가하고 있는지 하는 것이었다.

1914년 4월, 프로이트와 사이가 틀어진 카를 구스타프 융은 정신분석학회의 회장직을 내려놓는다. 두 달 후인 6월 28일, 세르비아의 민족주의자 가브릴로 프린치프(Gavrilo Princip)는 역사상 가장 나쁜 결과를 낳은 암살을 저지른다. 그는 오스트리아 왕위 계승자인 프란츠 페르디난트(Franz Ferdinand) 대공과 대공비 소피가 오픈카를 타고 사라예보 시내를 지날 때 조준 사격해 살해했다. 또 한 달이 지나가고, 7월 28일에 오스트리아·헝가리 제국이 세르비아에 선전포고한다. 유럽의 강대국들은 물론이고 중국과 일본, 마침내 미국까지 연이어 원조를 선언하고 무자비한 살육을 시작한다.

전쟁으로 인해 초기 정신분석 운동을 구축하는 단계는 갑자기 중단된다. 우선 회원 대부분이 의사였고 전투가 계속되면서 군 및 야전 병원에 징집됐기 때문이다. 알프레트 아들러는 처음에 병역을 면제받았지만, 1916년에 소집된다. 그는 여러 군데서 전쟁 부상자들을 치료한다. 그러나 정신분석적 방법이 아니라 부상당한 병사들이 육체적·정신적으로 전투 능력을 회복하도록 최선을 다해야 한다는 지시에 따라 진료한다. 소모전은 엄청난 공물을 요구하며, '소비된' 병사의 숫자는 곧 수십만 명에 달한다. 줄어드는 자원을 고려할 때 부상자들은 가능한 한 빨리 참호로 돌아가야 한다. 의사의 임무는 고통과 질병을 완화하는 것이 아니라 전쟁을 수행할 인적 자원을 준비하는 것이다.

시간이 지나면서 군대에서도 심리학적 전문 지식에 대한 수요가 증가한다. 전사자와 불구가 된 병사들을 애도해야 할 뿐만 아니라 전국에 이른바 전쟁에 전율하는 사람이 넘쳐나기 때문이다. 수천 명의 남자들이 잠을 이루지 못하고 식은땀으로 몸을 적시고 온몸을 주체할 수 없이 떤다. 많은 애국자가 절단이나 유탄 파편을 면한 신경증 환자들을 징집 기피자나 꾀병쟁이로 간주한다. 동시에 병역 면제 기준도 높아진다. 천식, 시각 이상, 그리고 허약 체질도 이제 조국을 위해 봉사하지 못할 이유가 없다.

당시 많은 의사의 머릿속에는 오랜 신념이 자리하고 있었다. 정신적 고통을 겪는 군인은 예를 들어 폭발로 인한 충격이 유발한, 보이지 않는 뇌 손상이 있거나 의지박약한 겁쟁이일 것이다. 프로이트는 증상의 심리적 본질을 강조함으로써 이런 비인간적 관점과 단절한다.

처음에는 군대에서 전율하고 혼란스러워하는 수많은 병사를 설명할 수 없었다. 심리적 요인이 그 이유일 수 있다는 생각이 점차 퍼진다. 여기에 따르면 병사들은 탈출하고 싶은 욕구와 의무감, 살아남고 싶은 자연스러운 충동과 조국을 위해 싸우고 필요하다면 죽어야 한다는 지시 사이에서 찢겨 있다. 비록 성적 욕동의 갈등은 이와 거의 관련이 없을지라도, 전율하는 수많은 사람은 질병의 심인성 원인에 대한 가정을 확증하는 것으로 보인다.

이들에 대한 '치료'는 내적 갈등의 의식화나 이해나 공감을 목표로 하지 않는다. 오히려 질병의 가격을 가능한 한 높임으로써 질병이 더 이상 '쓸모'가 없도록 하는 것이 목표다. 따라서 의사들은 전쟁 신경증 환자들을 전투에 강제로 재투입하기 위해 잔인한 방법을 동원한다. 가장 사랑받는 도구는 통증의 역치를 훨씬 뛰어넘어 '파괴의 역치'로까지 나아가는 전기 충격이다. 고통을 당하는 당사자에게서 신경증에 대한 욕망이 말 그대로 사라져야 한다. 그 밖에 '의지 교육'의 레퍼토리에는 얼음물 샤워, 강제 운동, 예를 들어 후두에 금속 공을 삽입해 인위적으로 유발한 호흡 곤란도 들어간다. 물론 이 모든 것은 의미 있는 치료가 아니라 고문이다. 이런 고문은 전율하고 있는 많은 병사가 생지옥 같은 야전 병원을 견디느니 차라리 전장으로 돌아가게 만든다. 그러나 군 지도부도 알듯 이런 방식으로는 유능한 전투병을 얻을 수 없다.

무지와 희망적 사고가 뒤섞인 몇몇 군인들은 정신분석에 희망을 건다. 1918년 9월에 부다페스트에서 열린 국제정신분석학회 제5차 대회에서 독일, 오스트리아, 헝가리의 군정 대표들은 전쟁 신경증 환자의 치료에 관한 수익성 높은 계약을 약속한다. 정신분석이 영혼을 치유할 수 있다면, 병사들에게 새로운 용기와 전투 의지를 불어넣어줄 수 있지 않을까?

아주 모험적으로 들리기는 하지만, 이 계획은 1917년 트라우마를 겪는 병사들을 대상으로 처음 정신분석적 치료를 시도한, 포즈난 군 병원 의사 에른스트 지멜(Ernst Simmel)의 성공 보고에서 힘을 얻는다. 부다페스트 대회에서 그는 "분석적·카타르시스적 최면과 각성 상태에서의 발언 분석과 꿈 해석을 결합해 …… 나는 평균 두세 회기로 전쟁 신경증 증상에서 벗어나는 방법을 개발할 수 있었다"고 설명한다.[4] 꿈 해석과 대화를 통해 유탄의 충격이 치유됐다고? 게다가 고전적 분석처럼 몇 달, 몇 년에 걸쳐서가 아니라 단 며칠 만에? 지멜은 지킬 수 없는 약속을 한다. 국방부 관리들이 계약을 체결할지는 아직 미정이다. 결국 항복 조약이 계획보다 먼저 이뤄진다.

전쟁 신경증과 관련한 논쟁에 긍정적 부수 효과가 적어도 한 가지는 있다. 이제는 가장 심각한 신체적 증상마저도 그 심리적 기원이 그럴듯해 보인다. 아니면 전율하는 사람들은 그저 꾀병쟁이일 뿐일까? 프로이트는 질병의 이익, 즉 전쟁 신경증 환자들이 참호전이라는 고기 분쇄기에서 탈출할 수 있었음을 언급했다. 하지만 이것만으로는 그토록 다양한 고통의 면모를 설명할 수 없다.

융은 이 모든 것을 거의 알지 못한 채 중립국인 스위스 취리히호숫가의 퀴스나흐트에 있는 자기 저택에서 원형에 대한 연구에 몰두하는데, 예순 살에 가까운 프로이트는 시사 문제에 왕성한 관심을 가진다. 전쟁 기간에는 환자가 드물던 까닭에 그는 그만큼 더 많은 시간을 작품을 쓰는 데 할애한다. 1916년, 그는 만들어낸 것의 잠정적 정수를 《정신분석

입문》으로 출간한다. 전쟁이 끝날 즈음 프로이트는 수백만 명의 전사자를 지켜보며 공격성과 파괴의 원인이 될 수 있는 죽음 욕동에 대해 생각한다. 수많은 동료가 놀라지 않을 수 없게도, 그가 수십 년 동안 욕동의 유일한 원천으로 옹호해온 리비도에 이제 그리스 신화에 나오는 죽음의 신을 따라 명명한 타나토스가 합류한다.

　아울러 프로이트는 의학 전문가로서 전쟁정신의학도 접하게 된다. 전쟁이 끝난 직후 오스트리아·헝가리 제국군의 중령 발터 카우더(Walter Kauder)는 병사들을 전기 충격으로 고문했다는 혐의로 빈의 교수 율리우스 바그너야우레크(Julius Wagner-Jauregg)를 고발한다. '군의 의무 위반 조사 위원회'는 프로이트에게 전문가 감정을 구한다. 프로이트는 판정을 통해 바그너야우레크의 개인적 책임에 면죄부를 주지만, 일반적으로 사용하는 전기 치료에 대해서는 신랄하게 비판한다.[5] 프로이트에 따르면 전율하는 사람들이 전시 복무에서 해방됨으로써 얻었을 이익을, 이들에게 끔찍한 학대를 가해서 최소화하려 했다는 것이다. 바그너야우레크가 직접 관여했다는 사실을 입증할 수 없었기 때문에 법원은 결국 무죄를 선고한다.

　비슷하게 바알세불과 손잡고 악마를 쫓아내는 전략은 몇 년 후 바그너야우레크에게 그의 경력에서 가장 큰 성공을 안겨준다. 1927년, 그는 진행성 마비를 방지하기 위한 말라리아 감염 표적 치료법으로 노벨 생리의학상을 받는다. '매독성 대뇌 연화증'에 걸리면 매독 병원체로 인해 사고 기관 일부와 정신 능력이 퇴화한다. 바그너야우레크는 마비 환자가 열이 나면 종종 증상이 호전함을 발견했다. 인위적으로 열을 유발함으로써 뇌 연화의 속도를 늦출 수 있을까? 실제로 바그너야우레크는 환자를 말라리아 병원균에 감염시켜 이 쿠데타에 성공했다. 하나의 악을 다른 악으로 몰아내는 것은 항생제를 발견하기 전까지 매독의 후유증을 치료하는 가장 중요한 접근법이었다.

한편 바그너야우레크의 연구는 심리적 장애가 뇌의 신체적 손상에 기인한다는 생각에 새로운 부력을 제공했다. 따라서 많은 의사가 정신 장애를 군사 작전 중의 감염, 유전적 손상, 조직 손실의 후유증으로 간주했다. 이런 신념을 깨고 마침내 정신적 고통을 정신에서 발생하는 것으로 고찰하기 위해서는 프로이트 같은 과학적 이방인이 필요했다.

~~~~~~

전쟁은 유럽 지도에 깊은 상처를 남긴다. 1918년 11월 초까지 4년 넘게 지속한 이 전쟁은 1700만의 생명을 앗아갔다. 총성이 잦아들자마자 스페인 독감이 전 지구를 휩쓸어 또다시 수백만 명이 급사한다. 프로이트의 딸 소피도 이 바이러스로 1920년에 사망한다. 빈의 거리에서 추방자와 부상자들이 노숙하고, 많은 가족이 전쟁으로 인해 생계를 빼앗기며, 식량과 땔감이 희귀해진다. 합스부르크 제국의 화려한 모습은 거의 남아 있지 않다. 이 다민족 국가는 하나의 주요 부분, 즉 오스트리아라는 신생 공화국으로 대폭 축소된다. 전에 거의 8000만 명에 달하던 인구는 이제 겨우 800만 명에 지나지 않는다. 경제와 기반 시설은 밑바닥이다.

사회적 긴장은 곧 폭력으로 방출된다. 치고받는 싸움, 총격전, 본격적인 거리의 전투가 그날그날의 의사일정에 오른다. 사회주의자와 독일 민족주의자, 공산주의자와 무정부주의자, 마르크스주의자와 트로츠키주의자, 자유주의자와 보복주의자, 정치 상황은 그야말로 복잡하게 얽혀 있다. 많은 집단이 무장한 전투 부대를 갖추고 자신들의 권력에 대한 요구를 뒷받침한다.

이 시기에 알프레트 아들러의 사회주의적 신조도 다시 힘을 얻는다. 그는 《다른 편(Die andere Seite)》에서 권력자들이 어떻게 민중을 유혹해 전쟁에 대한 맹목적 열광으로 몰아넣었는지 심리학적으로 설명하려고 시도한다. 많은 좌파와 마찬가지로 아들러도 명백한 역설에 사로잡힌다. 무슨 까닭에 불안과 궁핍이 그토록 많은 사람을 국가보수주의든 파시즘이든 우익 이데올로기에 합류하도록 이끄는가? 왜 그들은 바로 이런 세력들이야말로 자기 목적을 위해 그들의 곤궁을 이용하고 궁극적으로 증대시킨다는 것을 파악하지 못하는가? 그들이 마침내 진보 세력을 지지하려면 어떤 일이 일어나야 할까?

아들러는 그 배후에 권력에 대한 일종의 도착적 추구가 있다고 추정한다. 억압받는 민중은 손상된 자아를 궁극적으로 치유하기 위해 명성과 위대함을 꿈꾼다. 10년 후, 나치가 권력을 장악하면서 깨지기 쉬운 평화의 시기가 끝나자 또 다른 이론가가 같은 물음에 대중심리학적 해답을 제시한다. 빌헬름 라이히는 성에 대한 억압에서 권위에 예속된 자들을 만들어내는 핵심 기제를 본다.

하지만 아직 희망이 존재한다. 여전히 진보와 평화, 민주적 미래를 구출할 수 있다. 1920년대 중반, 배상의 압박에도 불구하고 독일제국에서뿐만이 아닌, 경제적으로 상승하는 분출의 단계가 시작된다. 오스트리아의 수도에는 좌파가 지배하는 '붉은 빈'의 전성기가 왔고, 여기는 유럽 최초로 사회민주당원 시장이 탄생한 대도시가 됐다. 정치와 행정에 잘 짜인 네트워크를 갖고 있던 아들러는 이 시기에 자기 개인심리학 운동의 거점으로 수많은 교육상담소를 설립한다.

두려워하기를 배우다

그사이에 볼티모어의 존 왓슨은 자신이 싫어하는 정신분석학에 일격을 가할 준비를 한다. 그는 조교 로절리 레이너(Rosalie Rayner)와 함께 1919년에서 1920년으로 이어지는 겨울에 무의식을 후벼파는 새로운 시도를 종결짓기 위해 실험을 계획한다. 그는 억압된 리비도에서 불안이 발생한다는 프로이트의 교설이 허구임을 폭로하고자 한다. 이를 위해서는 무의식적 힘을 빌리지 않아도 두려움을 매우 간단하고 좀더 명백한 방식으로 설명할 수 있음을 보여주기만 하면 된다. 왓슨에게 필요한 것은 적절한 실험 대상뿐이다.

1908년, 왓슨은 겨우 서른 살의 나이에 유서 깊은 존스 홉킨스 대학교의 심리학 교수로 임명받았다. 이 명문대에 봉직한 지 11년 차에 접어들었을 때 그는 재능 있는 학생 로절리 레이너를 알게 된다. 그는 배서 대학에서 학사 학위를 마친 후 1919년 여름 볼티모어로 왔다. 왓슨은 키가 큰 스물한 살의 그를 주목하고 자기 연구실의 조교 자리를 제안한다. 주목은 학문적 영역에만 그치지 않는다.

두 사람은 연애 관계를 시작하고, 왓슨은 그것을 전혀 숨기려 하지 않는다. 한 가지 이유는 그의 거리낌 없는 천성이다. 그는 다른 사람들이 자신을 어떻게 생각하는지에 별로 관심이 없다. 그는 자기 본능과 기분에 따르는 것을 선호한다. 그는 한 친구에게 자신과 로절리를 결합해주는 것을 다음과 같이 설명한다. "우리는 둘 다 원하는 것을 얻는 재능이 있다네."[6]

왓슨은 강의에서 정신분석에 대해 좋은 말을 한마디도 하지 않는다. 근본적으로 그런 '치료'에 관여하는 사람 누구도 자신에게 무슨 일이 일어나는지 알지 못한다. 그 목표뿐만 아니라 과정도 불투명하고, 환자는 온갖 생각과 기억의 조각을 내놓을 뿐이며, 보통 침묵하는 치료자가 머리털이 곤두서는 전제를 토대로 진단을 만들어낸다. 이런 정신분석을 통해 획득한 통찰의 정확성을 인정하고 경외심으로 가득 차 지체 없이 받아들이는 것만이 여기서 안도감을 주는 유일한 것이다. 만약 그런 것이 있다면 말이다. 분명 분석가들 자신도 바로 낙관주의에 넘친 건 아니었다. 프로이트도 《히스테리 연구》의 끝부분에서 치료가 "신경증적 비참함을 일반적 고통으로 전환할" 수 있을 뿐이라고 인정했다.[7]

왓슨은 1913년에 발표한 글 〈행동주의자가 보는 심리학〉[8]에서 전혀 다른 비전을 격렬한 문체로 정식화한다. "행동주의자의 시각에서 심리학은 순수하게 객관적이고 실험적인, 자연과학의 한 분야다. 심리학의 이론적 목표는 행동의 예측과 통제다. 내성법은 그 방법 가운데 하나가 아니며, 자료의 과학적 가치도 의식의 개념으로 얼마나 쉽게 해석할 수 있는지에 좌우되지 않는다."

다시 말해 사람들이 자기에 대해 생각하는 것과 안다고 믿는 것은 중요치 않다. 그들의 행동은 객관적으로 측정하고 기술할 수 있는 합법칙성의 지배를 받는다. 왓슨의 접근법은 이반 파블로프가 발견한 조건화(조건 형성—옮긴이) 원리에 기반한다. 그에 따르면 처음에는 중립적이던 자극을 보상이나 처벌 같은 유쾌하거나 불쾌한 경험과 결합하는 것은 학습과 조건에 따른('조건화된') 반응으로 이어진다. 파블로프는 개밥 그릇을 가져오기 직전마다 작은 종을 울림으로써 이 학습의 원리를 증명했다. 몇 번 지나지 않아 개들은 종소리만으로 침을 흘리기 시작했다.

왓슨은 원칙상 인간과 동물은 차이가 없다고 보는 까닭에 자기 연구 대상을 의식적 사고를 하는 것이 아닌지 의심할 수 없는 종인 쥐로 한정한다. 이것 때문에 그는 동료들 사이에서 '쥐 심리학자'라는 조롱 섞인 별명을 얻는다. 그는 숨겨진 갈등을 드러내는 것과 훈습을 사기로 여김에도 불구하고 근본적으로 정신분석과 비슷한 패턴을 이용한다. 왜냐하면 사람들이 자기가 왜 이렇게 행동하는지 모른다는 요점은 같기 때문이다. 사람들은 마리오네트처럼 보이지 않는 끈에 매여 있다. 프로이트와 왓슨에게 그 끈의 종류만 다를 뿐이다. 프로이트는 욕동의 어두운 힘을 가정하는 한편 왓슨은 예측할 수 있는 학습의 도식이 작동한다고 본다.

왓슨은 인간의 행동을 설명하고 변화시키기 위해 무의식에 대한 사변이 필요치 않음을 보여주고자 한다. 이런 목적을 위해 그는 당시에 이미 확립된 연구 윤리의 기준을 무시하는 연구를 고안한다. 그는 어린아이들의 불안과 두려움이 프로이트가 가정했듯 성적 환상에 근거하는 것이 아니라 단순한 조건화의 법칙에 따라 습득되는 것임을 증명하려고 한다. 불안은 학습된다. 여기에 따라오는 것은 그것을 다시 **잊을** 수도 있다는 점이다.

왓슨은 레이너와 함께 무모한 계획을 세운다. 젖먹이에게 두려워하기를 가르치겠다는 것이다. 그들은 얼마 전부터 대학 부속 유치원에서 돌보고 있는 생후 9개월의 앨버트 비(Albert B.)를 실험 대상으로 선택한다. 혼자서 아이를 키우는 어머니는 간호사로 교대 근무를 하고 있어 연구원들에게는 아이를 오래 돌보며 신뢰를 얻을 기회가 충분하다. 분명 아이의 어머니는 두 연구원이 계획한 '교육적' 실험의 내용이 뭔지 예상하지 못했을 것이다.

왓슨과 레이너는 먼저 쾌활한 아이에게 실험실에서 데려온 토끼 한 마리를 선물한다. 어린아이는 망설임 없이 이 동물에게 다가가 무릎에 앉힌다. 이를 몇 차례 반복한 후 왓슨은 앨버트의 등 바로 뒤에 쇠 파

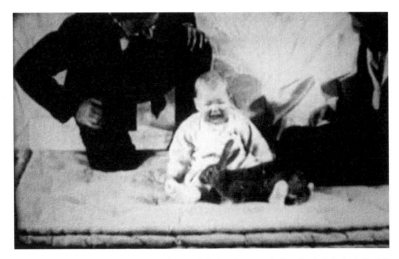

사진 18　누가 털이 많고 부드러운 것을 두려워하는가: 1920년 왓슨과 레이너의 어린 앨버트 '실험'.

이프를 놓고 아이가 토끼를 보자마자 망치로 파이프를 두들긴다. 예상할 수 있듯 아이는 귀가 멍해지는 소리에 놀라 울기 시작한다. 이렇게 불안을 유발하는 자극을 몇 차례 주고 도구를 치운 뒤, 아이는 부드러운 동물 인형·털 매트·양모 공 같은 대상을 차례차례 마주한다. 이제 풍성하고 부드러운 털은 아이의 혐오감을 불러일으키고 아이는 울면서 물건을 외면한다. 그의 두려움은 '일반화'됐다. 그를 토끼와 접촉시키면 겁에 질려 검사를 진행하는 테이블에서 떨어질 지경이 된다.

　어린 앨버트를 대상으로 한 실험은 윤리적으로 대단히 의심스러울 뿐만 아니라 방법도 취약하다. 왓슨은 자신이 비난하는 정신분석가들과 똑같이 행동한다. 그는 개별적 사례에 근거해 논증을 펼친다. 게다가 1920년의 출판물 원본은 앨버트에게 정확히 무슨 일이 일어났는지, 그의 불안이 얼마나 심각했는지, 그가 그런 불안을 다른 대상에게 얼마나 전이했는지를 모호하게 해명할 뿐이다. 왓슨은 아마 며칠 간격으로 두 차례, 아이가 토끼를 눈앞에서 보거나 무릎에 올려놓는 사이에 총 일곱 번 망치로 파이프를 두들겼을 것이다. 그렇지만 한 달 후에 아이는 큰 불편함을 내비치지 않고 다시 토끼와 접촉한다. 왓슨은 이 실험을 불안은 학습되는 것이지 프로이트가 믿듯 내적 갈등으로 유발되는 것이 결코 아니라는 증거로 평가한다. 하지만 자연스럽게 생각할 수 있는 것은 앨버트의 놀란 반응이 **모든** 불안이 습득된다거나 아이의 반응이 오래 남는다는 뜻은 아니라는 점이다.

왓슨은 강연에서 이 실험을 촬영한 필름을 자주 보여주며, 이는 이후 몇 년 사이에 이 실험이 널리 알려지는 데 기름을 붓는다. 그리고 심리학 교재에서는 이 연구를 다른 어떤 연구보다도 자주 언급한다.

어린 앨버트는 아마 1919년에 한 대학 병원 직원의 사생아로 태어난 윌리엄 바거일 것이다.[9] 실험이 끝나고 몇 주 후, 왓슨이 아이의 부정적 조건화를 되돌릴 생각을 하기 전에 어머니는 아들과 함께 다른 도시로 이사했다. 바거는 2007년에 87세로 사망했다. 그가 노년에도 털이 많고 부드러운 동물에 대해 불편함을 느꼈는지는 알려지지 않았다.

~~~~~

그사이에 왓슨은 자기의 학생 겸 공동 연구자와의 관계를 너무나 부주의하게 관리한다. 불과 몇 달 전, 대학의 총장 프랭크 굿나우(Frank Goodnow)는 이 유명한 연구자가 경쟁 대학의 제안에 흔들리지 않도록 왓슨의 연봉을 아낌없이 인상했다. 왓슨은 자신이 안전하다고 생각하고 캠퍼스에서 로절리와 애정 행각을 벌이며, 거의 매일 그에게 애틋한 연애편지를 쓴다. 한 편지에서는 다음과 같이 말한다. "내 몸의 모든 세포는 당신 거예요." "두 시간 동안 질리지 않고 내게 키스해줄 수 있나요? 나는 하루 24시간 당신을 그리워하고, 하루가 더 길지 않아서 우주를 저주합니다. 낮과 밤이 여섯 달씩 이어지는 북극으로 갑시다."

그러나 왓슨은 여러 요소를 잘못 평가한다. 첫째로 그는 배신당한 아내의 복수를 고려하지 않는다. 남편의 이전 불륜 이후 메리 왓슨은 그를 깊이 불신하고 있지만, 아이들에 대한 의무감 때문에 겉으로는 아무 일도 없는 듯 행동한다. 1920년 여름 볼티모어에는 왓슨이 연애를, 그것도 자기 밑에 있는 공동 연구자와 하고 있다는 소문이 떠돌기 시작한다. 이 시기에 왓슨 부부는 손님으로서 정기적으로 레이너 가족을 방문하는데, 이는 분명 무심한 태도를 내보임으로써 로절리에 대한 사랑을 은폐하려는 왓슨의 어설픈 시도였을 것이다.

레이너 가족의 집을 방문해 저녁을 보내던 어느 날 메리는 구실을 만들어 로절리의 방에 몰래 들어간다. 그는 책상 서랍에서 발견한 남편의 연애편지 더미를 갖고 나온다. 이 편지 뭉치는 뒤따르는 11월에 메리가 시작한, 떠들썩하게 거행되는 공개 이혼 소송에서 그에게 가치 있는 도움을 준다. 메리의 변호사는 이 편지를 계속 언론에 건네고, 언론은 교수와 나이가 그의 절반도 안 되는 학생의 파렴치한 관계를 즐기듯 이를 하나하나 공개한다. 신중한 미국 동부 해안 사회에서는 혼외 성관계를 심각한 금기 위반으로 여기며, 이는 대학교수가 자기 학생과 얽히는 경우 두 배로 심각해진다. 일부 신문은 왓슨이 쓴 사랑의 서약 전문을 연재소설처럼 싣기도 했다. 이 사건이 불러일으킨 추문에는 타인에 대한 수치심과 관음증이 뒤섞인다.

왓슨의 두 번째 오판은 로절리의 출신과 관련한다. 레이너 가문은 그저 아무나가 아니라 메릴랜드주에서 가장 부유한 가문이었기 때문이다. 로절리의 할아버지 윌리엄 솔로몬 레이너(William Solomon Rayner)는 철도·해운·광산업으로 재산을 일궜고, 삼촌 이지도어 레이너(Isidor Rayner)도 워싱턴의 연방 의사당에서 상원의원을 지낸 바 있었다. 이지도어 레이너는 최근 존스 홉킨스 대학에 관대하게 1만 달러를 기부하기도 했다. 대학 경영진은 어떤 경우에도 이렇게 고마운 후원자와의 관계를 망치고 싶어 하지 않는다. 또한 로절리가 스스로 왓슨과 사랑에 불탔고 순진무구한 희생자가 아니라는 사실도 가족의 입장에서는 널리 알려지면 안 된다. 유일한 탈출구는 왓슨의 범죄를 가혹하게 처벌해 좋은 집안의 딸이 의심의 눈초리를 받지 않게 하는 것이다.

셋째로 왓슨은 유서 깊은 대학에서의 지위가 자신을 보호해줄 거라고 착각한다. 하지만 그의 과학적 명성도 총장이 그의 사례를 본보기로 삼지 못하게 막을 수 없다. 물론 굿나우를 비롯해 많은 동료들은 스타 연구자의 비극적 몰락에 영향을 받는다. 예를 들어 독일 출신의 정신의학자 아돌프 마이어(Adolf Meyer)는 왓슨이 "여자 때문에 경력을 망치고 있다"는 사실에 당황한다. 코앞에서 명성과 돈을 날릴 위기와 지도자와의 관계가 끊어질 위기 사이에서 선택의 갈림길에 선 왓슨에게는 뾰족한 수가 없었다. 그는 떠나지 않을 수 없었다!

1920년 9월 굿나우는 왓슨에게 당분간 자리를 내려놓을 것을 제안한다. 왓슨은 마지막 저항으로 상사의 사무실에서 종이쪽 위에 사직서를 끄적거리고 뛰쳐나간다. 로절리와의 관계는 20년 넘게 공들여 쌓은 그의 경력을 한순간에 끝장낸다. 왓슨은 다른 대학에서 연구를 계속할 수 있길 바랐을지 모르지만, 신문 지면에서의 와자지껄한 소동 이후에는 더 이상 그렇게 생각할 수 없었다. 명성이 있는 어떤 학술 기관도 그런 바람둥이를 받아들이지 않았다. 그래서 한때 유명했던 왓슨에게 새 직업을 찾는 것 말고는 아무것도 남지 않았다.

왓슨은 이미 오랫동안 특별한 인연을 맺어온 광고로 업종을 바꾼다. 그는 교수 연봉의 네 배가 넘는 2만 5000달러를 받고 미국 최대의 광고 에이전시인 제이 월터 톰프슨 사에 자리를 잡는다. 새로운 지위는 재정적으로 대성공일 뿐만 아니라 자기 홍보에도 탁월한 효과가 있다. 모순적이게도 왓슨은 직업을 바꾼 후에야 유명한 행동 전문가로 올라선다. 그의 가장 성공적인 저서들은 모두 연구 활동에서 분리된 후에야 출판된다. 수백 편의 기사와 인터뷰, 강연을 통해 왓슨은 인간의 행동에 대한 자기 견해를 홍보한다.

진보의 비전에 취한 그 시대, 인간의 행동을 목표 지향적이고 근본적인 방식으로 통제하는 것이야말로 많은 사람에게 과학의 궁극적 목표다. 그래서 왓슨은 열정적으로 이렇게 썼다. "내게 건강하게 잘 자란 아이 열두 명과 내가 그들을 키울 수 있게 기획한 세계를 준다면, 나는 그들 가운데 무작위로 고른 누구라도 재능·성향·능력·천분·조상의 인종과 관계없이 의사·변호사·상인 심지어 거지나 도둑 등 모든 종류의 전문가가 되도록 훈련할 수 있다고 자신한다."[10]

이 문장은 전지전능에 대한 왓슨의 환상을 보여주는 증거로 평가받기도 한다. 하지만 그의 말이 표현하는 것은 자유에 대한 억누를 수 없는 열망이다. 왓슨에 따르면 인간은 출신과 운명에 매여 있지 않으며 조건만 맞으면 스스로 뭐든 될 수 있다.

미국인들은 근본적이고 철저한 사회적 격변의 한가운데서 인간의 행불행을 예측하고 통제할 수 있길 꿈꾼다. 물론 냉정하게 고찰하면 행동주의자들의 연구 결과는 이런 거창한 희망에 훨씬 못 미치지만, 왓슨과 그의 추종자들은 이것 때문에 번민하지 않는다. 행동과학은 세계를 혁명적으로 변화시키리라는 단순한 기대만으로 1920년대 심리학의 지배적 흐름이 되며, 왓슨은 그 가장 저명한 대변자가 된다.

영혼의 비밀

마르틴 펠만은 미남이 아니다. 키가 작고 통통하고 턱이 꺼지고 눈은 휘둥그레하지만, 그와 눈에 띄게 예쁜 젊은 아내 마르타는 우아한 거리의 그야말로 우아한 타운하우스에 거주한다. 영화 관람객들에게는 곧바로 명확해진다. 돈이 있는 사람은 미남일 필요가 없다. 펠만은 미래파풍의 실험실에서 화학자로 일하며 충분한 보수를 받고 있다. 그는 자수성가했다. 아침에 기분 좋고 느긋하게 화장실로 들어가는 그의 모습을 보면 어두운 비밀을 품고 있다는 사실을 믿기 어렵다. 그 자신도 이를 전혀 깨닫지 못한다.

펠만은 면도를 하고 있다. 그때 아내가 침실의 화장대 앞에서 그를 부른다. 자신을 간지럽히는 성가신 곱슬머리를 잘라달라는 것이다. 그가 아내의 나무랄 데 없이 하얀 목에 면도날을 대자마자 갑자기 비명소리가 들린다. 이웃집 하녀가 창문에서 거친 몸짓을 하며 외친다. "도와주세요, 도와주세요!" 집주인이 면도칼에 살해당한 것이다. 있을 법하게 느껴지지 않겠지만 펠만의 면도날도 아내의 목에 피 묻은 상처를 남긴다. 상처를 치료하고 나서 펠만은 깊은 생각에 잠긴 채 일터로 출발한다.

잠시 후 그의 아내는 전화로 인도에서 오랫동안 살던 사촌 에리히가 저녁에 방문할 거라는 소식을 알린다. 그는 다산을 상징하는 동양의 여신상과 화려하게 장식된 단검을 선물로 미리 보냈다고 한다. 펠만은 다시 공포에 사로잡힌다. 그는 칼날을 생각하거나 버터 칼을 집어 들자마자 몸서리친다. 그는 이런 것을 만질 수도 없고 만지고 싶지도 않으며, 자신이 뭐가 잘못됐는지조차 깨닫지 못한다. 이런 칼 공포증은 대단히 성가신 일이다.

펠만의 불안은 날이 갈수록 커진다. 아내와 에리히와 함께 저녁 식사를 할 때 그는 포크와 나이프를 만질 엄두를 못 낸다. 부끄러워 그 자리에서 도망친 그는 거리를 헤매다가 카페에 들어간다. 옆 테이블의 손님이 그에게 주목한다. 카페를 나설 때 펠만은 우산을 깜박한다. 낯선 사람이 그를 쫓아와 대화를 시작한다.

표현주의적인 꿈 장면이 이어진다. 펠만은 집에서 나와 나무 위에 앉아 있는 사촌에게 무기로 위협을 받는다. 거기서 펠만은 풍선처럼 공중으로 떠오르고, 터널을 질주하는 기관차를 보며, 갑자기 집과 우뚝 솟은 첨탑 사이에 있는 자신을 발견한다. 그는 아내와 다른 여성들의 머리가 종처럼 경쟁하듯 울리는 곳으로 달려간다. 그러다가 그는 에리히와 함께 배를 타고 노를 젓는 아내 마르타를 본다. 그녀는 한 아이를 물에서 건져내 에리히에게 엄숙하게 건네준다.

카페에서 만난, 오르트 박사라는 낯선 남자가 정신분석가인 것은 얼마나 행운인가! 그는 펠만이 자신의 진료실에서 자유롭게 연상하도록 한다. 불안의 근원은 이미 알았다. 에리히, 마르타, 마르틴 세 사람이 함께 어울려 사이좋게 놀던 어린 시절의 기억이다. 당시 펠만은 마르타가 꿈속에서와 똑같은 인형을 에리히에게 주는 것을 봤다. 그는 그때 질투심에 사로잡혔지만, 여러 해가 지난 지금 그 사실을 전혀 기억하지 못한다.

보트 장면이 의미하는 것은 공포증에 대한 해결책과 마찬가지로 명백하다. 칼에 대한 펠만의 불안 뒤에는 어린 시절 거부당한 사랑의 트라우마, 사랑하는 여성에게 복수하고 싶은 인정할 수 없는 욕망이 숨어있다. 이 사실을 깨닫자마자 그는 치유된다. 우리는 마지막으로 목가적인 자연에서 낚시하던 펠만이 풍성한 어획물을 들고 집으로 서둘러 돌아오는 장면을 본다. 집에서는 마르타가 아기를 품에 안고 그를 맞이한다. 아버지의 자부심으로 가득한 펠만은 장밋빛 뺨을 한 아기를 하늘로 들어 올린다. 그리고 모든 것이 좋다.

UFA(바이마르공화국 시절의 독일 영화사—옮긴이)는 1926년 3월 26일 베를린의 글로리아팔라스트 극장에서 개봉한 장편 영화 〈영혼의 비밀〉에 '민중을 교육하는'이라는 수식어를 붙인다. 정신분석을 최초로 다룬 이 영화는 치유법이 무엇인지를 설명한다. 대화는 불안과 공포증을 불러일으키는 어린 시절의 트라우마에 대한 억압으로부터 우리를 해방한다.

〈리히트빌트뷔네(Lichtbild-Bühne: '슬라이드 무대'를 뜻한다—옮긴이)〉의 한 비평가는 이 영화가 관객에게 "현대적 교육에 가장 필요한 것을 고통 없이 가져다준다"고 칭찬한다. 논평은 다음과 같은 말로 끝난다. "이 영화는 우리 시대에 큰 물음을 던진다. 뜨거운 박수갈채가 이를 증명한다. 이는 분명 전 세계로 퍼질 수 있을 것이다." 반면 〈베를리너 타게블라트〉에서는 "분석이 환자를 치료할 수는 있겠지만 관객을 설득하지는 못한다"고 생각한다. 실제로 어린 시절의 질투심이 수십 년 후 자기 아내를 몰래 죽이려는 욕망을 낳고 결과적으로 칼 공포증으로 이어진다는 것은 억지스럽게 보인다. 하지만 정신분석의 놀라운 세계에서는 사소한 체험이나 찰나의 환상도 영혼을 무겁게 짓누르기에 충분하다. 고통에 길을 닦아주지 못할 만큼 사소한 것은 아무것도 없다.

정신분석은 엑스레이 같은 통찰과 드라마와 구원에 대한 기대의 결합으로 당대의 소설과 영화에서 사랑받는 주제가 된다. 많은 허구에서 머리에 받은 한 번의 충격으로 삶 전체의 기억이 지워지는 것과 마찬가지로, 영화에서 분석가는 모든 것을 덮어버리는 억압된 기억을 폭로함으로써 이를 신속히 무해하게 만든다. 이것은 이 영화를 채우는, 의도치 않게 우스운 클리셰 가운데 하나다. 하지만 많은 관객은 이를 곧이 곧대로, 즉 분석가가 할 수 있는 일에 대한 사실주의적 묘사로 받아들인다.

프로이트는 영화 일반과 마찬가지로 극영화도 하찮게 여긴다. 그는 영화라는 '새로운 매체'에 대해 회의적이었다. 그래서 〈영혼의 비밀〉 제작자는 프로이트가 아니라 카를 아브라함과 한스 작스에게 전문적 조언을 구했고, 그들은 정신분석이 대중적 인정을 받는 데 이바지한다. 두 번의 세계대전 사이에 심리학(Psychologie)이라는 학문은 영혼학(Seelenkunde)이라는 보편적이고 진부한 표현과 점차 분리됐다. 후자에 따르면 어두운 욕망과 금기, 해석돼야 할 꿈, 부지중에 드러나는 말실수는 어디나 숨어 있었다. 뭐가 자신을 괴롭히는지 모르는 인간의 상투적 이미지가 생겨났다. 행복해지려면 자신의 참된 욕망과 기억을 훈습해야 한다고 생각한 동시대인이 늘어난 것은 놀라운 일이 아니다.

감정의 붐

작가 엘리아스 카네티(Elias Canetti)는 자서전에서 1924년 빈의 분위기를 이렇게 묘사한다. "프로이트라는 이름이 등장하지 않는 대화는 거의 없었다. ……실수 행위(Fehlleistungen)

는 일종의 사교 게임이 됐다. 이 사랑받는 대중적 단어를 자주 사용하려고 실수 행위가 끊임없이 이어졌다. ……그리고 사람들은 실수 행위가 공개되자마자 이를 자아도취적으로 설명하기 시작해 그 형성 과정을 밝히고, 볼썽사나우리만큼 사적으로 보이지 않고서도 자신에 대한 상세한 이야기를 지치는 줄 모르고 할 수 있었다. 왜냐하면 그들은 일반적이고 심지어 과학적인 관심을 받는 과정을 규명하는 데 참여하고 있었기 때문이다."[11] 실제로 '자신에 대해 이야기하기'는 '황금의 1920년대'에 유럽과 미국에서 계몽받은 대도시 거주자들이 가장 즐기는 일이 됐다.

1920년대 중반이 되자 베르사유 조약에 따른 배상금과 그로 인한 1923년의 초인플레이션으로 신음하던 독일에서조차 경제의 회복은 가속화한다. 생활 여건은 렌텐마르크(1923년에 인플레이션 방지를 위해 발행한 보조 화폐―옮긴이)를 도입한 후 빠르게 회복한다. 라디오 수신기 그리고 윤전기로 인해 가속도가 붙은 신문은 미디어와 광고업계에 전례 없는 호황을 가져다준다. 최신 정보를 얻고 시대의 맥박을 파악하며 유행을 따라잡는 것은 베를린, 빈, 파리, 뉴욕에 거주하는 대다수에게 중요한 일이 된다. 이는 자아에 대한, 급속한 평가 절상을 동반한다. 자신의 운명에 종속되고 참는 대신 자아, 개인적 재능과 강점을 보여주는 일이 중요해진다. 자아 성찰은 더 이상 부유한 엘리트만의 특권이 아니다. 이제 모두가 누군가가 되려고 하고 뭔가를 보여주려고 한다. '자기 합리화'는 마법의 단어다. 삶의 경제화는 사적 삶 앞에서 멈추지 않는다.

특히 미국인은 효율성과 자기 계발에 사로잡힌다. 뭔가를 성취하려면 다른 사람보다 더 잘하고 더 빠르고 더 강하고 더 세련돼야 한다. 나아가서 자기 잠재력을 활용하고 절대 용기를 잃어서는 안 된다. 비용과 이익, 지출과 수익은 개인적 삶을 경영하는 개념이 된다. 뭐가 나를 더 발전시킬 수 있을까? 나는 얼마를 투자해야 할까? 내 잠재력 가운데 어떤 것을 펼칠 수 있을까? 이는 20년 전만 해도 거의 아무도 제기하지 않던 물음이다.

원래 융의 추종자이던 오스트레일리아의 심리학자이자 사회학자 엘턴 메이오(Elton Mayo)는 미국으로 이주한 후 산업심리학 분야로 관심을 돌린다. 1927년 시카고에 있는 웨스턴 일렉트릭 사가 그에게 과학적 연구를 수행해달라고 의뢰한다. 전화기 부품을 생산하는 이 회사는 평균 이상의 임금과 공장의 좋은 노동 조건으로 잘 알려져 있다. 메이오의 팀은 일리노이주 시서로에 있는 이른바 호손 공장에서 생산성 향상에 도움이 되는 또 다른 요소를 찾아야 했다.

공장 홀에 햇볕이 너무 적게 들어오는 걸까? 노동자들의 휴식 시간이 더 길거나 더 많아야 할까? 아니면 교대 근무 시간이 더 짧아야 할까? 팀을 나누면 도움이 될까? 심리학자들은 몇 달에 걸쳐 많은 변수를 차례로 조정했고, 결국 5분의 휴식 시간을 10분으로 바꾸거나 노동자들에게 아침 식사로 '집에서 만든 것 같은' 샌드위치를 제공하는 등 조건을 조금만 바꿔도 생산량이 증가한다는 사실을 깨닫는다. 그러나 이런 조처를 폐지하고 이전 규칙을 다시 도입하는 것도 생산성에 긍정적 영향을 미치는 듯했다. 노동자들은 어떤 종류든 거의 모든 변화를 고마워했다.

이런 관점에서 메이오는 상관들 그리고 조립 공정 노동자들과의 인터뷰를 진행한다. 하지만 뭐가 그들을 괴롭히는지 이야기하고 진지하게 받아들여진다고 느끼는 것 자체가 생산성 향상을 분명하게 설명해줬다. 메이오는 데이터로부터 놀라운 결론을 끌어낸다. 예를 들어 주어진 객관적 노동 조건은 최소한의 기준에 미치는 한 중요한 요소가 아니라는 것이다. 훨씬 중요한 것은 노동자들에 대한 친절, 그들의 염려와 곤경에 관한 관심과 열린 귀, 요컨대 존중받는다는 주관적 느낌이다. 핵심은 '인간적 손길'이다![12]

　그때까지 감정은 심리학의 사각지대에 있었고, 특히 주관적 의견에 큰 의미를 부여하는 것은 미국에서 지배적이던 행동주의와 모순이었다. 행동주의에 따르면 감정을 다루는 가장 좋은 방법은 이를 무시하고 이성적 논증으로 대체하는 것이었다. 감정은 이성, 계획 가능성, 최적화에 자리를 내주기 위해 추방해야 했다. 메이오의 발견은 횃불처럼 타올랐다. 감정, 만족감, 주관적 느낌은 점점 인생의 성공을 위한 결정적 요소가 됐다. 자기가 필요한 존재라고 느끼려면 무엇보다 좋은 사회관계와 연대감 그리고 존중이 중요했다.

　정신분석학 진영을 분열시키겠다고 위협하는 프로이트의 이전 측근도 그렇게 본다. 오랫동안 빈 정신분석학회의 서기이던 오토 랑크는 1924년, 하루아침에 프로이트주의자들에게 그를 증오의 대상으로 만든 책 《출생의 트라우마와 정신분석에 대한 그 의미》를 출간한다.[13] 이 책에서 그는 모든 인간이 자기 내에 하나의 트라우마, 즉 따뜻한 자궁에서 존재의 차가움으로 밀려난 경험을 지녔다는 테제를 주장한다. 처음에 프로이트는 이를 오이디푸스 콤플렉스에 대한 일종의 생물학적 근거 짓기로, 호의적으로 받아들인다. 성인 남성과 마찬가지로 실존적으로 버려진 아이에게도, 자신의 생식기만이라도 자궁 안으로 돌아가고자 하는 것보다 더 분명한 것이 있을까? 그래서 아버지와 그로 대표되는 도덕적 양심이 허용하는 근친상간은 크게 잘못되지 않은 욕망의 환상이 된다.

랑크는 영혼의 기본적 갈등에 대한 자신의 중요한 결론을 도출한다. 그가 출생의 트라우마에 관한 책 직후에 헝가리의 샨도르 페렌치와 함께 발표한 저술에서[14] 두 사람은 '적극적 치료'라는 개념을 제시한다. 우리는 프로이트가 전이와 역전이 과정이 환자의 통찰을 방해하지 않도록 치료자가 거리를 유지해야 한다고 믿었다는 사실을 안다. 반면 페렌치와 랑크는 환자의 상처, 욕망, 욕구를 받아들이고 배려하는 태도를 선호한다.

이제부터 한편은 '자유롭게 떠도는 주목'이라는 개념을, 다른 편은 '교정하는 감정적 경험'이라는 개념을 견지하는 두 정신분석 학파가 서로 대립한다. 전자는 내담자가 일하게 하고 오로지 해석만 제안하는, 뒤로 물러선 관찰자에 대한 프로이트의 이상을 가리킨다. 후자는 상대방에 대한 공감적 수용과 반영을 나타낸다. 이는 오늘날에도 존재하는, 배려하고 강화해주는 상담사에 대한 요구의 씨앗이다. 랑크와 페렌치는 분석가가 성실과 신뢰를 통해 거리를 두는 태도를 지양해야 한다고 주장한다. 이는 모든 상담사가 이행할 수 없거나 이행하길 원치 않을 요구다.

~~~~~

1920년대 초는 심리치료가 여러 흐름으로 크게 분열한 최초의 시기다. 이후 1926년 봄, 바덴바덴에서 열린 사흘간의 회의는 적대적 진영들 사이에 접근, 아니 해빙을 가져다준다. 세계관을 둘러싼 논쟁과 경제적 분배를 위한 투쟁보다 환자와 그들의 치료가 우선인 것처럼 보인다. 하지만 희망은 잠깐이다.

1926년 4월 중순, 슈바르츠발트 북쪽 가장자리에 있는 휴양 도시에서 의료적 심리치료를 위한 대회가 처음 열린다. 여기서 정신분석가들은 몇 개의 분과 가운데 하나일 뿐이다. 당시 베를린 정신분석연구소의 소장이던 에른스트 지멜과 카를 란다우어(Karl Landauer), 카렌 호르나이, 펠릭스 뵘을 비롯해 국제정신분석학회 소속 참가자 18명은 마찬가지로 대규모인 알프레트 아들러의 개인심리학자 대표단과 맞닥뜨린다. 그리고 정신분석의 시작점인 최면 요법의 대표자와 교육치료자, 의지치료자, 이른바 심리요법 전문가, 그리고 생물학적 지향점이 있는 정신의학의 대표자들도 참석한다. 이 회의는 뮌헨의 의사 블라디미르 엘리아스베르크(Wladimir Eliasberg)가 주도적으로 조직했다. 그는 모든 대표들과 아이디어를 교환해 공통점을 찾아내고 성장하는 심리치료 분야를 공동으로 일궈나가고자 한다.

이 분야의 세 거성, 프로이트·아들러·융만이 이 행사에 참여하지 않는다. 지멜은 "미래의 심리치료를 위한 근본적 훈련은 프로이트의 정신분석입니다"라고 자신 있게 선언한다. 불신의 웅성거림이 홀을 가득 채운다. 여기에 지멜은 하나를 더 추가한다. "어떤 전문 분야를 선택하든 모든 의사는 철저한 정신분석 훈련을 받아야 합니다." 모두가? 가령 외과 의사나 혈액 전문의도? 이 대회와 다음 연례 대회에서는 주로 직업적 정책을 다룬다. 심리치료의 훈련과 질 관리 및 의료 보험 급여 청구와 관련한 문제를 논의하며, 모두가 자신의 클럽을 위해 가능한 한 큰 케이크 조각을 확보하려고 노력한다.

1930년 드레스덴에서 열린 제5차 심리치료 대회의 한 참가자는 "점점 성장하는 유대감"을 인식한다. "우리는 이를테면 하나의 대가족이 됐다."[15] 그러나 이런 평가는 순진한 희망적 사고에서 유래한 것일 수 있다. 왜 큰 학파의 대표자들은 그토록 오랫동안 포괄적 심리치료법을 확립하는 데 성공하지 못했을까? 최선의 접근법들을 통합하는 것이 모두에게 이익이지 않을까? 이를 두 가지가 가로막는다. 첫째는 '대상의 숨겨진 결함'이다. 아직 정신 질환과 그 치료법은 너무 무질서하고 관련한 지식은 너무 초보적이어서 적어도 질서와 통제의 감각을 만들어내려면 단순한 주장과 교조적 학설을 배제할 수 없다.

그리고 둘째로 모두가 같은 방향으로 나아간다면 누구에게 이익이 될까? 자신만의 방법을 확립하려면 전문적 능력을 발휘해야 하며, 이는 다른 사람의 전문적 능력을 의심스럽게 만들 때 특히 성공적이다. 그들이 부적합해 보일수록 그만큼 자기가 더 매력적으로 보일 수 있다. 따라서 자신의 심리학을 칭찬하고 다른 심리학을 경멸과 더불어 응징하는 것은 수요와 공급의 논리에 따른 것이다.

피터와 토끼

역사상 최초의 행동치료는 1923년 말 컬럼비아 대학교에서 이뤄진다. 이는 그사이에 왓슨 부인이 된 로절리 레이너의 대학 시절 친구인 메리 커버(Mary Cover)가 수행한다. 두 여성은 뉴욕주 북부의 포킵시에 있는 배서 대학에서 만났고, 메리는 로절리를 따라 맨해튼의 대도시로 왔다. 그녀는 왓슨이 매주 강연을 통해 좀더 많은 청중에게 자기 심리학의 학설을 제시한 신사회연구소(New School of Social Research)에서 그의 강의를 듣는다. 커버도 왓슨이 오색영롱하게 그려낸 새로운 행동 통제의 과학에 매료당했다.

어린 앨버트를 대상으로 한 고전적 실험에서 그는 설치류를 무서워하도록 훈련받았고, 이 두려움을 모든 보들보들한 것에 전이했다. 이렇게 일반화된 감정 반응으로 왜 원래의 유발 요인을 언제나 인식할 수 없는지를 설명할 수 있다. 하지만 커버는 다른 의문을 제기한다. 조건화의 실천적 가치는 뭘까? 우리가 자극 연합의 원리를 이용해 그 반대를 불러일으킴으로써 불안을 치료할 수 있을까? 공포증의 대상을 긍정적 자극과 연결함으로써 공포증을 완화할 수 있다면, 공포가 사라질까? 커버는 처음으로 조건화를 치료에 활용하려고 시도한다.

피터라는 아이는 어린 앨버트와는 반대인 기획의 대상이 된다. 컬럼비아 대학교의 교사 양성 기관인 교육대학에서 실험을 시작할 때 그는 생후 2년 10개월이었다. 커버가 이 아이를 어떻게 알았는지는 정확히 파악할 수 없다. 어쨌든 이 어린아이는 실험 참여자로 적합해 보이는데, 왜냐하면 그는 털이 있는 동물에 대해 큰 혐오감을 나타내기 때문이다. 언젠가 고양이나 개와 불쾌한 만남이 있었거나 전반적으로 아주 민감한 아이일 수도 있다. 커버에 따르면 피터의 엄마는 불안정하고 과도한 부담에 짓눌린 것으로 보인다. 그는 다양한 두려움에 시달리며, 아들이 앞마당에서 놀 때면 흥분한 상태로 "누가 데려가기 전에 집으로 들어오는 게 좋을 거야"라고 말하며 집 안으로 불러들인다.

당시 심리학자들은 여전히 자신의 방법을 부주의하게 적용하고 있었다. 아무도 피터가 건강한지 아니면 장애가 있는지 확인하지 않았고, 가족력을 조사하거나 아이의 불안감에 대한 다른 영향을 배제하려고 시도하지 않았다. 한 가지 확실한 것은 토끼장에서 몇 미터 떨어진 곳에 있으면 아이가 불안해하고 울기 시작한다는 점이다.

탈조건화는 1923년 12월 4일에 시작돼 이듬해 3월에 끝나는데, 이때 피터는 성홍열에 걸려 두 달간 격리한 채 휴식을 취해야 했다. 커버는 아이를 높은 의자에 앉히고 그가 가장 좋아하는 과자를 준다. 피터는 과자를 맛있게 먹으면서도 토끼를 향해 '내게서 떨어져'라고 말하듯 조심스러운 눈빛을 보낸다. 그다음으로 실험자는 이 동물을 눈에 띄지 않을 만큼 조금씩, 아이 가까이 다가오게 한다. 토끼가 피터에게서 1미터도 떨어지지 않은 곳에서 먹이를 우물우물 씹기 시작하자 아이는 울음을 터트린다.

하지만 커버는 여러 탈감작 기술을 동시에 시험했다. 그래서 정확히 어떤 기술이 개선의 효과를 가져왔는지가 불명확하다. 롤 모델을 통한 학습이 도움이 됐을까? 피터는 실험자 가운데 한 명인 'S선생님'을 특히 좋아한다. 가끔 그를 "아빠"라고 부르기도 한다. 그리고 피터는 토끼를 무서워하지 않는 다른 아이들과 함께 지내기도 한다. 커버의 보고에는 다음과 같은 내용이 있다. "로렐, 메리, 아서, 피터가 실험실에서 함께 논다. 실험자가 토끼를 바닥에 내려놓는다. 아서가 '토끼가 뛰어다녀도 피터는 울지 않아요'라고 말한다. 피터는 '아냐'라고 말한다. 아이는 토끼가 자기 장난감 자동차를 갉아 먹길 원치 않는다. 로렐과 메리는 토끼털을 쓰다듬으며 토끼가 얼마나 귀여운지 이야기한다. 피터가 가까이 다가가 토끼의 등을 만지고 환한 표정으로 '내가 만졌어요'라고 말한다."

피터의 두려움은 사라진다. 물론 아이와 어머니가 교육대학으로 가는 길에 어떤 개가 달려드는 것 같은 반격도 있다. 그 후 피터는 토끼에 대해 더는 알고 싶어하지 않고 토끼를 보면 다시 불안한 반응을 보인다. 또 다른 아이인 로런스는 토끼를 좋아하고 주저 없이 토끼털을 쓰다듬는다. 피터의 두려움을 완화하는 것이 과자인지 아니면 다른 아이들의 시범인지 구분하기 어렵다. 아마 더 이상 높은 의자에 앉아 있을 필요가 없고 너무 힘들면 언제든지 떠날 수 있다는 점도 도움이 됐을 것이다.

행동주의 학습 이론에 따르면 생겨난 불안이 다시 사라지는 방식은 두 가지뿐이다. 첫째는 시간이 지나면서 불안이 사라지는 것이다. 이런 이른바 지우기는 점진적 망각(소거)에 해당하며, 두려움에 따르는 결과가 없을 때 이루어진다. 위협이나 고통스러운 결과가 없으면 행동에 대한 부정적 강화는 일어나지 않는다. 둘째는 두려움을 일으키는 자극이 다른 자극이나 보상과 연결되는 것이다. 이런 반조건화 과정에서 새로운 연상은 불안을 말하자면 떼어놓는다.

그렇지만 심각한 공포증은 거의 저절로 사라지지 않는다. 이는 시간이 지나면서 점점 더 심각해지거나 심지어 독립하는 특징이 있다. 공포증에 사로잡힌 사람은 자기 공포의 대상이 아니라 거기에 대한 자신의 반응을 두려워하게 된다. 그는 공포에 대한 공포를 느끼는 것이다.

메리 커버를 '행동치료의 어머니'로 유명해지게 만든, 피터에 관한 논문은 많은 의문점을 남긴다. 피터는 누구였을까? 어떻게 커버를 찾아왔을까? 그는 정확히 뭐 때문에 토끼를 두려워하게 됐을까? 커버의 학위 논문을 지도하는 왓슨은 사례 연구 하나만으로는 충분치 않다고 생각한다. 따라서 커버는 개별 치료에 착수하기 전 총 70명의 어린이 집단을 대상으로 다양한 공포 자극에 대한 반응을 조사했다. 3개월에서 일곱 살 사이의 어린아이들은 어른이 방에서 나가거나, 어두운 곳에 방치되거나, 징 소리가 크게 울리거나, 개구리·뱀·토끼와 마주치면 어떤 반응을 보일까? 커버는 아이들이 불안을 나타내면 두 번째 단계로 주의를 분산시키고, 자극에 익숙해지도록 적응시키고, 말로 달래고, 심지어 실컷 웃게 만드는 것과 같이 다양한 대처를 시도했다. 전부 소용이 없었다. 오직 두 가지, 두려워하지 않는 다른 아이들이라는 롤 모델과 보상을 통한 역조건 형성만이 유익한 것으로 입증된다.

커버의 보고에서 30번 사례는 '치료'에 잘 반응하는 피터다. 커버는 다음과 같이 썼다. "피터, 2년 10개월. 높은 의자에 앉아 과자를 먹는다. 실험자가 열린 이동장에 토끼 한 마리를 데려온다. 실험자는 피터로부터 1.5미터 떨어진 곳에 이동장을 놓고, 그러자 아이는 울기 시작한다. 아이는 토끼를 치워달라고 요구한다. 아이는 토끼 우리를 약 7미터 떨어진 곳에 놓을 때까지 운다. 과자를 먹으면서 아이는 '토끼 저리가'를 여러 차례 반복한다. 3분 후 아이는 다시 울음을 터뜨리며, 토끼를 치운다."[16]

이 아이는 한 달 반 후 변한 모습으로 나타난다. "피터는 창밖을 내다보려고 의자에 기어오른다. '토끼는 어디 있어요?' 그가 묻는다. 토끼는 피터의 발 사이 의자 앞에 놓인다. 피터는 허리를 굽혀 동물을 쓰다듬으며 안아보려고 한다. 토끼가 너무 무거워서 그는 실험자에게 도움을 청한다. 그들은 함께 토끼를 창턱으로 들어 올리고, 거기서 아이는 몇 분 동안 토끼를 데리고 논다."

커버의 논문은 1924년 왓슨이 편집하는 〈실험심리학 저널〉에 실린다.[17] 같은 해에 왓슨이 발표한 작품을 많은 사람이 행동과학의 이정표라고 찬양하지만, 다른 이들은 편견과 과장으로 가득한 졸작으로 여긴다. 왓슨의 책 《행동주의》가 1920년대 중반부터 베스트셀러가 된 것은 효율성과 통제에 사로잡힌 시대정신 덕분이었다.

모든 것을 학습했을 때 관건인 것은 과학적 방법을 어린아이들에게도 적용하는 것이었다. 1928년 왓슨과 아내 로절리는 교육 지침서 《영유아의 심리학적 치료》를 출간한다. 부모와 교육자들은 이 책을 열심히 읽지만, 책에 있는 많은 정보가 의심스러웠다. 왓슨은 무엇보다 아이들을 '귀여워하기'와 정서적 지원을 독으로 여기고, 그에 따르면 이것 때문에 어머니는 "자식이 태어나는 순간부터 그를 파괴한다." 그는 유아도 작은 성인처럼 대우해야 한다고 본다.

왓슨과 그의 아내는 권고한다. "절대로 아이에게 키스하거나 안아주거나 무릎에 앉히지 말자. 꼭 해야 한다면 밤에 잠들기 전 이마에 뽀뽀해주자. 아침에는 손을 내밀어 인사하자. 어려운 과제를 해냈을 때 아이의 머리를 토닥여주자. 한 번 시도해보라! 일주일 안에 여러분은 객관적이고도 친근한 방식으로 아이를 대하기가 얼마나 쉬운지 확인하게 될 것이다."[18] 이렇게 해야만 우리는 모든 "약함, 수줍음, 두려움, 의심, 열등감", 한마디로 "모정의 충격적 결과"를 예방할 수 있다.

왓슨의 아들 윌리엄은 평생 아버지의 냉담함으로 인해 고통을 겪었다. 그는 한 인터뷰에서 왓슨이 자기와 동생 제임스를 안아준 것은 1935년 어머니가 폐렴으로 돌아가셨을 때뿐이었다고 이야기했다. 아버지가 우는 모습을 본 것은 오직 이때뿐이었다. 존 왓슨이 일흔여섯 살 때, 그와 로절리의 큰아들 윌리엄이 자살한다. 실제로 왓슨의 네 아이 가운데 세 명은 자살을 시도했고, 그중 윌리엄만이 목숨을 잃는다. 이제 화석처럼 고루한 노인이 된 왓슨은 여기에 대해 언급하지 않는다. 그는 출간하지 않은 《내가 자살하지 않는 이유》라는 원고에서 다음과 같이 설명한다. "자살하려는 생각을 품은 모든 사람에게 내가 추천할 수 있는 가장 좋고 건강하고 빠른 조치는 이것이다. 일주일, 한 달 또는 1년 동안 익숙한 것에서 벗어나라. 새로운 환경보다 더 강력한 정신의 치료제는 이 세상에 존재하지 않는다."[19]

노년의 왓슨은 점점 외로워진다. 그는 코네티컷에 직접 지은 시골집에서 사랑하는 개와 말과 함께 살며 알코올에 빠져든다. 왓슨이 80세에 다가서던 어느 저녁, 비서가 벽난로 앞에서 자기 서신과 원고를 불에 넘겨주고 있는 그를 발견한다. 비서는 문서를 후손에게 남기라고 왓슨을 설득하려 하지만 그가 제지한다. "당신이 죽으면 당신의 모든 게 죽는 거야."[20] 그는 1958년 9월 25일 자신의 농장에서 사망한다.

~~~~~~

왓슨의 제자인 메리 커버는 아이들이 어떻게 정신적으로 강해질 수 있는지에 대해 중요한 인식을 후대에 상당히 제공한다. 그러나 그는 우선 컬럼비아 대학교에서 헨리 존스(Henry Jones)라는 유능한 동료 학생을 만나 사랑에 빠진다. 1927년 먼 캘리포니아의 버클리 대학교에서 아동복지연구소를 설립해줄 것을 제안받자, 부부는 오래 망설이지 않는다. 그들은 어린 두 자녀와 함께 샌프란시스코와 가까운 서부 해안으로 이사한다.

메리 커버 존스는 캘리포니아에서 특히 어려운 환경의 아동을 대상으로 연구를 계속한다. 그는 60년 이상 진행되며 회복탄력성 연구에 귀중한 데이터를 제공한 '오클랜드 아동 연구'를 포함해 세 개의 대규모 종단 연구에 참여한다. 이 연구에서는 다른 사람에게 다가가 도움을 요청하고 안정적 관계를 구축하는 어린이의 사회적 능력이 정신적 회복력에 결정적 영향을 미칠 수 있다는 사실을 처음 밝혀낸다. 멘토와 좋은 관계를 유지하거나 다른 방법으로 도움을 구하는 데 성공하는 아이들은 홀로 문제를 해결하려고 하는 또래보다 폭력이나 부정적 경험에 휘둘리는 경우가 적었다. 분명 왓슨의 자녀들에게는 그런 긍정적 롤 모델이 평생 부족했을 것이다.

커버 존스는 1987년 여름 샌타바버라에서 사망한다. 그는 죽기 직전 여동생에게 "삶에서 뭐가 중요한지 아직도 배우고 있어"라고 말했다.

종언의 시작

1929년 10월 29일 화요일, 뉴욕 월 스트리트에서 주식 1600만 주의 소유자가 바뀐다. 활기찬 거래처럼 들리지만, 이는 사실 투매였다. 월스트리트의 상장 기업들은 이 '검은 화요일'에 약 140억 달러의 가치를 잃는다. 이미 전날에 주가가 12퍼센트 하락한, 세계에서 가장 중요한 거래의 중심지는 48시간 만에 거의 4분의 1로 수축한다. 그 결과는 공황이다.

수백만 명의 미국인이 꾸준한 주가 상승을 기대하며 주식을 사들였고, 돈을 빌려 그렇게 한 경우도 많았다. 1929년 9월 3일까지 다우존스 주가 지수가 미친 듯이 상승해 거의 400포인트 오르더니 그 후에는 극적 하락이 시작된다. 그해 10월의 이 칠흑 같은 이틀은 많은 투자자의 신뢰를 완전히 무너뜨리지만 않았더라면 감당할 수 있었을 것이다. 일부 기업은 더 이상 주식 구매자를 전혀 찾을 수 없었고 주가는 계속 폭락한다. 1932년 여름까지 다우존스 지수는 3년 전 가치의 8분의 1 수준인 50포인트 미만으로 떨어진다. 주가가 다시 이전 수준을 회복하기까지는 25년이 걸린다.

주식 시장 붕괴는 수천 개의 주식회사뿐만 아니라 개인들도 파멸시킨다. 신용이 무너지고, 노동자는 일자리를 잃고, 빚을 갚을 수 없는 가족은 머리를 누일 집을 잃고 거리에 나앉는다. 월스트리트의 붕괴와 더

불어 다년간의 경제 위기, 즉 '대공황'이 시작된다. 미국의 은행들이 유럽에 빌려준 수십억 달러를 돌려주길 요구하면서 유럽 경제도 흔들리기 시작하고 세계 무역도 붕괴한다. 1932년 중반에는 독일인 거의 절반이 일자리를 잃었다. 굶주림과 비참함, 범죄가 확산한다.

빈곤에 시달리는 사람들에게 이는 분명 생존의 문제다. 사람들은 굶어 죽거나 도둑질과 암거래로 체포되거나 질병으로 인해 노동력과 더불어 희망의 마지막 조각마저 잃지 않을까 두려워한다. 인구의 상당수가 처한 불행과 함께 정치적 급진파가 늘어난다. 온건파는 점점 더 침묵하고, 선전과 거짓 정보가 분위기를 뜨겁게 달군다. 1930년대 초, 독일은 화약고와 비슷했다. 다만 그 도화선이 대다수가 생각하던 것보다 훨씬 짧았을 뿐이다.

1930년 8월, 지크문트 프로이트는 프랑크푸르트시로부터 괴테상을 받는다. 1만 라이히스마르크가 부상으로 주어지는 이 표창은 뛰어난 공식적 업적을 남긴 인물에게 수여한다. 1927년 첫 시상자로 시인 슈테판 게오르게(Stefan George)가 선정됐고, 그다음은 정글의 의사 알베르트 슈바이처(Albert Schweitzer)였다. 프로이트는 1929년에 이미 후보에 오른 적이 있고〔그는 지금은 잊힌 문화철학자 레오폴트 치글러(Leopold Ziegler)에게 밀려났다〕, 이제 때가 무르익은 것으로 보인다. 선정위원회는 투표 결과 7 대 5로 프로이트를 선택한다. 두 명의 위원은 정신분석을 고상한 것으로 인정하는 데 끝까지 저항하며 시상식에 불참한다. 시상자인 루트비히 란트만(Ludwig Landmann) 프랑크푸르트 시장은 프로이트가 "영혼의 깊은 원초적 세계로부터 그것이 지닌 마법 같은 매력을 빼앗은 탈마법화의 대가"라고 찬사를 보낸다.[21]

수상자는 병환으로 프랑크푸르트에 가지 못하고, 그의 딸 아나가 수

락 연설을 대독한다. 프로이트의 가장 중요한 대변자는 정신의학자이자 작가인 알프레트 되블린(Alfred Döblin)이었다. 그는 한동안 베를린 폴리클리닉에서 일했고, 1929년 소설 《베를린 알렉산더 광장》으로 선풍을 일으킨다. 이번에도 프로이트를 축하하는 사람들은 과학자가 아니라 작가와 예술가다. 당시 노벨상을 받은 토마스 만(Thomas Mann)은 "프로이트의 이념은 엑스레이처럼 우리를 꿰뚫어 비춘다"라고 설명한다.[22] 엑스레이 같은 통찰력을 갖춘 분석가의 신화는 계속 살아남는다.

나치가 독일에서 권력을 장악하기 전에 정신분석가들의 첫 이주 물결이 일어난다. 프란츠 알렉산더, 산도르 라도, 카렌 호르나이, 한스 작스 같은 대표적 인물들이 베를린을 떠나 대서양 저편에서 새로운 삶을 개척한다. 유럽에서 반유대주의와 파시즘이 강화된 것도 여기에 영향을 미친다. 하지만 많은 분석가가 신세계에서 심리학의 새로운 엘도라도를 발견하기도 한다. 자기 계발을 추구하는 미국인들은 프로이트, 융, 아들러 같은 사람들의 사상이 본국에 들불처럼 퍼지도록 애쓴다. 그사이 심층심리학은 많은 사람에게 과학적 외관을 갖춘, 일종의 대체 종교가 된다.

1933년 1월 말 히틀러가 제국 수상으로 임명되면서 고향에 머무르던 사람들에게 상황은 급박하게 돌아간다. 지금까지 나치를 진지하게 받아들이지 않던 사람들은 치명적 위험에 처한다. 나치돌격대의 앞잡이들은 공산주의자를 비롯한 정권의 반대자들을 먼저 표적으로 삼았고, 유대인 사냥은 나중에 시작한다. 빌헬름 라이히는 스칸디나비아로, 막스 아이팅곤은 팔레스타인으로 피신하며, 아들러는 1932년부터 뉴욕 컬럼비아 대학 교수로 재직하고 있었고, 프란츠 알렉산더와 카렌 호르나이는 시카고에 독자적 연구소를 설립한다. 여기서 그들은 베를린이나 빈에서 분석 기법을 배운 많은 미국인들의 도움을 받는다. 한스 작스와 오토 랑크도 서방으로 이주한다. 테오도어 라이크는 어느 기업가에게 고용된 개인 치료자로서 언제나 그에게 봉사할 준비가 돼 있었다. 한편 에리히 프롬 같은 프로이트-마르크스주의자들은 신사회연구소에서 정신적 보금자리를 찾는다. 단 한 사람만이 이 모든 일에 함께하지 않는다. 프로이트는 자신이 있는 곳, 즉 빈에 머무른다.[23] 당분간은 그렇다.

그사이에 정신분석학의 무게 중심은 국제정신분석학회 본부가 있는 런던을 포함한 영어권으로 옮겨간다. 나치가 프로이트의 가르침을 "국제 유대교"의 산물이라고 비난하며 1934년 5월 10일 그와 아들러·라이히 등의 저서를 불태웠음에도 불구하고, 정신분석학회는 놀랍도록 조용하게 새 권력자에게 적응해나간다. 그들은 독일 지부를 해산하거나 망명지로 옮기는 대신 '아리안화'에 대한 요구에 순응한다. 거의 모든 유대인 회원이 독일을 떠나는 가운데 비유대인인 펠릭스 뵘과 카를 뮐러브라운슈바이크가 회장직을 떠맡는다. 나치 독일에서도 이 운동의 존립은 분명 최우선 과제였다. 그동안 국제심리치료의사협회(IAÄGP)의 지도자인 카를 구스타프 융은 유대적 무의식과 아리안의 무의식에 대한 구별을 혹독하게 비난한다. 전자는 퇴폐적이고 후자는 '젊고 야만적'이라는 것이지만, 이게 얼마나 야만적인지는 곧 드러날 것이다.

한편 카를 뮐러브라운슈바이크는 1935년 프로이센 문화부에 보낸 비망록에서 "졸장부" "본능을 억제하는 자" "삶을 낯설어하는 몽상가" "본능적 충동에 내맡겨진 자"를 "영웅적이고 현실 지향적이며 건설적인 인생관의 새로운 노선으로 재통합하는 독일적 특징을 갖춘 정신분석학"의 전망을 제시한다.[24]

베를린과 빈에 남은 국제정신분석학회 회원들이 직면한 딜레마를 과

소평가해서는 안 된다. 이들은 자기 존재를 포기해야 할까, 아니면 적응을 시도해야 할까? 나치와 그 앞잡이들의 잔학한 행위를 상대화해서도 안 되지만, 이 점도 분명히 해야 한다. 프로이트와 그의 측근들은 이후에도 독일과 오스트리아에서 정신분석이 존재하리란 것을 보장하기 위해 광범위한 양보를 한다. 그들은 나치 치하에서도 학회가 계속 활동할 수 있다고 믿었을까? 히틀러 정부가 곧 사라지기를 바랐을까? 정반대의 일이 일어난다. 1936년 국제정신분석학회는 신설된 '독일 심리치료 및 정신병리학 연구소'로 이전된다. 이 기관은 헤르만 괴링(Hermann Göring)의 사촌인 의사 마티아스 괴링(Matthias Göring)이 이끌게 된다. 그는 '독일의 정신병학'을 꿈꾼다.

~~~~~~

소련 정신분석의 전성기도 마찬가지로 오래가지 못한다. 1929년 이오시프 스탈린(Iosif Stalin)은 경쟁자 레온 트로츠키를 망명으로 내몬 직후 정치적 숙청을 시작한다. 같은 해 정신분석은 소련에서 금지당하며 부르주아적인 것으로 여겨지게 된다. 각성과 실험의 시대는 지나갔다. 의사와 지식인들에 대한, 무의식의 심리학을 부인하라는 압력이 점차 커진다. 더 나쁜 것은 많은 사람이 그야말로 흔적도 없이 사라지는 것이다. 그들은 결국 노동 수용소에 갇히고, 뻔한 죄목으로 감금당하고, 고문을 당하거나 굶어 죽도록 방치된다. 열정으로 가득 차 모스크바로 이주한 아들러의 장녀 발렌티네 아들러(Valentine Adler)도 갑자기 사라진다. 모든 문의는 무위로 돌아가고 불확실성이 부모와 형제자매들을 무겁게 짓누른다.

사비나 슈필라인의 이름은 1937년 국제정신분석학회 회원 명단에 마지막으로 나타난다. 제2차 세계대전이 발발하고 1941년 6월 독일이 소련을 공격하기 위해 '바르바로사 작전'을 개시하며 그의 비극적 삶에서 마지막 장이 시작된다.

　11월 20일 독일군은 로스토프나도누를 점령하지만, 일주일 후 붉은 군대가 이들을 격퇴한다. 이듬해 여름 독일군은 이 도시로부터 서쪽으로 80킬로미터 떨어진 타간로크의 교두보에서 공격을 다시 시작한다. 1942년 7월 말 로스토프나도누는 함락당하고, 산악군단과 나치친위대 바이킹기갑사단이 이곳을 점령한다. 나치친위대는 진지를 확보하자마자 '탈유대화'를 시작한다. 그들은 주택·지하실·헛간을 샅샅이 뒤지고, 모든 유대인 주민을 거리로 몰아낸다. 이웃들은 쉰여섯 살의 슈필라인 그리고 딸 레나테와 에바가 도시 밖으로 내몰리는 모습을 무력하게 지켜본다. 이들은 1942년 8월 독일군이 도시 외곽에서 몇 킬로미터 떨어진 골짜기로 데려간 2만여 명 가운데 일부였다. 로스토프나도누에서는 여기를 "뱀골(Schlangenbalken)"이라고 부른다.

　기관총 일제 사격이 압도적인 소리와 함께 생명을 심연으로 몰아넣는다. 그들이 어떻게 죽어가는지 아무도 듣지 못한다.

자아

약점이 강하게 만든다

프로이트와 결별하고 약 20년이 지난 1920년대 중반, 아들러는 전성기를 구가한다. 그의 명성은 이전 지도자의 그것을 능가한다. 이는 놀랄 일이 아니다. 아들러는 새로운 대중 매체를 프로이트보다 훨씬 능란하게 활용한다. 그는 신문·잡지·라디오에서 수없이 인터뷰하고, 대중적 기사·팸플릿·책을 저술하며, 국내외에서 강연하고, 거기다 대학·학회·병원에서 세미나와 상담도 진행한다. 그는 자신의 사명을 위해 지칠 줄 모르고 오간다. 베네룩스 3국과 프랑스와 영국은 오스트리아·독일과 더불어 아들러가 가장 좋아하는 목적지였다. 1926년 미국에 첫발을 디딘 그는 이 나라에 매료된다.

오스트리아와 전혀 다르게 낙관주의, 행복의 추구, 신중함이 섞인 '미국의 생활 방식'이 그를 매혹한다. 미국인들은 성공이 개인의 한계에 도전하고 자신을 극복하는 데서 비롯한다는 집단적 증거가 아닐까? 삶에 유능한 사람은 자기 변화를 위해 불타는 야망으로 노력함으로써 대중과 구별되고자 하지 않을까? '접시닦이에서 백만장자로'의 정신이 마천루와 과시적 화려함의 도시 뉴욕만큼 두드러지게 펼쳐지는 곳은 없다. 빈 교외에서 소박한 곡물 상인의 아들로 태어난 알프레트 아들러는 여기서 마치 꿈속에 사는 것처럼 느낀다.

동시에 그는 신세계가 자신에게 어떤 기회를 제공하는지 깨닫는다. 수백만 명의 미국 시민이 삶의 도전에 대처하기 위해 심리학적·실제적 지식을 갈망하고 있다. 내 재능을 어떻게 펼칠 수 있을까? 이용당하지 않으면서도 유리한 관계는 어떻게 구축할 수 있을까? 어떻게 해야 아이들을 올바르게 교육할 수 있을까? 삶에서 행복과 성취를 약속하는 것은 뭘까? 이 모든 것과 그 이상에 대해 아들러는 답을 제시한다. 1927년에 나온 그의 베스트셀러 《인간이해》에서는 다음과 같이 말한다. "인간의 일반적 삶은 끊임없는 자기 측정을 동반하며, 여기서 탁월함에 대한 갈망과 경쟁에서 승리하려는 욕구가 발생한다."[1] 이는 출세에 집착하는 미국인의 영혼을 대변한다. 아들러의 전기 작가인 알렉산더 클루이(Alexander Kluy)는 "아들러의 기질과 활력 그리고 그가 사유하는 방향은 이 시기 미국의 사회 문화적 발전을 반영한다"고 썼다.[2]

아들러는 다중 활용의 대가다. 그는 종종 이전 텍스트의 구성 요소를 재활용하고 메모와 찰나의 생각을 초안으로 짜맞추는데, 다른 사람들이 그를 위해 이를 편집하거나 번역한다. 이런 식으로 그는 교육 입문서, 자조를 위한 안내서, 삶에 대한 철학적 성찰을 담은 책을 책장 가득 빠르게 채워간다. 아들러는 이렇게 하면서 자신의 주장을 시대정신에 맞춰 능란하게 조정한다. 예를 들어 개인심리학에서 이웃에 대한 지향이 하위의 역할이었다면, 1920년대가 지나는 과정에서 아들러는 이 지향에 좀더 큰 중요성을 부여하며, 결국 "공동체 감정"을 건강한 정신

사진 19 　자수성가한 심리학자: 국제적 명성이 절정에 달했을 때의 알프레트 아들러.

의 최고 원칙으로 천명한다. 여기에 따르면 개인은 아들러가 처음 가정한 것처럼 권력과 위대함을 위해 노력하는 것뿐만 아니라 공동의 대의를 위해 봉사함으로써도 자존감을 획득한다. 신경증 환자에게는 자기를 넘어서는 집단적 이념에 헌신하는 능력이 부족하다. 그는 더 큰 공동체의 궤도에서 생각하고 느끼는 법을 배워야 한다.

유럽에서는 우파와 좌파가 죽기 살기로 싸우지만, 미국 사회의 특징은 많은 분열을 극복하는 이상이다. 모든 달러 지폐에는 "여럿으로 이루어진 하나"라는 뜻의 "E pluribus unum"이라는 문구가 박혀 있다. 물론 미국에도 부유한 자와 가난한 자, 청교도와 자유사상가, 경건주의자와 기술주의자 등 못지않게 날카로운 대립이 존재한다. 하지만 그들은 누구나 스스로 뭔가를 할 수 있다는 믿음으로 하나가 된다. '행복 추구'는 헌법이 보장하는 시민의 권리다. 대서양 저편의 오래된 사회가 붕괴하는 만큼 행복에 대한 보편적 약속이 미국인들을 한데 묶어준다.

아들러는 자기 저서에서 약점을 강점으로 바꾸는 방법을 설명하고, 감정·자녀·배우자 그리고 모든 종류의 정신적 부담을 다루는 방법을 제시한다. 그의 이상은 격려다. 약점을 극복하고 결점을 없애는 것, 이것이야말로 모든 문제를 해결하는 청사진이다. 프랭클린 루스벨트(Franklin Roosevelt)는 살아 있는 실례다. 이 인기 있는 정치인은 마흔이 다 된 나이에 소아마비를 앓은 후 휠체어에 갇혀 혼자서는 짧은 거리만 갈 수 있다. 이런 신체 장애에도 불구하고 루스벨트는 뉴욕 주지사가 되며, 이후 1932년 11월 8일 대통령 선거에서 압승을 거둔다. 루스벨트는 미국 역사상 유일하게 고위직에 네 번 오른 정치인이 된다. 장애가 있는 사람이 그렇게까지 성공할 수 있는 이유는 명확해 보인다. 열등감에 대한 보상이 사람을 최고의 성취로 이끄는 것이다.

아들러와 달리 프로이트는 1909년 우스터 방문을 통해 미국을 인정하게 됐음에도 이 나라를 평생 낯설어한다. 베르크가세의 가족적 모임에서 "진정 미국적"이란 보통 피상적이고 고상하지 못하다는 의미다. 하필 자칭 사회주의자이던 아들러가 신세계에서 큰 호응을 얻는다. 하지만 그가 선전한 "완성을 향한 노력"[3]은 미국인의 생활 방식과 그야말로 완벽하게 맞아떨어졌다. 자아가 프로이트에게 숨겨진 욕망과 저항 그리고 타협의 전쟁터였다면, 아들러에게는 훨씬 더 적극적 역할을 한다. "정신은 받아들인 것을 자립적·합목적적으로 변화시키는 유기적 형성력이다."[4] 아들러는 이 명제를 자신의 철학적 모델인 한스 파이잉거(Hans Vaihinger)로부터 받아들인다. 신경증적 성격은 자기의 사고하고 느끼는 방식과 인생 계획을 절대화한다는 점에서 건강한 성격과 다르다. 신경증 환자의 특징은 "허구, 지침, 이상, 원칙에 대한 좀더 강한 연결이다. 건강한 사람도 이런 지침을 염두에 둔다. 그러나 …… 그들에게는 이런 추상적 허구에서 벗어날 수 있는 개방성이 부족하지 않다. ……신경증 환자는 가상의 지푸라기에 매달린다."[5]

아들러에 따르면 신경증은 억압된 욕동의 힘이나 사회 규범에 대한 강제적 적응에서 비롯한 것이 아니다. 이것은 가족, 직업 또는 삶 전반이 개인에게 부과하는 요구에서 벗어나기 위한 수단이다. 신경증은 어떤 기능을 한다. 즉 공동체에 적응하고 헌신해야 하는 책임에서 개인을 해방하며, 그리하여 정신적 관점을 좁힌다. "신경증적 삶의 형성에는 확고하게 대립하는 사고도 일조한다"고 아들러는 썼다.[6]

그는 당대의 기능주의적 사고에 영향을 받은 신칸트주의자인 파이잉거를 존경했다. 1911년에 출간된 파이잉거의 《흡사 그와 같이'의 철학》에서 인간의 정신은 일종의 허구 기계로 등장한다. 개인은 경험에 따라 형성된, 논리적 근거가 없는 태도를 삶에 가져온다. 왜냐하면 중요한 것은 진리가 아니라 유용성이기 때문이다. 따라서 우리는 종교적 신앙에 대한 명제, 과학적 원리, 공간과 시간 같은 추상적 범주 등 우리에게 유용한 사상적 구성물을 '흡사 진리와 같이' 취급한다. 파이잉거는 "우리의 표상 세계 전체는 현실의 모상으로 규정되는 것이 아니라—이는 전적으로 불가능한 과제다—현실에서 방향을 좀더 쉽게 잡기 위한 도구다"라고 강조한다.[7]

반면 신경증 환자는 스스로도 알아차리지 못한 채 터무니없는 허구에 집착한다. 아들러에 따르면 "정신 질환은 삶의 과제(일, 사랑, 공동체)로부터 무의식적으로 도피하는 것이다." "아픈 사람을 건강한 사람과 구별 짓는 것은 그의 삶에서 거짓의 정도가 더 심하다는 점이다."[8] 이는 공동체 감정을 강화할 때만 해결할 수 있다. 아들러는 이 용어를 가지고 "일종의 연대감, 사회적 본능"을 설명한다.[9] 타인을 향함으로써만 과도한 자기애와 강박 또는 우울증을 극복할 수 있다. 이렇게 보면 치료는 함께하기 위한 교육이다.

아들러는 이런 근본 원리를 1914년 쓴 논문 〈신경증과 정신병에서 삶의 거짓말과 책임〉에서 처음 정식화한다.[10] 그는 1922년 《신경질적 성격에 대하여》의 제3판 서문에 "개인심리학의 직관은 권력 추구의 무조건적 해체와 공동체 감정의 전개를 요구한다"고 썼다.[11] 연대와 공동체는 결정적 척도이자 "신경증과 정상성을 구분하는 범주"다.[12] 따라서 어떤 사람들은 아들러를 당대의 사회적 천재, "서양의 공자"로 생각한다.[13] 한편 다른 사람들에게 공동체 감정이라는 개념은 "윤리적 안개"처럼 모호하게 느껴진다.[14]

이 모든 것은 프로이트의 얽히고설킨 욕동 기제와 공통점이 거의 없다. 하지만 아들러가 베르크가세의 교수와 비슷한 점이 한 가지 있다. 두 사람 모두 추종자들에게 무조건적 충성을 요구한다. 노선을 이탈하는 자는 오래가지 못한다. 프로이트가 자신에게 한 것과 마찬가지로 아들러가 1927년에 질책한 반항적 제자가 이를 감지했다. 이 쫓겨난 제자는 야망을 지닌 빈의 의사, 빅토르 프랑클(또는 빅터 프랭클, Viktor Frankl)이다. 그는 아들러와 달리 신경증에서 단순히 목적에 이바지하는 수단이 아니라 삶의 의미로부터 단절된, 매우 불안정해진 자아를 본다. 프랑클에 따르면 그런 의미가 몸과 마음을 건강하게 유지해준다.

수정

1920년대 초에 프로이트는 두 아들 에른스트와 마르틴이 전선의 전투원으로 참전한 끔찍한 전쟁을 겪으면서 놀라운 전환을 이룬다. 그가 요제프 브로이어와 함께 《히스테리 연구》를 발표한 지 25년이 지났다. 그사이 거의 여든이 된 동료와의 우정은 프로이트가 진료실을 열 수 있도록 브로이어가 빌려준 돈을 둘러싼 분쟁으로 오래전에 깨졌다. 이제 정신분석은 치료법으로서뿐만 아니라 이론적 건축물로서도 확립됐지만, 그 창시자는 자신이 이룩한 것에 만족하지 못한다. 그는 몇 가지 수정을 시도하는데, 그중 하나가 특히 후세의 기억에 인간 정신의 **모델**로 남을 것이다. 요컨대 이제 프로이트는 인격을 이드, 자아, 초자아라는 유명한 세 심급으로 나눈다. 이런 삼분법은 그가 전에 의식, 무의식, 전의식을 구별할 때 생긴 문제를 숙고한 데서 생겨났다. 프로이트의 어떤 성찰이 획기적 기획으로 이어졌을까?

시작점은 그가 1920년에 《쾌락 원리의 저편》이라는 제목으로 출간한 저술이다. 이 책에서 프로이트는 자신이 수년간 치열하게 옹호하던 교의와 반대로 인간에게는 리비도와 함께 두 번째 욕동이 있다고 주장한다. 이 욕동은 생명의 파괴와 소멸로 향한다.

이 책은 11월에 나온다. 그해 1월에 프로이트의 숭배자이자 후원자이던 안톤 폰 프로인트와 스물일곱 살 된 딸 소피가 연이어 사망했는데, 특히 딸의 죽음은 그에게 정신적 충격을 준다. 프로이트의 첫 번째 전기 작가인 프리츠 비텔스는 이런 상실감에서 비롯한 우울증이 책에 각인됐다고 추측한다. 프로이트는 이 텍스트를 1919년, 즉 그런 죽음이 있기 전에 썼음을 지적하며 그 추측을 거부한다. 물론 그것은 사실이다. 하지만 그는 1920년 여름에 책을 광범위하게 다듬었다.[15]

이 책은 무엇보다도 매우 우유부단하고 명확한 결론에 도달하지 못하는 까닭에 음울한 느낌을 준다. 《쾌락 원리의 저편》은 새로운 땅에 들어서고자 조심스럽게 더듬어가는 시도다. 프로이트는 먼저 쾌락을 추구하는 사람들이 왜 그러면서도 삶에서 나쁜 일을 반복하는지 논의한다. 트라우마를 겪은 사람들은 전에 겪은 일을 되풀이하고, 아이들은 예를 들어 부모를 잃는 것 같은 두려운 시나리오를 자주 상상하며, 많은 사람이 부정적 패턴에서 벗어나는 대신 고통을 주는 관계를 유지한다. 프로이트가 도출하듯 욕동, 즉 **각각의 모든** 욕동은 일차적으로 쾌락이 아니라 이전 상태로 회복하는 것이 목표다. 궁극적으로 추구하는 상태는 긴장이 없는 무기적 비존재, 즉 죽음이다. 프로이트에 따르면 정신은 자기 해소에 대한 충동을 내포하며, 이런 충동은 다른 대상으로 전치돼 공격성과 증오로 이어진다.

프로이트는 생물학적 설명도 끌어들인다. 단세포 생물에서 호모 사피엔스까지 모든 생명체의 최종 목표는 외부에서 가하는 것이든 내부에서 발생하는 것이든 긴장을 줄이는 것이다. 삶의 궁극적 목적은 새로운 번영과 삶을 가능케 하는 소멸이다. "우리가 …… 쾌락 원리에서 표현되듯 내적 자극의 긴장을 줄이고 일정하게 유지하고 제거하려고 노력하는 것을 …… 정신생활의 지배적 경향으로 인식한다는 사실은 죽음 욕동의 존재를 믿는 우리의 가장 강력한 동기 가운데 하나다."[16]

여기서 프로이트의 우유부단함이 드러난다. 왜냐하면 긴장을 줄이는 것과 그걸 일정하게 유지하거나 0으로 만드는 것은 매우 다르기 때문이다. 프로이트에 따르면 뿌리가 같은, 가정한 죽음 욕동과 삶의 욕동이 통합을 이루는지, 서로 적대적으로 작용하는지, 하나가 다른 하나에 이바지하는지는 불명확하다. 그의 텍스트는 이 세 가능성을 모두 열어둔다. 그리고 마치 그것만으로는 혼란이 충분치 않다는 듯 미래의 과학이 "우리의 전적으로 인위적인 가설 구조를 뒤집어엎을" 깨달음을 줄 것이라고 말한다.[17] 다시 말해 프로이트는 자신의 실패를 예견했다.

《쾌락 원리의 저편》의 다의적이고 설득력 없는 주장은 많은 동시대인을 혼란스럽게 한다. 프로이트는 시기·슬픔·절망·가학성·죽음에 대한 갈망 등 정신생활의 가장 큰 악을 설명하는 데 착수하지만, 자신의 가정을 어디까지 신뢰할 수 있는지 스스로 의문을 제기한다. 동시에 마지막 문장은 깊은 겸손의 표현이기도 하다. "날지 못한다면 절뚝거릴 수밖에 없다."

프로이트의 많은 후계자에게 이는 음울한 사변으로의 초대장처럼 들린다. 아동 정신분석의 개척자인 멜라니 클라인에 따르면, 유아는 엄마의 전능함을 부러워하며 그가 죽기를 원한다. 그리고 프랑스인 자크 라캉(Jaques Lacan)은 말로 표현할 수 없는 동물적 욕동을 '말로 가져오고자 하는' 시도에서 절대 마르지 않는 자기혐오의 원천을 본다. 프로이트의 《쾌락 원리의 저편》은 그 설득력 때문이 아니라 자신이 오랫동안 옹호한 욕동 일원론(모든 것은 리비도다!)을 한 번의 펜 놀림으로 직접 쓸어냈기 때문에 유명해진다.

~~~~~

오랜 욕동 이론이 흔들린 후 프로이트는 자아에 관한 자기 관념의 손질에 착수한다. 《쾌락 원리의 저편》이 나오고 3년 후 그는 세 정신적 심급에 대한 학설을 통해 다음 단계의 근본적 혁신을 이끈다. 1923년의 《자아와 이드》는 바덴바덴의 요양소 운영자 게오르크 그로데크(Georg

Groddeck)이 같은 해에 출간한 《그거에 관한 책》과 이어진다. 그는 이드(그거)를 다음과 같이 이해한다. "그거는 그(인간)가 하고 그에게 일어나는 모든 일을 규제하는 어떤 놀라운 것이다. '나는 산다'는 명제는 조건으로서만 올바르다. ……인간은 그거에 의해 살아간다."[18]

1869년에 나온 에두아르트 폰 하르트만(Eduard von Hartmann)의 《무의식의 철학》에서도 이미 그거에 대해 언급한다. 한때 그의 적 니체로부터 '유행 철학자'라는 비난을 받은 이 베를린 학자는 "우리가 생각하는 것이 아니라 우리 안의 그거가 생각한다는 점은 모두에게 명확하다"고 썼다. "그러나 그거는 …… 무의식 속에 있다."[19] 프로이트는 이전에 다른 사람들이 도입했지만 그 효력을 완전히 숙고하지 못한 개념을 재발견함으로써, 자신이 비상한 인물임을 다시 한번 증명한다.

지금까지는 프로이트가 욕동의 역동적 상호 작용, 다시 말해 영혼의 가상 극장에서 수력학만 기술해왔다면, 이제는 각각 구별해야 하는 세 영역으로 이뤄진 위상학적 모델을 구상한다. 첫째는 의식적 부분과 무의식적 부분으로 구성된 자아다. 프로이트는 "억압된 모든 것은 무의식적이지만, 무의식적인 모든 것이 억압돼 있는 것은 아니다"[20]라고 설명하며, 그리하여 오직 성적 내용만 정신의 어둠 속에서 준동하는 것은 아님을 암묵적으로 인정한다. 억압은 제거할 수 있고 따라서 억압당한 것은 깨어 있는 의식 속으로 들어올 수 있지만, 정신적 자동 장치·직관·함축적 결론·앞서 이뤄지는 지각은 무의식적인 것으로 남을 수밖에 없다.

그러므로 자아는 의식적일 뿐만 아니라 예를 들어 죄책감이나 시기심 같은 무의식적 감정도 포함하며, 당사자는 이런 감정이 자기 행동에 영향을 미침에도 불구하고 그 존재를 인식하지 못한다. 둘째로 무의식적 자아 부분은 마치 기수가 말에 올라타듯 자아가 올라탄 욕동적 이드 안으로, "아래쪽으로" 뻗어갈 수 있다. 물론 자아는 자신이 이성적으로 행동한다고 믿지만, 사실 이드가 이끄는 곳으로 내달릴 뿐이다.

셋째, 한편 자아는 초자아에서 "위쪽으로" 자기의 연속을 발견한다. 프로이트가 전에 이상적 자아라고도 부른 이 세 번째 심급은 내면화한, 특히 아버지에 의해 각인된 의무와 도덕적 가치에서 발생한다. 이렇게 프로이트는 모든 감정과 행동을 각각 문제없이 설명할 수 있도록 도와주는, 정신적 힘들의 앙상블을 구성한다. 누군가가 결정을 내리지 못한다고? 그건 놀랄 일이 아니다. 그의 초자아와 이드가 주도권을 둘러싸고 싸우고 있으니 말이다! 어떤 사람이 남몰래 동성애를 느끼면서 그런 성향에 분노한다고? 분명 그는 자신의 초자아가 용납할 수 없는 부덕을 다른 사람에게 투사해 자기 대신 그들을 증오하는 것이다.

프로이트에 따르면 현실의 대표자인 자아는 초자아와 이드 사이에서 끊임없이 중재하고 타협시켜야 한다. 자아는 "불안의 본래적 장소"다. 여기서 영혼의 모든 힘이 서로 부딪친다. 그래서 자아는 항상 외부 세계의 요구, 이드의 리비도, 초자아의 엄격함이라는 세 측면에서 위협받는다. 프로이트의 싸움터 이론에서는 왜 자아가 쾌락과 덕, 욕망과 현실을 저울질하며 우리의 정신을 특징짓는 그 모든 책략의 수단을 모으는지가 따라온다. 하지만 도움의 손길도 다가온다. "정신분석은 자아가 이드를 점진적으로 정복할 수 있게 해야 하는 도구다."[21]

《자아와 이드》를 출판하기 며칠 전, 프로이트는 입천장 수술을 처음 받는다. 그리고 1939년 9월 런던에서 조력 자살로 겨우 끝나는, 16년 이상 이어지는 고통의 역사가 시작된다. 1923년 2월 말, 프로이트는 오른쪽 입천장이 두꺼워진 것을 알아차리고 주치의 펠릭스 도이치(Felix

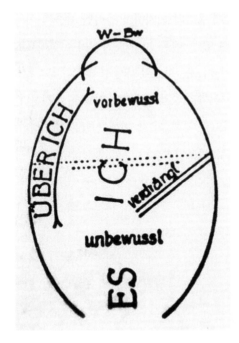

사진 20 위상학적 모델: 1920년에 프로이트가 상상한 자아, 이드, 초자아의 관계를 나타낸 도식.

Deutsch)와 상담한다. 철저한 검사 후 도이치는 암을 의심하지만, 구강 점막의 무해한 각질화일 뿐이라는 말로 환자를 안심시킨다. 나중에 프로이트는 이 거짓말에 크게 분노해 도이치를 해고한다. 종양을 발견하고 몇 주 후 프로이트는 빈 종합 병원의 후두 전문의 마르쿠스 하예크(Markus Hajek)에게 제거 수술을 받는다. 하예크는 프로이트를 국부 마취한 상태에서 입천장의 상당한 부분을 잘라낸 후 그를 병실로 옮겨 휴식을 취하게 한다. 거기서 수술 후 출혈이 나타날 때 옆 침대 사람이 관심을 가진 덕에 환자는 사망하기 전에 치료받을 수 있었다.

기대하던 수술의 성공은 실현되지 못한다. 가을에 새로운 종양이 나타나 프로이트는 다시 수술받아야 했다. 이번에 그는 턱 외과 의사 한스 피흘러(Hans Pichler)에게 수술을 맡기고 연구개와 위턱뼈 일부를 제거한다. 그 후 프로이트는 삼키거나 말할 수 없었고 영양을 인공적으로 공급받아야 했으며 극심한 고통에 시달린다. 상처가 서서히 아무는 동안 피흘러는 입안과 목구멍을 차단하는 인공 장구를 삽입한다. 해가 지나면서 "대단히 큰 틀니"[22]를 연상시키는 이 괴물은 여러 번 조정하고 교체해야 했다. 그럼에도 불구하고 프로이트는 종종 말하고 먹는 데 문제가 있었고 고통에서 벗어난 적은 거의 없었다. 그는 스토아적 평정심으로 자신의 운명을 견뎌내며, 곧 시가를 다시 피운다. 그는 시가 없이 일할 수 없기 때문이다.

1923년 6월, 1920년에 사망한 소피의 아들이자 '하이넬레'라고 부르는, 사랑하는 네 살 반배기 손자 하인츠가 결핵에 희생당했을 때 프로이트는 실의에 빠진다. 그는 "이 상실감을 견딜 수 없다네. 그래서 나는 이보다 더 힘든 일을 겪은 적이 없었다고 생각한다네"라고 썼다.[23]

1922년 베를린에서 열린 정신분석학 대회는 프로이트가 참석한 마지막 대회였다. 이후 그는 건강상의 이유로 많은 일정을 취소하며, MGM 영화사의 정신분석에 관한 할리우드 영화 제작 제안도 거절한다. 프로이트는 자신의 서재로 돌아와 분석 대상자를 엄선해 받아들이며 지칠 줄 모르고 작품을 써나간다.

~~~~~

1930년 프로이트의 현대적 고전 《문명 속의 불만》은 정신과 의사에서 문화이론가로의 변신을 완성한다. 이 책은 종교적 감정이 무엇에 근거하는지에 대한 논의로 시작한다. 프로이트는 그런 감정이 더 높은 영역에 도달하고 더 큰 전체와 하나가 되고픈 충동에서 발생한다는 견해에 반대한다. 그는 종종 언급되는 "대양적 감정" 대신 프로이트주의의 전형, 즉 유아적 욕망의 성취가 작용한다고 본다. 평생의 고통을 보상해주는, 보호하는 부성적 힘이 자신을 받아들인다는 확신이야말로 신에 대한 믿음의 참된 목적이다. 그리하여 인간은 고난과 덧없음, 위험으로 가득한 존재에 직면해 절실히 필요한 위안을 마련한다. 결국 쾌락 추구는 끊임없이 한계에 부딪힌다. 프로이트에 따르면 "인간이 '행복해야한다'는 의도는 창조의 계획에 포함돼 있지 않다."[24]

따라서 정신은 기분 전환과 대리 만족이 필요하며, 신적 구원론을 활용해 현실과 거리가 멀지만 안심시켜주는, 꿈같은 이미지를 그린다. 신은 모든 것을 보고 전지전능하다. 이유 없이 일어나는 일은 아무것도 없다. 지상에서의 죽음 이후에는 낙원에서의 영원한 삶이 손짓한다. 프로이트에게 종교는 일종의 집단 망상이며, 사회적으로 필요한 욕동의 포기에 이바지하는 집단적 신경증이다. 그러나 여기에는 자신의 불완전함에 괴로워하는 죄책감이라는 값비싼 대가가 따른다.

종교적 형식 외에 다른 승화도 존재한다. 프로이트는 사랑의 이상, 예술과 문학을 통한 심미화, 연구자의 정신을 명시적으로 언급한다. 이 모든 것은 쾌락 원리에 내재하는 공격적 성향을 견딜 만한 궤도로 이끄는 데 이바지한다. 이런 "욕동 희생"을 위해서는 개인이 자기 공격성을 내면으로 향하게 해 "내입"하고 초자아의 힘에 복종하는 것 외에 선택의 여지가 없다.

여기까지 프로이트의 주장을 따라오면, 그가 왜 욕동을 마음껏 펼치는 것을 정신적 문제의 해결책으로 보지 않는지 명백히 알 수 있다. 모든 인간의 공동체는 "욕동의 포기 위에 서 있다. ……이런 '문화적 단념'이 사회관계의 광대한 영역을 지배한다."[25] 1929년 12월에 빌헬름 라이히가 빈 학회에서의 자기 마지막 강연을 통해 제시한 것과 달리 프로이트는 신경증을 언젠가 근절할 수 있다고 믿지 않는다. "교육은 ……억제하고 금지하고 억압해야 하며, 언제나 충분히 그렇게 해왔다. ……어떤 시기에 어느 정도까지 어떤 수단으로 금지할지를 결정하는 일이 문제일 것이다."[26]

또한 프로이트는 볼셰비즘처럼 사유 재산을 폐지하면 사회가 평온해지리라는 생각도 거부한다. 이를 "작은 차이의 나르시시즘"[27]이 반대한다. 어떤 분리든 증오와 거부를 불러일으킬 수 있다. 그래서 중세의 그리스도교인들이 신에 대한 자기 이상을 공유하지 않는 사람들, 요컨대 이교도들을 그렇게 무자비하게 박해하고, 공산주의자들이 부르주아를 불구대천의 원수로 선언한 것과 마찬가지로 아리안에 대한 나치의 과대망상이 유대인을 필멸의 적으로 규정한 것은 우연이 아니었다. 평화롭게 함께할 수 있는 사람들의 능력에 관한 프로이트의 비관주의는 그가 인용한 영국의 철학자 토머스 홉스(Thomas Hobbes)의 유명한 말에서 정점에 이른다. "사람은 사람에게 늑대다(Homo homini lupus). 삶과 역사의 모든 경험 뒤에 누구에게 이 명제를 반박할 용기가 있겠는가?"[28]

프로이트의 결론도 못지않게 음울하다. "내가 보기에 인간이란 종의 운명은 과연 문화 발전이 인간의 공격 욕동과 자기 파괴 욕동이 공존하며 생기는 교란을 극복하는 데 성공할지와 그 성공이 어느 정도일지에 달린 것으로 보인다. ……인간은 자연의 힘을 지배하는 데서 시작해 그 힘의 도움을 받아 서로를 최후의 한 사람까지 쉽게 절멸시킬 수 있을 만큼 멀리 나아갔다. 인간은 그것을, 즉 현재 느끼는 불안의 상당 부분을 알고 있다."[29] 이 말은 전쟁의 위협을 겨냥했지만, 다중의 위협이 존재하는 우리 시대에도 적잖이 예언적이다.

프로이트는 10년이 채 지나지 않아 인간에 대한 자신의 관점을 새로
운 토대 위에 세운다. 동시에 그는 일반적 자기기만을 폭로함으로써 오
랜 환상의 파괴자가 된다. 이 10년간 프로이트의 세 주요 저작은 그의
달변과 뛰어난 관찰력뿐만 아니라 사변적 과학의 불완전함에 대해서도
증명한다. 프로이트는 영혼의 실재를 환상 없이 해명한다고 내세우면서
도 자신의 새로운 환상을 만들어낸다.

스코틀랜드를 보고 죽다

그동안 아들러는 문자 그대로 대중
적 심리학자로, 즉 "개인심리학의 얼굴, 브랜드, 대표 주자, 최고의 해
설자"로 올라선다.[30] 1920년대 초 옥스퍼드와 케임브리지로 떠난 강연
여행은 그가 자기 영어 실력을 개선하기로 결심할 만큼 성공적이었다.
아들러의 따뜻한 음색과 빈 억양은 그에게 정신의 밑바닥을 들여다보
는 지혜롭고 약간 뻐딱한 '독일' 철학자의 분위기를 준다.

1926년 11월, 그는 사우샘프턴에서 RMS마제스틱호에 올라 첫 미국
여행을 떠난다. 이 여행은 17년 전 프로이트와 융이 그랬던 것처럼 그가
국제적 명성을 얻는 데 도움이 된다. 뉴욕에서 아들러는 세련된 그래머
시 파크 호텔에 머물며 인터뷰하고 숭배자들의 환호를 받는다. 1927년
1월 11일에 그는 뉴욕 의학아카데미의 새 본관에서 주목받는 강연을
하고 필라델피아, 보스턴, 시카고, 디트로이트를 비롯한 도시에서 계속
연단에 오른다. 전에 클라크 대학교의 기념식에서 학문적 청중을 대상
으로 연설한 프로이트와는 달리 아들러는 학교, 교회의 교구, 여성 협
회, 교육 센터에서도 강의한다.

그 후 몇 년 동안 미국 전역을 도는 강연 여행은 그에게 중요한 수입원이 된다. 아들러는 통상적 상담, 손님맞이, 회의 외에도 종종 하루에 네다섯 번씩 연단에 오른다. 1929년 그는 뉴욕에서 클리블랜드를 거쳐 캘리포니아로 여행하며 버클리와 로스앤젤레스에서 강연한다. 2월 16일, 그는 딸 알렉산드라 아들러(Alexandra Alder)에게 이런 편지를 쓴다. "이번 달에 나는 약 2500달러를 벌었지만, 많이 쓴 것 같아. 네게 충분할 수 있도록 빈 은행에 700달러를 보냈다."[31]

8년 후인 1937년 초, 그는 맨해튼에서 비슷하게 기쁜 소식을 전한다. "내 사랑 알리, 유럽의 공기를 숨쉴 수 있을 것 같아. 나는 네게 아름다운 기모노와 스타킹을 가져갈 거야. ……현재 은행에는 약 1만 달러가 있어. 내 일은 잘 되고 있어. 우리는 어디서나 승리하고 있는 거야." 아들러는 실제로 승리를 거둔다. 자기 극복과 보상받아야 할 약점에 관한 그의 사상은 모두가 자신의 힘으로 성공과 번영을 달성하리라 꿈꾸는 나라에서 비옥한 토양에 안착한다. 더구나 아들러의 개인심리학은 정신분석보다 덜 현학적이며 추문의 냄새도 피어오르지 않는다. 그래서 예술에 대한 이해가 있는 상류층이 프로이트를 수용하는 데 반해, 아들러의 소부르주아적인 상승 정신은 광범위한 대중에게 호소한다.

1927년과 이듬해에 걸친 겨울 아들러의 뉴욕 강연 가운데 하나에 교육학과 심리학을 공부하기 위해 신학을 막 포기한, 20대 중반의 한 남자가 참석한다. 빈 사람에게 깊은 감명을 받은 칼 로저스(Carl Rogers)는 비틀거리는 사람들을 후견하는 것이 아니라 그들에게 삶의 용기를 새로이 불어넣어줄 방법을 찾고자 한다. 그는 나중에 '어려운' 젊은이들에 관한 연구에서 이런 도전에 직면하는데, 앞으로 살펴보겠지만 이 연구를 위해 개인심리학적 교육상담에서 많은 것을 빌린다.

뉴욕에서 아들러는 도로 건설과 광산업으로 재산을 일군 기업가 찰스 헨리 데이비스(Charles Henry Davis)를 만난다. 그는 뉴욕의 백만장자 3000명 가운데 약 절반 정도가 거주하는 파크애비뉴 가까이에서 가족과 함께 산다. 데이비스의 장녀는 우울증을 앓고 있다. 아들러의 보살핌으로 딸의 상태가 호전되자 데이비스는 아들러의 든든한 대변자가 된다. 데이비스는 심지어 교수 자리까지 만들어내며, 1932년 9월 1일 아들러는 그 자리에 취임한다. 교수직의 연봉은 8500달러(오늘날 약 15만 유로)였다. 그 대가로 아들러는 일요일을 제외하고 날마다 오후 네 시부터 여섯 시까지 강의한다. 또한 오전과 저녁에는 범죄, 사랑, 자아실현, 공동체, 삶의 의미 같은 다양한 주제에 대해 강연한다.

1927년 말 아들러는 베스트셀러 《인간이해》를 출판한다. 처음 세 판본은 총 100만 부 이상 팔린다. 여기에 비교하면 프로이트의 《꿈의 해석》은 잘 안 팔리는 상품이다. 이 책은 1920년대에 1만 1000부밖에 팔리지 않는다. 대중화에 재능이 있는 아들러는 심리학 분야에서 상업적으로 성공한 최초의 자수성가형 인물이다. 1929년부터 1931년까지 단 2년 동안에 《아들러 심리학의 ABC》부터 《삶의 과학》 《아동을 지도하기》 《삶이 당신에게 의미하는 것》까지 그의 책과 그에 관한 책이 총 여섯 권 나온다.

시간이 지나면서 아들러의 관심은 좁은 의미의 정신병리학에서 개인의 성장과 행복, 범죄의 뿌리, 용기와 강인함을 위한 교육의 문제로 선회한다. 그는 여기에 더해 일반인에게 호소력이 있을 뿐만 아니라 워크숍과 재교육 과정을 통해 점점 더 많은 사회복지사, 결혼 및 인사상담

사, 코치, 교육자, 치료자에게 자신의 지식을 전수하는 비즈니스 모델
도 수립한다.

이 모든 것이 그에게 상당한 부를 가져다준다. 아들러는 빈 외곽 살
만스도르프에 '드라이마르크슈타인 12'라는 빌라를 사들인다. 피아노를
뛰어나게 연주하는 그의 딸들은 종종 아버지가 자기 애창곡인 슈베르
트의 가곡을 노래할 때면 응접실에 있는 그랜드 피아노로 반주한다. 아
들러는 음악 외에도 식물학을 좋아한다. 그는 여행지에서 이국적 묘목
과 씨앗을 가져와 햇볕이 잘 드는 거실을 온실로 바꿔놓는다. 방문객이
그가 수집한 선인장을 보고 감탄하자 아들러는 손가락을 입술에 대고
속삭인다. "쉿! 쟤들은 아직 텍사스에 있는 줄 알아요!"[32] 그는 가족 열
일곱 명을 먹여 살려야 해서 일이 너무 많다고 농담을 건넨다. 그는 자
기 가족과 형제자매 외에도 하인, 정원사, 운전기사 그리고 양치기 개
를 가족으로 헤아린다.

1930년, 아들러는 자가용을 구매하고 60세에 운전면허를 취득한다.
그는 자신의 차를 몰고 독일, 폴란드, 체코를 여행하며 강연한다. 알렉
산드라에 따르면, 그녀의 아버지는 당시 빈에서 자기 차를 몰고 다닐
수 있는 최초의 의사였다. 프로이트가 프랑크푸르트시로부터 괴테상을
받은 1930년에 아들러는 빈 명예시민권을 받는다. 이는 문화 엘리트들
의 눈에 항상 2등에 지나지 않은 심리학자의 상처 난 자존심에 작은 위
로가 됐다. 명예시민권 수여식은 빈을 내전 직전까지 몰고 간 불안으
로 인해 2년이 지난 후에야 시 회의실에서 열린다. 여기서 카를 자이츠
(Karl Seitz) 시장은 수여자를 "공로가 가장 큰 프로이트의 제자"로 표현
하는 실례를 저지른다. 그로 인해 아들러는 깊은 불쾌감을 느낀다. 예
전 스승에게 느낀 열등감의 상처는 너무 깊이 자리하고 있다. 아들러의

학설은 자신에게 가장 들어맞는다고 과장 없이 확언할 수 있다.

~~~~~

아들러는 프로이트와 달리 비관주의로 기울어지지 않는다. 그는 자본주의로부터 누구보다 많은 이익을 얻었지만, 마음 깊은 곳에서는 여전히 사회주의자였고 진보에 대한 흔들림 없는 믿음으로 가득했다. 하지만 그에게도 운명은 철저히 가혹했다.

아들러는 브루클린의 롱아일랜드 의과대학 교수로 임명된 후 오스트리아의 상황이 유대인이자 사회주의자인 자신에게 점점 더 위험해지자 뉴욕으로 이주하기로 결심한다. 1933년 10월, 그는 이민을 신청한다. 그의 아내 라이사와 자녀인 알렉산드라와 쿠르트는 1935년에야 비로소 따라온다. 특히 단호한 라이사는 오랫동안 출국을 거부한다. 그는 독립적이고 의식 있는 여성으로 당시 빈에 머무르던 레온 트로츠키와 개인적 친분이 있는, 확신을 지닌 공산주의자였다. 1934년부터 집권한 오스트리아 파시스트 치하에서 이틀 동안 경찰에게 감금당하고 나서 그는 자신이 얼마나 위험한 상황에 처했는지 깨닫는다. 라이사는 남편을 따라 미국으로 이주한다.

반면 장녀 발렌티네는 유럽에 남는다. 그는 국가학을 공부한 후 베를린에 있는 독일공산당 여성국의 클라라 체트킨(Clara Zetkin) 밑에서 일하다가 1925년 헝가리 언론인 율리우스 슈피츠(Julius Spitz)와 결혼한다. 이후 그는 자기를 귈라 사스(Gyula Sas, 사스는 헝가리어로 독수리(Adler)를 뜻한다)라고 부른다. 그의 아버지는 결혼식을 우편으로 축하한다. "결혼은 두 사람이 기쁨으로 해야 하는 일임을 잊지 마라. 일부일처제라는 삶의 형식은 성 문화의 가장 아름다운 꽃을 나타냄을 기억해라."[33]

젊은 부부는 모스크바로 이사한다. 스탈린주의적 숙청이 한창일 때 발렌티네는 간첩 혐의로 체포당하고 1937년 갑자기 흔적도 없이 사라진다. 가족들의 모든 문의는 헛수고다. 그의 행방은 아들러의 딸이 1937년 9월에 음모 활동 혐의로 수용소에 갇혔다는 사실과 함께 1950년대 초에야 비로소 알려진다. 아마 스탈린의 경쟁자이던 트로츠키와 빈에서 개인적으로 접촉한 것이 그의 운명에 재앙이 됐을 것이다. 발렌티네 아들러는 소련 제국의 절망적이리만큼 과밀한 노동 수용소 가운데 하나에서 다른 수천 명과 마찬가지로 굶어 죽었을 가능성이 높다.

장녀의 운명에 관한 불확실성은 아들러를 무겁게 짓누른다. 거기에다 엄청난 업무량도 나쁜 영향을 끼친다. 1937년 초 네덜란드를 일주하던 아들러는 가슴에 압박감을 느낀다. 의사는 부정맥을 진단하고 그에게 휴식하라고 조언한다. 아들러는 어떤 상황에서도 놓치고 싶지 않은 버클리의 다음 여름 학교가 끝난 후로 휴가를 계획한다. 그때까지 이행해야 할 몇 가지 의무 사항이 남았고, 계약은 이미 오래전에 체결됐으며, 그는 돈을 포기할 수 없다. 아들러의 일정표는 그가 소화한 엄청난 프로그램을 보여준다. 그는 1937년 1월에 텍사스, 오클라호마, 일리노이, 미시간에서 수많은 강연을 하고 뉴욕에 잠시 들른 후 2월 중순부터 다시 중서부를 가로지른다. 이 두 달 동안에만 그에게 거의 3500달러의 사례금이 들어온다. 4월에는 프랑스에서 56회의 강연과 베네룩스 3국 일주 여행이 이어진다. 5월 중순부터 8월까지는 영국과 스코틀랜드를 관통하는 '강연 여행'이 예정돼 있다. 어디서나 강연, 방문, 인터뷰가 잇따른다. 6월 말에는 에든버러에서 12회의 강연이 있으며, 여름 학교가 8월 15일부터 그를 기다리는 캘리포니아를 향해 사우샘프턴을 떠나기 전에는 리버풀에서 14회, 엑서터에서 12회의 세미나가 열릴 것이다. 하지만 그런 일은 일어나지 않는다.

5월 24일 아들러는 스코틀랜드 애버딘에 도착한다. 그는 강의 외에도 매일 여러 병원의 병동에서 회진한다. 금요일인 28일 아침, 그는 평소처럼 일찍 일어나 아침 식사를 하고 다음 강의를 위해 메모한다. 그리고 호텔 프런트에서 런던에서 만날 라이사에게 전보를 보낸다. 다만 아직 그녀가 머물 호텔을 정하지 않았다. 메시지는 다음과 같은 말로 끝난다. "내일 나는 더 많은 것을 알게 될 거예요. 큰 승리를 거두길."

그 후 아들러는 산책에 나선다. 9시 반이 되기 직전 그는 유니언스트리트를 가로지른다. 씩씩하게 앞으로 나아가던 남자가 갑자기 인도에서 미끄러지는 모습을 어느 행인이 목격한다. 전날 아들러의 강연에 참석한 이 신학생은 쓰러진 남성을 알아보고 그에게 달려간다. 하지만 그는 이미 의식을 잃은 뒤였다. 응급실 의사는 죽음을 확인할 수 있을 뿐이다. 그는 오전 9시 40분에 사인을 '심장의 지방 변성', 즉 심장 마비로 적는다. 아들러의 나이 67세였다.

그 후 몇 주 동안 애도의 물결이 미국과 유럽의 신문을 휩쓸었다. 단한 사람만이 고인을 위한 눈물을 흘리지 않았다. 프로이트는 노골적 경멸을 담아 아르놀트 츠바이크(Arnold Zweig)에게 써 보낸다. "빈 교외 출신의 유대인 소년에게 애버딘에서의 죽음은 전례 없는 경력이자 그가 얼마나 멀리 왔는지에 대한 증거입니다. 그를 둘러싼 세계는 분석에 반대했다는 공로를 인정해 그에게 큰 보상을 치렀습니다."[34]

어느 책략가

거의 같은 시기에 독일에서는 아들러의 성공을 위한 실천적 처방을 극한으로 몰고 가는 동시에 그 불합리함을 논증하는 저자가 명성을 얻는다. 그는 독자들에게 성공과 행복은 올바른 방법, 좀더 분명히 말하자면 그로스만 방법, 줄여서 GM의 문제일 뿐이라고 스타카토로 강조한다. 그리고 고객들은 이 비밀을 배우려고 줄을 선다.

1927년 슈투트가르트의 작은 '경제와 교류를 위한 출판사'에서 나온 구스타프 그로스만(Gustav Großmann)의 저서 《자신을 합리화하기》는 날개 돋친 듯 팔린다. 처음에는 부제가 수수하게 '개인적 성공의 본질과 준비'였지만, 1929년 2판에서는 큰소리로 '인생의 성공은 배울 수 있다'고 약속했다. 그 후 몇 년 동안 이 책의 27판이 자랑스럽게 이어졌지만, 여기서는 진지한 심리학적 가르침의 개요를 설명하려고 시도조차 하지 않는다. 오히려 이 책은 "모든 침착함·순발력·천재성은 성공을 위한 체계적 준비에 기반한다"와 같은, 달력에 나오는 암시적 격언으로 이뤄진다.[35]

그로스만의 산문은 신경의 핵심을 건드린다. 고객 등록부에 따르면 그는 수년 동안 거의 3만 번이나 자신의 방법을 교육한다. 또한 참가자들에게 무엇보다 우선하는 한 가지, 즉 '계획이 인생의 절반이며 모든 성공의 시작이다'를 가르치는 과정과 세미나를 운영한다. 전진하고 싶은 사람은 일간·주간·월간·연간 계획을 가능한 한 상세히 세우고, 모든 주요 목표와 중간 단계가 들어가는 업무 및 생활 목록을 작성하고, 달성한 바를 행복 일기에 기록해야 한다. 여기서 중요한 것은 현실적으로 할 수 있는 일과 다음에 달성하고 싶은 일, 그리고 자기 의도를 어떻게 '성공의 기쁨'을 최대한 누리며 완수하고자 하는지를 분명히 하는 것이다.

역설적이게도 그로스만은 추종자들에게 삶에서 의미를 찾는 것은 시간 낭비라고 선언함으로써 의미를 부여한다. "인생의 궁극적 목적에 관한 진부한 이야기가 다시 등장했다! 내 생각에 인생의 궁극적 목적은 …… 묻어둘 수 있다! 물질대사를 하고, 성교하고, 거래를 통해 수익을 창출하고, 그리하여 은행 계좌를 늘리는 것이다. 이런 것이야말로 올바르고도 객관적으로 인정받은 목표와 수단이다." 이런 글은 영혼을 섬세하게 해부하는 대가들이 아니라 행동하는 사람이 쓰는 것이다.

폴란드 마주리에 있는 부모의 영지에서 자란 그로스만은 쾨니히스베르크에서 심리학을 공부하고 1920년 〈욕구 충족의 본질에 대하여〉라는 논문으로 박사 학위를 받는다. 그 후 그는 베를린의 정신기술연구소에서 일하다가 올덴부르크 출판사의 광고 부서 책임자가 된다. 연구에서 광고로 전환한 것은 그의 기질에 잘 맞았다. 오늘날까지도 수천 가지로 변용되는 그로스만의 사업 아이디어는 고객을 끌어들이는 메시지에 기반한다. 당신이 하려고만 한다면 뭐든 할 수 있다! 그건 당신의 손에 달려 있다! 성공은 이룰 수 있다! 당신의 잠재력을 활용하고 자신을 믿고 인내하면 시도하는 모든 일에서 반드시 성공할 수 있다.

그로스만은 성공의 물결에 힘입어 《능력자의 세계》《최상의 컨디션 유지하기》《행복의 사랑받기》《위험과 어려움 극복하기》《……그리고 그가 만지는 것은 금이 된다》 같은 환상적 제목의 저술을 빠르게 발표한다. 그로스만의 방법은 실제 금맥으로 밝혀진다. '영구적 개인 상황 분석'(이는 그의 책에 붙은 또 다른 제목이기도 하다)은 그로스만의 책에 우글거리는, 단호하고 짧은 구절로 가득한 프로그램이다. "벌어라! 어떻게?"

"성공할 수 있는 개인적 능력을 키워라! 어떻게?" "영향력 발휘하기—어떻게?" 삶의 결정적 상황에 대한 구체적 조언이나 권고는 차라리 예외이며, 단적인 과장이 끊임없이 이어진다. 그로스만은 사이비 과학의 정확성으로 계산해 보인다. "사람들 대다수는 자신의 재능을 지극히 불완전하게 활용한다. 약 2~50퍼센트 정도다. 그리하여 인간의 재능 가운데 50~98퍼센트는 전혀 계발되지 않는다."[36]

그로스만은 심리학자지만, 존 왓슨과 마찬가지로 우선 광고 전문가다. 두 사람 모두 '불가능한 것을 약속하라, 그러면 사람들이 당신을 사랑할 것이다'라는 구호를 따른다! 그로스만은 그 미국인과 유사하게 개인의 운명뿐만 아니라 사회에 대해서도 관심을 가진다. 국가 전체가 그의 조언에서 이익을 얻고 새로운 힘을 발견해야 한다는 것이다. 그로스만은 "고통받고 의기소침하며 지친 민중의 영혼을 위한 봉사"[37]를 수행하며, 이는 많은 모방에 영감을 준다.

이런 사기 같은 허풍이 왜 그렇게 큰 반향을 불러일으킬까? 이는 명백히 실질적 부가 가치를 거의 제공하지 않는다. 관건은 영혼의 전문가가 **무슨** 내용을 말하는지가 아니라 **어떻게** 말하는가, 즉 그가 얼마나 큰 확신과 암시의 힘을 나타내는가다. 그로스만뿐만 아니라 왓슨도 그들의 입술에 매달리는 사람들이 스스로 갖고 싶어 하는 정도의 자기 확신을 발산한다. 사람들은 바로 그만큼의 열광으로 세계나 적어도 자신의 영혼을 구하고 싶어 할 것이다. 그래서 1920년대는 급진적인 정치적 구호뿐만 아니라 다양한 사명감을 지닌 지도자들을 위한 온상이기도 하다.

제3의 세력

김나지움 학생 프리츠 페를스(또는 프리츠 펄스, Fritz Perls)는 학교를 싫어하고 극장을 좋아한다. 그의 영웅은 막스 라인하르트(Max Reinhardt), 즉 세기가 바뀐 직후 베를린의 문화계를 토네이도처럼 휩쓴 오스트리아의 연극 천재다. 라인하르트는 페인트칠한 커튼과 골판지로 만든 무대에서 시구를 낭송하는, 무미건조한 관례적 공연 대신 극적 아이디어로 불꽃놀이를 펼친다. 1905년 도이치 극장에서 공연한 〈한여름 밤의 꿈〉을 위해 그는 이끼로 덮인 무대에 진짜 나무줄기로 숲을 만들고, 배경에 설치한 유리판에 조명을 반사시켜 호수를 만든다. 라인하르트의 음향과 조명, 음악과 의상도 전설적이다. 배우·감독·관리자를 겸한 이 무대의 마술사는 큰 성공을 거두며, 몇 년 후 극장 전체를 매입해 회전 무대와 조명 시스템, 작업실을 갖춘다.

라인하르트의 감각적인 환상의 극장은 무엇보다 한 가지, 즉 폭로를 목표로 한다. "사람이 연극에서보다 더 순수하고 참되게, 어린아이처럼 자신을 드러내는 곳은 어디도 없다"고 그는 설명한다. "부르주아의 삶은 관습적 거짓말로 가득하다. 배우의 목표는 궁극적이고 가장 내면적인 진실이다. 왜냐하면 그의 소명은 꾸밈이 아니라 덮개를 벗겨내는 것이기 때문이다."[38] 열일곱 살의 페를스도 이런 꿈을 꾼다. 그는 연극에 단역으로 출연하고 라인하르트의 연기 세미나에 참여하며 무대에서 경력을 쌓기 위해 노력한다. 극장은 페를스에게 계시다. 연극은 인물의 진정한 면을 드러내며, 페를스는 규율과 의무감, 도덕적 엄격함의 이면을 엿볼 수 있는 진정성을 갈망한다.

페를스는 다양한 야외무대에서 공연하는 회사에 입사하고 학교 공부 대신 대사 연습을 선호한다. 그는 자신에 대해 부모가 어떻게 생각하든 아랑곳하지 않는다. 그는 양탄자 먼지떨이로 정신을 차리게 하려는 어머니를 비꼰다. "어머니는 나를 깨트리지 못했어. 오히려 내가 양탄자 먼지떨이를 부러트렸어."[39] 그의 아버지는 가정에 충실한 남편을 가장한 바람둥이다. 언젠가 그가 아들을 프리메이슨 지부 모임에 데려갔을 때 아들은 웃음을 참을 수 없었고, 비밀결사 회원들의 행동이 너무 억지스러워 보였다. 아니, 프리츠는 다른 것을 원한다. 하지만 무엇을?

<hr>

1893년 7월 8일, 베를린의 유대인 포도주 상인과 그 아내 사이에서 막내이자 외아들로 태어난 프리드리히 살로몬 페를스는 많은 위대한 심리학자들처럼 어린 시절이 순탄치 못했다. 가족은 물질적으로 풍족했다. 그들은 베를린의 남서쪽 품위 있는 바이에른 지구에 있는 방 네 개짜리 주택에 거주한다. 하지만 아버지는 변덕스럽고 횡포를 부리는 괴물이다. 그는 게으르고 고마워할 줄 모르는 아들을 '똥 덩어리'라고 수시로 모욕한다. 어머니도 프리츠가 말대꾸하자마자 어쩔 도리 없이 허리띠와 곤봉을 꺼내 든다. 그리고 그는 종종 말대꾸를 한다.

페를스는 먼저 권위주의적으로 운영되는 몸젠 김나지움에 다닌다. 세 번째로 유급하자 그는 좀더 자유주의적인 아스카니세 김나지움으로 옮긴다. 하지만 여기서도 의무감, 황제에 대한 충성, 반유대주의가 지배적이다. 어린 시절 페를스는 자신 같은 유대인이 사람들이 그리 상대하고 싶어 하지 않는 2등 계급이라는 사실을 경험한다.

프리츠라고 불리는 프리드리히는 정기적으로 수업을 빼먹고 동네를 여기저기 돌아다니며, 직접 공연하지 않을 때도 극장을 즐겨 찾는다.

자유분방한 삶에 매료된 그는 대학 입학 자격시험을 통과한 후 과학 공부를 선택한다. 제1차 세계대전이 발발하기 직전 페를스는 의학을 공부하기 위해 베를린 대학교에 입학한다. 그러나 열정과 목표 지향적 태도는 그의 강점이 아니다. 1916년 페를스는 징집되어 플랑드르의 이프르 주변에서 벌어진 독가스 전투의 공포를 체험한다. 베를린으로 돌아온 그는 학업을 마친다. 마침내 박사 학위를 받았을 때 페를스는 서른에 가까웠다.

1926년 9월, 페를스는 프랑크푸르트에서 신경학자 쿠르트 골트슈타인(Kurt Goldstein)의 조교로 일하게 된다. 이는 그의 인생에 전환점이 된다. 페를스는 함부르크의 철학자 에른스트 카시러(Ernst Cassirer)의 사촌인 골트슈타인을 통해 전체성 개념과 모든 인간에게 내재하는 자기 계발의 경향을 처음 접한다. 그는 거기에 더해 프랑크푸르트 연구소에서 열두 살 어린 학생 로어 포스너(Lore Posner)를 만난다. 〈의식과 이른바 무의식에 대하여〉라는 강좌에서 두 사람 사이에 불꽃이 튄다. 로어는 포르츠하임의 보석상 집안 출신으로 골트슈타인의 동료인 아데마르 겔프(Adhémar Gelb)와 게슈탈트(gestalt: 독일어로 형태를 뜻한다—옮긴이) 지각에 관한 박사 학위 연구를 하고 있었다. 그녀는 프리츠보다 더 많이 읽고 더 체계적으로 사고하는데, 나중에 그녀가 말하듯 프리츠는 다른 사람들과 달리 천재성과 쓸모없음이 뒤섞인 까닭에 그녀를 매료시킨다.

두 사람은 정신분석이라는 하나의 열정을 공유한다. 그들은 성을 부도덕하다는 오명에서 해방하고 무의식을 해독해 더 자유롭고 스스로 결정하는 삶으로 나아가는 길을 보여준 프로이트에게 경탄한다. 이는 당시 젊은 진보주의자들의 주된 견해였다. 프리츠와 로어는 프로이트의 사상을 게슈탈트 이론과 결합하는 데 착수한다. 이는 인간이 단순히 환경에서 고립된 자극이나 특성이 아니라 전체를 지각한다는 인식에 기반한다. 완결된 이미지나 표상은 배경에서 형태로 드러난다. 시각 장치는 예를 들어 차례로 깜박이는 빛의 개별 점들을 하나의 흐르는 움직임으로 연결하며, 불완전한 윤곽을 기하학적 형태로 완성한다. 또한 멜로디는 단순한 음의 연속 이상이며, 우리는 전체 구조를 파괴하지 않고서도 각각의 음을 교체해 다른 조로 바꿀 수 있다. 게슈탈트 이론에 따르면 전체는 부분의 합 이상이다.

전쟁이 끝난 지 거의 10년이 지나 쿠르트 골트슈타인은 이 아이디어를 뇌 부상으로 의료적 도움이 필요한 상이군인들의 치료에 적용한다. 골트슈타인에 따르면 이들에게 문제는 단순히 말하기나 걷기 같은 기능을 회복하는 것이 아니다. 오히려 이들은 '유기체적 통일'을 통해 성장하려고 노력한다. 골트슈타인은 볼프강 쾰러(Wolfgang Köhler)·쿠르트 레빈(Kurt Lewin)·막스 베르트하이머(Max Wertheimer)를 중심으로 베를린 게슈탈트 심리학자들의 연구를 끌어들이는데, 여기에 따르면 우리의 사고 장치는 단편적 인상의 흐름으로부터 완결된 지각을 구성한다. 이 원리를 인간의 성격에 적용하면 완성으로 향하는 경향이 드러난다. 시각이 정신 속에서 형상을 완성하는 것처럼 자아도 전체론적 지침을 따른다. 한 사람의 특성·판단·성향의 게슈탈트적 통일인 이런 자아는 새로운 심리학적 사고방식에서 마법의 단어가 된다.

프리츠 페를스는 베를린에서 의학을 공부하는 동안 정신분석을 알게 되었다. 그는 장래의 신경과 의사로서 프랑크푸르트에서 레지던트 과정을 시작하기 전 새로 생긴 베를린 연구소에서 카렌 호르나이에게 교육분석을 받기 시작했다. 골트슈타인과의 막간극 이후 또 다른 다소 실망스러운 분석이 이어지다가 마침내 페를스는 호르나이의 조언에 따라 빌헬름 라이히의 문을 두드린다. 1927년 가을, 페를스는 라이히와 함께 하는 분석을 위해 특별히 빈으로 이동한다. 라이히와 마찬가지로 성마르고 반항적인 성격을 가진 그는 마음이 맞는 상대를 발견하고 라이히의 저항 분석 기법을 열심히 받아들인다.

~~~~~~

처음에 페를스는 이를테면 억압된 리비도로 인한 불안을 생각하면서 프로이트가 제시한 궤도를 따른다. 그러나 그에게 점차 의심이 찾아온다. 페를스에 따르면 프로이트는 "신경증에서는 우리 인격이나 잠재력의 일부에 접근할 수 없다고 말했다. 그러나 그는 주목할 만한 방식으로 그렇게 했다. 그는 단순히 무의식적이고 접근할 수 없는 행동이나 감정이 아니라 **바로 그** 무의식 **자체가** 존재하는 것처럼 '그것이 무의식 속에 **있다**'고 했다."[40] 이 게슈탈트의 개척자는 프로이트를 조롱조로 '좌석 안내원'이라고 부른다. 왜냐하면 프로이트는 자아, 이드, 초자아라는 대극장에서 모든 정신적 움직임에 자리를 배정하기 때문이다. 반면 페를스는 알려지지 않은 것(프로이트는 이를 '전의식'이라고 부른다)과 불분명한 배경에서 드러나는, 변화하는 형상들의 유동적·역동적 출현을 강조한다.

페를스의 회의는 프로이트와 왓슨의 인간관 모두가 그를 감동시키지 못한 데서 비롯한다. 정신분석에서나 행동주의에서나 인간은 알고 싶지도 인정하고 싶지도 않은 충동이나 자신의 통제를 벗어나는, 학습한 패턴에 조종당하는 꼭두각시처럼 나타난다. 여기서 잠재력의 전개, 자아실현, 성장 등은 아무 역할도 하지 못한다.

반면 페를스는 몸의 기억·감정·사고 및 행동 방식에 저장된 경험에 기반하는, 끊임없이 변화하는 영혼의 심급을 가정한다. 이는 완성을 추구하며, 치료는 그렇게 살아 있는 자아를 펼칠 수 있게 하려는 시도다. 이렇게 하려면 환경뿐만 아니라 자신의 욕구와도 접촉해야 한다는 것이 페를스의 주장이다. 페를스와 로어는 개인의 전체적 발전에 대한 그런 요구를 자신들의 접근법에서 근거로 삼는다. 나중에 이를 '인간주의 접근법'이라고 부르며, 정신분석학 및 행동주의와 더불어 제3의 세력으로 부상하게 된다.

페를스도 처음에는 정신분석적 개념을 사용하지만, 그것들을 다르게 정돈한다. "프로이트의 카타르시스 개념은 출현하는 게슈탈트였다. 무의식 속에서가 아니라 순전히 표면적으로 말이다. 명백한 것이 다시 등장했다."[41] 그의 방법은 구체적이고 직접적이며 분석보다 머리에 부담이 덜 된다. 페를스는 응용현상학, 즉 에드문트 후설(Edmund Husserl)이 창시했으며 사물의 본질을 해독하기 위해 그것의 주관적 현상으로 향하는 철학적 태도를 실천한다. 이를 위해서는 특별히 정교한 기법이 필요치 않다. 게슈탈트는 고정된 경험에 공간이 주어지자마자 등장하고 직관적으로 마무리된다. 영혼의 모든 것은 전에 그것을 방해하던 요소만 제거하면 마치 퍼즐처럼 제자리를 찾는다.

따라서 게슈탈트 치료는 상처와 내적 저항을 해소한다. 여기서 라이히의 영향이 분명해진다. '억제에서 해방된' 사람만이 자신과 일치하며 스스로의 규칙에 따른다. 그리고 개인이 자아를 펼치도록 돕는 사람들은 신경증이 옥죄는 사회도 동시에 치유하는 것이다.

당신은 당신이 생각하는 것이다

메리 커버 존스가 행동치료의 어머니라면 조지프 울프(또는 요제프 볼페, Joseph Wolpe)는 아버지라고 부를 만하다. 1915년 요하네스버그에서 태어난 그는 동유럽 유대인 집안 출신이기도 하다. 그의 할아버지는 세기가 바뀔 무렵 우크라이나에서 리투아니아를 거쳐 남아프리카로 이주한다. 젊은 울프는 비트바테르스란트 대학교에서 의학을 공부하고 1938년 박사 학위를 취득한 후 정신과 전문의가 된다. 요하네스버그에서 남서쪽으로, 먼지 덮인 길을 종일 달려야 도착하는 킴벌리의 한 진료소에서 그는 전쟁 트라우마를 겪는 병사를 많이 만난다. 당시에는 이들을 의료적으로 도울 수 없었고, 울프는 그들의 공황 발작과 기억의 통제할 수 없는 폭발인 플래시백을 완화할 방법을 찾아 나선다.

정신분석적 치료의 실패에 좌절한 울프는 다른 전략을 개발한다. 그는 환자들이 종종 **두려움을** 가장 두려워한다는 사실을 깨달았다. 이들은 자신이 체험한 바, 즉 비명·폭발음·사지가 찢어지는 이미지보다 오히려 통제력을 잃고 공황에 압도당하는 것을 더 두려워한다. 이런 두려움을 유발하는 상황에 그들이 점차 익숙해지게 함으로써 그 두려움에 '둔감화시키는' 것이 가능할까?

이 문제를 인간을 대상으로 조사하기 전, 울프는 연구에서 일반적으로 하듯 동물 실험을 통해 자료를 수집하고자 한다. 그런데 어떤 종을 택해야 할까? 그가 보기에 설치류는 동종의 행동에 너무 쉽게 적응하는 까닭에 적합하지 않다. 반면 소나 염소 또는 원숭이는 사육하기가 까다롭다. 울프의 선택은 고양이였다.

동물들을 신경증에서 해방하기 위해서는 먼저 신경증이 생기도록 훈련해야 한다. 그래서 그는 바닥에 전류가 흐를 수 있는 철망을 설치해 우리를 제작한다. 그는 고양이를 우리 안에 넣고 탐색하게 한다. 어느 순간 신호 소리와 함께 첫 전기 충격을 가한다. 고양이는 깜짝 놀라고 보이지 않는 적을 피해 우리 한구석으로 간다. 이렇게 몇 차례 반복하자 고양이는 털을 곤두세운 채 불안하게 웅크린다. 고양이는 먹이를 거부하고 약간의 소음에도 놀라며 우리나 실험 공간 가까이 데려오려고만 해도 울어댄다.

이제 치료를 위한 시간이다! 울프는 겁에 질린 동물을 전기 충격을 받던 우리에 다시 넣었지만, 이번에는 아무 일도 일어나지 않는다. 예상대로 고양이는 피난처를 찾고 두려움의 모든 징후를 나타낸다. 전에 전기 충격을 알리던 신호 소리가 울리지만, 이번에는 충격이 없다. 처음에는 개선을 거의 관찰할 수 없다. 새 훈련을 여러 번 반복한 후에도 고양이는 평화를 믿지 못한다. 마침내 울프는 우리 속의 고양이에게 먹이를 주고 다시 신호를 울린다. 고양이가 맛있게 먹자마자 불안은 눈에 띄게 사라진다.

울프는 다음과 같이 설명한다. 보상 자극인 먹이는 공황 반응과 경쟁한다. 보상 자극은 보상이 우위를 점하게 하고 이전의 행동을 억제함으로써 공포를 점차 없애는 데 도움이 된다. 1954년 울프는 논문을 통해 이 상호 억제의 원리를 처음 제시한다.[42] 여기서 그는 모든 심리치료의 주요 기제를 본다. 자극과 반응 사이의 부정적 연결 고리를 극복하고 긍정적 연합으로 대체하는 것이다.

그 후 몇 년 사이에 울프는 고양이 치료법을 본격적으로 그려낸다. 하지만 동물에게서 얻은 인식을 인간에게 옮길 수 있을까? 두 발로 걷는 친구는 두 가지가 본질적으로 다르다. 첫째, 구체적인 불안 유발 요인을 인식할 수 없을 때가 있다. 왜냐하면 이 사람은 때때로 창의성을 발휘해 자신의 반응 패턴을 다른 대상으로 옮기기 때문이다. 그들은 자기 불안을 일반화한다. 둘째, 환자는 고양이와 달리 자신의 두려움을 알고 거기에 대해 생각하며 주어진 상황에서 벗어날 수 있다는 기대를 형성한다. 따라서 그는 구체적 위험이 없을 때도 두려움에 떨게 된다.

울프는 꽉 들어찬 엘리베이터에 타거나 거미를 손으로 잡는 것을 끔찍하게 두려워하는 사람들에게 우선 긴장을 풀게 한다. 다음 단계에서는 그들이 빈 엘리베이터나 플라스틱 거미 모형과 같이 약한 공포 자극에 부딪히게 만든다. 그동안 이들은 가능한 한 계속 긴장을 풀고 있어야 한다. 자극은 사람이 견딜 수 있는 만큼씩 점차 증가한다. 그 결과 두려움은 사라지고 편안함이 남는다. 울프는 여기서 모든 치료의 근본 원리를 찾으며, 86퍼센트에 이르는 성공률을 보고한다.

1940~1950년대에는 행동주의가 특히 앵글로·색슨계 대학의 심리학적 전문 분야를 지배한다. 왓슨과 그의 젊은 동료 버러스 프레더릭 스키너(Burrhus Frederic Skinner) 같은 개척자들은 인간과 동물의 모든 행동에 학습 도식이 있다고 주장한다. 스키너는 조작적 조건화의 역할을 강조한다. 그는 예를 들어 비둘기에게 지렛대를 쪼는 것 같은 기본적 자극 반응뿐만 아니라 복잡한 행동의 연속도 가르치는 데 성공한다. 가령 그는 새들이 먹이를 얻으려고 피루엣 같은 놀라운 묘기를 수행하도록 훈련한다. 왓슨의 고전적 조건화 패러다임에서 보듯 자극과 단순한 반응 패턴의 자동적 연결을 넘어 다면적 연속 행동도 학습할 수 있다. 그래서 단순히 종소리가 울리면 침을 흘리는 것 같은 반사 작용뿐만 아니라 인간의 전체적 사고 및 행동 레퍼토리도 연상 학습 과정으로 환원할 수 있음을 납득하게 된다.

스키너는 환자에게 필요한 것이 적절한 새 학습 도식뿐이라면 그의 감정 및 사상 세계를 파헤치는 것은 시간 낭비라고 생각한다. 모든 사람은 아무것도 써 있지 않은 백지상태로 태어난다. 모든 고통은 학습하는 것이며, 따라서 다시 잊기만 하면 된다.

그런 가정에 기반한 행동치료[43]를 많은 치료자, 특히 분석적 지향이 있는 치료자들이 깊은 감정을 다루지 못하는, 영혼 없는 길들임으로 여긴다. 실제로 엄격한 학습 이론에 따르면 인간의 행동에 영향을 미치는 방법은 긍정적 또는 부정적 강화, 다시 말해 보상 아니면 처벌이라는 두 가지밖에 없다. 스키너는 그의 소설 《월든 투》에서 조작적 조건화의 원리에 기반한 사회의 비전을 그린다. 대중은 보통 그의 소설을 현실주의적 시나리오이자 디스토피아로 파악한다. 그러나 스키너는 이 책을 통해 과학적으로 최적화한 공동체를 홍보하고자 했다.

섬세한 문장가인 프로이트와, 스키너나 울프의 산문 사이에는 말 그대로 심연이 놓여 있다. 후자가 자기 연구 대상인 신경증을 다음과 같이 정의할 때 이는 진정 기술 관료의 말처럼 들린다. "신경증적 행동은 신체적으로 건강한 유기체가 획득한 모든 지속적·부적응적 반응 패턴이다. 여기서 불안은 종종 인과적으로 유발된 상황의 핵심적 구성 요소다."[44] 행동치료자에게 문제는 어려운 문화 비판이나 자아의 해방이 아니다. 그들은 부적절한 행동을 효과적으로 수정하길 꿈꾼다. 물론 울프는 자기 환자와 대화를 나누지만, 이는 중요한 병력을 간과하지 않기 위해서다. 그는 이런 대화에 치유 효과가 있을 거라고 기대하지 않는다.

~~~~~~~

어린 에런 벡(Aaron Beck)이 아프다. 심각하게 아프다. 의사들은 에런이 살아날 확률이 반반이라고 한다. 엄마와 자주 가던 놀이터에서 정글짐을 타고 놀던 일곱 살짜리가 떨어졌을 때는 전혀 큰일로 보이지 않았다. 로드아일랜드 프로비던스에서 새로운 고향을 발견한 우크라이나 출신의 부모는 아들을 무엇보다 사랑하며 소중히 보호한다. 어머니는 두 번의 유산을 경험했고, 에런의 형인 첫째 아들은 어릴 때 사망했으며, 누나는 에런이 태어나기 직전 독감으로 희생됐다. 하지만 1921년 여름에 태어난 에런은 다섯 남매 가운데 막내이자 가족에게 남은 유일한 아이로 강인하고 쾌활했다.

아이는 넘어진 후 충격이 지나가자마자 옷에 묻은 흙을 털어낸다. 오른쪽 팔꿈치가 아팠지만, 별다른 이상은 보이지 않았고 그리 나쁠 것 같지도 않았다. 며칠 후 욱신거림이 심해진다. 의사는 기다려보라고 조언한다. 팔이 부어오르고 멍들자 부모는 에런을 병원으로 데려간다. 뼈에는 염증이 생겼고, 아이는 즉시 패혈증 치료를 위한 약을 투여받는다. 에런은 몇 주 동안 병원에서 지냈고 집에서도 계속 누워 있어야 한다. 게다가 그는 심한 천식이 있어, 거의 질식할 뻔한 적도 여러 번이다.

에런이 다시 학교에 갈 수 있게 됐을 때는 수업에 너무 많이 결석해서 한 학년 유급한다. 여덟 살의 나이에 아직 초등학교 1학년, 이 어린 소년은 분명 가장 똑똑한 아이는 아닐 것이다! 그래서 에런은 자신이 가족의 검은 양이라는 의식 속에서 성장한다. 그러나 그는 포기하려고 하지 않는다. 소년은 열심히 공부하고 끊임없이 책을 읽는다. 어차피 오래 않은 후 그에게는 친구가 거의 남아 있지 않다. 해를 거듭하며 그는 학업을 만회해 결국 한 학년을 건너뛰고 열일곱 살의 나이에 호프 고등학교를 우수한 성적으로 졸업한다. 에런은 브라운 대학교에서 의학을 공부할 기회를 얻었고, 4년 후에는 명문 예일 대학교로 편입한다. 어린 시절의 경험은 그에게 깊은 인상을 남긴다. 마음먹고 태도를 바꾸기만 하면 아무리 큰 곤경이라 해도 벗어날 수 있다는 것이다.

젊은 의사 벡은 목표 지향적이다. 여자, 자동차, 알코올, 아무것도 그의 관심을 끌지 못한다. 하마터면 특수 학교에 갈 뻔한, 자칭 재능 없는 소년은 발전을 추구하는 연구원이 된다. 그는 교육 분석을 이수하고, 경험 많은 동료들의 사례금을 감당할 수 없는 환자들을 대상으로 자신의 치료를 처음 시도한다. 하지만 한 가지가 그를 놀라게 한다. 그의 어머니도 앓은 적이 있는 장애인 우울증에 대한 심층심리학적 해석이 의학적 사실과 분명 모순이라는 점이었다. 오늘날 불안 장애 다음으로 가장 흔한 정신의학적 진단이 된, 우울증이라는 개념 자체가 당시 분석가들에게는 아직 생소했다. 이들은 대개 프로이트의 1917년 논문을 따라 멜랑콜리라고 말한다. 이것은 정신분석학적 독해에 따르면 누군가가 아프고 **싶어 하는** 것에 대해 치르는 대가다. 요컨대 이들의 무의식은 건강해지는 데 전혀 관심이 없다. 그들은 성공하지 못하더라도 자기 실패에 대한 책임에서 벗어날 수 있게 해주는 우울로 도피한다. 다시 말해 이들은 고통스럽고 절망적이고 무기력해지길 원한다. 어떤 것도 그들을 위로하지 못하고, 모든 것이 음울해 보이며, 잔은 언제나 반쯤 비어 있고, 미래는 불확실하다.

프로이트에 따르면 우울증은 자아를 향한 공격성에서 비롯한다. 에런 템킨 벡도 이 말이 그럴듯하다고 생각하지만, 이렇게 강력한 주장은 적어도 몇 가지 확실한 증거로 뒷받침해야 한다고 믿는다. 그래서 그는 꿈에 대한 자기 우울증 환자들에 대한 보고를 자세히 조사하기 시작한다. 이런 조사를 통해 우울증 환자들이 공격적 충동이 자신에게 향하는

'마조히즘적 꿈'을 실제로 더 많이 꾼다고 밝혀진다면 이 이론은 확증될 것이다. 그러나 평가는 정반대로 나타난다. 우울증 환자는 자해하는 폭력에 대한 꿈을 건강한 사람보다 더 자주 꾸지 않는다. 오히려 그들에게 밤의 환상은 보호와 위로 그리고 구제로 각인될 때가 더 많다. 이는 벡에게 정신분석의 우울증 이론에 대한 첫 의심의 씨앗을 뿌린다.

30대 초반, 그는 검은 생각이 어디서 오는지에 관한 이미지를 스스로 정하기로 결심한다. 인생에서 아무것도 가치가 없고 존재하지 않는 것이 낫다는 느낌은 어떻게 생겨날까? 벡에게는 그런 생각 자체가 낯설지 않다. 하지만 그는 이 생각이 틀렸음을 알고 있다. 그는 오디세우스가 세이렌의 섬에게 했듯 그런 생각을 그냥 지나치게 하고자 한다. 다음으로 벡은 자기 환자들의 사고방식을 조사한다. 거기서 그는 삼중으로 주목할 만한 부정적 태도에 부딪힌다. 우울증 환자는 자신과 세계 그리고 미래에 대해 근본적으로 음울하게 판단한다. 예를 들어 이들은 자신이 다른 사람보다 열등하다거나 아무도 자기와 함께하길 원치 않는다고 생각한다. 그들에게는 이를 바꾸려는 목적도 없다. 왜냐하면 그건 순전히 희망적 사고이기 때문이다.

벡에 따르면 그런 생각은 우울증의 원인인지 결과인지와 상관없이 이 질환의 특징이다. 다시 말해 자신을 향한 공격성이나 마조히즘적 성향이 생각을 음울하게 만드는 것이 아니라 음울한 생각이 우울한 감정을 유발하고 악화 또는 안정시키는 것이다. 환자의 머릿속에서 무슨 일이 일어나는지 좀더 진지하게 살펴봐야 할까?

1954년, 에런 벡은 펜실베이니아 대학교 의과대학에서 연구직을 맡는다. 30년 넘게 일한 그곳은 그의 요람이 된다. 거기서 한곳에 깊이 뿌리내리는 겸손한 벡은 인지행동치료를 창시한다.

백보다 여덟 살이나 많지만 앨버트 엘리스(Albert Ellis)도 그와 거의 같은 시기에 심리학 학위를 마친다. 엘리스는 이미 경영학 학사 학위를 취득했지만, 대차 대조표와 시장 분석에 지루함을 느낀다. 그는 상인으로서의 경력을 시작하기도 전에 지체 없이 포기한다. 서른 살에 가까운 그는 전쟁의 한가운데서 처음부터 다시 시작한다. 그는 뉴욕에서 심리학을 공부하고 백보다 1년 뒤인 1947년에 정신의학 전공으로 박사 학위를 취득한다. 하지만 그의 열정, 아니 집착은 섹스였다. 엘리스는 신중함과 욕망에 대한 적대감에서 정신적 고통의 가장 큰 원천을 찾으며, 빌헬름 라이히의 방식에서 공산주의적 신조만 빼고 자유로운 사랑과 피임약에 대한 제한 없는 접근을 옹호한다. 1952년 엘리스는 맨해튼에 자기 진료소를 설립한다. 그의 등록 상표는 전쟁 직후 만든 개념인 '합리적 치료'다. 왜냐하면 엘리스에게 행복의 열쇠는 거짓되거나 비이성적인 신념에 대한 통찰을 실제 행동으로 옮기는 데 있기 때문이다.

그의 직업적 발전 과정은 자기 치료와 비슷하다. 왜냐하면 어린 앨버트 엘리스에게는 수많은 억압과 자기에 대한 의심이 지배적이었기 때문이다. 은행가인 아버지는 아들이 아직 초등학생일 때 가족을 버린다. 그의 어머니는 마음이 아주 따뜻하진 않지만, 대신 그만큼 더 독실하다. 소년 앨버트가 맹장염에 걸렸을 때 어머니는 종교적 이유로 그를 병원에 데려가길 거부한다. 마지막 순간에 그녀는 의사에게 감동하고, 아이는 목숨을 건진다.

10대 시절 엘리스는 절도와 성추행을 정기적으로 저지른다. 그는 여성에게 말을 걸지 못할 정도로 수줍음이 많지만, 사람들이 꽉 찬 술집이나 지하철에서 여성에게 밀착해서 종종 사정할 때까지 자신의 성기를 문지르는 데는 양심의 가책을 거의 느끼지 못한다. 그 대가로 따귀를 맞거나 모욕을 받기도 하지만, 일부 피해자는 이를 눈치채지 못하거나 방관한다. 자서전에서 고백하듯 엘리스는 이런 행위에 대해 특별히 죄책감을 갖지 않는다.[45]

그에 따르면 많은 사람이 비합리적 가정을 하고 자신의 방식대로 행동한다. 가장 흔한 가정은 다음과 같다. **나는 착해야 한다. 다른 사람들은 내게 잘해줘야 한다. 내 운명은 좋아야 한다.** 이런 비현실적 요구를 자기에게 부과하는 사람은 필연적으로 고통을 겪는다. 엘리스는 널리 퍼져 있는 흑백 논리도 비합리성의 산물이라고 생각한다. 그는 신경증적 불안과 염려가 사상적 수준에서는 두 부분, 즉 체험할 수 있고 그럴듯한 부분과 무의미한 비생산적 부분으로 이뤄진다고 설명한다. 예를 들어 '나는 착해야 한다'라는 명제에서 이성적 부분은 '내가 나쁜 짓을 하는 것은 맘에 들지 않는다'이다. 하지만 대개 여기에 비합리적 판단이 절로 이어진다. '내가 실패하면 나는 아무 가치도 없다.' '나쁜 짓을 하면 사랑받을 수 없다.' 다른 예를 들면 '나는 X와 친해지고 싶다'라는 생각은 다음과 같이 비합리적으로 확장한다. '내가 X와 친해질 수 없다면, 모든 것은 무의미하다.'

엘리스는 ABC 모델을 기획한다. 이 약자는 활성화, 믿음(신념), 결과(영어로 activation, belief, consequence)를 나타낸다. 이 모델에 따르면 심리적 위기는 상사의 무시하는 말, 파트너의 무관심, 일상생활의 스트레스 같은 유발 요인에서 시작한다. 이는 부정적 믿음에 기반한 판단을 활성화한다. '상사는 나를 좋아하지 않는다.' '내 관계는 더 이상 구제할 수 없다.' '나는 실패했다.' 이런 생각은 당사자에게 또다시 불가피하게 보이는 감정적 반응을 불러일으킨다.

엘리스와 벡의 접근법에서는 놀라운 유사점이 나타난다. 두 사람 모두에게 개선을 위해 가장 중요한 단계는 고통스러운 감정이 왜곡된 사고방식과 오류에서 비롯한다는 사실을 인식하는 것이다. 이렇게 잘못된 인지가 유발한 감정은 현실에 부딪혀 좌절하며, 갈등과 과도한 요구의 씨앗을 뿌린다. 이를 바꾸기 위해 환자들은 자기 사고방식이 일면적이고 경직 혹은 과장된 것임을 이해해야 할 뿐만 아니라 대안을 훈련해야 한다.

자신의 의견을 말하고 통찰력을 얻고 상대방이 이해한다고 느끼는 것 모두 좋은 일이다. 하지만 자기 행동을 구체적으로 변화시키는 사람만이 실제 이익을 얻어낼 수 있다. 생각과 느낌의 연관성을 강조하기 위해 엘리스는 자기 치료법의 명칭을 '합리적 치료'에서 '합리적 정서 치료'로 바꾸며, 마침내 널리 알려지는 '합리적 정서행동치료'라는 이름을 부여한다.

엘리스와 달리 벡은 뭐가 비합리적이고 뭐가 그렇지 않은지를 언제나 명확히 구분할 수 있다는 데 반대한다. 많은 가정이 나중에야 비로소, 또는 특정한 상황에서만 비이성적인 것으로 입증된다. 실제로 상사가 당신을 특별히 좋아하지 않을 수 있다. 이 사실은 서로 훌륭하게 잘 지내야만 협력할 수 있다고 믿을 때 문제가 된다. 벡에 따르면 비합리적이라고 봐야 하는 것은 생각 자체가 아니라 그 생각의 결과, 즉 그 생각이 한 사람을 어떤 상태로 만드는가 하는 것뿐이다.

에런 벡과 앨버트 엘리스가 계속 독립적으로 발전시키는 인지행동치료는 사고와 판단을 변화시키는 것을 목표로 한다. 하지만 시간이 지나며 밝혀졌듯 그것들과 내면적 거리를 두는 것만으로도 충분할 때가 많다. 수용 기반 치료법에서는 방해가 되는 생각과 확신을 무조건 수정할 필요는 없다고 가르친다. 그것들을 불변하는 진리로 파악하지 않고 그냥 흘러가게 하는 것도 도움이 되고 실행하기도 쉽다. 결국 그것들은 진리가 아니라 생각일 뿐이다.

엘리스는 정신분석의 결정적 결함이 숨겨진 연관의 의식화만 유익하다고 선언하는 점이라고 본다. 그러나 뭔가를 이론적으로 이해했다는 것이 그걸 실천으로도 옮길 수 있음을 의미하지는 않는다. 그는 불안, 강박, 또는 다른 집착이 돈을 좀 내자마자 사라진다는 것은 신화라고 생각한다. 결국 문제의 사고방식은 대개 수년 또는 수십 년에 걸쳐 자라났다. 이를 통찰만으로 해소할 수는 없다.

여기서 다양한 치료법들이 치료 과정의 다양한 측면을 어떻게 강조하는지가 드러난다. 심리치료를 성공으로 이끄는 세 주요 요소, 즉 새로운 긍정적 경험하기, 통찰하기, 대안 행동 연습하기 가운데 인간주의 치료는 첫 번째를, 정신분석은 두 번째를, 행동치료는 세 번째를 주목표로 삼는다.

~~~~~

20세기 전반부에는 영혼을 돕는 분야에 마술사와 훈련사 외의 다른 유형은 거의 존재하지 않았다. 전자는 무의식적 트라우마와 갈등을 다루기 위해 정신의 톱니바퀴 체계로 내려간다. 후자는 내적 과정을 무시하고 명백히 볼 수 있는 행동만을 조작한다. 하지만 인지적 평가 방식도 가치 있는 출발점이라는 것이 점진적으로 드러난다.

이런 통찰은 정신에 대한 새로운 은유의 등장으로 더 힘을 얻고 있다. 기계적 정보 처리는 인간의 정신에도 새 빛을 던진다. 인간의 정신은 끓어오르는 욕동의 압축 용기나 환경의 꼭두각시가 아니라 학습한 경험을 개념으로 전환하고 이를 다시 행동으로 옮기는 시스템으로 나타난다. 가령 뇌세포들 사이의 전기화학적 신호 교환은 컴퓨터 회로와 유사하게 복잡한 프로그램을 저장한다. 1950년대부터 치료자들은 내담자의 고착한 사고방식에 점차 초점을 맞추기 시작한다. 목표는 실패한 후에 '왜 난 아무것도 못 해내지'라는 생각에 골몰(반추)하는 대신 다음과 같이 말하는 것이다. "나쁘지 않아, 이건 누구에게나 일어날 수 있는 일이야!" 심리학의 인지적 전환에서 핵심은 더도 아니고 덜도 아닌, 바로 이것이다. 당신은 당신이 생각하는 것이다.

그 결과는 광범위하다. 행동주의자들이 자극과 반응 사이의 직접적 관계에서 출발하고 그사이에 일어나는 모든 일을 '블랙박스'로 설명했다면, 이제 인지적 속성이라는 새로운 심급이 더해진다. 이는 우리가 자극에 어떻게 반응하는지를 규정한다. 벌레나 꽉 찬 승강기는 거기서 위험을 보고 '이건 절대 좋을 수 없어'라고 생각하는 사람만 공황에 빠트린다.

인지행동치료는 그런 의심스러운 판단을 바꾸려고 시도한다. 따라서 이는 스토아철학자 에픽테토스(Epiktētos)의 2000년도 넘은 생각을 계승하는 것이다. "우리를 걱정시키는 것은 사물 자체가 아니라 언제나 그것을 바라보는 우리 자신의 견해다."

게슈탈트를 갖추다

1930년대 초, 프리츠와 로어 페를

스는 아니와 빌헬름 라이히처럼 슈프레강이 관통하는 베를린에 살았다. 이들은 그 도시의 세계적 개방성과 저항 정신에 매료당했다. 1928년 5월 20일 제국의회 선거에서 공산당은 전국적으로 약 10퍼센트의 득표율에 그쳤지만, 베를린에서는 4명 가운데 1명이 혁명적 대의에 투표한다. 또한 수도 주민의 3분의 1은 사회민주당에 투표한다. 라이히는 이곳에서 자신의 성정치 운동에 대한 지지를 빈에서보다 더 많이 받길 바라는데, 페를스는 무엇보다 신경과 의사로서의 입지를 다지고 싶어 한다. 그는 자기 진료실을 열기 전 여러 병원에서 일한다. 1930년 8월 로어와 결혼한 후, 부부는 부모의 지원을 받아 프리츠가 어릴 때부터 잘 아는 동네인 바이에른 지구의 방 일곱 개짜리 주택으로 이사한다. 이듬해 딸 레나테 페를스(Renate Perls)가 태어난다. 이때는 그들이 알던 세계가 몰락하기 전의 마지막 여유로운 시기였다.

갈색 셔츠의 나치당원들과 붉은 전사들은 거리에서 점점 더 잔혹한 전투를 벌인다. 1929년 가을 월스트리트의 붕괴가 촉발한 세계적 경제위기는 긴장을 첨예화한다. 많은 사람이 빈털터리가 되고 일자리와 집을 잃으며, 마지막 남은 재산을 먹을 것과 교환해야 했다. 그러면 그 후에는? 기아와 비참함이 확산하고 증오도 함께 퍼진다. 증오의 표적은 유대인, 자본가, 군대, 융커, 공산주의자 또는 대부분의 사람이 동의하듯 모든 불행에 책임이 있는 공화국이다. 다만 뭐가 뒤따라야 할지는 완전히 열려 있다. 황제 복위? 볼셰비키식 인민 독재? 아니면 강대국의 꿈을 내세우는 파시스트 국가? 바이마르가 붕괴 직전인 지금, 유일한 문제는 누가 공화국에 최후의 일격을 가할지다.

1931년 봄 베를린의 남서쪽, 사람들이 '붉은 잉크 성'이라고 부르는 예술가들의 거주지 근처에서는 라이히 부부가 자신들과 두 자녀 에바

사진 21   폭풍 전의 고요: 1930년 8월 23일 베를린에서 결혼식을 올린 로어와 프리츠 페를스.

와 로어를 위한 작은 주택을 발견한다. 아침이면 환자를 맞기 위해 침실을 정돈한다. 왜냐하면 여기를 진료실로도 사용하기 때문이다. 인근의 브라이텐바흐플라츠 지하철역에서는 나치돌격대원들이 그 구역에 사는, 주로 좌파인 지식인들을 감시한다. 페를스가 자신의 교육분석가인 라이히를 방문하려면 적대감을 가지고 바라보는 사람들 앞을 지나야 했다.

　1933년 1월 말, 늙은 제국의 대통령 파울 폰 힌덴부르크(Paul von Hindenburg)가 히틀러를 수상으로 임명하고, 한 달 후 제국의회가 불타면서 상황은 치명적 위기로 치닫는다. '민족과 국가의 보호를 위한' 긴급 조치를 구실로 일제 검거가 시작된다. 나치는 시민의 기본권을 무력화함으로써 정권을 공고히 한다. 5월 10일 베를린의 오페라 광장에서 추방당한 저자들의 책이 불태워지기 전 라이히와 페를스 가족은 도피하기로 결심한다. 히틀러가 권력을 오래 유지하지 못하리라고 믿은 바람에 더 주저한 사람들은 이 오류의 대가를 목숨으로 치르기도 했다.

라이히는 먼저 빈으로, 그다음에는 코펜하겐으로 피신했고, 그의 아내와 아이들이 코펜하겐으로 따라가는 동안 페를스 부부는 1933년 4월에 암스테르담으로 향한다. 몇 달 후 로어와 프리츠는 케이프타운으로 향하는 배에 오른다. 그들은 런던의 국제정신분석학회 회장인 어니스트 존스의 도움으로 요하네스버그에 남아프리카 최초의 정신분석연구소를 설립하고자 한다. 이 희망봉의 땅은 이후 12년 동안 그들의 새로운 고향이 된다.

~~~~~

울프와 페를스의 길은 요하네스버그에서 교차했을까? 특히 울프는 젊은 의사로서 정신분석 훈련을 받았기 때문에 그들은 적어도 서로에 대해 알고 있었을 것이다.

그러나 행동치료의 개척자와 비정통적인 이전의 프로이트주의자는 서로를 오랫동안 진심으로 경멸하던 두 진영에 속한다. 프로이트의 시대에 이미 그랬듯 경쟁의 음울한 이미지는 자기 접근법의 장점을 더욱 빛나게 한다. 그래서 분석가들은 그들의 비실제적 이론화가 검증 가능성을 벗어나며 엉터리 치료를 가까스로 피해간다는 비난을 받는다. 한편 행동치료자는 문제의 핵심으로 돌진하지 않고 증상만 갖고 이리저리 실험하는, 차가운 '정신 기술자'로 여겨진다. 이렇게 화해할 수 없는 이분법적 사고가 여러 해 동안 치료 현장을 지배하지만, 특히 미국에는 두 세계 사이를 오가는 방랑자가 분명 존재한다. 바로 대학에서는 행동과학의 과학적 원칙을 옹호하면서 개인 진료실에서는 정신분석가로서 수입을 톡톡히 올리는 심리학자들이다.

심층심리학과 행동주의 사이의 논쟁이 만든 그늘에서 프로이트나 왓슨이 별로 관심을 두지 않은 것, 즉 자아를 실현하려는 인간의 열망에 초점을 맞춘 세 번째 운동이 등장한다. 이런 인간주의 심리치료는 처음으로 고통을 완화할 뿐만 아니라 자아와의 조화 속에서 행복을 찾을 수 있다고 약속한다. 심리학은 마침내 충만한 삶에 이르는 왕도가 된다.

~~~~~~

모든 치료 학파에는 선언문이 필요하다. 이는 영혼의 구제에 이르는 길의 개요를 설명하는 일종의 청사진이다. 게슈탈트 치료의 경우 이런 선언문은 1946년 《자아, 굶주림, 공격성(Ego, Hunger, and Aggression)》이라는 제목을 달고 등장한다.[46] 이 글은 프리츠 페를스가 아내의 적극적인 도움을 받아 1941년 겨울에 이미 작성했다. 비록 비약이 심하고 연상적 방식이긴 하지만 게슈탈트 치료의 본질적 개념들을 담고 있다. 페를스는 마치 자기 이념을 신뢰하지 않는 사람처럼 때론 이 주제를, 때론 저 주제를 피상적으로 다룬다. 그는 서문에 "이 책에는 오류와 결함이 많다. 나도 그 점을 충분히 의식하고 있다"고 썼다. 페를스는 신체와 정신, 생물학과 심리학을 하나의 통일체로 바라보고자 한다. 여기서는 치아가 핵심 역할을 한다.

페를스는 치아의 사용과 영양 섭취, 즉 동화가 유기체의 항상성과 균형에 상당히 영향을 미친다고 고백한다. 또한 그는 환경과 최초로 직접 접촉하는, 먹는 행위가 심리적으로도 각인한다고 생각한다. 왜냐하면 예를 들어 젖먹이가 엄마의 가슴을 깨물어 벌을 받을 때 처음으로 손상이 발생하기 때문이다. 이런 식으로 아이는 자신의 자연스러운 공격성을 펼치는 법을 잊고, 더불어 신경증의 기초가 놓인다.

페를스는 프로이트의 무의식적 리비도와 아들러의 보상받는 권력 추구를 훨씬 저평가받은 것, 즉 굶주림으로 대체한다. 그에 따르면 신경증 환자는 물고 씹고 삼키는 행위의 억제로 고통을 겪는다. 여기서 페를스의 스승 골트슈타인의 '유기체적 통일'이라는 개념이 빛을 발한다. 육체와 정신은 분리할 수 없게 결합해 있으므로, 모든 신체적 과정 각각은 정신적으로도 영향을 미치며 그 반대도 마찬가지다. 페를스는 이런 사고방식이 생소할 수도 있지만 포기할 수는 없는 것이라고 인정한다.

그는 '이를 악물고 나아간다' '뭔가를 소화해야 한다' 같은 표현으로 자기 테제를 뒷받침한다. "정신적·영적 영양에 대한 굶주림은 육체적 굶주림처럼 나타난다."[47] 씹는 법을 잊은 사람들은 노년기에 이상 증세를 보이기도 한다. 예를 들어 그들은 음식을 탐욕스럽게 삼키는데, 페를스는 이를 씹는 장치를 적절히 사용하며 즐거움을 느끼지 못하는 '구강 불감증'으로 해석한다. 일반적으로 "먹는 것에 대한 태도는 지능, 즉 사물을 이해하고 삶을 파악하고 다가오는 과제를 해결하는 능력에 엄청난 영향을 미친다."[48] 페를스는 정신에서 프로이트가 발견한 항문기 및 성기기 저항 외에도 무엇보다 구강기 억제가 작용한다고 본다.

그에게 공격성은 자아에 이바지하면서 조야한 파괴성으로 변질하지 않는 한 원칙적으로 선하고 바람직한 것이다. 페를스는 "치아의 사용은 공격성의 가장 중요한 생물학적 표현"이라고 썼다.[49] 그는 굶주림과 공격성을 영혼의 기본 욕구로 간주하고 신체적 과정과 정신적 과정 사이의 관련성을 도출함으로써 근육의 경직이나 막힘에서 영혼의 상태에 대한 결론을 끌어내고자 한다. 이런 점에서 페를스의 접근법은 스승인 빌헬름 라이히와 유사하다. 또한 오늘날의 시각에서 볼 때 그의 파격적 논증은 시대의 거울이기도 하다. 페를스가 책을 쓸 당시 나치 독일은 유럽의 많은 지역을 전쟁과 비참함으로 뒤덮고 있었다. 따라서 굶주림 과 공격성에 관한 물음은 수백만 명의 사람에게 실존적 문제였다.

이 책의 독일어 제목(주 46번 참고─옮긴이)은 두 주요 동기를 드러낸다. 첫 번째는 프로이트에 대한 비판이다. 페를스에 따르면 프로이트는 "자 기 환자를 마치 요강에 쪼그리고 앉아 머릿속에 떠오르는 모든 것을 꺼 내놓도록 설득당하는 어린아이처럼 대했다."[50] 사실은 내놓는 것에 대 한 두려움─항문기 저항─이 아니라 섭취하지 못하는 무능력이 문제 다. 신경증 환자의 특징은 마음을 열고 '그거'를 내보내지 못하는 것이 아니라, 명백한 바를 받아들이지 않고 정신적 영양분을 동화하지 못한 다는 것이다.

1936년 여름, 빈의 대부와 단 한 번 짧게 만난 후 페를스는 점점 더 정통 프로이트주의 교설과 거리를 둔다. 그는 정신분석의 창시자가 심 리치료 분야를 처음으로 열어젖힌 것을 칭찬하지만, 동시에 그의 오류 와 일면성을 신랄하게 비난한다. "정신분석 이론을 씹어보고 소화하지 못한 부분을 모두 철저히 곱씹음으로써 나는 그 이론의 가치 있는 부분 을 훨씬 잘 동화하고 오류와 인위적 구성을 버릴 수 있게 됐다."[51]

두 번째 동기는 페를스의 특징인 치료 영역의 확장이다. 그는 공상에 잠기는 경향 같은 일상적인 것을 문제 삼고 이를 불행과 숨겨진 갈등 의 원천으로 해석한다. 내적 균형을 찾으려면 순간에 온전히 집중하고 자신의 현재 욕구, 즉 게슈탈트 이론에서 말하는 '형상 형성'을 인식하 는 것이 필수다. "자아실현은 '시공간적 지각'이 우리 존재의 구석구석에 스며들 때만 가능하다."[52] 과거에 매달리면 안 되는 것만큼이나 환상에 지나치게 빠져드는 것도 방해가 된다. 이런 종류의 '접촉 회피'는 자신이 아닌 다른 사람이 되라는 환경의 요구에 근거하며 자아 개발을 방해한다.

페를스는 지각 연습을 권장한다. 외부의 요구로부터 자신을 분리하는 사람만이 더 강렬한 존재가 될 수 있다. 이는 인간주의 치료의 핵심 특징이 된다. 이 치료는 모든 사람을 위한 자기 발견의 길잡이로 변모한다.

1946년 페를스 부부는 그사이 사춘기를 맞이한 자녀들과 함께 다시, 이번에는 뉴욕으로 이주할 계획을 세운다. 그 이유는 한편으로는 아파르트헤이트 국가인 남아공의 인종적 긴장이 고조했기 때문이었고, 다른 한편으로는 남아공의 총리이던 자연철학자 얀 스뮈츠(Jan Smuts)와 소원해졌기 때문이었다. 처음에 페를스 부부를 매료시킨 스뮈츠의 전체론적 사고는 시간이 지나면서 점점 '세계영혼'의 신학으로 변질했고, 두 독일인은 그걸로는 아무것도 시작할 수 없었다. 마지막으로 미국에서의 새로운 시작은 경제적으로도 솔깃했다.

1952년 프리츠는 당시 로라라고 자칭한 로어 그리고 자유주의자이자 작가인 폴 굿맨(Paul Goodman)과 함께 뉴욕에 게슈탈트 연구소를 설립한다. 그 전 해에는 두 번째 창립 간행물 《게슈탈트 치료》가 출간됐는데, 그 주요 부분은 굿맨과 컬럼비아 대학교의 심리학 교수인 랠프 헤퍼린(Ralph Hefferline)이 집필했다. 이 책에서는 때때로 이해하기 어려운 논의를 많은 실천적 연습과 실험을 통해 세부적으로 설명한다. 굿맨과 헤퍼린이 저술 대부분을 도맡는다. 프리츠는 특별히 노력을 기울이지 않으며, 로라는 중요한 자극을 제공했음에도 언급조차 되지 않는다. 이 책에는 원래 '집중 치료'라는 제목을 붙여야 했다. 페를스에 따르면 집중이 신경증적 자기 회피에 대한 가장 효과적인 치료법이기 때문이다. 그러나 나치의 어휘를 떠오르게 하는 까닭에 책을 출판하기 전 제목을 변경한다.

동시에 게슈탈트 치료 프로그램이 형태를 갖춘다. 게슈탈트 치료는 신경증으로 끊어진 자아와의 접촉을 복구한다. 이는 정신분석에서 그 명칭을 빌려온 다섯 기제, 즉 내입·투사·합류(Konfluenz)·반전(Retroflexion)·이기심(Egotismus)이 책임진다. 이런 기제들은 다른 방법으로는 해소할 수 없는 영혼의 긴장이 찾는 출구가 다르다는 점으로 구분한다. 1909년에 샨도르 페렌치가 만든 개념인 내입은 긴장이 내면을 향하는 것으로, 당사자는 갈등을 먹어 '자기 안으로' 흡수하고 회피적 불안 속에 살아간다. 반대로 투사하는 사람은 갈등을 다른 사람에게 전이한다. 그는 타인에게서 자신이 생각하거나 원하는 것을 보지만 이를 시인하지는 않는다. 합류의 경우 여러 에너지가 명확한 방향 없이 서로를 격렬히 관통해 흐르며, 그래서 이런 사람은 동요하고 방향 감각을 잃은 것처럼 보인다. 반전은 에너지가 공격성으로서 자아를 향하는 것이고, 이기심을 기제로 사용하는 환자는 자신을 과장하는 경향이 있다. 이 모든 현상에는 한 가지 공통점이 있다. 바로 자기와의 접촉을 방해한다는 것이다.

영혼을 위한 엘리시온

산타루치아산맥은 매혹적이고 아름다운 풍경이다. 태평양 연안을 따라 수백 킬로미터에 걸쳐 봉우리들이 줄지어 서 있다. 그 높이는 해발 2000미터에 가까우며, 사이사이에 초원과 절벽과 협곡이 산재한다. 서쪽으로는 바다를 향하던 땅이 갑작스레 끊어진다. 여기저기서 오아시스처럼 좁은 고원이 절벽의 멋진 전망을 만들어낸다. 에셀렌 부족의 원주민들은 하늘과 바다 사이 중간쯤에 있는 이 꿈같은 언덕에 정착했다. 이들은 여기를 신성한 장소로 여겼다. 왜냐하면 세 개의 샘에서 그들에게 가장 소중한 물이 흘러나오기 때문이다. 부서지는 파도는 바위에 깊은 고랑을 새긴, 뒤쪽 지대에서 흘러온 물줄기와 섞였고 고원의 틈새에서는 온천이 솟아났다.

19세기 말 토머스 슬레이트(Thomas Slate)라는 사람이 우연히 이곳으로 흘러든다. 유황 온천이 그의 관절염을 완화해주고, 슬레이트는 에스파냐어로 '그란 파에스 델 수르(gran país del sur)'라고 부르는 남쪽의 광활한 땅 한가운데 외딴곳을 사들인다. 그때부터 이 빅서(Big Sur)의 해안 지역은 지도에 '슬레이트의 온천'으로 표시된다.

1910년 아일랜드인 의사 헨리 머피(Henry Murphy)가 이 지역을 매입한다. 그는 이곳에 온천 요양소를 여는 꿈을 꾼다. 하지만 도로와 기반 시설 없이 어떻게 하면 좋을까? 이 지역은 1937년 1번 고속 도로의 완공과 더불어 비로소 외부를 향해 열린다. 루스벨트 대통령이 추진한 뉴딜 정책의 일환이자 대규모의 일자리 창출 대책으로 계획된 이 도로는 캘리포니아 남부의 대도시인 로스앤젤레스와 샌디에이고를 북쪽의 샌프란시스코와 태평양을 따라 연결한다. 머피는 숨 막힐 정도로 아름다운 이 풍경 속에 고속 도로 여행객을 위한 모텔을 연다. 하지만 성공은 거두지 못한다. 5년 후, 어촌 마을 카멜에서 남쪽으로 약 65킬로미터 떨어진 이곳에는 '예약제로만 운영하는 에살렌 연구소'라는 문구가 적힌 나무 간판이 서 있다.

헨리 머피의 손자 마이클 머피(Michael Murphy)는 대학 시절 친구 리처드 프라이스(Richard Price)와 함께 은퇴자와 의미를 찾는 사람들을 위한 수련원을 설립한다. 1962년 봄, 두 사람은 미혼에 무직인 30대 초반이다. 명문대 스탠퍼드의 다른 졸업생들과 마찬가지로 이들에게도 모든 진로가 열려 있다. 하지만 집, 자동차, 가족이 있는 목가적 교외에서의 평범한 삶에 대한 전망은 그들을 유혹하지 못한다. 이들이 보기에 미국 사회는 소비주의와 낡은 가치관에 갇혀 있다. 경쟁 및 지위 위주의 사고, 과도한 자연 착취, 소수자에 대한 억압, 이는 머피와 프라이스가 꿈꾸는 삶이 아니다.

이들은 철학과 심리학을 공부했고, 극동의 지혜와 가르침에 관심이 있으며, 자신과 접촉하길 바란다. 이를 위한 영감을 그들은 불교, 실존 철학, 자기 계발의 이상에서 발견한다. 인간 잠재력 회복 운동이라는 새로운 움직임은 여러 젊은 미국 학자들의 마음과 정신을 채운다.

머피와 프라이스는 대도시의 번잡함에서 멀리 떨어진, 이 꿈같은 곳에 개인의 성장을 위한 센터를 세운다. 프로그램에는 온수욕, 마사지, 요가, 명상 같은 신체 단련과 함께 영성 및 심리학에 관한 워크숍과 강의도 들어간다. 머피는 선(禪)의 대가·양자물리학자·의식 연구자들을 초청하고, LSD와 메스칼린의 도움으로 영혼의 심층을 탐구하며, 탄트라 및 대면 집단을 조직한다. 에살렌이라는 이름은 곧 캘리포니아를 훌쩍 넘어 좀더 새롭고 자유로운 삶과 생각을 추구하는 반문화의 중심지로 알려진다.

머피는 수련원의 설립 선언문에 다음과 같이 썼다. "에살렌 연구소는 전인격의 조화로운 발전을 도모하기 위해 존재한다. 이 센터는 인간의 잠재력을 탐구하는 데 헌신하며 종교나 과학 등과 관련한 도그마를 추종하지 않는다." 이곳에 영국 작가 올더스 헉슬리(Aldous Huxley)와 크리스토퍼 아이셔우드(Christopher Isherwood) 같은 전 세계의 은퇴자·예술가·지식인이 모여든다. 첫해에는 주로 할리우드에서 온 보헤미안과 영화인들이 에살렌을 찾는다. 그러다 서부 해안의 대학생들 사이에서도 행복은 소유와 경력이 아니라 자신의 정신적 태도에 달렸다는 확신이 커진다. 에살렌이 제공하는 과정과 워크숍으로 흘러들어오는 학생은 점점 더 많아진다.

1963년 크리스마스에 프리츠 페를스가 이 작은 낙원에 첫발을 들여놓는다. 게슈탈트 치료자는 슬리퍼와 낡은 점프슈트를 입고 경내를 산책하며 바다 위 높은 곳에서 깨달음에 관한 코스를 진행한다. 몇 주 후 그는 놀랍게도 이곳에 정착하겠다고 선언한다. 처음에 머피와 프라이스는 회의적이지만, 곧 이 괴짜 독일인이 구루가 되는 데 필요한 자질을 갖추고 있음을 깨닫는다. 그 후 몇 년 동안 페를스는 대안적 청년 운동의 지도자인 동시에 에살렌을 추동하는 힘 가운데 하나가 된다.

~~~~~~

1960년대 초의 어느 여름날 저녁, 유명한 브랜다이스 대학교의 심리학자가 마치 우연이 계획한 것처럼 빅서에 좌초한다. 그는 아내 버사 매슬로(Bertha Maslow)와 함께 차를 타고 해안 도로를 따라 남쪽으로 여행하는 중이었다. 샌디에이고 인근 라호이아에서 중요한 세미나가 그를 기다리고 있다. 하지만 해가 바닷속으로 가라앉자마자 불빛 없는 커브 길은 전부 모험이 된다. 흐릿한 달빛이 비출 뿐이다. 피곤하고 배고픈 매슬로 부부는 하룻밤 묵을 곳을 찾는다. 하지만 도로 양옆에는 사람이

사진 22　이쪽으로 가세요: 캘리포니아의 샌프란시스코 남쪽, 태평양 연안에 있는 에살렌 연구소를 가리키는 표지판.

거의 살지 않는다. 갑자기 전조등 불빛이 '에살렌 연구소'라는 표지판을 비춘다.

여기가 어딘지도 모른 채 그들은 단지로 이어지는, 좁고 가파른 길로 들어선다. 에이브러햄 매슬로(Abraham Maslow)와 아내는 호텔을 찾았다고 생각하고 숙박 신청서를 작성한다. 접수대의 청년이 이름을 읽고 믿을 수 없다는 듯 반복한다. "에이브러햄 …… 매슬로? **바로 그 에이브 매슬로?!**"

그와 이야기를 나누게 된 사람은 자기 새 책《존재의 심리학》에 대한 독서 강좌가 연구소에서 열리고 있다는 사실을 알고 기분이 더 좋아진다. 이 책에서 매슬로는 음식, 성, 안전과 그 이상을 포괄하는 인간 욕구의 이론을 제시한다. 연구자에 따르면 예를 들어 연결에 대한 욕구, 자신의 재능을 펼치려는 욕구 등 다른 욕구도 인간에게 깊이 뿌리 내리고 있다. 심지어 인간은 무엇보다도 성취를 위해 노력하지 않는가? 매슬로에 따르면 다양한 동기는 위계적으로 쌓여 있다. 한 동기가 충족되자마자 우리는 바로 그 상위의 동기로 향한다.

매슬로는 강좌 참가자들에게 자기 이념을 직접 제시하는 데 그야말로 딱 맞게 도착한다. 다음 날 그는 에살렌에서 처음 강연하며, 이후 많은 강연이 이어진다. 같은 생각을 하는 그렇게 많은 사람이 서로와, 그리고 우주와 연결되길 원하는 이 공동체는 매슬로로 하여금 욕구 피라미드의 맨 위에 자기 초월을 향한 또 다른 동기를 가정하게 한다. 거기로 가는 길은 매슬로가 '절정 경험'으로 명명한 특별한 경험으로 이끈다. 세계의 종말을 경험하기에 뉴에이지 코뮌보다 좋은 곳이 있을까?

~~~~~~

1908년 4월 1일 뉴욕에서 태어난 에이브러햄 해럴드 매슬로는 페를스보다 열다섯 살 어리며, 그와 달리 노동자 가정에서 태어난다. 그는 부모가 키이우의 소수 민족 학살 때문에 피난한 브루클린 자치구에서 여섯 형제와 함께 자란다. 매슬로는 자기중심적이고 감정 이입하는 능력이 거의 없는 어머니와의 관계에 어려움을 겪는다. 싸움은 일상이었고, 에이브러햄은 불안정하고 불행해하고 친구도 거의 없으며 책으로 피신한다. 어쨌든 부모는 그가 고등학교를 졸업한 후 변호사가 될 수 있도록 대학 진학을 허락한다. 하지만 매슬로는 심리학을 전공하기 위해 몇 학기 만에 법학 공부를 포기한다.

열아홉 살에 그는 사촌인 버사 굿맨과 사랑에 빠진다. 두 사람은 매슬로 부모의 반대를 무릅쓰며 결혼하고 수백 킬로미터 떨어진 매디슨으로 이사한다. 에이브러햄은 이곳에 있는 위스콘신 대학교의 해리 할로(Harry Harlow)에게서 조교 자리를 얻는다. 그의 유명한 동물 실험은 대서특필된다. 할로는 붉은털원숭이 새끼에게 먹이가 없는, 천으로 만든 어미 원숭이 인형과 우유병이 달렸지만 앙상한 철사 인형 중 하나를 선택하게 한다. 그의 관찰에 따르면, 새끼 영장류들은 거의 언제나 포근한 대리 어미 곁에 머물다가 배가 너무 고플 때만 잠시 젖병으로 다가간다. 따뜻함과 안전에 대한 욕구는 분명 비상시에만 먹이에 대한 욕구에 자리를 내주는 것으로 보인다.

　1934년 박사 학위를 마친 매슬로는 버사 그리고 어린 두 딸과 함께 뉴욕으로 돌아와 브루클린 대학에서 일한다. 스물여섯 살에 그는 컬럼비아 대학교에서 알프레트 아들러의 강의를 듣는다. 사람들은 권력 추구와 공동체 감정 사이에서 분열 속에 살아간다는 이 개인심리학자의 테제는 그에게 직관적으로 분명해진다. 1943년에 매슬로는 첫 논문으로 발표한 〈인간 동기의 이론〉에서 이미 위계적으로 조직된 생리적·심리적 욕구 모델을 기술한다.[53] 매슬로는 먹을거리와 머리 위의 안전한 지붕에 대한 욕망에서 우정이나 인정과 같이 좀더 추상적인 만족까지 연속해서 쌓이는 열망들을 가정한다. 자기 계발처럼 더 높은 목표를 실현하기 위해서는 먼저 기본 욕구를 충족해야 한다. 하위 동기는 대개 결핍을 해결하기 위한 것인 까닭에 매슬로는 이를 'd-동기'(d는 deficit, 즉 결핍을 나타낸다)라고 부른다. 반면 상위 욕구는 자신의 삶(being)을 형성하는 것을 목표로 하며, 따라서 'b-동기'라고 한다. 여기서 매슬로가 인간 잠재력 회복 운동에서 주도적 역할을 하게 해주는 성장의 관점이 드러난다.

뉴욕의 브루클린 대학에서 16년을 보낸 후 매슬로는 다시 자리를 옮긴다. 1951년 그는 보스턴에 있는 브랜다이스 대학교 교수가 된다. 그 사이 욕구 피라미드는 널리 알려지지만, 그는 끊임없이 그 내용을 추가하고 확장한다. 사랑, 소속감 또는 자기 재능의 계발, 의미에 대한 체험, 행복 같은 새로운 동기가 늘어난다. 마지막으로 매슬로는 더 큰 전체 또는 신적 심급을 믿으려는, 인간의 보편적 충동까지 요청한다.

여기서 매슬로 모델의 약점이 드러난다. 이 모델은 설문 조사 데이터를 비롯해 실질적 관찰에 근거한 것이 아니라 본질이 사변적이다. 매슬로 자신도 확실히 예외가 많다고 인정한다. 한 가지 분명한 것은 본질적 욕구를 충족하지 못한, 곤경에 처한 사람들이 그럼에도 불구하고 종교적 이념을 수용하기도 한다는 점이다. 아니, 저편에서의 더 나은 삶에 대한 희망이야말로 많은 사람이 존재의 비참함을 견딜 수 있게 한다. 그러므로 위계적으로 구조화된 동기가 얼마만큼인지는 여전히 불명확하다.

에살렌에서 매슬로는 동부 해안에 있는 학교에서 제공하지 않는 것, 즉 마약·명상·신체 단련을 발견한다. 그에 따르면 중독성 있는 경험은 자기 계발을 위한 촉진제 역할을 한다. 매슬로에게는 치료에 대한 야심이 거의 없지만, 그의 테제도 같은 방향으로 발산한다. 자아실현은 성인이나 현자의 특권이 아니며, 모든 사람이 본성적으로 완성에 대한 충동을 지닌다고 그는 설명한다.

사람들의 마음을 끄는 매슬로의 태도, 통통한 얼굴, 부드러운 목소리는 이 사람의 불타는 야망을 쉽게 위장한다. 페를스와 매슬로가 에살렌에서 만나자마자 두 사람이 서로를 견딜 수 없음이 분명해진다. 페를스에게 매슬로는 사기꾼이자 '설탕이 뿌려진 나치'다. 한편 매슬로는 페를

사진 23　야망 있는 남자: 미국에서 우크라이나 이민자의 아들로 태어난 심리학자 에이브
러햄 매슬로는 출발이 순탄치 못했다.

스에게서 조야한 이기주의자만을 본다.

　1966년 초 두 사람의 대결이 펼쳐진다. 페를스는 2년 전부터 에살렌
에 거주하고 있었고 매슬로는 여기에 정기적으로 오지만 언제나 손님
으로 짧게 머물며, 다른 때는 자신의 학문적 경력을 추구한다. 어느 날
매슬로의 강좌에 페를스가 청중으로 앉아 있었다. 강의가 지루했던 그
는 매슬로의 말을 끊고 그 모든 것을 진지하게 생각하는지 물었다. 왜
우리는 초월을 추구하기 전에 배가 불러야 하는가? 많은 사람이 신을
믿기 **때문에** 굶주림과 고통을 견디지 않는가? 매슬로는 "유치하게 굴지
마세요, 프리츠"라고 대답한다. 그러자 베를린 사람은 무릎을 꿇고 어
린아이처럼 네 발로 그에게 기어간다. 머리가 새하얀 게슈탈트 교사 페
를스가 신음하며 자기 바짓가랑이를 움켜쥐자, 매슬로는 그런 장난은

에살렌의 평판을 손상할 수 있다고 그에게 경고한다. 그는 엉뚱한 사람일 뿐이라는 것이다.

1967년 매슬로는 미국심리학회의 회장이 된다.[54] 이 자리에서 그는 인간주의 심리학 과학화의 문을 연다. 그러나 그는 명성을 오래 누릴 수 없었다. 1970년 6월 8일, 매슬로는 샌프란시스코 인근 멘로파크에서 조깅하다가 심장 마비를 일으켜 사망한다.

낙원에서의 죽음

1964년부터 페를스는 에살렌에서 지금 여기의 깨달음으로 인도하는 게슈탈트 세미나와 훈련을 진행한다. 같은 시기에 이른바 대면 집단이 유행하게 된다. 편견 없이 진정한 소통을 원하는 사람들은 몇 시간씩 이어지는 대화 모임에서 열린 마음으로 만나 개인적 경험과 감정에 관해 이야기를 나눈다. 때때로 만남은 종일 계속되는데, 그래서 '마라톤 집단'이라고도 부른다.

이는 집중적 자기 성찰과 절대적으로 솔직하고 진정성 있으려는 시도를 결합한 사이코컬트의 시작이다. 자기 안의 소리에 귀 기울이고 거기에 무엇이 있는지 확인하며 자신의 욕구와 막힘을 추적한다. 그 시간의 구호는 "치료는 아픈 사람만 받기에는 너무 좋다"이다. 지속적 지원을 받는 공동체 경험은 정신적 에너지의 계발과 자유로운 흐름을 목표로 한다. 이를 실현하기 위해 중요한 것은 배우고 익혀온 의무와 위장을 넘어 자신을 찾는 것이다. 다만 온전한 자기가 되는 것은 말처럼 쉬운 일이 아니다. 언제 목표에 도달할지 알 수 없는 까닭에 많은 사람에게 그것은 끝없는 자기 확신의 과정이다. 우리는 언제나 자신과 조금

더 가까워지고, 더 강렬하게 느끼고, 대화·자유로운 사랑·의식을 확장하는 실체를 통해 그 끝이 어디인지 알지 못해도 해방의 길로 나아갈 수 있다.

한편 이는 사람을 불안하게 만들 수 있다.[55] 스스로가 1960년대 뉴에이지 운동의 영향을 받은 치료자 어빈 얄롬(Irvin Yalom)은 자기 최적화라는 기이한 논리를 다음과 같이 묘사한다. "자신에게 좋은 것이라면 많을수록 더 좋다. 집단에서의 자기표현이 좋다면 알몸 상태에서의 완전하고 즉각적이며 무차별적인 자기표현이 더 좋아야 한다. 참여가 좋다면 마라톤처럼 늘어난, 긴 연속적 참여가 더 좋아야 한다. 감정 표현이 좋다면 때리고 만지고 느끼고 키스하고 성교하는 것이 더 좋아야 한다."[56] 많을수록 더 도움이 된다. 이 구호는 다양한 불안을 조장한다.

프리츠 페를스는 자서전에 "에살렌은 인간주의적·실존주의적 혁명, 새로운 형태의 건강과 성장, 인간 잠재력의 발견과 증진을 상징하게 됐다"고 썼다.[57] 거기서 이뤄진 지성과 쾌락주의, 비순응과 건강의 혼합은 생화학자 아이다 롤프(Ida Rolf)가 개발한 피하 결합 조직 마사지인 롤핑이나 종종 마약을 수단으로 탄생 체험을 추적하는 리버싱(rebirthing) 같은, 뉴에이지계의 고전적 방법을 많이 산출한다. 과호흡을 통해 특별한 의식 상태를 유발하는 특수 호흡법과 균형 잡기, 플로팅, 마음 챙김도 여기에 포함된다. 열반에 가까워지기 위해 시도하지 않는 것은 없다.

페를스의 집중적 접근법은 여기에 매끄럽게 들어맞는다. 이것은 정확히 어떤 내용일까? 여기에 대한 그의 말은 모호하게 들린다. "게슈탈트 치료에서 우리는 무엇이 있는지에서 시작해 어떤 추상화·맥락·상황을 찾을 수 있는지 살펴보고 형상과 전경 경험을 배경·내용·관점·상황과 연관시키며, 이런 것이 함께 게슈탈트를 형성한다."[58] 지능이 평균적인 사람들에게 이런 문장의 의미를 꿰뚫어 보는 것은 하나의 도전이다. 전체가 시작도 끝도 없는 문구 놀이, 치료의 시뮬레이션으로 쉽사리 변한다. "하나의 게슈탈트가 닫히자마자 새로운 미완성 게슈탈트가 형상으로서 전경에 등장한다. 이렇게 접촉 경계에서 일어나는 게슈탈트들의 동시적 닫힘과 열림 과정은 페를스의 치료법에서 핵심이다"라고 심리학자 헬무트 크비트만(Helmut Quitmann)은 확인한다.[59]

페를스는 에살렌에서 정규 강사이며, 바다 전망이 멋진 목조 오두막에 산다. 그의 세미나는 놀라운 순간으로 가득하다. 어떤 일이 벌어질지, 프리츠가 오늘 어떤 장난을 준비했을지 아무도 예상할 수 없다. 그는 점잔 빼지 않고, 다른 사람들이 감히 생각할 수 없는 것을 말하고, 참가자들이 끼어들게 하며, 그들에게 명령하고 울게 만든다. 에살렌의 모든 사람이 그를 좋아하는 것은 아니다. 콧소리가 섞인 억양의 독일인은 존경심을 불러일으킨다. 내가 실패한다면 어떻게 해야 하나요? 내 자아 뒤에 오로지 공허만이 존재한다면? 자아와의 접촉이 생겨나지 않는다면?

젊은 시절 라인하르트의 환상극을 좋아한 프리츠는 에살렌에서, 그가 치료 회기를 부르는 역설적 표현대로 하자면, 자신의 '서커스'를 벌인다. 페를스는 퍼포먼스의 대가다. 그는 "지성을 없애고 감각으로 돌아오라"고 권한다. 또한 심리극의 아버지 야코프 모레노(Jacob Moreno)에게서 '빈 의자' 기법을 받아들인다. 의자에 앉은 사람은 다른 사람의 역할에 빠져들어 그의 관점에서 세계를 묘사하려고 시도한다. 당신은 지금 뭘 느끼는가? 뭘 보고 있는가? 뭘 피하고 있는가? 페를스는 가장 내적인 것을 밖으로 꺼내기 위해 온전한 주의를 요구하고 꼬치꼬치 캐묻는다.

사진 24　천재와 백수 사이에서: 1960년
대 초 에살렌에서의 프리츠 페를스.

　　배우 제니퍼 존스(Jennifer Jones)는 에살렌을 자주 찾아오는 손님이다.
1966년 여름, 그는 할리우드에서 가까운 자기 집에서 열린 파티에 연예
계 친구들을 초대해 에살렌의 설립자 마이크 머피와 인사를 나누게 한
다. 록 허드슨(Rock Hudson) · 제임스 코번(James Coburn) · 셜리 매클레인
(Shirley MacLaine) · 나탈리 우드(Natalie Wood)가 참석하고, 심리학자 칼 로
저스도 와서 하나의 대면 집단을 만든다. 페를스는 저녁 늦게 그들과
합류한다. 그는 에살렌에서 자신의 상징인 멜빵바지를 정장으로 갈아입
었지만, 여느 때와 다름없이 흥분해 있다. 자정 무렵 한 손님이 페를스
가 수영장 옆에서 우드와 단둘이 대화를 나누는 모습을 목격한다. 페를
스는 그에게 가식적인 태도를 버리라고 요구한다. 그러더니 그는 화를
참지 못하고 우드에게 이렇게 호통친다. "버릇없는 계집애! 너는 모두
가 네 장단에 맞춰 춤추길 바라는 거지?"[60]

다른 손님들은 망연자실해 서로를 쳐다본다. 도대체 이 사람이 지금 무슨 짓을 하는 거야? 자기가 누구랑 얘기하고 있는지 모르는 거 아냐? 페를스는 심지어 우드의 따귀를 때리는 시늉을 하고 상대는 화를 내며 자리를 박차고 나간다. 새벽 두 시 무렵, 모임은 흩어진다. 페를스는 다시 한번 자신의 명성에 걸맞게 행동했다.

~~~~~~

자기를 깨닫는 것, 자신의 감정과 접촉하는 것, 지금 여기, 전체성, 진정성, 생동함, 잠재력을 펼치는 것, 성장, 연결. 이 모든 것은 오늘날에도 자아 발견의 사전적 의미에 속한다. 여기서 핵심은 진실하지 않고 관습적인 면을 벗어던지는 것이다. 교육과 사회가 강요하는 겉모습 뒤에 숨은 참된 자아를 발견해야 한다. 인간은 자기를 꾸미거나 남들이 하라는 대로 하지 않을 때 자유롭다. 시끄러운 외부의 요구 앞에서도 내적 욕구를 소홀히 하지 않을 때 말이다.

이런 진정성에 대한 도취는 개인에게 행복과 충족을, 거기에 더해 더 나은 세계를 약속한다. 왜냐하면 사람들이 자신을 더 잘 돌본다면 증오와 경쟁적 사고 없이 서로를 대할 수 있기 때문이다. 거의 모든 자기계발 이론은 이런 요소, 즉 극복해야 할 것에 대한 음울하고 부정적인 이미지를 포함한다. 마치 개인의 행복만으로는 충분치 않은 것처럼, 새롭고 더 나은 사회의 비전이 돼야 하는 것처럼 말이다.

하지만 이 길에서 올바르게 나아가지 못한다면 어떨까? 유토피아에서도 자신의 강박·두려움·걱정이 남아 있다면? 1960년대 말, 에살렌과 그 주변 지역에서 연쇄 자살 사건이 발생한다. 아홉 명의 젊은이가 연이어 스스로 목숨을 끊었다. 페를스가 1969년이 끝날 무렵 연구소를 떠날 때, 그는 분명 자신의 대립적 방식으로 적어도 두 명의 여성에게 위기를 유발한 것으로 보인다. 이들 역시 자살로 생을 마감했다. 하지만 페를스는 어떤 책임도 인정하지 않는다. 그는 밴쿠버섬으로 이주해 거기에 에살렌을 모델로 한 게슈탈트 키부츠를 설립한다. 몇 달 후 일흔여섯 살의 페를스는 췌장암 진단을 받는다. 페를스는 자신이 아직 하지 못한 일을 따라잡기라도 하는 것처럼 유럽으로 여행을 떠나고 도시를 서둘러 옮겨 다닌다. 하지만 고통은 곧 견딜 수 없게 된다. 돌아오는 길에 그는 시카고의 한 병원을 방문한다. 어느 간호사가 그에게 말을 걸자 그는 그녀를 야단친다. "내가 어떻게 해야 할지 말하지 마세요!" 며칠 후 프리츠 페를스는 심장 마비로 쓰러진다.

그를 기리기 위해 히피의 왕에 걸맞은 장례식이 샌프란시스코에서 열린다. 수백 명의 추종자들이 페를스의 게슈탈트 기도문을 암송한다. "나는 내 일을 하고, 너는 네 일을 한다. 나는 너의 기대를 충족하기 위해 이 세계에 있는 것이 아니며, 너는 나의 기대를 충족하기 위해 이 세계에 있는 것이 아니다. 너는 너이고 나는 나이며, 우리가 서로를 발견한다면 그건 멋진 일이다. 그렇지 않더라도 어쩔 수 없는 일이다."

로라 페를스는 남편보다 20년 이상 더 살며, 그동안 조용하고 끈질기게 게슈탈트 치료의 확산에 이바지한다. 오늘날 프리츠와 로라, 두 사람은 포르츠하임의 유대인 공동묘지에 함께 묻혀 있다. 스스로도 심리치료자가 된 아들 스티븐 페를스(Stephen Perls)는 언젠가 아버지가 늘 자신과 여동생을 가르치고 싶어 했지만, 자기들을 진지하게 받아들인 적은 거의 없었다고 회고한다. 늙은 프리츠에 대한 그의 칭찬은 아주 간결하다. "아버지는 자신이 하고 싶은 일을 하셨고, 아주 잘 해내셨다.

사실 그게 전부다."⁶¹

~~~~~~

11월의 이른 아침, 딕(리처드) 프라이스는 핫스프링캐니언으로 하이킹을 떠난다. 그가 하이킹을 시작할 때 주변 절벽은 안개에 싸여 있다. 프라이스는 고요와 고독을 사랑한다. 그는 바다, 산 그리고 아무 데로도 이어지지 않을 것 같은 길을 사랑한다. 밤새 비가 내렸고, 땅이 흠뻑 젖었다. 하지만 프라이스는 눈을 감고도 걸어갈 수 있다. 그만큼 이 길은 그에게 친숙하다. 길은 처음에는 경사면을 따라 이어지다가 잠시 오르막이고, 이내 바위 계단을 거쳐 계곡을 지난다.

프라이스는 스탠퍼드 대학 친구인 마이클이 그를 여기 데려온 첫날과 마찬가지로 여전히 이 풍경에 매혹당해 있다. 지금으로부터 25년 전의 일이었다. 그때 그들은 얼마나 순진했던가! 먹을 것도 없이 몇 시간 동안 헤매다가 기적적으로 온천으로 돌아가는 길을 찾았다. 그들은 마이클의 할아버지가 지은 모텔의 흔적을 둘러보았고, 샌프란시스코의 번잡함에서 벗어나 여기서 자신들이 '할 일'을 하기로 결심했다. 에살렌 연구소는 정말 성공적이었다. 이 마법 같은 장소에서는 다른 어디에서보다 강렬하게 사고에 영감을 주는 우주적 에너지를 느낄 수 있다.

프라이스는 어릴 때부터 환각과 망상을 자주 겪었다. 그는 정신과 치료를 여러 차례 받았고, 약물 및 전기 충격 요법도 시험했다. 하지만 그건 고통과 수치심 외에는 별다른 효과가 없었다. 에살렌에서 그가 실험하는 환각제는 다른 세계로 가는 관문이다. 그가 보기에 정신병은 질병이 아니라 존재하는 방식, '정상인'에게 위협적인 방식이다. 이제 쉰다섯 살이 된 프라이스는 거친 생각은 자신의 일부이며 언제나 그러리라는 것을 안다. 다행히 발작은 이전만큼 자주 일어나지 않으며, 이제 그는 그것이 다가오는 것을 보고 물러설 수 있다. 그는 더 이상 그 생각에 정신이 나가버리지 않는다.

그의 삶에서 에살렌은 그야말로 최고의 아이디어였다. 그리고 그는 마이클에게 많은 빚을 지고 있다. 다만 모든 일이 프라이스의 뜻대로 되지는 않는다. 수많은 의문, 기자들의 방문, 난교와 정신적 위기에 대한 소문, 중상모략……. 물론 그들은 에살렌에서 섹스하고, 적잖이 그렇게 한다. 영혼의 일에서도 확실히 때때로 눈물이 흐른다. 그러나 그들은 서로를 돌보고 아무도 하기 싫은 일을 하지 않는다. 프리츠조차도 기본적으로는 자기 구루 이미지만 가지고 논다.

이제 프라이스는 정기적 휴식 시간을 가진다. 그는 아시아를 여행하고, 극동의 철학을 공부하고, 자신의 영적인 길을 찾는다. 에살렌에 몰려드는 손님들 덕분에 그는 돈 걱정을 할 필요가 없다. 프라이스는 영감을 주는 사람을 그토록 많이 만나고 그 일로 살아갈 수 있다는 것이 얼마나 큰 행운인지 생각한다! 감사의 물결이 그를 관통해 흐른다.

갑자기 굉음이 울린다. 프라이스가 하늘을 쳐다본다. 뇌우가 다가오는 건가? 아니면 그냥 떠들썩한 소리를 상상하는 걸까? 의혹이 그를 살그머니 덮친다. 그는 몸을 보호할 수 있는 돌출부를 찾다가 몇 걸음 앞의 암벽에서 틈새를 발견한다. 순간 위쪽에서 떨어진 바윗덩어리가 그를 덮친다. 프라이스는 아무것도 눈치채지 못한다. 그는 그 자리에서 사망한다.

타자들

공감의 힘

　　　　　　　1936년 6월, 미국 뉴욕주의 로체스터에 두 남자가 모여 심리치료에 전적으로 새로운 방향을 제시한다. 베를린 올림픽에서는 나치가 평화로운 독재를 연출해 보이고, 에스파냐에서는 살인적 내전이 미친 듯 벌어지는 여름이었다. 유대인들은 3년 넘게 히틀러 정권에게 잔인한 배제와 박해를 당하고 있다. 비록 그 정도로 심각하지는 않지만 다른 나라도 반유대주의 이데올로기에 사로잡혔다. 전 세계가 산산조각 나고 있는 것처럼 보인다. 다가오는 파멸의 전조 한가운데서 두 심리학자는 정치적 시대정신에 완전히 반하는 심리치료를 기획한다. 왜냐하면 이는 무조건적 자비, 이해, 공감에 기반하기 때문이다.

　한 명은 키가 작고 류머티즘을 앓는 50대 초반의 남성으로 뿔테 안경을 쓰고 빈 억양을 구사한다. 다른 한 명은 청교도 가정 출신의 굼뜬 미국인으로 젊음의 에너지가 넘친다. 나이가 더 많은 사람은 전에 프로이트의 가장 사랑받는 학생이자 정신분석학회의 비서였다가 1920년대 중반부터 대가와 그의 모임에 거리를 두기 시작했다. 그는 오이디푸스적 근친상간의 욕망이 아니라 출생의 트라우마를 인간의 보편적·원초적 콤플렉스로 여긴다. 보호하는 자궁에서 차갑고 적대적인 세상으로 밀려난 모든 인간은 성교를 통해서라도 생명의 모태로 돌아가려고 애쓴다. 여기에 더해 오토 랑크는 오래전부터 프로이트의 치료법에 의문을 품었다. 랑크는 또 다른 이교도인 헝가리인 샨도르 페렌치와 함께 '적극적 치료'를 개발했다. 여기서 치료자는 고전적 분석에서처럼 미리 대비하는 듯한, 냉정하고 거리를 두는 태도로 환자를 대하는 대신 그의 감정에 다가가 고통에 관심을 기울인다.

한편 젊은이는 서른네 살의 나이에 아직 거의 백지상태다. 처음에 그는 미국 중서부의 고향 오크파크 근처에 있는 위스콘신 대학교에서 농업과학을 공부한다. 신앙심이 깊은 부모의 자녀로서 그는 스무 살에 그리스도교 청년 조직인 YMCA의 세계 대회에 참석하기 위해 베이징에 간다. 중국 교인들의 경건함과 희생정신에 깊은 감명을 받은 그는 이후 성직자가 되기 위해 뉴욕의 유니언 신학교로 편입한다. 건물의 대각선 맞은편 브로드웨이 반대쪽에는 교사와 사회복지사를 양성하는 교육대학이 있다. 두 기관은 서로 협력하며, 그리하여 칼 로저스는 교육과 심리학에 관한 세미나에 처음 참석한다. 그는 여기에 기초해 다시 전공을 바꾸고 심리학자가 되기로 확고히 결심한다.

1928년, 칼 로저스는 갓 졸업한 사회 초년생으로서 온타리오호수 기슭의 작은 마을 로체스터에서 첫 일자리를 얻는다. '아동학대방지협회'는 방치당하고 학대받으며 교육의 혜택을 보기 어려운 청소년들을 올바른 길로 인도할 수 있는 사람을 찾고 있었다. 8년 후 로저스는 이 단체의 책임자로 승진해 정통 정신분석은 아니지만 거기에 기대는 접근법을 추구한다. 그는 대화를 통해 청소년과 그 부모들에게 그들의 무의식적 동기와 행동의 결과를 보여주려고 시도하며, 이는 어느 정도 성공을 거둔다.

당시 로저스의 동료 가운데는 필라델피아의 사회사업학교에서 공부한 사회복지사도 몇 명 있었다. 그곳에서 랑크가 1926년부터 정기 세미나를 열었다. 로저스의 동료들은 치료자의 사랑과 관심을 요구하는 '관계적 치료'라는 랑크의 비전에 열광한다. 여기서는 무의식에 대한 지적 통찰 대신 두 사람의 관계에 초점을 맞춘다. 랑크에 따르면 이 관계의 기반은 무엇보다 감정이며, 한편에는 애정·신뢰·경외심·신뢰 같은 감정이, 다른 한편에는 시기·경쟁·두려움·권위의식 같은 감정이 있다. 랑크는 신경증 환자가 상대방과 안정적 유대감을 구축하려면 그들이 지금 보호받는 분위기 속에 있음을 느낄 수 있어야 한다고 믿는다. 현재의 상태가 이전의 체험이나 억압된 바보다 중요하다. 절제 대신 참여, 과거에 대한 숙고 대신 마음을 열고 지금 여기에 머무는 것, 이런 생각은 프로이트주의자들에게는 신성모독이다.

랑크와 그의 접근법에 대해 더 알기 위해 로저스는 곧바로 그를 로체스터로 초대한다. 랑크는 3일간만 머무르지만, 로저스가 관계 치료에 대한 열정을 갖기에는 그 시간으로 충분했다. 그때부터 그는 진심 어린 공감과 긍정적 강화를 통해서만 환자가 진정 원하는 것을 점차 자각할 수 있다고 확신했다. 이는 랑크와의 만남 이후 로저스의 새로운 중심 사상이 된다.

이 오토 랑크는 누구인가? 1884년 4월 22일 빈의 레오폴트슈타트에서 오토 로젠펠트로 태어난 그는 수공업자 시몬 로젠펠트와 그의 아내 카롤리네의 세 자녀 가운데 막내다. 오토의 어린 시절은 부드럽게 말하자면 고생스러웠다. 술주정뱅이인 아버지는 종종 폭력을 행사했고 무조건적 복종을 요구했다. 아내도 아이들도 그의 폭발하는 분노로부터 안전하지 않았다. 오토는 지적 재능이 있지만, 그의 재능은 거의 장려받지 못한다. 그는 아버지처럼 수공업자가 되기로 결심하고 선반 작업을 배운다. 열아홉 살에 오토는 헨리크 입센의 희곡 《인형의 집》에 나오는 인물명을 따서 랑크라는 이름을 스스로 붙인다. 이 희곡에서 자유와 자주적 결정을 꿈꾸는 노라는 아버지와 남편에 의해 마치 인형의 집에 있는 것처럼 세상과 차단당한다. 그는 오직 주치의인 랑크 박사에게만 자기 마음을 털어놓는다.

랑크는 가족 문제 외에도 류머티즘 관절염과 외모 콤플렉스에 시달린다. 그래서 오토는 불안과 우울증에 추동되는 책벌레로 성장한다. 아버지에 대한 혐오와 니체와 쇼펜하우어 같은 철학의 고전 독서는 정신분석에 대한 랑크의 관심을 일깨운다.

랑크는 체르닝가세에서 자신의 진료소를 운영하던 알프레트 아들러를 우연히 만난다. 그래서 이 호기심 많은 청년은 어느 수요일 저녁 베르크가세의 손님들 사이에 앉게 된다. 문학에서의 근친상간 모티프에 대한 강의를 들은 스무한 살의 청년은 이 학회의 회원이 된다. 랑크는 매주 열리는 모임의 서기로서 프로이트의 애정을 얻는다. 그리고 프로이트는 랑크에게 두 번째이자 더 좋은 아버지가 된다. 학구적 제자가 자기 길을 걸을 용기를 내기까지 20년이 걸린다.

랑크가 올바른 가르침에서 돌아서기 시작한 것은 그가 출생 트라우마 이론으로 프로이트의 모임에 부적격해지기 훨씬 전이다. 그도 페렌치와 같이 분석가들의 접근 방식에 의구심을 가진다. 절제의 규칙에 따르면 우리는 환자를 대할 때 거리를 둬야 하고, 심지어 그가 누운 소파 뒤의 그림자 속에서 눈에 띄지 말아야 한다. 거기서 치료자는 물음을 던짐으로써 연상을 인도하거나 설득력 있는 해석을 제시한다. 하지만 이를 제외하면 내담자는 위로나 격려를 비롯한 감정적 반응 대신 침묵만 거둬들인다. 내담자가 치료자의 견해에 동의하지 않거나 나아가서 치료자의 능력을 의심한다면 저항을 아직 극복하지 못한 것이다.

프로이트는 〈한 히스테리 분석의 단편〉에서 기술한 도라의 치료 실패 이후 중립의 규칙을 통해 전이와 역전이에 빗장을 지르고자 했다. 이 경우에 환자는 무의식적으로 자신이 욕망하거나 두려워하는 사람의 자리에 치료자를 놓는다. 여기서 프로이트는 치료의 가장 큰 장애물을 봤다. 왜냐하면 자기 치료자를 사랑하는 환자는 병을 극복하려 하지 않고, 치료자를 미워하면 공동의 해석 작업을 파괴하기 때문이다. 한편 치료자는 권력을 남용하거나 흐려진 판단에 굴복할 위험이 있다. 그러나 절제의 규칙에는 큰 문제점이 있다. 이는 치료에서 환자를 정서적 지지를 받지 못한 채 그저 통찰을 수용하는 위치로 전락시킨다. 랑크는 무의식적 억압에 대한 무미건조한 해부 대신 신뢰로 가득 찬, 눈높이가 같은 대화를 선호한다.

~~~~~~

랑크가 로체스터에 잠깐 들른 지 한 달 만에 저서 두 권의 영문 번역본이 출간된다. 그는 1929년과 1931년에 이미 원전을 출판했지만, 제목이 너무나 난해했다. 하나는 《분석적 반응과 그 건설적 요소》, 다른 하나는 《분석가의 분석과 전체 상황에서 그의 역할》이라는 제목이었다. 둘 다 여러 권으로 구성된 《정신분석의 기법》 시리즈의 일부다. 미국의 출판사는 눈에 훨씬 잘 띄는 제목을 발견한다. 랑크의 책 《의지 치료》와 《진실과 현실: 인간 의지의 생활사》는 즉각 열띤 관심을 불러일으킨다.

저자는 정신분석에 대해 핵심적 반론을 제기한다. "프로이트는 타자의 의지에 부딪혔을 때 그것을 저항이라고 불렀다."[1] 요컨대 환자 자신이 믿거나 원하는 것은 하나도 타당하지 않은데, 왜냐하면 환자는 자기를 실제로 움직이는 것이 뭔지 모르기 때문이다. 반면 랑크는 의지의 명예 회복을 위해 나선다. 치료는 환자가 자신의 의지를 용기 있고 적절하게 행사할 수 있게 해야 한다. 의도와 욕망은 무의식적 동기를 발견함으로써 정화되는 것이 아니다. 이것들은 일반적으로 애초에 펼쳐져야 한다. 신경증 환자의 궁극적 문제는 자기 부정이다. 그는 삶이 주는 양면성을 견디지 못하며, 따라서 결정을 향해 돌진하지 못한다.

랑크는 프랑스의 실존철학자 장폴 사르트르(Jean-Paul Sartre)와 시몬 드 보부아르(Simone de Beauvoir)에게서 삶에 던져져 있음이 불안을 유발한다는 개념을 빌려온다. 모든 사람은 자기 삶을 형성하면서 존재의 제한성을 받아들여야 한다. 이는 랑크에 따르면 고통스러운 과정이다. "사람들이 자신의 자유와 독립성을 강하게 느낄수록 한편에서 그만큼 죄의식이 강해진다."[2] 왜냐하면 스스로 결정하는 것은 죄를 짓는다는 의미이기 때문이다. 하나의 선택지를 고르는 사람은 많은 나머지 선택지를 배제하는 것이다. 모든 인간이 부과받은, 자기를 창조할 책임은 의지를 행사할 때만 실현될 수 있다. 이를 위해서는 랑크에 따르면 "해야 하는 것에 대한 자발적 긍정"이 필요하다. 여기서 아모르 파티(amor fati:

운명을 사랑하라—옮긴이), 즉 피할 수 없는 것을 사랑하라는 니체의 이념을 쉽게 파악할 수 있다.

하지만 그 결과는 뭘까? 이런 전제를 따르는 치료는 어떤 모습일까? 랑크 역시 이 물음에 모호한 대답을 내놓을 뿐이다. 그는 "내 기법의 핵심은 내가 아무 기법도 사용하지 않는다는 데 존재하며" 직관적으로 "직접적 이해" "현재에 대한 감정적 헌신"에 의존한다고 설명한다.[3] 랑크는 귀 기울이고 묻고 인내와 격려로 상대방을 만난다. 그는 비판이나 가르침이 아닌 공감과 정서적 반영만이 치유 효과가 있다고 믿는다. 《정신분석의 기법》에서 랑크는 "본질적 치료제를 구성하는 것은 지적인 앎이 아니라 분석 상황에서의 직접적·정서적 체험"이라고 썼다.[4] 1929년 〈개인의 문제에 대한 심리학적 접근〉이라는 강의에서 그는 더 분명해진다. "나는 우리가 환자에게 자기 기제를 더 잘 알게 함으로써 그를 도울 수 있다고 믿지 않는다. 환자들에게는 뭔가 다른 것이 필요하다. 환자들은 **정서적** 경험이 필요하다."[5]

1933년에 랑크에게 치료받기 시작한 파리의 보헤미안 아나이스 닌 (Anais Nin)은 그의 감정 이입하는 대화 방식을 다음과 같이 설명한다. "나는 마치 내 일기장과 이야기하듯 랑크와 이야기를 나눈다. ……그의 공감이 느껴지고 그것은 마음 깊이 와닿는다. 나는 그에게 모든 것을 말할 수 있다."[6] 프로이트는 랑크가 '너무 눈에 띄지 않기' 때문에 치료자로서 멀리 갈 수 없을 거라고 믿었다. 하지만 눈에 띄지 않는다는 점이 그의 미덕이 된다. 랑크는 자신을 '환자를 스스로에 대한 예술가로 만드는 예술가'라고 본다. '부족한 예술가'로서 신경증 환자는 자기 창조를 위한 용기를 내야 한다.

여기서 다음 세대의 치료자들에게 영감을 주는 개념들, 즉 성장·자아 발견·관계·지금 여기가 등장한다. 랑크는 프로이트의 정신분석학과 종전 후 미국에서 특히 확산하는 인간주의 학파 사이에서 주요 연결 고리 역할을 한다. 1924년부터 1938년 사이 미국에서 여러 강의를 통해 수줍음 많은 오토는 감정을 강조하는 치료 문화의 대변인이 되며, 이 문화는 곧 대서양을 건너 유럽으로 되돌아간다. 동시에 랑크는 실존치료와 인지치료의 수많은 아이디어를 통합한다.

랑크는 무의식을 파헤치는 대신 환자의 **의식적** 가정과 확신을 바꾸려고 시도한다. 그는 "개인은 끊임없이 자기를 해석하며" "그의 적응과 세계관은 모두 자신에 대한 해석에 달렸다"고 말한다.[7] 그래서 학파를 형성하는 다양한 치료 형식은 이 변절자에게서 중요한 영감을 얻는다.

~~~~~~

유럽이 새로운 전쟁에 빠져드는 가운데 칼 로저스는 랑크의 영향을 받아 조건 없는 애정과 공감적 이해라는 치료적 태도를 기획한다. 로저스는 젊은이들과 함께 일할 때 비판하는 대신 완전한 개방성과 관심을 갖고 귀 기울이려 노력한다. 다만 문제가 하나 있다면 상대방이 로저스에게 공감하지 않고 어깃장을 놓는 경우가 있다는 것이다. 로저스는 오만하고 폭력적이거나 가학적인 청소년을 드물지 않게 상대해야 하는데, 그들은 다른 사람을 손가락질하고 스스로를 변호하지 못한다. 로저스 자신은 독실한 믿음을 지닌 부모의 자녀로서 어릴 때부터 감정을 조절하는 데 익숙했다. 그래서 그는 마음이 불편한 것을 상대가 알아채지 못하게 하기가 어렵지 않다. 하지만 이런 숨바꼭질 놀이가 치료에 도움이 될까? 상대방이 협력하려는 의지를 잃지 않도록 그가 자기를 위장해야 할까? 어쩌면 애정과 공감이란 지나친 요구가 아닐까?

이런 숙고를 통해 로저스는 자기가 '내담자 중심 치료'라고 부르는 방법의 세 번째 기둥인 일치의 원칙을 점차 발전시킨다. 치료자가 끝없이 긍정적으로 반응할 수는 없을지라도 진정성을 갖고 자신과 조화를 이루며 느끼는 대로 행동해야 한다. 내담자에게 가장하지 않고 관심을 꾸며내지 않는다는 것이 치료자의 머릿속을 스쳐가는 것을 여과 없이 말해야 한다는 의미는 아니다. 생각은 관계없는 방향으로 벗어나기도 한다. **아내가 아이들을 데리러 가야 하는 것을 기억할까? 우유를 사는 걸 잊으면 안 돼.** 일치란 다른 속셈 없이 자신의 의심·유보·짜증을 분명히 표현한다는 뜻이다. 하지만 기본적 애정을 의심하지 않고 신중한 태도로 말해야 한다.

치료자와 환자가 서로에게 솔직해야 함께 같은 방향으로 나아갈 수 있다. 로저스에게 이해는 상대에게 감정 이입하고 그의 관점을 받아들이는 데서 자라난다. 판단하지 않고 수용한다는 이상을 통해 로저스는 오늘날 성공적 치료를 위해 불가결하다고 보는 것에 상당히 다가온다. 심리치료자들이 여전히 환자를 교육해야 한다고 생각하던 시절에 이는 완전히 새로웠다. 전에 랑크가 관계적 치료에 대한 자기 생각을 통해 정립한 틀을 로저스는 조건 없는 자비와 진정성 있는 세심함으로 채운다.

그는 치료하면서 핵심적 체험을 통해 사람들에게 자기가 억압하는 '참된' 동기를 해명해주는 것이 얼마나 무용한 일인지 깨닫는다. 스스로 변화하고자 하는 결심은 자신에게서 나와야 하며, 치료자는 산파 이상이 아니다. 로저스가 어느 젊은 어머니와 그녀에 따르면 '악마처럼' 행동하는, 부적응적인 아들과의 긴장된 관계에 대해 몇 주 동안 이야기한 후에도 여전히 상황은 나빴다. 로저스는 문제의 원인이 원치 않은 아이에 대한 어머니의 잠재의식적 거부감에 있다고 추측하고 여기에 대해 그녀와 대화를 시도하지만, 아무 소용도 없었다. 깊은 좌절에 빠진 로저스와 여성은 결국 치료가 무용하다는 데 동의한다. 그는 그녀의 행운을 빌며 작별 인사를 나눈다.

어머니는 걸어 나가다가 문 앞에서 갑자기 멈추더니 돌아선다. "어른들을 위한 상담도 하시나요?" 그녀가 수줍게 묻는다. 로저스가 그렇다고 대답하고 그녀를 다시 자리에 앉히자, 그녀는 아들에 대해 죄책감을 느낀다고 털어놓는다. 로저스는 그녀의 말을 판단하거나 평가하지 않고 단지 그 이야기를 자기 언어로 풀이할 뿐이다. 그리하여 어머니는 마침내 자신이 뭘 해야 하는지 스스로 깨닫는다.

~~~~~ .

랑크와 로저스가 만나고 얼마 지나지 않아 빈에서 또 다른 만남이 이뤄진다. 이 만남은 그리 유쾌하지 않게 돌아간다. 1936년 여름, 프리츠 페를스는 보헤미아 마리안스케라즈네에서 열린 정신분석학 대회에 참석하기 위해 남아프리카를 떠난다. 이 대회에서 그는 나중에 《자아, 굶주림, 공격성》에서 자세히 논의하는 구강기 저항에 대한 자신의 개념을 설명한다. 페를스는 씹는 기관의 사용과 환자가 객관적 사실을 받아들이고 '소화'하기를 거부하는 것 사이에서 유사점을 도출한다. 그에게 이런 억제는 숨겨진 유아기 트라우마의 표현이다. 하지만 회의에서 페를스의 견해는 가혹하게 비판받는다. 정통 교설에 따르면 저항은 언제나 항문기적이다. 왜냐하면 저항하는 사람은 구강기와 성기기 사이의 발달 단계에 고착돼 있기 때문이다.

페를스는 짐에 환멸을 담고 빈으로 향한다. 그는 부당한 대우를 받았다고 느끼며, 최고 심급인 프로이트에게 이 문제에 대한 해명을 구한다. 베르크가세에서 그를 처음 맞이한 사람은 프로이트의 동생으로 보이는 어느 늙은 여성이었다. 페를스의 기억에 따르면 그가 집에 들어서자마자 "문 저편에 좁은 틈새가 나타났고, 거기 바로 내 눈앞에 그가 서 있었다. 그가 문밖으로 나오지 않는 것이 놀라웠지만 당시 나는 그의 공포증에 대해 전혀 몰랐다. '논문을 제출하고 당신을 뵙기 위해 남아프리카에서 왔습니다.' '좋아요, 그럼 당신은 언제 다시 떠나나요?' 나는 4분 정도 이어진 나머지 대화를 잊어버렸다. 충격을 받았고 실망이 컸다."[8]

페를스는 남은 생애 동안 프로이트에게 지칠 줄 모르고 독설을 퍼붓는다. "아무것도 해석하지 마라"가 그의 좌우명이었다. 페를스는 현실과 동떨어진 이론화, '코끼리 똥'을 경멸한다. 그는 관습적인 모든 것에 깊은 혐오감을 가지며, 예의 바른 말의 상투적 교환, 숨바꼭질 같은 언어적 놀이를 경멸한다. 그의 인도에 따라 내담자는 자신 안의 목소리에 귀 기울이고 자신이 어떻게 움직이고 어떤 자세를 취하는지 감지한다. 여기서는 킥킥 웃고 저기서는 손을 쥐는 작은 몸짓도 다뤄야 할 경험에 대한 정보를 제공한다. 어떤 사람들에게는 자기 몸의 메시지를 읽으려는 시도가 유령을 찾는 일로 바뀌기도 한다. 다른 사람들에게 페를스는 순응하라는 사회적 압력에 맞서는 '반문화'의 상징이 된다. 그는 '종이 인간'을 살아 있는 존재로 바꾸고자 한다. 그는 권위를 거부하지만, 그렇게 하면서 자신이 철저히 권위적으로 행동한다. 그는 상담하면서 내담자에게 뭘 해야 하는지 설명하고, 문장이나 동작을 반복하도록 요청하고, 물음으로 그들을 압박한다. 그는 말을 한마디도 아끼지 않으며,

때때로 목표를 넘어서기도 한다. 많은 추종자가 진정성에 대한 그의 열망을 공유하지만, 그가 자기에게 공감한다고는 느끼지 못한다.

〜〜〜〜〜

그사이에 오토 랑크는 이전 동지들의 적대감과 점점 더 강력하게 싸워야 했다. 1926년 여름에 이미 프로이트는 랑크의 "모든 행동은 분명히 우리와 자기 사이를 갈라놓으려고 계산한 것"이라고 불평한다.[9] 게다가 그는 전에 신실하고 충성스러운 추종자이던 랑크를 "사기꾼"이자 "모리배"로 묘사한다.[10]

결국 프로이트는 오이디푸스 콤플렉스를 출생의 트라우마로 대체하려고 하는 변절자를 내친다. 더불어 그의 측근들 사이에서도 댐이 무너진다. 랑크는 페렌치 같은 오랜 친구들에게도 공격받고, 그들 가운데 일부는 그를 정신병자라고 비방한다. 낙담한 그는 톨라로 불리는 아내 베아타 랑크(Beata Rank), 어린 딸 헬레네와 함께 빈에서 파리로 이주한다. 이곳의 예술계와 문학계에서 그는 프로이트의 이전 수제자로서 빠르게 친구들을 사귄다. 프로이트와 무의식은 당시 초현실주의자들 사이에서 대유행이었다.

1930년 봄, 이 시점에 이미 대부분의 시간을 미국에서 보내던 랑크에게 상황은 훨씬 더 첨예해진다. 아브라함 브릴이 이끄는 정신분석가 협회의 수많은 회원이 워싱턴에서 열린 대회에 참석하고 있었다. 대다수의 동료와 마찬가지로 브릴도 교육자, 사회복지사, 변호사, 심지어 랑크와 같이 숙련된 금속공이나 문학가 같은 '평신도'가 의사와 함께 정신분석을 하는 데 극렬히 반대한다. 브릴은 총애를 잃은 자를 제거할 기회가 왔다고 생각한다. 회의와 함께 열린 협회의 연례 총회에서 그는 랑크의 명예 회원 자격을 박탈할 것을 제안한다. 더불어 랑크에게 분석받는 모든 사람도 다른 교육분석가를 찾아 훈련을 처음부터 다시 시작해야 한다. 여기에 더해 랑크에게 환자를 넘긴 사람도 제명의 위기에 처하게 된다. 한마디로 랑크는 자기 삶의 기초를 박탈당한다.

상황을 타개하기 위해 그는 주로 미국을 돌아다니는 강연 여행에 나선다. 이는 정신분석과 관련한 모든 것에 대한 미국인들의 굶주림을 다스리기 위한 것이었다. 1935년 여름, 랑크는 시민권을 신청하면서 서류에 부모인 시몬과 카롤리네 로젠펠트의 성을 랑크라고 위조한다. 그는 자기 길을 막아서는 온갖 장애물에도 불구하고 뉴욕에 정착하기로 결심한다. 하지만 파리의 위대한 사랑인 아나이스 닌 없이는 아니었다. 그는 애끓는 편지에서 자신과 함께 진료실을 열자고 닌을 설득한다. 스스로 분석가가 된다는 생각에 매혹당한 닌은 그의 제안을 받아들이고 파리에 있는 연인과의 관계를 정리한다. 얼마 지나지 않아 파크애비뉴 근처의 한 주택에서 조야한 장면이 펼쳐진다. 교육 분석을 받은 적이 없는 닌이 규칙적으로 환자를 유혹하고 랑크의 소파에서 섹스하는 동안, 그는 옆방에서 내담자의 정서적 깊이를 잰다. 예상할 수 있듯 이 진료 공동체는 오래가지 못한다. 닌을 독차지할 수 없다는 사실을 깨달은 랑크는 의기소침해 그와의 관계를 끝낸다.

그는 1934년에 이미 톨라와의 망가진 결혼 생활에 종지부를 찍고 가족을 떠났다. 이제 랑크는 새로운 계획을 세운다. 그는 스위스 출신의 젊은 미국인 여성 비서 에스텔 부엘과 함께 캘리포니아로 이주하려고 한다. 로스앤젤레스에서 에스텔과 함께 새로운 삶을 시작하기 전 그는 마지막 책 《심리학을 넘어서》를 계획한다. 랑크의 결혼이 법적으로 끝날 때까지 두 사람이 머무른 네바다의 타호호수에서 그는 원고를 꼼꼼히 손질한다. "나는 내가 인간의 삶을 어떻게 보는지에 대한 인상을 제공하고자 한다. ……영웅, 예술가, 신경증 환자 등 나의 이전 관심 주제 모두가 다시 한번 무대로 돌아온다."[11] 그러나 그는 작품을 완성할 수 없었다.

1939년 7월 1일, 에스텔과 오토는 마침내 결혼할 수 있었다. 두 달 후 독일군이 폴란드를 침공했고, 그로부터 3주 후에는 프로이트가 런던에서 모르핀 과용으로 사망한다. 랑크는 큰 충격을 받았고 자신의 건강도 악화해 있었다. 그는 신장 결석 수술 후 항염증약을 투여받지만, 끔찍한 부작용을 겪는다. 아주 짧은 시간 동안 백혈구 수가 급격히 감소한다. 랑크는 그 자체로는 해가 없는 감염에 무방비 상태가 된다. 1939년 10월 31일 그는 겨우 쉰다섯 살의 나이로 사망한다. 랑크는 숨을 거두기 직전 "웃기군"이라는 말을 남긴다.

사실은 우호적이다

랑크에게서 깊은 인상을 받은 칼 로저스는 자신만의 접근법을 계속 발전시킨다. 1940년 오하이오 대학교로 자리를 옮긴 그는 새로 확보한 공간을 활용해 자기 생각을 정확히 규정해나간다. 여기서 그는 치료 관계의 기능 중 한 중심 측면을 랑크와 다르게 해석한다. 랑크에게 치료 관계는 목적을 위한 수단이었다. 환자는 자비로운 만남에서 자기가 안전하다고 느끼고, 이는 다른 방법으로 허용받지 못하는 것들을 자신과 상대방에게 드러낼 수 있게 한다. 그리하여 이 관계는 통찰에 이르는 길을 열어주며, 이는 다시 치유 효과를 가져온다. 반면 로저스에게는 관계 자체가 치료법이다. 이를 통해 내담자는 교정 경험을 하고, 처음으로 상대방에 대해 진정한 관심을 느끼기도 하며, 모든 약점과 단점이 있는 자신의 존재 그대로일 수 있다.

정확히 1940년 12월 11일 '내담자 중심 치료'가 세상의 빛을 본다. 이날 로저스는 심리학자·교육학자·사회복지사들의 모임에서 자신의 개념을 처음 발표한다. 1942년 그는 고전이 된 저서 《카운슬링의 이론과 실제》에서 자기 접근법의 핵심 요소를 그려낸다. 이때부터 환자 대신 '내담자'라고 말하게 된다. 로저스가 생각하는 치료는 모든 사람이 더 발전할 수 있도록 돕는 것이다.

로저스주의자들은 해석하거나 조언하지 않는다. 이들은 공감하고 다른 사람의 감정을 이해하고 인정하고자 한다. 그리고 상대의 생각을 재현해 그가 그 의미를 더 잘 의식할 수 있게 하는데, 이 모든 것은 프로이트적 분석과는 별 관련이 없다. 심리치료는 증상을 제거하는 것이 아니라 만남, 즉 "개인이 성장하도록 돕는" 영혼의 재건축이 된다.[12]

로저스는 이런 서비스의 성격을 강조하기 위해 '내담자'라는 용어를 사용한다. 나중에는 심지어 '인간 중심 상담'이라고만 말하기도 한다. 그의 접근은 세 원칙, 즉 일치·수용·공감에 기반한다. 첫 번째는 진정성 있고 솔직하며 따라 할 수 있는 행동 방식을 의미한다. 두 번째는 무조건적 존중을 나타낸다. 치료자는 상대를 비판하거나 의심하지 않고 있는 그대로 받아들인다. 세 번째는 감정 이입하는 이해를 내포한다. 내담자가 스스로 주제와 속도를 제시하고, 치료자는 그의 관점에 감정 이입하며 개방적·긍정적 지지를 통해 각자의 입장을 명확히 하는 데 이바지한다. 치료자는 의학적 의미로 치료하는 대신 상대의 자기 발견을 지원한다.

사진 25 오크파크의 선한 사람:
젊은 시절의 칼 로저스.

1965년 로저스가 영화 프로젝트의 일환으로 카메라 앞에서 상담하는 글로리아의 사례는 그가 어떻게 일하는지를 보여준다. 아홉 살짜리 딸 팸을 혼자서 키우는 글로리아는 아이와 문제가 있다. 글로리아는 좋은 엄마, 정직한 엄마로서 딸에게 모든 것을 솔직히 이야기하고 싶어 한다. 하지만 동시에 그는 파트너를 찾고 있으며, 로저스에게 털어놓듯 섹스를 좋아한다. 집 밖에서 글로리아는 장기 파트너로 적합하지 않은 남성들과도 관계를 맺는다. 그는 자신이 약간의 즐거움을 누릴 자격이 있다고 생각한다. 그렇지만 이걸 팸에게 어떻게 설명해야 할까?

로저스는 글로리아가 말하게 하고, 묻고, 정확히 이해하고자 하며 그가 얘기하는 내용을 요약한다. 그사이 긴 침묵이 종종 흐른다. 로저스는 판단을 내리거나 자기 의견을 제시하지 않는다. 글로리아가 적절한 단어를 찾는 동안 로저스는 그저 자리에 앉아 그를 호의적으로 바라본다. 처음에 글로리아는 조언을 구하며, 아이들에게 성에 관해 이야기하는 것이 해를 끼칠 수 있는지 알고 싶어한다. 자신의 욕망을 고백하면 팸에게 트라우마가 생기는 건 아닐까? 하지만 로저스는 답변을 회피한다. "당신에게는 제가 대답을 회피하는 것처럼 보일 수 있겠지만, 제가 올바르게 이해했다면 당신은 진퇴양난에 빠진 겁니다. 당신은 정직하고 싶고 남자와 자면서 아무 잘못도 없다고 생각하죠. 팸에게 있는 그대로 사랑받고, 인정받고 싶어 합니다. 동시에 자신이 그런 사랑과 인정을 받을 자격이 없다는 사실이 두렵기도 하죠."

"네, 맞아요."

"그리고 당신은 권위 있는 사람의 말을 듣고 싶을 겁니다. 이렇게 해, 저렇게 해, 그게 옳은 거야!"

"바로 그거예요." 글로리아는 한숨을 쉰다. "저와 떨어져 사는 팸의 아빠가 항상 팸에게 연기하고 있어요. 그 사람은 자기를 중심으로 반짝이는 배경을 만들고 팸은 아빠를 우상화하죠. 저는 아빠가 부러워요. 저도 그런 화려함을 갖고 싶죠. 팸은 자기 아빠가 실제로 어떤 사람인지도 모르고 아빠가 선물하는 판박이 그림만 알아요. 반면에 저는 팸이 저를 있는 그대로 보고 사랑해주기를 바랍니다."

"그게 가능하다고 생각하세요?"

"한편으로는 그렇죠. 그런데 다른 한편으로는 이 숨바꼭질이 무슨 소용이 있을까요?"

"팸이 당신을 있는 그대로 소중히 여기지 않는다면 이 모든 게 무슨 의미가 있는지 생각하는 거죠?"

"네, 하지만 제 진짜 모습을 보여주면 걔는 저를 싫어할지도 몰라요."

"당신이 누구인지, 무엇을 느끼는지 알면 아이가 당신을 더는 사랑하지 않을까 봐 두려운 거죠."

"그렇다고 할 수 있습니다."

침묵이 흐른다.

로저스가 계속한다. "책임진다는 것은 어렵습니다. 그렇지 않나요? 삶은 위험으로 가득 차 있죠."

"그래요. (잠시 멈춘다) 문제가 해결된 것은 아니지만, 그래도 왠지 기분이 나아졌습니다."

"제 경험에 따르면 사람들에게 뭘 해야 한다고 말하는 건 무의미합니다. 사람들이 스스로 할 일을 찾아야 하죠."

"하지만 저는 딜레마에 빠져 있어요. 제가 원하는 것이 제 마음에도 들지 않죠. 그래서 저는 팸도 그걸 싫어하지 않을까 걱정이에요. 어떻게 해야 할까요?"

"기본적으로 당신은 자신이 원하는 걸 편안하게 받아들일 수 있길 바라고 있어요."

"네. 사람들은 언제나 자기 감정에 귀 기울이고 옳다고 느끼는 일을 하라고 하죠. 하지만 제 삶에는 그게 전혀 명확하지 않은 순간이 많아요. 제 감정은 A라고 하는데, 제 양심은 B라고 하죠."

~~~~~~~~

로저스는 개방적이고 세심한 대화 진행으로 치료에 혁명을 일으킨다. 로저스 자신도 사람들이 마침내 진지하게 받아들여진다고 느낄 때 부담에서 얼마나 벗어나는지에 놀란다. 그의 내담자 대부분은 사람들이 자기에게 맞서며 잘못을 폭로하거나 다른 관점에서 설득하는 데 익숙하다. 로저스는 그렇지 않다. 한 내담자는 다음과 같이 묘사한다. "마치 저 혼자서 말하는 것 같지만, 누군가가 들어주고 그 모든 것을 생각할 만한 가치가 있다고 봅니다. ……저 자신에 관해 이 끔찍한 얘기를 모두 하고 제가 얼마나 불안하고 불쌍한지 분명히 말하죠. 그런데도 누군가가 제게 귀 기울여주고 이해해주고 심지어 제가 하는 말에 아무런 충격도 받지 않아요. 그건 아마 내가 그렇게 완전히 나쁘고 미치지는 않았나 보다 하고 느끼게 해줍니다."[13] 치료자가 가치 평가는 제처두고 관심을 보이며 묻기만 한다는 사실은 이 젊은 여성처럼 자신을 사랑할 만한 가치가 없는 존재로 경험하는 사람들이 좀더 긍정적인 자아상을 갖도록 도와준다.

이런 유형의 대화는 익숙한 것이 아니다. 왜냐하면 우리는 일상생활에서 반대로 하기 때문이다. 우리는 자기 견해와 좋은 의도에서 하는 조언으로 서로를 공격한다. 곧 로저스의 접근 방식과 관련한 첫 번째 농담이 돌아다닌다. 어떤 사람들은 지시하지 말라는 규칙을 너무 진지하게 받아들인 나머지 누군가가 몇 시냐고 물으면 "그래, 너는 지금 몇 신지 알고 싶은 거지"라고 대답했다고 한다.

로저스는 학생들에게 내담자 중심 접근법을 소개하기 위해 대화를 카세트테이프에 녹음하기 시작한다. 처음에 그는 마이크를 책상 램프 그늘에 숨긴다. 그러다가 마이크를 잘 보이는 탁자 위에 놓더라도 대화의 분위기에 거의 영향을 주지 않음을 깨닫는다. 이제 그는 내담자의 동의를 얻어 처음에는 개별 단계를, 나중에는 전체 회기와 치료 과정을 녹음한다.

로저스는 그 이야기를 저서 《카운슬링의 이론과 실제》에 200쪽 이상의 부록으로 제시한다. 허버트 브라이언의 사례는 완전히 녹취한 최초의 심리치료 사례다. 그전에는 8회기 전체를 한 단어 한 단어 타자하고 상세히 해설하고 분석하는 수고를 한 사람이 없었다.

세미나에서 로저스는 이런 테이프를 여러 대목에서 멈추며 학생들에게 대화를 계속할 수 있는지 또는 어떻게 해야 하는지 숙고해보도록 요청한다. 이런 식으로 수백 개의 기록이 모인다. 이런 기록은 다른 목적도 실현한다. 로저스는 최초로 자기 방법의 효과를 검토하고 진행 상황을 분석한 사람이다. 그는 저서 《진정한 사람 되기》에 다음과 같이 썼다. "우리는 우리의 성공뿐만 아니라 실패도 받아들일 수 있어야 했다. 그래서 우리는 배워야 했다. 기준은 단 하나뿐이었다. ……잘 들어맞고 있는가? 이 방법은 효과적인가?"[14]

이런 부분에서도 로저스는 척도를 정립한다. "심리치료는 단순히 과학을 가장하는 기예가 아니라 적용을 위해 기예가 필요한 과학일 수 있다."[15] 그러나 효과에 대한 확실한 검증은 복잡하고 비용이 많이 든다. 큰 집단의 내담자들에게 나타난 변화가 시간의 단순한 경과나 그들의 기대가 아닌 치료 자체에 기인한다고 결론지으려면 대기 중인 환자들과 비교해야 한다. 여기에 더해 일반적 일화에 대한 보고 이상의 결론을 도출할 수 있게 해주는, 바람직한 변화의 기준을 정의하고 추적해야 한다.

로저스는 자신의 방법에 대한 엄격한 검토가 실망으로 이어질 수 있다고 우려하지 않는다. 오히려 그는 사실이 우호적이라고 강조한다. 결국 그건 치료적 대화법을 섬세하게 다듬는 데 도움이 된다. 1940년대와 1950년대에 걸쳐 로저스는 주로 록펠러재단이나 포드재단 같은 재단 또는 국가 공중보건국에서 수십만 달러의 연구비를 지원받는다. 그는 기부자들에게 제 역할을 하는 심리치료가 경제·군대·사회 전체에 도움이 되리라고 설득하는 데 거듭 성공한다. 다음 학문적 체류지인 시카고에서 그는 많은 박사 과정 학생을 포함해 30명의 협력자를 고용한다. 그래서 1943년부터 1957년까지 200편이 넘는 논문이 나온다. 그중 대부분은 아직 미숙하고, 로저스는 자조적으로 언급한다. "이는 좋은 심리치료 연구가 아니다. 그저 현재로서 최선의 연구일 뿐이다."[16]

연구자의 야망이 좌절됐음에도 불구하고 신학자 로저스는 영적인 사람으로 남는다. 말년에 그는 이상적 치료 과정을 다음과 같이 기술한다. "내가 알지 못하던 나의 내면과 접촉할 때, 내가 관계에서 변화한 의식 상태에 도달할 때, 내가 하는 모든 일이 어떻게든 치유되는 것처럼 보인다. ……우리의 관계는 그 자체를 넘어서서 더 큰 뭔가의 일부가 된다. 심오한 성장과 치유, 에너지가 현존한다."

로저스의 대화치료는 인간주의 접근법으로 분류한다. 이는 거리를 두는 정신분석의 대안이자 행동주의의 영향을 받은 행동치료의 대안으로 이해할 수 있다. 두 흐름에서와는 달리 로저스의 경우는 낙관적 동기가 지배적이다. 진정한 당신 자신이 돼라, 그건 가능하다! 이런 이념을 지닌 로저스의 내담자 중심 접근법은 새롭게 떠오르는 상담 및 코칭 산업의 청사진이 된다.

너와 나 같은 신들

어느 랍비가 전능한 존재와 대화를 나눈다. "천국과 지옥을 구별하는 기준은 정확히 뭔가요?" 그는 알고 싶어 한다. 신은 말한다. "이리 와라, 내가 네게 보여주겠다." 신은 문을 열고 큰 테이블 주위에 여윈 사람들이 쪼그리고 모여 앉은 방을 보여준다. 비참한 이들 모두 한 손은 의자에 묶이고 다른 한 손에는 손잡이가 긴 숟가락을 들고 있다. 그리하여 그들은 식탁 가운데서 맛있는 냄새를 풍기는 스튜에 숟가락을 담글 수 있지만 입에 넣을 수는 없다. 이들은 의지할 데 없이 시도를 되풀이하지만 헛수고일 뿐이다. 사람들은 굶주리는데, 방 안은 군침 도는 음식 냄새로 가득하다. 신은 "여기가 지옥이다"라고 말한다. 천국은 바로 그 옆에 있다. 두 번째 문이 열리자 이 방에도 맛있는 스튜가 오른 커다란 식탁이 있고, 이 식탁을 둘러싸고 너무 긴 숟가락을 든 채 단단히 묶인 이들이 앉아 있다. 하지만 여기 사람들은 영양 상태가 좋고 활기차게 이야기를 나눈다. 랍비는 의아한 표정으로 신을 바라본다. 신은 설명한다. "여기서 그들은 서로를 먹이는 법을 배웠다네."

이 이디시어 우화를 통해 정신분석학자 어빈 얄롬은 사회관계가 얼마나 인간의 행복과 고통을 좌우하는지 설명한다.[17] 우리는 근본적·전적으로 다른 사람에게 의존하며, 서로가 없으면 아무것도 아니다. 뒤집어 말하면 정신적 문제는 거의 언제나 관계의 장애를 의미한다. 이런 문제는 어린 시절에 형성해 타인과의 관계를 각인하는, 내면화한 감정 및 사고방식에 뿌리를 둔다. 예를 들어 어릴 때 방치당한 아이는 자기 욕구를 전혀 지각하지 못하게 될 때까지 뒷전으로 미루는 법을 배운다. 다른 아이는 우울증에 걸린 아버지나 알코올 중독인 어머니를 책임져야 하고, 그때부터 자신에게 의미 있는 사람 모두의 '부모 노릇'을 하게 된다. 또 다른 아이는 어릴 때부터 자기가 아주 착하지 않다는 이유로 심한 자괴감에 시달린다. 이들은 자신의 능력을 숨기거나 주목받기 위해 스스로를 끊임없이 포장한다. 그런 패턴의 힘에서 벗어나기는 어려울 수 있다. 이 패턴은 그들이 모든 대인 관계에서 반복하는 틀이 되며,

적어도 이미 한 번은 그들을 구해줬다. 그래서 초기 각인은 성인기까지 지속하며 심지어 한 세대에서 다음 세대로 이어지기도 한다. 1914년 프로이트는 이를 설명하기 위해 중요한 저술인 〈기억, 반복, 훈습〉에서 반복 강박이라는 개념을 만든다.

영혼의 곤경이 그런 식으로 공존하는 데 뿌리내리고 있다면, 함께 극복하는 게 가장 좋은 방법이 아닐까? 비슷한 경험을 한 사람들과의 공유는 위로를 주고, 근심거리가 혼자만의 것이 아니며 다른 사람들도 같은 감정을 느낀다는 사실을 분명히 해준다. 그리고 가족에게서 또는 살면서 받은 영향을 같이 논의하거나 역할극을 통해 보호받는 틀 안에서 재현하면 더 쉽게 인식할 수 있다. 이는 특히 제2차 세계대전 이후 미국에서 인기를 끈 집단 심리치료의 기초를 이룬다.

하지만 집단 심리치료는 1920년대에 빈의 또 다른 심리학자, 야코프 모레노가 고안한 것이다. 이 기이한 청년은 제1차 세계대전 이전부터 문학가와 예술가들의 살롱에서 교류하며, 도를 넘는 외모로 카페에서 눈에 띈다. 모레노는 덥수룩한 예수 수염과 긴 머리에 모자를 쓰지 않고(당시에는 이례적인 모습이다) 발목까지 내려오는 녹색 코트를 입었다. 메시아처럼 길을 걸을 때 그의 모든 것은 무대 위에서 움직이듯 연출한 것으로 보인다. 실제로 모레노는 자신을 자발성의 메시아로 여긴다. 그는 "나는 신이고, 너는 신이며, 우리가 모두 신이다"라고 설명한다. 왜냐하면 인간은 신과 마찬가지로 창조적 행위를 통해 자기와 세계를 만들어내기 때문이다.

의과대학에 재학하고 있었지만 모레노의 참된 소명은 연기, 더 정확히 말하면 즉흥극이었다. 1921년 4월 1일, 그는 빈 코미디하우스에서 기억에 남을 만한 저녁을 베푼다. 그는 수많은 친구와 문화계 인사들을 특별한 공연에 초대한다. 예수로 분장한 그는 무대에서 자신의 시를 낭송한 후 관객들의 참여를 독려한다. 슬랩스틱과 자전적 묘사가 뒤섞인 이 공연에서 모든 관객이 뭔가를 얻을 수 있는 것은 아니며, 일부는 이 공연은 거기서 준 단서와 같이 하나의 농담이라고 생각한다. 〈비너 미탁스차이퉁(Wiener Mittagszeitung)〉은 이렇게 썼다. "자기를 시인이자 철학자라고 생각하는 한 의사가 4월 1일을 선택해 선의를 지닌 관객들에게 자신의 얽히고설킨 사유 과정을 풀어놓았다. 많은 사람이 떠들썩한 논란 속에 극장을 떠났다."[18]

그렇다고 모레노의 열정이 꺾이지는 않는다. 그는 일주일에 이틀씩 저녁에 여성예술가협회의 작은 무대를 빌려 자신의 실험적 연극을 특별 공연으로 선보인다. 이 공연은 전통적 의미의 공연이 아니다. 오히려 관객이 배우에게 핵심어를 제시하며 즉흥 연기를 요청하는데, 배우들 가운데는 후대의 스타 엘리자베트 베르크너(Elisabeth Bergner)와 1925년부터 자신을 피터 로어(Peter Lorre)라고 부른 라디슬라우스 뢰벤슈타인(Ladislaus Löwenstein)이 있었다. 누구나 공연에 참여하도록 초대받는다. 중요한 것은 일상적 장면이나 뉴스거리를 연극적 방식으로 표현하는 동안 자발성을 자유롭게 발휘할 수 있도록 하는 것이다.

어느 날 저녁 모레노의 두 친구인 작가 게오르크 쿨카(Georg Kulka)와 그의 아내, 배우 아나 횔러링(Anna Höllering)이 무대에서 자신들의 결혼 생활 문제를 연기한다. 그들은 티격태격하고 말다툼하고 상처를 주고 화해하며, 그러다 결국 서로의 품에 안겨 홀가분해하면서 웃는다. 이때 모레노는 연극의 카타르시스 효과를 처음 깨닫는다. 연극은 심한 갈등과 괴로움도 해결할 수 있고, 심지어 수년 동안 서로 싸워 사이가 나빠진 사람들도 감정적으로 다시 만나게 할 수 있다. 물론 이런 치유 효과

사진 26　드라마와 정신: 연기 중인 야코프 모레노.

가 항상 지속하지는 않는다. 공개 무대에서 부부의 치료를 진행하고 몇 달 후 휠러링과 남편은 헤어진다. 그 뒤 쿨카는 삶의 궤도에서 벗어나며, 결국 몇 년 지나지 않아 스스로 목숨을 끊는다. 모레노의 다른 우울증 환자도 자살을 선택하고 그는 큰 타격을 받는다. 그러나 그는 창조적 시행착오가 영혼을 해방한다는 확신을 견지한다. 모레노가 이후 체계적으로 발전시키는 심리극이 탄생하는 순간이다.

~~~~~~~

제멋대로인 모레노 씨의 본명은 야코프 레비다. 그는 청소년 시절 루마니아·그리스·발칸반도에서 터키 상품을 판매하는 상인인, 아버지 모레노 니심 레비의 이름을 쓴다. 아버지가 여행을 너무 많이 떠나서 아들은 그를 거의 볼 수 없었다. 장남인 그는 아버지의 대리인 역할에 빠져든다. 그래서 그가 아버지의 이름을 따르는 것은 논리적으로 보인다.

이 가족의 아버지 쪽은 크리스토퍼 콜럼버스(Christopher Columbus)가 아메리카대륙을 발견했을 당시 에스파냐에서 추방당해 지중해 동부와 흑해 인근에 정착한 세파르딤 유대인의 후손이다. 나중에 이베리아반도에서 마지막 유대인이 쫓겨난 지 정확히 400년이 지난 1892년 5월 16일, 모레노 주니어는 흑해의 안개 속을 건너던 배에서 자신이 태어났다는 전설을 퍼뜨린다. 실제로 모레노는—출생증명서에 기재하고 빈 대학교에 입학할 때 등록한 대로는—1889년 5월 18일 부쿠레슈티에서 태어났다. 그는 평생 가장과 신비화를 통해 놀이를 즐긴다. 그가 자기에 대해 말한 것 가운데 액면 그대로 받아들일 수 있는 것은 거의 없었다.

야코프의 어머니 파울리나 이안쿠는 출산 당시 겨우 열다섯 살이었다. 그의 오빠는 거의 스무 살이나 연상인 상인과 결혼을 주선했다. 가톨릭 수녀원에서 고아로 자란 파울리나는 독서를 많이 하고 프랑스어를 좋아하며 아들을 대개 자크라고 부른다. 그는 이 아들과 아버지가 잠깐 들를 때 생긴 다섯 형제자매를 혼자 키우다시피 한다. 아버지의 사업은 그럭저럭하고, 부쿠레슈티에서 굶주린 아이들 여섯 명과 생활하기는 힘들고, 가난과 반유대주의가 일상생활을 각인한다.

어린 야코프가 우울한 현실에서 벗어나기 위해 가장 즐겨한 것은 신 놀이였다. 그는 자서전에서 네다섯 살이던 어느 일요일 오후에 대해 이렇게 얘기한다. "부모님은 친구들을 만나러 외출하셨다. 나는 집에 남아 이웃집 아이들과 놀았다. 나는 무슨 놀이를 할까 생각하다가 '신과 천사 놀이를 하자'고 말했다. 하지만 누가 신이 돼야 할까? 나는 '내가 하느님이고 너희는 내 천사야'라고 답했다. 다른 아이들도 동의했다. 우리는 집안 곳곳에서 의자를 끌고 와 큰 오크 테이블 위에 올려놓고 묶은 다음 그 위에 더 많은 의자를 올려 우리가 천장에 닿을 때까지 천국을 만들었다. 그다음 나는 다른 아이들의 도움을 받아 맨 위 의자에 올라갔고, 거기에 아주 편안히 앉았다. 아이들은 테이블 주위에 모여 팔로 날갯짓하며 노래를 불렀다. 갑자기 한 아이가 '왜 너는 날지 않아?'라고 물었다. 나는 두 팔을 벌려 날려고 시도했다. 잠시 후 나는 오른팔이 부러진 채 바닥에 쓰러져 있는 자신을 발견했다. 추락한 신의 심리극—이것이 내가 기억하는, 내가 지도한 첫 개인 심리극 회기였다."[19]

야코프가 여섯 살 때 가족은 더 나은 삶을 바라며 빈으로 이주한다. 1903년에 그다음 이사가 이어지는데, 이번에는 베를린이었다. 그사이 열네 살이 된 야코프는 빈을 너무 그리워한 나머지 3주 만에 혼자 돌아가 친구들과 함께 지낸다. 그는 학교를 중퇴하고 베르크너가를 비롯해 여러 곳에서 가정교사로 일한다. 이제 열두 살이 된 베르크너 가족의 딸 리슬은 연기에 뛰어난 재능이 있다. 모레노는 리슬을 위시한 다른 학생들과 함께 빈의 아우가르텐 공원에서 노는 아이들에게 그들의 일상생활 장면을 묘사하고 고민과 어려움을 자발적으로 표현하도록 부추긴다. 즉흥극은 1909년 그가 학교 졸업장이 없는 채로 대학에서 철학 공부를 시작하기 오래전부터 모레노의 사명이었다. 2년 후 그는 고등학교 졸업 시험을 만회하고 의대에 등록한다.

전쟁이 발발하기 전, 아마 1914년 초에 모레노는 프로이트의 강의를 듣는다. 모레노는 교수와 대화하게 되고, 교수는 그에게 공부가 끝나면 뭘 할 생각인지 묻는다. 모레노는 "교수님께서 중단하시는 곳에서 시작하겠습니다"라고 자신 있게 대답한다. 그는 삶과 동떨어진 진료실에서 일하는 대신 일상적 환경에서 어려움을 겪는 사람들을 돕고자 한다. 1913년 빈의 홍등가 슈피텔베르크에서 그가 매춘부들과 함께 시도한 것처럼 말이다. 여기서 모레노는 사회로부터 버림받은 여성들을 위한 상담 및 자조 집단을 조직했다.

모레노는 아버지에게 물려받은 터키 국적 덕분에 합스부르크 왕가를 위한 병역 의무를 면제받는다. 그는 미테른도르프의 추방자 수용소에서 일하며, 1920년부터는 빈에서 남쪽으로 40킬로미터도 떨어지지 않은 바트푀슬라우에서 회사 전속 의사로 일한다. 그곳에서 그는 첫사랑인 마리안네 뢰르니초를 만나 그녀와 한집으로 이사한다. 이 시기에 모레노의 세계관을 시 형식으로 담은 《아버지의 약속》이 나온다. 이는 다음과 같은 말로 시작한다. "나는 하느님, 아버지, 우주의 창조자다. 이것이 나의 약속, 아버지의 약속이다." 모레노는 자신의 예술혼을 펼치기 위해 바트푀슬라우와 빈을 정기적으로 왕래한다.

모레노는 여러 면에서 젊은 프리츠 페를스와 닮았다. 둘 다 오만하고 도발적인 성향이 있는 이국적 인물이다. 둘 다 지혜로운 바보의 토포스를 갖고 놀며, 자발성의 힘에 매료되어 있다. 모레노는 '영혼의 진실은 오직 행동으로만 그 근본을 캘 수 있다'고 확신한다. 이 명제는 페를스도 말할 수 있었을 것이다. 두 개척자에게 말만으로는 충분치 않다. 왜냐하면 영혼의 구제에 이르는 길은 육체의 지혜를 거치기 때문이다.

~~~~~~

모레노는 치료 실험에서 초기 가족 관계를 재연한다. 거기서 발생한 감정을 지금 여기서 재현하고 행동의 대안을 시험한다. 이를 위해 먼저 참가자들 가운데 주제의 중심에 놓일 사람을 결정한다. 아버지, 어머니, 형제자매, 때에 따라서 친척이나 친구 등의 역할은 다른 참가자가 맡고 인물들을 공간에 배치한다. 그다음 무대 위에서 자유로운 연기를 시작한다.

심리극 배후의 이념은 사람 사이의 상호 관계를 재연함으로써 말하고 움직이는 데 수반하는 감정을 의식하게 된다는 것이다. 여기서는 '또 다른 자아(alter ego)', 즉 주인공이 자신의 대리인으로 지정한 사람이 도움이 된다. 이 사람이 주인공의 입장을 취하는 동안 본인은 장면 밖으로 나와 이를 외부에서 관찰할 수 있다. 심리극의 다른 두 전형적 기법은 이중화와 역할 교환이다. 후자에서는 주인공이 어머나 형제 같은 다른 인물의 자리에서, 그들의 관점에서 장면을 바라보려고 시도한다. 전자는 동료 연기자가 그림자처럼 주인공을 따라다니며 주어진 상황에서 어떻게 말하거나 행동할 수 있을지 제안하는 것이다. 그 밖에도 치료 효과를 위해서 '공유', 즉 집단의 후속 논의도 중요하다.

모레노의 후계자들은 심리극을 가족 조각 및 세우기 작업과 같이 고도로 형식화한 접근법으로 발전시킨다. 심리학자 베르트 헬링거(Bert Hellinger)가 연출하듯 관객 앞에 가족 세우기를 노출하는 방식은 특수한 집단역학으로 인해 정신적으로 불안정한 사람들이 앞으로 떠밀리거나 조종당할 위험이자 약점을 감추고 있다. 상처를 주는 경험을 재현하는 것과 카리스마 있는 지도자의 권력 과시 사이에는 종종 경계가 불분명하다. 야코프 모레노의 기법은 최선의 경우에 생기 있는 관계를 체험하고 강렬한 경험을 할 수 있게 한다. '이중화' '보조 자아' 같은 개념이나 신체를 털어냄으로써 연기한 역할을 벗어던지는 '역할 벗어나기'는 집단치료 교재에 실린다.

1925년 모레노는 빈을 떠나 미국으로 향한다. 거기서 그는 처남이 개발한 녹음기의 특허를 내고자 한다. 하지만 미국에는 이미 더 무르익은 기술이 있었기 때문에 실패한다. 심지어 모레노의 의대 졸업장도 인정받지 못한다. 그는 의사로 일하기 위해 두 번의 추가 시험을 치러야 했다. 모레노의 '자아-신' 철학은 많은 미국인에게 충분히 신성모독이며, 그래서 그는 이 철학을 덮어 가린다. 대신 그는 사회관계를 측정하고 시각적으로 제시하기 위해 광범위한 설문지, 이른바 사회측정학을 기획한다. 이를 통해 그는 예를 들어 복싱 경기의 결과를 예측하고 언론의 큰 주목을 받는다. 세계 챔피언 조 루이스(Joe Louis)는 뛰어난 순발력 덕에 소위 무적의 선수가 된다. 하지만 너무 무작위적인 사회측정학은 과학적으로 인정받지 못한다.

모레노의 업적은 연구자가 아니라 예술가이자 선각자의 것이다. 그는 "만남의 종교", 종종 영적 뉘앙스를 띠는 창조적 역할극, 일종의 "실험적 신학"을 창시한다.[20] 이 창조자는 단순히 비유적 의미에서 자기를 신으로 생각하는 것이 아니다. 그에게 신이란 자신의 의지에 따라 삶과 관계를 형성하는 모든 사람이다.

배신자, 배신자

홀이 미친 듯이 떠들썩하다. 열정이 아니라 경악, 아니 노골적 분노 때문이다. 과학 학회에서는 듣기 힘든 휘파람 소리가 공간을 가득 채운다. 많은 청중이 야유와 함께 회의장을 떠난다. "입 닥쳐!" 심지어 "배신자! 배신자!"라는 말소리가 들린다.

이런 집단적 비난의 대상자는 죄 없는 어린 양을 연기한다. 그는 오직 사실만 제시하며, 냉정하고 명확하게 설명한다. 모임이 끝난 후 그는 "나는 그렇게 유치하게 행동하는 청중을 본 적이 없다"고 말한다.[21] 하지만 그는 여기서 문제가 된 사실이 폭탄처럼 터질 것임을 잘 알고 있다. 그는 이 사실을 차분하게, 거의 즐겁게 반복한다.

무슨 일이 일어난 걸까? 1958년 7월 3일, 심리학자 한스 위르겐 아이젠크(Hans Jürgen Eysenck)는 런던에서 열린 한 대회에서 자신이 함께 개발한 행동치료의 기초에 대해 강연한다. 그는 이것이 "우리에게 있는, 심리치료에 대한 유일하게 합리적인 접근법"이라고 강조한다.[22] **유일한 접근법이라고?** 이것만으로는 충분히 뻔뻔하지 못했다는 듯, 아이젠크는 한 걸음 더 나아간다. 런던 남부 모즐리 병원의 연구원에 따르면, 정신분석은 효과가 없다. 반세기가 넘는 정신분석 연구와 치료가 헛일이었다고? 우선 모즐리 병원이 영국에서 행동-학습 이론에 기반한 정신의학의 중심이라는 사실을 알아야 한다. 아이젠크는 말하자면 적진에 속한다. 그러나 우리는 그의 비판을 진지하게 받아들여야 한다. 이 비판은 맹목적 원한이 아니라 매우 실제적인 연구 결과에 기반한다.

아이젠크는 주로 정신분석 임상의로 구성된 협회인 왕립의학·심리학연합의 회원들에게 연설한다. 아이젠크의 논문은 전에도 열띤 논쟁을 불러일으켰다.[23] 이 논문의 저자는 정신분석의 과학적 지위에만 이의를 제기하는 것이 아니다. 거기에 대해서는 다른 사람들도 이미 이의를 제기했었다. 여기에 더해 아이젠크는 대담하게도 분석 작업의 핵심, 즉 치유의 성공을 부정한다. 참고할 수 있는 데이터에 따르면 정신분석을 쓸모없는 것으로 간주해야 한다고 그는 말한다. 이유는 환자들을 치료 전후에 비교한 모든 연구가 한 가지, 즉 신체의학에서와 마찬가지로 정신의학 분야에서도 자연 치유가 일정한 비율로 나타난다는 사실을 범죄적으로 무시한 것이다. 다시 말해 우리가 그야말로 아무것도 하지 않아도 시간이, 물론 전부는 아닐지라도 상당한 상처를 치료한다. 특정한 치료법이 그저 기다리거나 차를 마시는 것보다 더 효과적임을 보여주고 싶다면 이 점을 고려해야 한다.

아이젠크는 영국의 입원 통계를 분석해 아직 치료받지 않은 환자들의 데이터와 비교했다. 그들 가운데 상당수가 아이젠크가 조사하는 동안 치료받을 곳을 찾는 대기자 명단에 올라 있었다. 이 집단에서 많은 자연 치유가 나타났다. 의사들은 특별한 치료 없이 증상이 가라앉을 때 자연 치유라고 한다. 아이젠크의 평가에 따르면 사례의 절반에서, 어떤 장애의 경우에는 3분의 2까지 시간이 지나는 것만으로도 치유 효과가 있다. 따라서 심리적으로 불안한 사람들은 기다리기만 하면 저절로 나아질 수 있다.

참석한 정신분석학자들이 아이젠크에게 반대하는 것은 말의 내용보다 그 배후에 있는 요구와 관련한다. 이는 그들의 직업에 비길 데 없이 큰 위협이다. 모든 의료 절차는 환자의 기대나 단순한 기다림으로써 얻는 것 이상을 줄 수 있음을 증명해야 한다. 요컨대 플라세보 효과 이상을 제공해야 한다. 따라서 치료의 성공 여부는 치료 후 더 좋아진 환자가 많다는 사실만으로 결정하는 것이 아니다. 치료 성공률은 의학적 개입이 없거나 유사 치료를 할 때 달성할 수 있는 확률을 능가해야 한다.

아이젠크의 평가에 따르면 행동치료를 비롯한 여러 방법의 개선율이 평균 65퍼센트인 데 반해, 정신분석의 경우에는 44퍼센트에 지나지 않았다.[24] 자연 치유율이 50퍼센트에 달한다는 점을 고려할 때, 이는 분석을 받은 사람들이 아무것도 하지 않은 사람들보다 **더 드물게** 호전한다는 의미다!

아이젠크는 자기 계산을 뒷받침하는 데이터가 넉넉하지 않다는 점을 인정한다. 하지만 이는 주로 정신분석가들이 자신의 작업에 대해 확실한 검증을 원하지 않기 때문이다. 여기에 참된 도발이 있다. 아이젠크는 정신분석에 대해서도 나머지 방법과 마찬가지로 유용성을 증명할 수 있어야 한다고 요구한다. 분석가들은 프로이트 시대부터 치료 과정에 대한 개인적 인상과 일화적 사례 보고를 참조해왔다. 이들 중 일부는 환자의 상태 악화마저 '긍정적 반응'으로 간주했는데, 치유에 이르는 길은 종종 최초의 위기를 거친다. 증상은 대체 뭘 드러낼 것인가? 어차피 무의식은 설문지와 척도를 갖고서 다룰 수 없다. 인간주의 심리학자들 사이에서도 비슷한 태도를 자주 볼 수 있다. 자기 접근법은 너무 복잡하고 미묘해서 성공을 객관적으로 측정할 수 없다는 것이다.

아이젠크는 그런 주장을 변명이라고 질책하는 것으로 유명해진다. 많은 사람이 실제 효과에 대한 검증을 거부하기 위해 거창한 이론 뒤에 진을 쳤다. 아이젠크의 비판은 때때로 가혹하고 과장이 있을지라도 유익한 충격을 불러일으킨다. 물론 일부 분석가들은 고개를 절레절레 흔들며 도그마의 껍데기 속으로 후퇴한다. 반면 많은 분석가는 의료 보험 회사에서 치료를 인정하고 비용을 지급하려면 자기가 도움이 된다고 입증해야 한다는 점을 통찰한다. 사명감 대신 투명하고 합리적인 접근 방식이 필요하다.

탁월함에서 증거로 이르는 길은 오래전에 시작됐다. 런던의 태비스톡 병원이나 미국 토피카의 메닝거 요양원 같은 정신분석 중심의 의료 기관에서 점차 치료 과정을 기록 및 평가하기 시작한다. 아이젠크의 결산으로부터 10년이 채 지나지 않은 1967년, 정신의학자 안네마리 뒤르센(Annemarie Dührssen)은 여러 대규모 연구를 통해 독일 의료 보험이 최대 250시간의 정신분석 치료를 법적으로 보장해야 한다고 설득한다. 이 해득실을 따져보면 그렇게 의료 시스템의 비용을 절감할 수 있다. 왜냐하면 정신적으로 불안정한 사람들을 치밀하게 추적하는 것이 중독이나 결근 등으로 인해 필요한 치료보다 저렴하기 때문이다. 여기서는 치유 대신 비용 최소화가 결정적 기준으로 등장한다.

이런 면에서 분석가와 인간주의 심리학자를 한편으로 하고 행동치료자를 다른 한편으로 하는 논쟁에는 단연 장점이 있었다. 아이젠크와 울프 같은 후자는 객관적 효과를 측정할 수 있는 치료법을 선호했다.[25] 이 요구를 다른 학파의 동료들도 더는 무시할 수 없었다.

몇 년 후 어느 학회에서 벌어진 또 다른 에피소드가 아이젠크가 도발에서 느끼는 즐거움을 보여준다. 베를린에 뿌리를 둔 영국인의 강연이 끝난 후 분석가로 보이는 한 노신사가 마이크를 잡고 독일 억양이 강한 영어로 말한다. "아이젠크 교수님, 저는 교수님이 어떻게 프로이트 치료의 명백한 성공을 의심할 수 있는지 모르겠습니다……." 그의 말이 끝나자마자 아이젠크는 자리에서 일어나 과장된 말투로 대답한다. "정말 이해를 못하시네요!" 그는 더 이상 아무 말도 하지 않고 다시 자리에 앉았다.

~~~~~~

성공한 두 배우의 아들로 태어난 한스 위르겐 아이젠크는 연극적인 것에 대한 감각을 타고났다. 그의 아버지 에두아르트 아이젠크(Eduard Eysenck)는 라인란트 출신의 카바레 예술가였고, 어머니 루트 베르너(Ruth Werner)는 헬가 몰란더라는 가명으로 무대와 무성 영화에서 경력을 쌓는다. 1916년 3월 4일 베를린에서 한스가 태어났을 때 두 사람 모두 아이를 키울 시간이 없었다. 그 후 2년 만에 예술가 부부는 헤어졌고, 아들은 외할머니 슬하에서 성장한다. 그는 다섯 살 때 몰란더의 영화에 조연으로 출연해 연기에 대한 재능을 증명한다. 아버지와 헤어진후 어머니는 영화제작자 막스 글라스(Max Glaß)와 사랑에 빠졌지만, 그의 아내가 이혼을 거부하면서 그와 함께 어려운 관계를 이어간다. 유대인인 글라스는 국가사회주의자들이 권력을 장악한 후 압박을 받는다. 몰란더의 어머니 역시 유대인이다. 부부는 독일에서 미래가 보이지 않자 처음에는 파리로, 그다음에는 브라질로 피한다. 반면 한스의 아버지에두아르트는 파시스트들과 잘 지냈고, 아리안계가 아닌 많은 동료의 공연이 금지당한 데서 이득을 얻는다.

따라서 나치의 인종 이데올로기에 따르면 한스는 '4분의 1 유대인'이었다. 1934년에 그가 대학 입학 자격시험을 치르고 베를린 대학교에서 물리학을 공부하려 했을 때, 나치당에 입당하거나 그들의 친위대에 입대하라는 제안을 받았지만 거절한다. 어릴 때부터 홀로 남겨지곤 한 18세 소년은 할머니께 작별을 고하고 10대 시절 어학연수를 여러 차례 다녀온 영국으로 떠난다. 1937년 그가 베를린을 방문했을 때 할머니를 마지막으로 만난다. 그녀는 1943년 수용소로 이송돼 테레지엔슈타트에서 사망한다.

런던에서 아이젠크는 좋아하는 물리학을 진로로 정하려고 하지만 실수로 심리학을 전공하게 된다. 유니버시티 칼리지에서는 독일의 대학 입학 자격시험을 인정하지 않기 때문에 그는 먼저 예비 시험을 치러야 했다. 물리학 공부를 위해서는 두 과목의 자연과학 시험이 필수지만, 아이젠크는 한 과목만 자연과학으로 보고 다른 과목은 역사·언어·

문학으로 응시한다. 그리하여 그에게 열린 유일한 자연과학 학위 과정은 심리학이다. 왜냐하면 심리학은 인문학부에 포함되기 때문이다. 아이젠크가 등록할 때 직원은 "한번 해보세요. 마음에 들 거예요"라고 말한다.[26] 그리고 그가 옳았음이 증명된다.

아이젠크는 심리학에서도 정신적 변수의 객관적 측정, 통제 가능한 실험, 통계 데이터 분석과 함께 정확한 자연과학 연구 모델을 본받으려고 노력한다. 그는 특히 맨 마지막 분야, 즉 이른바 요인 분석의 발전을 통해 이름을 알린다. 아이젠크는 성격을 구성하는 기본 특성과 그것이 무엇 때문에 변화하는지 연구한다. 여기서 그는 자기 선생인 지능 연구자 시릴 버트(Cyril Burt)와 마찬가지로 환경과 교육의 영향보다 유전자가 주로 작용한다고 본다. 버트는 논란을 일으키는 만큼이나 카리스마 넘치는 스승이었다. 그가 사망한 지 몇 년 후, 그가 아이큐의 유전 가능성과 흑인에 비해 높은 백인의 인지 능력을 뒷받침하는 쌍둥이 비교 데이터를 꾸며냈을 가능성이 매우 높음이 알려진다.

아이젠크는 정보의 원천을 창의적으로 다루는 면에서도 버트의 영리한 제자다. 모순적이게도 정신분석학자들의 방법론적 실패를 비난하는 바로 그 사람이 나중에 자기 연구 결과를 조작했다는 의혹을 받는다. 놀랍게도 아이젠크는 마음에 드는 이론이 있으면 그 이론에 부합하는 데이터를 곧잘 찾아냈다. 예를 들어 노년기에 그는 논란이 많은 하이델베르크의 심신상관의학자와 함께 담배 소비는 암 위험을 증가시키지 않는 반면에 성격은 종양 확대에 영향을 미침을 보여주는 논문을 여럿 발표했다. 이런 연구는 이후 심각한 투명성 결여로 인해 철회됐다.

거의 노인이 되었을 때 아이젠크는 우익 성향의 〈나치오날 차이퉁〉에 '돌팔이 프로이트'에 관한 기사를 게재한다. 거기서 그는 유대인 기질을 지닌 정신분석가의 교활함을 설명한다. 게다가 그는 행성의 궤도가 어떻게 성격을 형성하는지나 백인이 왜 다른 인종보다 더 명확하게 생각하는지에 대해 난해한 이론을 전개한다. 그러므로 그에게는 양심에 찔리는 점이 한두 개가 아니다. 아이젠크는 특히 말년에 인종 차별적 사상에 빠졌다. 그는 전혀 모범이 아니지만, 그럼에도 불구하고 우리는 그의 한 가지 공로를 인정해야 한다. 그의 날카로운 방법론 비판은 정신분석이 그 효과에 대한 현대의 연구와 더는 단절할 수 없다는 현실을 인식하는 데 이바지했다.

알려지지 않은 존재

프로이트의 우주에서 인간은 고독한 존재로 나타난다. 그의 정신 장치는 영혼의 에너지가 온갖 전환과 방전을 통해 흐르며 내적 긴장을 줄임으로써 유기체에게 항상 쾌감을 제공하는 것을 목표로 하는 복잡한 기어 박스처럼 작동한다. 이런 역학에서 다른 사람들은 예를 들어 내면화한 도덕적 양심, 즉 초자아의 대표자나 우리가 스스로는 인정할 수 없는 까닭에 타인에게 돌리는 리비도로 채워진 욕망을 투사하는 표면 역할을 한다. 이를 논외로 하면 프로이트가 생각한 정신 모델은 대체로 자율적인 형성물이다.

다른 한편에서 정신분석학의 신경증 이론은 영혼의 체재가 개인의 역사, 무엇보다도 유아기 경험의 산물이라는 가정에 기초한다. 프로이트의 두 중심 전제, 요컨대 첫째로 어린 시절의 트라우마에 대한 억압된 기억이 병들게 만드는 것과, 둘째로 꿈·실수·증상 등 정신적인 모든 것은 발견해야 할 더 깊은 진실을 가리키는 것이 맞다면, 유아의 환상 세계에도 해독해야 할 하위 내용이 있다는 추측은 당연하다. 신경증을 예방하기 위해서는 될 수 있는 대로 어린아이들부터 시작해야 하지 않을까? 프로이트 자신은 이런 결론을 내리기에 너무 숙명론적으로 생각했다. 그에게 신경증은 인간이 문화를 형성하는 한 피할 수 없는 대가였다. 그래서 정신분석에서 아동의 영혼을 구함으로써 궁극적으로 사회 전체를 구하는 수단을 만들어내는 것은 그의 제자 일부에게 맡겨졌다.

1895년에 태어난 프로이트의 막내딸 아나는 여섯 자녀 가운데 유일하게 아버지가 오랜 세월 공들여 쌓은 이론에 생동하는 관심을 보인다. 고등학교 졸업 시험을 마친 직후 그는 빈에서 초등학교 교사로 일한다. 프로이트는 그가 의학을 공부하지 않았어도 교육 분석을 수료할 수 있다고 생각한다. 그리고 곧바로 프로이트 자신과 함께하지 못할 이유가 있을까? 아나의 훈련은 1918년에 시작된다. 거의 4년 동안 그는 아버지와 함께 억압과 전이, 오이디푸스 콤플렉스적 리비도, 거세 콤플렉스, 남근 선망의 문제에 관해 이리저리 생각한다.

딸은 일찍부터 어른의 영혼과 달리 여전히 미지의 영역인 아이의 영혼을 탐구하는 데 헌신한다. 이 대상은 특별한 도전을 제기한다. 아이들, 특히 어린아이들은 자기 내면에서 일어나는 일에 대한 정보를 아직 제공할 수 없다. 분석 과정에 대한 통찰과 관심을 아이들에게 요구하는 것은 헛된 일이다. 따라서 대개 치료의 교육적·예방적 성격이 전면에 놓인다. 1923년 아나 프로이트는 아버지의 진료실 바로 옆에 자신의 치료실을 연다. 같은 해에 프로이트가 첫 구개암 수술을 받고, 아나는 곧 아버지를 대신해 강연과 그 밖의 약속에 참석하는 대리인이 된다.

거의 같은 시기에 아나는 도러시 벌링엄(Dorothy Burlingham)이라는 인생의 사랑을 만난다. 1924년 여름, 이 미국 여성은 목가적인 제메링에와 프로이트가 거주하는 빌라 슐러 옆집에서 네 자녀와 함께 휴가를 보낸다. 벌링엄의 아버지는 유명한 뉴욕 보석 사업의 상속자인 루이스 티파니(Louis Tiffany)다. 도러시는 20대 초에 외과의와 결혼하지만, 그는 곧 조울증에 걸린다. 광란과 절망 사이를 오가는 남편과의 삶은 그녀에게 견딜 수 없는 고통이 된다. 결국 그녀는 남편을 떠나 아이들과 함께 가능한 한 멀리 유럽으로 이주한다.

벌링엄의 열 살 난 아들 밥은 심인성 천식 때문에 아나에게 치료받는다. 치료가 효과를 보이자 도러시는 프로이트의 가르침에 확신을 갖게 된다. 그는 아나에게 끌림을 느낀다. 두 사람은 함께 많은 시간을 보내고 휴가를 떠나며, 비공개로긴 하지만 갑자기 부부가 된다. 1928년 벌링엄은 베르크가세에 있는 프로이트의 집 위층으로 이사한다. 그때부터 1979년에 사망할 때까지 그는 아나 프로이트와 한 지붕 아래서 산다. 두 사람은 빈 외곽에 작은 주말 별장을 구입하고, 히에칭에 학교를 열어 정신분석의 원칙에 따라 친구와 지인의 아이들을 가르치고 치료한다. 그리고 1927년 아나의 논문 모음집 《아동 분석 기법 입문》도 출판된다. 도러시는 국제정신분석학회의 비서가 되어 교육과 양육 및 사회사업에서의 정신분석 보급에 전념하는 집단을 설립한다. 여기서는 알려지지 않은 존재인 아동의 정신적 체재를 어떻게 해명할지의 문제를 집중적으로 다룬다. 그리고 그들을 어떻게 바람직하지 않은 발달로부터 보호할 것인지의 문제도 논의한다.

아나 프로이트는 "성인 신경증 환자를 분석한 결과 여러 심각한 교육적 오류가 밝혀졌다"고 썼다. "성적 문제에 대한 부모의 솔직하지 못함, 비현실적으로 높은 도덕적 요구, 지나친 엄격함 또는 관대함, 불필요한

사진 27　언제나 아버지와 딸: 1895년에 태어난 아나 프로이트와 그의 아빠.

약속, 징벌, 때 이른 유혹은 병의 생성과 발전에 영향을 미치는 것으로 나타났다."[27] 하지만 공포증, 강박, 수면 문제, 야뇨증, 공격성 또는 (당시에는 잠재적으로 위험하다고 여기던) 자위행위에 대해 당사자가 이야기하지 않는다면 어떻게 치료할 수 있을까? 프로이트의 딸에 따르면 일반적으로 자유 연상은 고려하지 않으며, 특히 어린아이들은 여기에 필요한 반성 능력이 없다. "아동 분석의 역사는 근본적으로 자유 연상의 실패를 다른 수단으로 대체하려는 끝없는 시도에 지나지 않는다."[28] 다만 어떤 수단이 그렇게 할 수 있을까?

〜〜〜

'어린 한스'의 사례에서 영감을 받아 아동 정신분석에 최초로 헌신한 사람은 귀족 여성인 헤르미네 후크 에들레 폰 후겐슈타인(Hermine Hug

Edle von Hugenstein)이다. 그는 1871년 빈에서 태어난다. 그의 아버지는 중령으로 소녀를 엄하게 키워 의무감과 도덕적 엄격함을 심어준다. 영리한 헤르미네는 학교를 졸업한 후 처음에는 교사가 된다. 교직에 좌절한 그는 스물여섯 살에 빈 대학교에서 철학과 물리학을 공부하기 시작했다. 박사 학위를 위해 방사능 현상을 연구하던 그는 의사인 이시도르 사드거(Isidor Sadger)를 만나 분석을 받는다. 또한 사드거를 통해 프로이트 모임과도 접촉한다. 1913년, 이제 자기를 후크헬무트라고 부르는 그는 마르가레테 힐퍼딩(Margarete Hilferding)에 이어 빈 정신분석학회에 가입한 여성이 된다.

아이의 영적 삶에 대한 후크헬무트의 개인적 몰두는 가족의 죽음으로 시작된다. 1915년 의붓여동생 안토니에가 갑자기 사망하자 헤르미네는 여덟 살짜리 조카, 롤프라고 불리는 루돌프를 데려다 키운다. 그러나 그녀는 소년에게 애정을 많이 보여주지 않는다. 방문객들은 헤르미네가 분명 그 아이보다 고양이와 더 많이 대화하고 "미친 교육법"으로 롤프를 괴롭힌다고 말한다.[29] 그녀는 그에게 뭘 입고 먹고 말해야 할지 끊임없이 지시하고, 친구를 만나거나 과자를 먹지 못하게 한다. 후크헬무트는 억압적이고 마음이 그리 따뜻하지 않은 여성이며, 거기다 1873년 빈 주식 시장 붕괴로 가난해진 귀족 가문의 후손으로서 극도로 검소하다.

이모의 정서적 냉담함으로 사춘기의 롤프는 그의 물건을 훔치기 시작하며, 건방지고 심지어 공격적인 모습을 보인다. 그가 나쁘게 행동할수록 후크헬무트는 그를 더 비난한다. 그녀는 소년이 그런 행동으로 잔소리와 자기에 대한 의심을 막으려 한다는 사실을 깨닫지 못한다. 열다섯 살 때 롤프는 그녀가 속치마에 꿰매놓은 거액의 돈을 훔친다. 그 벌로 후크헬무트는 소년을 직업 학교에서 데려와 문제아들을 위한 시설에 입소시킨다. 롤프는 분노에 휩싸인다. 그는 이모에게 점점 더 노골적으로 돈을 요구하며 괴롭히고, 마침내 이모는 그가 자기 집에 들어오는 것을 금지한다.

불행한 일은 1924년 9월 9일 밤에 일어난다. 롤프는 자신에게 닥친 일을 스스로 해결하기로 결심하고 루스트칸들가세 10번지의 중이층에 있는 이모의 집에 침입한다. 소음에 놀란 후크헬무트는 도움을 요청하는 비명을 지른다. 조카가 그녀의 목을 잡고 더 이상 움직이지 못할 때까지 조르기 때문이다. 다음 날 아침 그는 빈 근처에서 경찰에 체포된다. 재판에서 열일곱 살 소년은 자기는 이모의 실험용 토끼였다고 설명한다. 법원은 그에게 강도살인죄로 징역 12년을 선고한다. 또한 그는 범죄일인 9월 8일마다 어둠 속에서 지내야 한다.

이후 언론에서는 정신분석이 아이들에게 얼마나 위험한지를 둘러싼 논쟁이 불붙는다. 어린아이들에게 무의식적 갈등과 유아적인 성욕을 심어줌으로써 그들의 성격을 망치는 걸까? 하지만 롤프를 머리끝까지 화나게 만든 것은 아마 후크헬무트의 강연 내용이 아니라 그녀가 그를 가르치려고만 들고 무정하게 행동했다는 사실일 것이다. 비록 이것이 그의 끔찍한 행위를 변명해줄 수는 없을지라도 말이다.

후크헬무트는 1919년에 《사춘기 소녀의 일기》를 출간하면서 이미 공개적 추문을 불러일으켰다. 열두 살 소녀의 깨어난 리비도를 진솔하게 기록했다고 추정된 이 책으로 새로 설립된 정신분석학 출판사가 이목을 끈다. 하지만 사춘기 소녀가 성적 욕망과 관습에 대해 그렇게 정교하게 말할 수 있는지에 대한 의구심이 곧 생겨난다. 특히 이 책에 기이한 내용이 많은 까닭에 후크헬무트는 그 모든 것을 꾸며냈다는 의심을 받는다. 문제는 어린 일인칭 화자인 리타의 표현 및 사고방식이 너무 어른스러워 보이는 것뿐만이 아니다. 그는 몇 년 후에야 도입된 성적 척도에 따라 평가받으며, 당시에 아직 존재하지 않던 전화를 이용하기도 한다. 책에서 묘사된 다른 사건도 일기를 썼다고 주장하는 날짜 이후에 일어났으며, 리타와 후크헬무트 자신의 삶에서 나타나는 유사성은 대단히 놀랍다.

한 비평가에 따르면 이 일기는 "풀기 어렵게 엉클어진 허구와 진실의 혼합물"이다.[30] 출판사가 프로이트의 가르침에 더 많은 타당성을 부여하려고 아이의 경험담을 위조했음을 많은 증거가 시사한다. 출판사는 재빨리 도서 목록에서 이 책을 빼고 침묵으로 문제를 은폐한다.

~~~~~~~

이 여자의 딸이 된다는 건 쉽지 않다. 아니, 그야말로 부담스러운 일이다! 딸이 기억하는 한, 어머니는 부재하거나 아니면 어두운 표정으로 멍하니 생각에 잠겨 있었다. 버림받았으며 공허하다는 느낌이 언제나 딸과 함께한다. 그와 두 남동생은 언제나 과도한 일에 시달리는 할머니의 보살핌을 받았다. 하지만 사위는 직업 때문에 끊임없이 출장 중이고 딸은 이를 감당할 수 없는 상황에서 할머니가 손주들을 돌보는 것 말고 달리 뭘 할 수 있었을까?

우울증에 걸린 자기 어머니를 비난하는 것은 부당할 수도 있다. 하지만 그가 부다페스트에서 처음 정신분석을 받으면서 어느 정도 회복했을 때도 아이들은 주로 연구 대상으로서 흥미로웠다. 그는 자녀들을 인터뷰하고 그들의 모든 감정을 기록했으며, 아이들의 정서적 삶에 대한 자신의 이론을 자녀들이 자기와 놀거나 상호 작용할 때 하는 표현과 비교했다. 아동 분석의 기법을 섬세하게 다듬으려는 멜라니 클라인의 야망에 멜리타, 한스, 에리히는 완벽한 대상이었다. 그리고 이들에 대한 호기심을 충족하자 그는 처음에는 베를린으로, 나중에는 먼 런던으로 가버렸다.

멜라니 라이체스는 1882년 3월 30일 빈의 티펜그라벤에서 네 자녀 가운데 막내로 태어난다. 라이체스 가족은 부르겐란트의 헝가리 지역 출신이다. 그의 아버지 모리츠 라이체스는 렘베르크 출신 의사이며, 어머니 리부사 도이치는 오늘날 슬로바키아의 소도시인 바르보츠 출신이다. 멜라니가 다섯 살 때 언니 시도니가 결핵으로 사망한다. 오빠 이마누엘은 아버지가 세상을 떠난 직후인 스물다섯 살에 심부전으로 죽는다. 사랑하는 사람을 잃는 슬픔은 어릴 때부터 멜라니를 따라다닌다.

스물한 살에 그는 열일곱 살 때 청혼한 오빠의 친구인 화학공학자 아르투어 클라인과 결혼한다. 부부는 우선 아르투어의 부모와 함께 살기 위해 빈에서 로젠베르크로 이사한다. 이곳에서 자녀 멜리타(1904년)와 한스(1907년)가 태어난다. 그 후 가족은 클라인이 회사에서 발령받은 부다페스트로 이주한다. 멜라니는 한스가 태어났을 때 이미 심한 우울증을 앓고 있었다. 그는 사랑받지 못한다고 느끼고 골똘히 생각하며 쉽게 울기 시작한다. 멜라니가 치료받거나 일상에서 벗어나고 싶어 하는 동안 그의 어머니 리부사가 살림과 아이들을 돌본다. 1913년 말 세 번째로 임신한 멜라니는 무너지기 직전에 이른다. 1914년 5월에 에리히가 태어나며, 그 직후 전쟁이 시작된다. 의사가 되겠다는 멜라니의 꿈은 멀리 사라진다.

가족의 죽음, 기쁨이 없는 결혼 생활, 출산의 의무, 그럼에도 불구하

사진 28　끔찍하게 멋진 가족? 멜라
니 클라인과 자녀인 멜리타와 한스.

고 뒤를 받쳐주는 어머니 리부사, 이 모든 것이 멜라니를 짓누른다. 그
는 자신이 실패자라고 느낀다. 거리를 두고 거부하는 그의 태도는 자녀
들에게 클라인이 아동 발달의 피할 수 없는 부분이라고 설명하는 분노
를 유발할 수 있다. 다른 개척자들과 마찬가지로 그도 동료인 헬레네
도이치(Helene Deutsch)가 "아이들은 관찰되는 것이 아니라 사랑받기를
원한다"고 표현한 사실을 무시한다.[31]

　어느 날 멜라니는 더 이상 견디지 못하고 사람들이 추천한 신경과 전
문의의 진료실에 들어선다. 둥근 안경을 쓰고 눈빛이 부드럽고 키가 크
고 백발이 성성한 남자가 치료실에서 그를 맞이한다. 샨도르 페렌치는
저 유명한 빈의 의사 프로이트의 제자다. 멜라니는 그에게 자신의 곤경
을 털어놓고 삶을 근본부터 변화시키는 분석을 시작한다. 그 후 몇 년

동안 헝가리인은 반복해서 군인으로 전선에 파견됐지만, 거의 전쟁 기간 내내 클라인의 치료를 계속한다. 페렌치는 클라인의 감수성과 관찰력을 높이 평가하고 자녀들을 심리학적으로 연구하도록 격려한다. 클라인은 프로이트 읽기에 몰두하며, 카를 구스타프 융이 열광적으로 수용한 그의 1901년 작품 《꿈의 해석》에 매혹당한다. 클라인은 스스로 정신분석가가 되기로 결심한다.

그는 다섯 살 난 아들 에리히에 대한 분석을 보고하면서 헝가리 학회에 가입한다. 1918년 부다페스트 정신분석학 대회에서 만난 카를 아브라함은 아동 분석에 대한 경험을 보고해달라고 그를 베를린으로 초대한다. 1919년 부다페스트에서 우익 정권의 '백색 테러'가 시작되자 그는 제안을 받아들이는데, 남편 아르투어는 스웨덴으로 피신하고 아이들은 조부모와 함께 지낸다. 특히 에리히는 분리로 인해 큰 고통을 겪는다.

클라인은 헝가리의 소수 민족 학살을 피해 온 수많은 망명자 가운데 한 명일 뿐이다. 그는 베를린의 동료들 앞에서 이미 그 윤곽이 나온 자신의 대상관계 이론을 제시한다. 이 이론에서는 모든 아이가 최초의 돌보미, 대개 어머니와 공생 관계를 형성한다고 말한다. 아기-엄마 쌍은 정신적 발달의 핵심을 형성하며, 특히 초기에 내면화한 어머니와의 관계 패턴이 성격을 구성한다. 여기서 부모의 '내적' 이미지는 반드시 실제 인물과 큰 관련이 있는 것은 아니다. 클라인은 의학을 공부한 적이 없고 유치원 교사로 잠깐 일했을 뿐이지만, 카를 아브라함은 그를 교육 분석에 받아들인다.

1927년 아나 프로이트가 《아동 분석 기법 입문》을 출간하면서 두 여성의 견해차가 처음으로 명백히 드러난다. 하지만 그때 클라인은 프로이트주의자들이 지배하는 빈과 베를린보다 자신의 테제를 더 잘 받아들이는 런던에 살고 있었다. 10년 후 지크문트와 아나 프로이트가 영국으로 망명했을 때 두 사람의 견해는 세게 충돌한다. 사람들은 여러 차례의 논쟁에서 클라인의 학설에 대한 찬반을 다툰다. 마찬가지로 정신분석학자이자 어머니에 대한 분노로 가득한 클라인의 딸인 멜리타 슈미데베르크(Melitta Schmideberg)는 어머니를 격렬하게 비난한다. 멜리타에 따르면 어린아이의 분노와 폭력은 자연의 법칙이 아니라 대부분 부모, 특히 어머니의 소홀함으로 인한 결과다. 멜라니의 메시지에 대한, 간과할 수 없는 비난이다.

프로이트주의자들과 클라인주의자들의 논쟁 중심에는 '아동을 몇 살 때부터 분석할 수 있는가'라는 물음이 있다. 아나 프로이트에게 영아와 유아는 내적 갈등과 욕망을 표현할 수 없고, 설령 표현할 수 있다고 해도 보고할 것이 거의 없는 존재다. 왜냐하면 억압의 주체인 초자아는 5~6세 때 오이디푸스 콤플렉스를 극복한 후에야 발전하기 때문이다. 그때까지 어린아이는 오로지 비도덕적 쾌락 원리의 지배만 받으며, 윤리나 환경의 요구에 신경 쓰지 않고 쾌적한 것을 추구하고 불쾌한 것을 피할 뿐이다.

반면 클라인에 따르면 우리는 기저귀를 찰 때부터 욕동과 양심의 대립에서 생겨나는 증오와 파괴적인 복수의 충동에 추동된다. 이는 요구가 끊임없이 꺾이는 까닭에 젖먹이가 체험하는 좌절감의 피할 수 없는 결과다. 아기는 젖을 빨고 싶지만 참아야 한다. 그는 엄마를 혼자 갖고 싶지만 다른 사람과 공유해야 한다. 그는 달리고 말하고 힘을 발휘하고 싶지만 그럴 수 없다. 클라인에 따르면 이는 아기가 본래 사랑하는 사람, 즉 부모에 대한 맹목적인 복수의 욕구를 불러일으킨다. 아기는 부모의 전능함을 부러워하고, 그들을 처벌하고 심지어 파괴하고 싶어 한다. 이는 결국 아이를 죄책감 속에 몰아넣는다. "사랑과 증오 사이의 깊은 갈등은 어린 시절에도 성인이 돼서도 모든 불행의 중심에 놓여 있다. 이 갈등은 부모의 애정 어린 관심과 이해를 통해 완화될 수 있지만 결코 제거될 수 없다."[32]

이 아동분석가의 견해에 따르면 조기 교육을 통해 최악의 상황을 예방할 수 있다. 이런 영혼의 예방 치료가 어떻게 진행되는지는 카렌 호르나이의 딸 레나테를 통해 파악할 수 있다. 1920년대 중반, 호르나이 가족과 클라인 가족은 베를린 남서부에서 서로 그리 멀지 않은 곳에 살았다. 호르나이의 세 딸은 모두 어머니의 바람에 따라 성인이 돼서도 신경증이 생기지 않도록 클라인의 분석을 받아야 했다. 맏이인 브리기테는 거부했지만, 동생인 마리안네와 레나테는 몇 년 동안 클라인의 집을 방문하는 것이 일상이었다. 레나테는 다음과 같이 회고한다. "내가 딱딱한 소파에 누워 있을 때 멜라니는 내 생각과 꿈에 관해 이야기해달라고 요구했다. 나는 활기찬 여덟 살이었고 나무에 어떻게 올라갔는지와 인디언 놀이에 관해 얘기했다. 치료자의 긴 대답은 순진한 내 마음을 깜짝 놀라게 했다. 그는 나의 모든 생각이 남근 선망과 항문 놀이에 집중돼 있다고 말했다. 나는 혼자서 버스와 지하철을 타고 긴 외출을 할 수 있다는 것이 자랑스러웠지만, 곧 어떻게 하면 되도록 천천히 그에게 갈 수 있을지 생각하게 됐다. 나는 늦게 도착해서 끔찍한 소파에 눕지 않고 그 밑으로 뛰어들어 손가락으로 귀를 꾹꾹 눌렀다."[33]

~~~~~~~~

1936년 5월, 프로이트의 여든 번째 생일을 맞아 아나는 아버지에게 특별한 선물을 한다. 그녀는 아버지가 가정한, 영혼의 저항을 위한 무기고를 다시 한번 검토한 책 《자아와 방어 기제》를 그에게 건넨다. 그가 보기에 그녀는 이 책으로 자기가 합당한 상속인임을 입증했다. 아들러, 융, 슈테켈, 라이히, 랑크, 페렌치 등은 모두 그와 참된 교설을 배반했다. 아나는 그러지 않았다.

하지만 그도 제2차 세계대전 당시와 이후에 정신분석 운동이 점점 더 분열되는 것을 막을 수는 없었다. 런던에서는 영국 정신분석학회 산하에 서로 다른 세 집단, 즉 프로이트주의자·클라인주의자 그리고 이른바 독립적인 사람들의 집단이 형성된다. 어떻게 이런 일이 일어났을까?

프로이트에 따르면 6세 무렵 오이디푸스 콤플렉스를 극복하면서 비로소 성립하는 초자아는 클라인에 의해 훨씬 더 거슬러 올라가 유아기 발달로 옮겨졌다. 클라인에 따르면 유아가 생후 2~4개월에 아직 엄마와 완전히 하나이며 자기와 타자, 안과 밖을 구별하지 않는 '편집성–분열성 위치'는 그가 '우울한 위치'라고 부르는 두 번째 단계로 이행한다. 이 단계에서 아이들은 처음으로 선악을 구분하고, 폭력과 살인에 대한 자기 환상을 마주하며 죄책감을 느낀다. 클라인은 태어난 지 몇 주밖에 안 된, 기저귀 찬 아기에게 대입하는 기법, 즉 어린이의 놀이에 대한 상징적 해석을 통해 이를 추론한다. 이 방법에는 한 가지 결함이 있다. 바로 반박할 수 없다는 것이다. 가정한 위치가 실존하지 않더라도 이를 통해 아이의 모든 행동을 설명할 수 있다. 클라인은 사후적으로, 즉 돌이켜보면서 임의의 행동이나 발언에 귀속시킬 수 있는 인과적 연관성을 구성한다. 이 이론에 비춰보면 모든 것이 의미 있어 보인다. 클라인과 많은 동료들에게 부족한 것은 인식론적 겸손이다. "나는 내가 아무것도 모른다는 것을 안다"라는 소크라테스의 준칙이 심층심리학적 사변에 자리를 내주지만, 정작 그것은 자신을 엄밀한 과학으로 제시한다.

미지의 존재인 아이를 움직이는 것은 정확히 뭘까? 두려움, 울음, 밤에 깨는 것 또는 반항은 항상 부모의 행동으로 인한 걸까? 아니면 그 배후에 오직 의식화를 통해서만 해결할 수 있는 욕동의 갈등이 필연적으로 숨어 있는 걸까? 그렇다면 자기 생각을 명확하게 표현할 수 없는 유아의 의식화를 어떻게 해야 할까? 아나 프로이트의 집단에 따르면 정신분석에는 성숙한 언어적·정서적 능력이 필요하고, 그런 까닭에 초등학생 정도의 나이가 되기 전에는 정신분석을 상상하기 어렵다.

반면 클라인은 욕동·양심·죄책감·공격성은 태어날 때부터, 늦어도 생후 몇 주 안에는 생긴다고 믿는다. 다만 유아의 경우 그 표현이 성인과는 다르다. 머리와 팔다리의 첫 움직임과 무엇보다 어린아이들의 놀이를 통해 이들과 접촉할 수 있다. 실제로 언어 이전의 발달 단계가 영혼의 무의식적 삶에 대한 추론을 허락한다면 소아과 교재를 새로 써야 할 것이다.

하지만 모든 사람이 클라인의 테제를 확신하는 것은 아니다. 1940년대 초 런던에서는 클라인주의자들과 비판자들 사이에 격렬한 논쟁이 일어났다. 후자에 따르면 유아기의 대상관계에 대한 클라인의 이해는 자의적 해석에 문을 열어준다. 한편 클라인은 프로이트주의자들이 삶의 첫 단계에 있는 욕동을 무시한다고 비난한다. 클라인의 딸 멜리타는 프로이트 편을 들며, 논쟁이 한창일 때 자기 어머니를 아동 분석의 '괴벨스'로 묘사한다. 결국 정신분석학회는 분열된다. 이때부터 훈련 지원자들은 어떤 도그마에 따라 교육받고 싶은지 결정해야 한다. 이제 문제는 누가 더 나은 논증을 하는지가 아니라 누가 더 많은 추종자를 모으는지다.

1930년대 중반, 유럽에서 분석 도구를 획득한 독일계 유대인과 아메리카대륙 밖의 거주자들이 망명하면서 잘 훈련된 심리치료 전문가들이 미국으로 대거 몰려든다. 이들은 모두 보수와 빵을 추구하며 미국을 치료와 자조의 메카로 변화시킨다. 특히 소비 사회의 편협함과 순응주의를 극복할 수 있다는 전망과 짝을 이루는, 엑스레이 같은 통찰력을 지닌 정신분석가의 이미지는 젊은이들을 매료한다. 정신분석 기관과 클리닉이 우후죽순처럼 생겨난다. 동시에 새로운 분파들이 서로 경쟁하면서 불화의 전통이 이어진다. 공급이 늘어나면 늘어날수록 영혼의 구제에 이르는 자신의 길을 유일하게 적합한 길로 제시해야 한다는 압박감도 커진다. 그리하여 치료 산업은 빠르게 확장한다.

또한 아버지와의 동일시가 초자아를 형성하고 여성은 고통 속에서 자기를 규정한다는 프로이트의 가부장적 접근에 대한 비판도 점점 더 활발해진다. 카렌 호르나이는 남근 선망과 거세 콤플렉스 이론에 맞서 여성적 관점을 주장하는 반체제 인사 가운데 한 명이다. 그는 남성의 '출산 선망'을 주장한다. 호르나이의 생애에서 당시의 역학을 추적할 수 있다. 1932년부터 1942년까지 10년 사이에 그는 '클럽'을 거의 여섯 번이나 바꾼다. 우선 베를린 연구소 동료인 프란츠 알렉산더가 그를 시카고에 있는 정신분석연구소의 공동 소장으로 데려온다. 호르나이의 딸들도 함께 미국으로 이주하며, 당시 이미 배우로 성공한 브리기테만 베를린에 남는다. 1934년 알렉산더와의 의견 충돌 후 호르나이는 뉴욕으로 가 그곳의 정신분석학회에 가입한다. 여기서는 또 다른 망명자인 산도르 라도가 호르나이의 여성적 신정신분석학을 비판적으로 바라보며 분위기를 주도한다. 호르나이는 라도와의 다툼으로 인해 교육분석가로서 제한된 범위 내에서만 활동할 수 있었다. 결국 그는 생각을 같이하는 사람들과 함께 워싱턴과 볼티모어를 기반으로 새로운 학회를 설립한다. 여기서는 신경증을 생물학적으로 고정된 추동력만으로는 설명할 수 없는, 문화적 현상으로 여긴다.

1941년 호르나이는 또다시 미국정신분석협회(American Psychoanalytic Association)의 지부를 탈퇴하고 다른 사람들과 함께 정신분석진흥회(Association for the Advancement of Psychoanalysis) 및 부설 교육 기관을 설립한다. 이듬해 윌리엄 앨런슨 화이트 연구소는 에리히 프롬·프리다 프롬라이히만(Frieda Fromm-Reichmann)·해리 스택 설리번(Harry Stack Sullivan)으로부터 분리됐는데, 특히 프롬이 의학 학위 없이도 교수 면허를 고집했고, 호르나이는 이를 거부했기 때문이다. 1944년 초, 또 다른 집단이 호르나이와의 분쟁에 선을 긋고 뉴욕 의과대학에 합류한다. 호르나이에게는 몇 안 되는 협력자들만이 남았다. 1950년대 초 그 이념은 마침내 '카렌 호르나이 클리닉'으로 이어진다. 하지만 그 이름의 주인공은 클리닉의 설립을 보지 못한다. 호르나이는 1952년 12월 4일 담낭암으로 사망한다.

의미

한밤중

인간은 자신에게 수수께끼다. 다만 그것이 어떤 수수께끼인지에 대해서는 예로부터 의견이 분분했다. 괴테, 프리드리히 빌헬름 폰 셸링(Friedrich Wilhelm von Schelling), 노발리스(Novalis)를 중심으로 한 낭만주의자들은 무의식을 예감과 창의력의 원천이자 신비한 힘으로 칭송했다. 프로이트는 무의식으로부터 시체로 가득한 지하실, 더 정확히 말하면 불안을 유발하지 못하도록 기억과 욕망을 추방한, 어두운 영역을 생성한다. 하지만 억압은 결코 완전히 성공하지 못하는 까닭에 그 결과로 불안과 강박, 그 밖의 신경증이 생겨난다.

한편 카를 구스타프 융은 무의식에 대해 덜 경솔한 관점을 선호했으며 영혼의 삶에서 무의식의 역할을 다음과 같이 기술했다. "우리는 스스로 통제할 수 없거나 부분적으로만 통제할 수 있는 정신적 과정이다. 결과적으로 우리는 자기나 자기의 삶에 대한 판단을 완결하지 못한다. 그렇지 않다면 우리는 그에 관해 모든 것을 알 수 있겠지만, 우리는 그것을 기껏해야 상상할 뿐이다. 기본적으로 우리는 모든 것이 어떻게 이뤄졌는지 결코 알 수 없다."[1] '모든 것이 어떻게 이뤄졌는지'에 대한 이런 **알지 못함**은 무의식과 관련한 우리의 일상적 경험에서 최소 공통분모를 이룬다. 우리는 자신의 생각·연상·감정·욕망이 어디서 오는지 알지 못하며, 그것들은 그저 거기 나타나 있을 뿐이다. 그리고 우리는 이런 빈틈, 스스로에 관한 극복할 수 없는 수수께끼를 온갖 이론으로 채운다.

이런 무지를 어떤 경우에도 용납지 않으려고 하는 사람이 바로 세기가 바뀌기 전 빈에서 바이마르를 거쳐 베를린으로 이주해, 여기서 〈문학 잡지〉의 편집자로 일하는 철학박사다. 그는 편집인인 동시에 다양한 성인 교육 협회 및 아카데미에서 역사, 수사학, 괴테의 자연에 대한 이해, 니체의 허무주의에 대해 강의한다. 그의 주제와 수사학적 능란함은 이 재야 학자가 정기적으로 가르치던 카를 리프크네히트(Karl Liebknecht)가 설립한 노동자 학교의 참가자 명단이 보여주듯 매우 인기 있었다. 하지만 루돌프 슈타이너(Rudolf Steiner)가 두 직업으로 버는 돈은 전혀 충분치 않다. 독일제국의 수도는 물가가 비싼 곳이었다. 슈타이너는 돈을 절약하기 위해 세 자녀를 둔 여성의 집에 재임대로 거주하며, 이 여성은 부업으로 그의 살림을 돌봐준다. 그래서 그는 정신적 작업에 온전히 집중할 수 있었다. 1899년부터 그는 이 아나 오이니케를 진심으로 좋아하며, 어쩌면 사랑으로 결합했을 것이다.

새로운 세기가 시작되자마자 그에게는 또 다른 유망한 기회가, 그것도 카이 로렌츠 폰 브록도르프(Cay Lorenz von Brockdorff) 백작과 그 부인이 제안하는 기회가 열린다. 그들은 1900년 가을에 베를린의 최고 번화가인 프리드리히슈트라세에 있는 사유 도서관에서의 강연을 위해 슈타이너를 초청한다. 프로이센 왕실 기병대 대장인 폰 브록도르프 백작은 신지학회의 베를린 지부를 이끌고 있다. 그와 아내 소피는 특히 상류층 여성들에게 인기가 높은 밀교 운동의 열렬한 후원자다. 그들은 그리스어 '테오 소포스(theo sophos)'를 문자 그대로 번역한 '신적 지혜'를 추구한다. 이 단체는 독일에 뿌리를 둔, 단호한 러시아 여성이 1875년에 뉴욕에서 설립했다. 헬레나 블라바츠키(Helena Blavatsky)는 교화문학의 매개자이자 저자로 이름을 알리며, 심령론자 헨리 스틸 올컷(Henry Steel Olcott)과 함께 수많은 강령술 모임을 조직한다. 여기서 다루는 주제는 투시·생각의 전이·영혼의 윤회에서 저편, 즉 사후 세계와의 접촉까지 다양했다.

1900년 9월 말, 슈타이너는 브록도르프의 도서관에서 엄선된 청중에게 니체에 대해 강연하고 깊은 인상을 남긴다. 일주일 후 그는 괴테의 동화 《초록뱀과 아름다운 백합》을 해석하기 위해 심령론자들 앞에 다시 나타난다. 여기서 슈타이너는 1923년에 상기하듯 "완전히 비교적으로 이야기했다. 내게는 중요한 체험이었다." 그리고 계속 그렇게 해나간다. 10월에는 중세 신비주의에 관한 일련의 강연을 하기로 합의했다. 1901년에는 '신비적 사실로서의 그리스도교'에 관한 18회의 강연이 이어진다.

슈타이너에게 '중요한 체험'이란 무엇인가? 그건 아마 그가 영의 세계에 관심이 있는 사람들의 마음을 얼마나 사로잡을 수 있는지에 대한 경험이었을 것이다. 다시 말해 그가 생각하기에 그들이 목말라하는 것을 줄 수 있는 방법이다. 재능 있는 강연자는 자기 말의 힘에 취한다. 청중은 마치 밀랍처럼 그 생각의 불길에 녹아내린다.

그러나 이때 그에게는 신지학이 아직 생소했다. 그는 이전에 심령주의자들과 접촉한 적이 거의 없었다. 슈타이너는 자유로운 영혼이자 문필가로서 베를린의 문화생활에 흠뻑 젖어 지갑이 허락하는 만큼 도시의 살롱과 극장을 돌아다닌다. 그는 더 높은 존재를 찾아 나서는 대신 세계에 대한 인식이기도 한, 자아에 대한 순수한 깨달음을 선전한다. 그는 자신의 위대한 우상이자 비밀스러운 조언자 괴테의 정신에 따라 "인간 내면에서 말하는 사물의 언어"에 전적으로 헌신한다.[2]

슈타이너의 친구 루트비히 야코보브스키(Ludwig Jacobowski)는 베를린에서 '다가오는 것들(Die Kommenden)'이라는, 철학자와 예술가들의 모임을 설립하며, 슈타이너도 여기에 들어간다. 1900년 말 야코보브스키가 겨우 서른두 살에 뇌막염으로 사망하자 슈타이너가 이 토론 단체의 관리를 떠맡는다. 그는 놀렌도르프 회관에서 열린 모임에서 '가장 오랜 동양의 시대부터 현재에 이르는 인류의 발전사, 또는 인지학(人智學)'에 대해 강연한다. 여기서 그는 자기 이름과 분리할 수 없게 결합할 개념을 처음 사용한다.

슈타이너는 브록도르프의 도서관에 등장해 성공을 거둔 뒤인 1900년 9월 말 저임금의 편집자 자리를 포기한다. 그는 이제 정신적 스승이자 순회 강연자로서 경력을 추구한다. 브록도르프의 심령주의자 모임에 이제 막 가입한 여배우도 곧 경탄으로 불타오른다. 젊은 발틴 마리 폰 시버스(Baltin Marie von Sivers)는 1901년 봄에 신비주의에 대한 슈타이너의 이야기를 처음 듣는다. 첫눈에 사랑에 빠진 걸까? 어쨌든 그는 이때부터 베를린 서부 카이저알레에 있는 집에서 슈타이너의 빨래를 해주고 밤늦게 시내에서 매우 정신적인 일을 마치고 귀가하면 따뜻한 저녁을 준비해준 아나 오이니케의 불만을 살 정도로, 여섯 살 연상인 남자 곁을 거의 떠나지 않는다.

슈타이너는 자기에게 어떤 기회가 주어졌는지를 인식하고 이 기회를 잡기로 결심한다. 분열한 신지학자들은 부르주아적인 빌헬름 2세 시대에 사회의 영적 굶주림을 채워줄 수 없게 된 지 오래다. 그들의 지도부는 세계를 설명하는 신화에서 서로 전력을 기울여 기량을 다투고 허위로 비난하는 소수의 환상주의자다. 그리고 베를린은 세기의 전환기에 런던, 뭄바이, 리버풀, 미국 뉴욕주의 로체스터와 함께 비교 운동의 중심지로 떠오른다.

비교 운동은 세 가지 목표를 추구한다. 첫째, 사람들 사이의 '보편적 형제애'를 촉진한다. 둘째, 종교·철학·과학을 통일해 세계에 대한 이론으로 융합한다. 마지막으로 셋째, 현상 세계 뒤에 있는 비밀스러운 자연의 힘을 파헤친다. 세 번째는 합리주의적 시대정신에 회의적으로 맞서는 사람들에게 특히 인기가 있다. 찰스 다윈의 진화론이나 알베르트 아인슈타인의 상대성 이론 같은, 과학의 획기적 발전은 많은 사람을 불안하게 만든다. 이들은 인간이 동물의 왕국에서 발달했다거나 시공간이 보기보다 불변하지 않는다는 통찰에 저항한다. 그들은 초감각적 힘과의 결합에서 도움을 구하며, 이들에게 카리스마 넘치는 슈타이너는 그런 정신적 영역을 안내하는 지도자로 다가온다. 그는 1925년 3월 사망할 때까지 스물다섯 해 동안 심리학적 의미에 대한 당시의 제안과 경쟁하는 영적 운동의 지도자로 추종자들의 깊은 존경을 받는다.

~~~~~~

슈타이너는 빈 사람은 아니지만 그런 것이나 마찬가지다. 그는 프로이트가 태어난 지 5년 후인 1861년 2월 말, 빈에서 남쪽으로 200킬로미터 떨어진 크로아티아와 헝가리의 국경 도시 크랄예베치의 기차역에서 태어난다. 그의 아버지 요한은 이곳의 역장이었다. 가족은 오래 머물지 않으며, 2년에 한 번씩 철도역장이 바뀔 때마다 뫼들링과 포트샤흐를 거쳐 국경을 이루는 라이타강변의 노이되르플까지 빈분지의 다른 지역으로 이사한다.

당시 철도는 진보와 자연에 대한 지배의 전형이었다. 요한 슈타이너의 직장은 부다페스트·트리에스테 노선에 있는데, 터널과 계곡 위의 다리가 장관을 이루며 많은 찬사를 받는다. 사람과 상품의 운송, 철로와 평행하게 이어지는 전신선을 이용한 통신은 어린 루돌프가 형성하는 세계에 관한 이미지를 각인한다. 모든 것은 운동하고 이윤을 추구한다. 슈타이너는 재화와 정보의 흐름을 피부로 체험하지만, 자신은 파도속 바위처럼 그 자리에 머무른다.

빈 노이슈타트의 열여섯 살짜리 실업 학교 학생일 때, 슈타이너는 칸트의 《순수 이성 비판》 판본 중 하나를 구입한다. 역사 선생님이 교과서를 너무 단조롭게 강의하자, 이 십대 학생은 수업 시간에 방해받지 않고 읽을 수 있도록 자신의 레클람판 《순수 이성 비판》을 장별로 나눠 교과서에 끼워놓는다. 그는 여러 쪽을 확실히 스무 번은 공부했다고 고백하지만, 인식에 대한 칸트의 의심은 그를 짜증 나게 만든다. 그의 전기 작가 헬무트 찬더(Helmut Zander)에 따르면 슈타이너의 경력은 "세계에 대한 직접적 접근의 낙원에 칸트가 도입한 추방을 다시 되돌리려는" 평생의 시도로 해석할 수 있다.[3]

1879년, 가족은 또다시 브룬으로 이사하는데, 이곳은 수도와 가까워 아들이 대학에 통학할 수 있었다. 루돌프는 스물여섯 살이 되는 1887년 가을까지 부모와 함께 산다. 야심 찬 괴짜 학생인 그는 사랑의 슬픔에 괴로워하는 친구에게 이렇게 썼다. "이는 이미지에 만족하고 육체가 필요하지 않은, 아니 그것을 억누르는 진정한 사랑이다. 거기에는 괴로움도 슬픔도 없다."[4] 여기서 빅토리아 시대의 욕동에 대한 지배를 굳건히 딛고 선 사람이 나타난다.

그런데 슈타이너는 하필 경박함의 본거지에서 공부한다. 그는 아버지가 바라던 철도공학자의 길을 걷기 위해 빈 공과대학 자연과학부에 입학한다. 그러나 독문학자 율리우스 슈뢰어(Julius Schröer)의 영향을 받아 문학과 철학으로 방향을 전환한다. 1882년 가을, 사전학자 요제프 퀴르슈너(Joseph Kürschner)는 그에게 괴테의 자연과학 저술을 편집해 전집을 만드는 작업을 맡긴다. 한번 상상해보라. 학위도 문헌학적 경험도 없는 스물한 살의 학생이 바이마르 국민 시인의 작품을 비평적으로 편집해야 하는 것이다! 하지만 퀴르슈너는 이 막중한 임무를 맡을 사람을 찾았다는 사실에 기뻐한다. 청년은 작업에 몸을 던지고 곧 압도당한다. 그는 괴테의 창조를 올바르게 판단하지 못하며, 이를 오히려 칸트적 회의주의에 대항하는 보루로 양식화한다.

괴테는 슈타이너가 '절대적 진리'라고 부르는 것을 찾는 데서 그의 보증인이다. 그에게 지식의 한계란 존재하지 않는다. 진정한 인식에 도달하기 위해서는 그저 **진실하게** 바라보기만 하면 된다. "사유는 이념을 소유함으로써 근원적 근거와 세계의 현존재를 융합한다. 외부에서 작용하는 바가 인간의 정신 속으로 들어온다. 정신은 최고 수준의 객관적 현실과 하나가 된다. 이념을 현실에서 지각하는 것이야말로 인간의 참된 교감이다."[5]

슈타이너의 '과학'에는 예측할 수 없는 것, 수고스러운 모색 또는 저울질이 존재하지 않는다. 이거야말로 물음을 던지고 가설을 세우고 검증하고 이를 거부하면서, 끊임없이 잘못을 범하며 나아가는 진정한 연구와의 주요한 차이점이다. 슈타이너의 인식 파토스와 비교하면 프로이트의 무의식 이론조차도 너무나 순수한 교과서적 과학이라고 할 수 있다.

일은 돼야 하는 대로 돼간다. 슈타이너는 편집 작업과 철학적 야망, 밥벌이의 필요성 사이에서 갈등한다. 여기에 더해 괴테 편집 작업으로 충분한 수입을 얻지 못하자 1884년부터는 가정교사로도 일한다. 1888년 여름, 슈타이너는 스무 살의 라데군데 페어와 사랑에 빠진다. 하지만 이 관계도 플라토닉으로 머문다. "우리는 서로를 사랑했고 그것을 분명히 알고 있었다. 하지만 둘 다 우리가 서로 사랑한다고 말하는 것에 대한 두려움을 극복할 수 없었다."[6]

결국 슈타이너는 빈을 떠나 괴테주의자의 정체성을 확립하려고 헛되이 시도하는 바이마르를 거쳐 베를린으로 이주한다. 1897년의 일이다. 슈타이너는 생계를 유지하기 위해 자신의 신념과 모순인 일을 많이 한다. 그는 유대인을 경멸하지만 '반유대주의 대책 협의회'에서 강연하기도 한다. 독일 민족주의 성향이지만 베를린 슈판다우에서 열린 노동자 학교 개교식에서 로자 룩셈부르크(Rosa Luxemburg)와 함께 연설한다. 그는 인정받지 못할수록 더 자기 주변에 접근할 수 없는 분위기를 조성한다. 그의 사명은 회의주의의 독으로부터 이념의 세계를 구하는 것이었다.

～～～

1902년 초, 슈타이너의 경력에서 결정적 도약이 일어난다. 고령의 폰 브록도르프 백작이 신지학회 베를린 지부장직을 사임하자 슈타이너가 그 자리를 이어받는다. 그는 1월 17일에 신지학회에 가입하고 10월에 독일 지부의 총무가 된다. 그는 자신의 인지학회를 선포할 때까지 10년 동안 이 직책을 맡는다.

새로운 구세주에 대한 모험적 이야기가 불화를 유발한다. 1910년, 영국 여성 애니 베전트(Annie Besant)는 자신이 이끄는 신지학회의 본부를 인도 마드라스 교외의 아디야르로 옮긴다. 베전트와 그의 오른팔인 올컷은 외딴 새 중심지를 정당화하고 특별한 분위기를 부여하기 위해 대담한 계획을 세운다. 그들은 지두 크리슈나무르티(Jiddu Krishnamurti)라는 가냘픈 15세 소년을 다시 태어난 예수 그리스도로 선포한다. 베전트는 소년의 아버지에게서 양육권까지 넘겨받고 '동방의 별 교단'을 설립한다. 처음에는 쿠데타가 성공한 것처럼 보인다. 유럽과 미국의 수많은 언론이 동방에서 온 검은 피부의 예수에 대한 소식을 전하고, 베전트와 그의 지부는 전 세계의 주목을 받는다. 하지만 베전트의 책략은 결국 분리를 부추길 뿐이다.

슈타이너는 처음에 주저하는 반응을 보이다가 분개한다. 그는 "인도 소년"을 새로운 그리스도로 받드는 것은 "진지하게 받아들여서는 안 되는 일"이라고 생각한다.[7] 독일 지부의 지도자는 그런 이국정서와는 아무 관계도 없으며, 1912년 12월 말에 종지선을 긋는다. 쾰른에서 열린 신지학 대회에서 그는 자신의 '인지학' 협회를 선포한다.

슈타이너의 몽환적 분위기는 많은 추종자를 끌어들인다. 시인 슈테판 츠바이크는 반은 매료당하고 반은 소외당한 채 "최면에 걸린 듯한 그의 눈에는 어두운 힘이 자리하고 있었다"고 쓴다. "정신적 열정을 드러내는, 그의 금욕적이고 수척한 얼굴은 분명 여성에게만 호소력이 있는

사진 29 높이 날다: 인지학의 창시자
루돌프 슈타이너.

것 같지 않았다."[8] 작가 막스 할베(Max Halbe)에 따르면 슈타이너의 "교
권과 신들림의 혼합"에 누구보다 열광한 사람은 상류 시민 계급 여성들
이다.[9] 정신적 완성을 위한 학교는 인간을 물질적인 것에 얽매인 존재
에서 더 높은 단계로 끌어올려야 한다. 여기에 인지학의 치료적 계기가
있다. 슈타이너는 진단하지 않고 좀더 좁은 의미의 치료법도 없지만,
그의 가르침은 인간에게 내재하는 더 높은 존재의 전개를 통한 정신적
전환을 추구한다. 슈타이너는 의사도 과학자도 아니다. 그는 치유하려
고도, 분석적·비판적 과학에서 말하는 인식을 드러내려고도 하지 않는
다. 그의 방법은 투시다. 그럼에도 불구하고 그가 밝히는 더 높은 진리
는 많은 추종자에게 치유 효과가 있다.

그래서 20세기 초에 유행한 두 대중적 흐름인 정신분석학과 인지학
의 유사점이 눈에 띈다. 둘 다 인식하지 못하는, 그러나 본질적인 영혼

의 힘을 정복할 수 있다고 약속한다. 둘 다 의식화의 힘에 의존한다. 그리고 둘 다에서 논란의 여지가 있는 물음에 대한 해석의 권리는 '대가'에게 주어진다. 슈타이너는 배우려고 하는 학생이 걸어야 하는 "경외의 길"[10]에 대해 말하며, 자기 권위를 인정할 것을 요구한다. 또한 그에게는 프로이트에게 분명 나타나는, 기꺼이 논쟁하고자 하는 태도가 결여돼 있다. 하지만 정신분석의 창시자도 그가 초기 수요 모임에서 그랬듯 문제에 대해 결론지을 권리가 위협받는다고 느끼자마자 금세 토론의 기쁨을 마비시킨다. 슈타이너의 전기 작가인 찬더는 비교도들과 분석가들의 애증 관계는 두 진영이 서로를 경멸하는 만큼이나 "차이점보다는 유사점에" 기반한다고 설명한다.[11]

슈타이너는 아들러와도 공통점이 많다. 두 사람 모두 헝가리에서 태어나 원래는 합스부르크 제국에서 외국인이며, 가난한 집안 출신이다. 그들은 수사학적 재능이 뛰어나고 일에 대한 병적 열정으로 추동된다. 때로 하루에도 다른 곳에서 여러 차례 강연하는 등, 수천 번 연단에 오르는 과중한 업무는 사명감을 증언할 뿐만 아니라 계속 건강을 해친다. 그래서 아들러는 예순일곱 살에 심부전으로 사망하며, 그보다 열 살 많은 슈타이너는 예순넷의 나이에 추정컨대 암으로 쓰러진다. 정확한 원인은 밝혀지지 않는다. 왜냐하면 슈타이너는 겨우살이 추출물이 조직의 퇴행을 막는다고 주장했기 때문이다. 그리하여 사망 진단서에 암을 사인으로 기재한 것을 아무도 문제 삼지 않았다. 슈타이너의 마지막 동반자였던 의사 이타 베크만(Ita Wegmann)은 그런 일이 일어나지 않도록 배려한다.

프로이트와 아들러가 만족스러운 추론을 찾고 자기 테제를 확증하기 위해 노력하는 동안, 인지학자는 속삭임의 영역으로 도피한다. 하지만 한 가지 공통분모는 슈타이너의 이상주의적 모범인 괴테에 대한 애착이었다. 융은 자기가 이 추밀고문관과 친척이라 생각했고, 영적인 결별로 좋아하지 않은 프로이트는 이전에 〈자연〉이라는 단편에 대한 강의를 듣고 의학을 공부하기로 결심했다. 괴테가 쓴 것으로 잘못 알려진 시적 산문에는 이렇게 적혀 있다. "자연. ……우리는 그 한가운데 살지만 낯선 존재다. 자연은 우리에게 끊임없이 말을 걸면서도, 자신의 비밀을 밝히지 않는다."[12]

경계선

짙은 색 참나무로 만든 책상. 광택이 나는 상판 저편에 수염을 기르고 머리가 희끗희끗한 남자가 앉아 있다. 그는 서류를 보며 고개를 들지 않은 채 손님에게 들어와 앉으라는 손짓을 한다. 그러고는 침묵이 이어진다. 방문자는 교육 분석을 시작하려고 한다. 그는 신경질적으로 의자 위에 미끄러지듯 앉는다. 수염 난 남자가 갑자기 몸을 앞으로 기울이더니 그의 눈을 바라보며 높은 목소리로 말한다. "자, 프랑클 씨, 당신의 신경증은 무엇입니까?"[13]

남자가 묻는 인물은 아직 김나지움 학생이지만, 이미 정신분석에 관해 많은 책을 읽었다. 심지어 〈정신분석 잡지〉에 프로이트의 추천으로 19세 소년의 논문이 실리기도 했다.[14] 거기서 빅토르 프랑클은 고개를 끄덕이는 동작은 성교할 때의 율동적 움직임에서, 반대로 부정할 때 고개를 흔드는 동작은 혐오를 느끼는 순간에 고개를 돌리는 데서 기원을 찾는다. 그를 동료인 파울 페데른(Paul Federn)에게 보낸 것도 프로이트였다. 페데른은 어린 김나지움 학생이 분석에 적합한지 검토해야 한다.

지원자는 스스로 관찰한 자신의 항문기 성격과 불안감에 대해 더듬거리며 말한다. 하지만 프랑클은 계속 이야기할 필요가 없다. 페데른은 판단을 내리고, 대화는 시작만큼이나 갑작스럽게 끝난다. 이 청년은 의학 공부를 마친 후에 다시 와야 한다. 그 전에는 아무것도 할 수 없다.

거리로 나온 프랑클은 분노를 겨우 억누른다. 그렇게 목소리가 높고 가느다란 놈에게 무슨 생각이 있을까! 인사도 관심의 불꽃도 없고, 지원자인 그가 신경증을 앓는다는 암시만 있을 뿐이다. 그 암시를 받아들이기에 프랑클은 자부심이 너무 강하다. 분석가가 누구에게나 스스로 이해하지 못한 정신적 문제를 증명해 보일 수 있다고 믿는다면 그는 너무 단순하게 생각하는 것이다.

프랑클은 실망한 지 얼마 지나지 않아 9구역의 베르크가세 한복판에서 갑자기 대가 앞에 선다. 학생인 그가 자주 강의하는, 성인 학교에서 귀가하는 길에 뜻밖의 만남이 이뤄진다. 당시 프로이트는 세기의 천재라는 명성을 얻은 지 오래였다. 프랑클은 자아·이드·초자아의 건축가인 프로이트에게 조금 수줍은 듯 정중하게 고개를 숙이지만, 아무 말도 꺼내지 못한다. 이 조우는 반세기의 시간을 공유했지만 세계관의 차이로 분리된 두 사람의 유일한 만남으로 남았다.

~~~~~~~

빅토르 에밀 프랑클은 1905년 3월 26일 빈의 레오폴트슈타트에서 태어난다. 프랑클 가족은 체르닝가세 6번지에 거주한다. 대각선 맞은편의 7번지에서는 알프레트 아들러가 1911년 1구역의 도미니카너바스타이로 이사할 때까지 살며 일한다. 어쩌면 어린 빅토르는 길거리에서 놀다가 바쁜 의사인 그를 만났을 수도 있다. 몇 년 후 아들러의 개인심리학은 이 재능 있는 소년에게 큰 인상을 남긴다.

아버지 가브리엘은 고향인 남모라비아에서 유대인 상인과 직원들이 모여 사는 레오폴트슈타트로 이주하며, 어머니 엘사는 프라하 출신이다. 아버지 프랑클은 사회 문제를 다루는 부서의 공무원이고, 아내는 집안 살림과 세 아이의 양육을 맡는다. 빅토르는 열심히 공부하고 영리한 학생이다. 형 발터와 여동생 슈텔라는 종종 반항적인 빅토르를 "숫염소"라고 부른다. 자연과학 수업 시간에 교사가 생명은 기본적으로 지속적 연소 과정에 지나지 않는다고 말하자 빅토르는 분노한다. "그렇다면 거기에 무슨 의미가 있나요?" 엄청난 부담과 고통에 붙들린 존재의 목적에 대한 물음은 소년을 일찍부터 사로잡는다.

그는 특히 철학자 아르투어 쇼펜하우어의 저서를 비롯해 많은 책을 읽는다. 하지만 영악할 정도로 총명한 빅토르는 인간이 평생 곤경과 지루함 사이를 오간다는 쇼펜하우어의 견해에 동의하지 않는다. 그는 또 한 명의 위대한 사상가인 프리드리히 니체의 "삶에 '왜'가 있는 사람은 '어떤' 것이든 다 견딘다"는 격언을 더 좋아한다.[15] 자기 삶에 의미를 부여하는 목표·사명 또는 문제를 찾는 것, 여기서 젊은 프랑클은 모든 인간의 가장 중요한 과제를 본다. 개인적으로 떠오르는 물음을 찾아 거기에 최선을 다해 답하기만 하면 된다. 그러지 않으면 실존적 공허감이 엄습한다.

프랑클은 겨우 열일곱 살의 나이에 빈의 성인 학교에서 삶의 의미에 대해 처음 강연한다. 이때만 해도 그는 의미·지성을 뜻하는 그리스어 '로고스'를 딴 로고테라피, 즉 의미치료를 정초하는 것이 **자신의** 평생 과제가 되리라고 예감하지 못한다. 의미치료에 따르면 영혼의 진짜 병은 대의를 위한 헌신의 결여다. 정신분석학에서는 쾌락에의 의지고 개인심리학에서는 권력에의 의지인 것이 프랑클에게는 의미에의 의지다.

그의 아버지 가브리엘은 전에 가족을 부양하기 위해 의학 공부를 중단해야 했다. 그는 속기사로 공직에 들어섰고 세월이 흐르면 정부 부처 공무원이 되기 위해 노력했다. 아들 빅토르는 더 나은 환경에서 자라야 하고 의사가 되고자 하는 소망을 마침내 실현해야 한다.

~~~~~~

프랑클이 태어나기 3년 전인 1902년 여름, 근대적 사유에 영향력을 행사하게 되는 또 다른 빈 사람이 세상의 빛을 본다. 그는 열여덟 살의 나이에 인간이 정치적 혼란 한가운데서 어떻게 진정한 인식을 얻을 수 있는지를 숙고한다. 젊은 칼 라이문트 포퍼(Karl Raimund Popper)는 1920년 처음 응시한 고등학교 졸업 시험의 라틴어와 논리학 과목에서 낙제점을 받는다. 그는 열여섯 살에 이미 대학에서 수학·물리학·역사·철학 강의를 듣고 있었음에도 그랬다. 하지만 2년 후 그는 부모의 기쁨을 위해 학교를 졸업한다. 프로이트의 누이인 로자 그라프는 포퍼 가족과 친했고, 그런 까닭에 칼의 아버지인 변호사 시몬 포퍼는 때때로 정신분석학회 모임에 참석한다.

1919년 초 몇 달 동안 시몬의 아들은 확신에 찬 마르크스주의자다. 그는 육체노동자로 살고자 하지만, 건설 현장의 일은 그에게 너무 고되다. 그래도 그는 뭔가 확고한 것을 배우기 위해 목수 교육생으로 일을 시작하며, 곁들여 음악 학교에서 공부한다. 칼은 상류 시민 계급 친구들의 오만한 신분 의식에 반발하고 교사가 될 계획을 세운다. 그렇게 되면 그는 학생들에게 필요한 의자와 책상을 직접 만들 수 있을 것이다. 그는 심리학자 카를 뷜러(Karl Bühler)에게서 사유의 법칙을 배우며, 1920년대 중반부터 올바른 학습과 추론에 관한 논문을 여럿 저술한다. 여기에 더해 포퍼는 알프레트 아들러가 지도하는 '붉은 빈'이라는 교육 상담소에서 일한다. 칼은 아들러의 자녀인 발렌티네 그리고 쿠르트와 친해지며, 그들은 '칼리(칼의 애칭—옮긴이)'와 함께 자주 산으로 하이킹에 나선다.

어느 날 저녁 포퍼는 한 소년의 어려운 사례에 대해 상사와 상담한다. 아들러는 곧바로 그에게 열등감이 있다고 진단한다. 포퍼는 아연해하며 아들러에게 그 소년을 본 적도 없는데 어떻게 알 수 있는지 묻는다. 아들러는 자신의 "수천 번의 경험"이 의심을 허락지 않는다고 대답한다. 포퍼는 "이 경우 선생님의 경험은 수천 하고도 첫 번째 경험입니다"라고 대꾸한다.[16] 아들러는 비판을 차분히 받아들이지만, 다른 사람들은 포퍼의 버릇없는 태도에 불쾌감을 느낀다. 예를 들어 싸움을 마다하지 않는 포퍼가 불화를 일으킬까 두려워한 철학자 모리츠 슐리크(Moritz Schlick)는 현명하게도 그를 자기의 빈학파 모임에 초대하지 않는다.

하지만 이 논리학자와 언어철학자들의 모임에서 논쟁하는 것은 어차피 그의 관심을 끌지 못한다. 포퍼는 아인슈타인의 상대성 이론, 파동과 입자의 이원론, 새롭게 부상하는 양자역학 등 물리학의 흥미로운 발견에 매혹당한다. 이런 이론은 놀랍게도 아무리 환상적으로 보여도 경험적으로도 잘 뒷받침할 수 있다. 그러나 젊은 회의주의자는 과연 이것으로 충분한지를 의심한다.

측정치와 긍정적인 간접 증거는 아름답고 좋긴 하지만, 가정의 올바름을 원리적으로 증명할 수 없다. 1919년 일식 당시 기록된 별의 실제

사진 30 겸손의 예언자: 칼 포퍼는 비
판적 합리주의를 확립한다.

위치는 아인슈타인이 예측한, 큰 질량에 의한 빛의 편향을 확인해준다. 그럼에도 불구하고 이것이 아인슈타인이 옳다는 실제 증거는 아니다. 왜냐하면 18세기에 이미 스코틀랜드 철학자 데이비드 흄(David Hume)이 지적한 것처럼, 관찰로부터 보편적 법칙을 추론하는 귀납 논리는 확신할 수 없는 것이기 때문이다. 태양이 계산과 정확히 맞는 시간에 수없이 떠올랐다고 해도 이것이 순수하게 논리적으로 내일도 그럴 것이라는 의미는 아니다. 어쩌면 절대적 진리, 확고한 지식의 근거란 존재하지 않는 것일까?

포퍼가 그런 근거를 찾는 것은 제1차 세계대전 이후의 힘든 시기가 너무나 큰 불확실성으로 각인됐기 때문일 수도 있다. 그는 빈에서의 학생 시절을 "우리 대부분에게는 미래에 대한 전망과 계획이 없었다"고 상기한다. "우리는 매우 가난한 나라에서 살았고, 내전의 위협이 끊이

지 않았으며, 때때로 내전이 공공연히 발발했다. 가끔은 우울하고 낙담하고 진저리가 났다. 그러나 정신적으로는 활기찼다. ……우리는 읽을 수 있는 것이라면 모두 열심히 삼켰다. 거기에 관해 토론하고 의견을 교환하고 공부하고 알곡과 쭉정이를 구분하려 시도했다."[17]

포퍼는 지식으로부터 허울을, 이성으로부터 사기를, 인식으로부터 사이비 과학을 분리하는 것을 필생의 과제로 삼는다. 그 사이의 경계선은 어디에 있을까? 이 선은 가설과 인과 법칙을 획득하게 해주는 방법론에서 찾아야 한다. 과학은 잠정적·시험적 가정만을 산출하지 않는가? 소크라테스 이전의 철학자 가운데 포퍼가 가장 좋아하는 크세노파네스(Xenophanes)는 알고 있었다. "아무도 진리를 알지 못했으며 앞으로도 알 수 없을 것이다. 모든 것은 추측으로 짜여 있다."

포퍼의 마르크스주의자 친구들 가운데는 혁명의 필연성을 믿는 사람들이 많았다. 역사의 과정은 카를 마르크스가 예측한 길을 정확히 따라가며, 따라서 프롤레타리아트의 봉기는 피할 수 없다는 것이다. 포퍼는 이것이 치명적 환상이라고 생각한다. 왜냐하면 혁명이 임박했다고 굳게 믿을수록 혁명은 일어날 법하지 않기 때문이다. 결국 피치 못할 것을 위해서는 싸울 필요가 없다. 포퍼에게 역사의 흐름은 원칙적으로 예견할 수 없는 것이다. 그렇지 않다고 생각하는 것은 지적 오만함의 표현에 지나지 않는다.

포퍼는 겸손의 철학을 주창한다. 과학은 인간의 가정을 비판적으로 검토하고 더 나은 대답을 찾는 방도다. 수 세기 동안 사람들이 믿던 것과는 달리 과학은 영원한 진리가 아니라 잠정적 가설을 제시할 뿐이다. 포퍼가 확립한 비판적 합리주의에 따르면 과학적 이론은 경험에 직면할 때 **실패할** 수 있는 방식으로 정식화해야 한다. 반박 또는 오류 가능성이라는 이 핵심 기준에 따르면 의심을 배제하고 경험적 검증을 거부하는 것이야말로 사이비 과학 교설의 전형적 징표다. 원칙적으로 우리는 프로이트가 사례와 추론에서 시도한 것처럼 반론의 여지 없이 **긍정적으로**만은 아무것도 확증할 수 없다. 반증의 위험을 감수하는 사람만이 진리에 점차 다가갈 수 있다. 그는 결코 진리를 소유하지는 못할 것이다.

포퍼는 서로를 보완하는 사유의 두 방식, 즉 교조적 사고방식과 비판적 사고방식을 구별한다. 하나는 연관을 구성하고, 다른 하나는 연관을 논박하거나 타당한 범위를 제한한다. 이 둘의 상호 작용이 점점 더 나은 이론으로 이어지려면 특히 사용하는 개념을 잘 정의하고 검증할 수 있는 기준이 있어야 한다. 기껏해야 은유적으로만 이해할 수 있는, 심리학 모델의 많은 가정은 이를 위반한다.

포퍼에 따르면 정신분석은 모호한 개념을 통해 작동하고 검증을 회피하기 때문에 경험에 저항한다. 나아가서 그것은 이의 제기를 자기가 옳다는 데 대한 증명으로 전도한다. 자신의 성적 욕망을 인정하지 않는 사람은 그렇게 함으로써 그 욕망을 억압하고 있다는 사실을 확인해줄 뿐이다. 정신분석은 디터 E. 치머(Dieter E. Zimmer)가 다음과 같이 표현하는 이론이다. "그것은 자기에 대한 모든 이의 제기로 인해 강화된다고 느낄 수 있다. ……누군가가 그것을 잘못이라고 생각할수록 그것은 그만큼 더 자기가 옳다고 여긴다."[18] 모든 부인은 은밀한 확인이며 저항은 무의미하다.

포퍼는 다음과 같은 예를 통해 이 점을 해명한다. 두 남자가 있다고 생각해보자. 한 남자는 아이를 호수에 밀어 넣어 익사시키고, 다른 남자는 아이를 구하기 위해 호수에 뛰어든다. 첫 번째 남자의 경우 정신분석가는 그의 살인 욕구가 오이디푸스적 갈등에서 비롯했다고 설명할 수 있다. 행위자가 자기 아버지를 죽일 수는 없는 까닭에 아이가 아버지를 대신해 죽어야 한다는 것이다. 한편 개인심리학자에 따르면 이 남자는 삶과 죽음에 대한 자신의 힘을 증명함으로써 굴욕감을 보상하려고 한다. 그러나 이 모든 것을 뒤집으면 구세주, 즉 두 번째 남자에게도 훌륭하게 적용할 수 있다. 구원자는 프로이트가 보기에는 욕동의 갈등을 도덕적 행위를 통해 승화하고, 아들러가 보기에는 영웅이 되고자 하는 욕망에 추동된다. 어느 쪽이든 이론은 언제나 옳다.

반증의 원리에 대한 대표적 반론은 그것을 관철할 수 없다는 것이다. 그저 일부가 어떤 이론에 반대한다고 해서 사람들이 그 이론을 내던져 버리지는 않는다. 데이터의 타당성 또는 설득력을 의심하거나 임시적 보완을 통해 자기 이론을 구하려고 하는 것도 마찬가지로 쉽고 심지어 더 쉬울 때도 있다. 그리고 소중히 여겨온 관점을 견지하는 데는 예를 들어 개인적 허영심, 희망적 사고 또는 잘못된 것을 너무 오래 믿은 데 대한 두려움 같은 이유가 존재한다. 심리치료에서는 중요한 점이 또 하나 있다. 치유 효과를 보기 위해 필요한 것은 과학적 확실성이 아니라 **주관적** 확신이다. 치료자의 설명이 환자에게 유용한 이상 반드시 사실일 필요는 없다. 환자 스스로의 확신이 치료 효과의 기둥이다. 이런 이유로 심리학적으로 효과가 있는 설명은 종종 매우 오만하게 다가온다. 확신이 치유하는 곳에서는 의심과 의문이 발붙이지 못한다.

성 마술, 콘크리트, 겨우살이

1914년 말, 인지학자들의 새 보금

자리인 바젤 인근의 도르나흐에서 슈타이너의 지도권은 가혹한 시험대에 오른다. 그가 오랜 동반자 마리 폰 시버스와 결혼했다는 사실은 많은 추종자들에게 쓰라린 실망을 안긴다. 도르나흐 공동체에 확신을 지닌 알리체 슈피겔은 특히 '슈타이너 부인'에게 불쾌감을 드러낸다. 그녀는 공개서한에서 인지학회의 수장이 신의를 저버렸다고 비난한다. 또한 슈타이너의 영혼과 업보로 연결됐다고 생각하는 자신의 영혼을 영적인 길로 인도하겠다는 그의 약속이 깨진 것에 대해서도 한탄한다.

인지학 공동체의 다른 구성원인, 하인리히 괴쉬(Heinrich Goesch)라는 남성은 슈타이너의 권위적 리더십을 비판한다. 괴쉬는 자유로운 정신이자 드레스덴 미술아카데미의 교수다. 그는 도발적 아이디어를 공동체 생활에 종종 도입하는데, 그중에는 정신적 순수성이라는 자기 이상에 어긋난다는 이유로 슈타이너가 절대로 용납지 않는 아이디어도 있었다.

몇 년 전 괴쉬는 다름 아닌 오토 그로스에게 정신분석을 받았고, 그 후로 자신의 무의식 깊숙한 곳을 탐구해왔다. 그로스의 유토피아주의에 고무된 그는 육체적 사랑의 해방하는 힘을 소리 높여 외치고, 여러 추문에서 그 힘을 펼친다. 신학자 파울 틸리히(Paul Tillich)의 아내인 하나 틸리히(Hannah Tillich)와 함께 오르가슴 수련을 하면서 묻혀 있던 전생의 기억을 찾기도 한다.

고집스러운 괴쉬는 성 마술을 옹호하는데, 슈타이너도 이미 여기에 빠져든 적이 있었다. 전에 그는 깨달음에 대한 안내서에 인용할 수 있는 의식을 찾다가 프리메이슨 지부의 지도자 테오도어 로이스(Theodor Reuß)와 계약을 체결했다. 로이스는 오컬트와 관련한 명성과 특허를 파는 사업을 벌였으며, 비교도들도 그를 악명 높은 사기꾼으로 여겼다. 그렇지만 슈타이너는 거액을 대가로 멤피스·미스라임 의식의 세부 사항을 설명해달라는 로이스의 부탁을 거절하지 못한다. 이런 이집트 신비주의에 대한 태곳적 지식에서 통찰을 얻고자 하는 슈타이너의 열망이 너무 컸다. 하지만 로이스는 자신의 권력을 남용하여 여성 추종자들과 '영혼의 씻음'을 위한 성적 의식을 거행한다. 슈타이너는 순진하게도 《어떻게 인지학자가 될 것인가》라는 안내서에서 더 높은 것에 대한 인식을 얻기 위해 붙여야 하는 쿤달리니 불의 개념을 로이스로부터 받아들였다. 그러면서도 슈타이너는 자신이 성적 힘을 상징하는 탄트라 불교의 개념을 인용하고 있다는 사실을 전혀 알지 못했다. 그는 나중에 자기 저술을 수정하면서 쿤달리니의 모든 흔적을 지운다. 자신의 가르침이 성교 중 정액을 잡아두는 것 같은 행위와 결부되는 것을 원치 않았기 때문이다.

이제 그는 도르나흐에서 고삐 풀린 리비도를 옹호하는 사람들을 꾸짖는다. 누구도 그의 권위에 의문을 제기하거나 제멋대로 행동해 인지학의 대의를 폄하해서는 안 된다. 슈타이너는 괴쉬와 그의 아내 그리고 알리체 슈피겔을 공동체에서 추방하지만, 자기 손은 더럽히지 않는다. 그는 자신이 임명한 위원회에 제명 처분을 맡긴다. 그래서 그 모든 일은 개인적 복수로 보이지 않는다. 슈타이너의 아내는 에로티시즘과 거짓말이 공동체에 가장 큰 위협이라고 설명한다. 환생의 가르침은 많은 사람들이 일종의 '육화의 미망'을 품도록 유혹한다.

전쟁 초기의 몇 년 동안 슈타이너는 전에 쓴 많은 글을 광범위하게 수정한다. 과거에 그리스도교 신비주의 세계관의 대변자에서 니체의 무신론 추종자와 체화한 유물론자로 변한 것처럼 이제 그는 업보와 윤회, 저편에 대한 생기발랄한 환상으로 방향을 전환한다. 그는 "악의를 품은 사람만이 거기서 내 의견의 급변을 알아볼 수 있다"고 사실을 명백히 부인하며 선언한다. 내적 확신이 심경의 변화를 일으켰는지 아니면 사업적 계산으로 그렇게 됐는지는 쉽게 알 수 없다. 자기에게 명성과 만족을 주는 것을 믿는 인간의 재능은 여기서도 분명 기초가 됐을 것이다.

~~~~~~

1922년의 마지막 밤, 화재가 슈타이너의 새로운 정착지를 집어삼킨다. 처음에는 도르나흐 인근 언덕에서 가느다란 연기만 피어올랐으나, 뒤이어 2년 전부터 맹약 공동체의 예배 장소로 사용하던 요하네스동의 둥근 천장에서도 연기가 뿜어져 나온다. 지도자인 루돌프 슈타이너는 저녁 9시 반쯤 무용 수행을 마치고 집으로 돌아오다가 '정신적 학문을 위한 대학' 위로 퍼지는 연기를 발견한다. 많은 회원이 서둘러 건물 앞에 모이고, 중대한 잘못을 저지른다. 이들은 건물의 나무 벽 뒤에서 뭔가 불타고 있다고 의심하며 그 불을 끄기 위해 도끼로 벽에 구멍을 뚫는다. 하지만 다음 순간 불은 큰 소리로 울부짖으며 구멍을 통해 더 많은 공기를 빨아들이고 그만큼 더 빨리 건물의 뼈대를 먹어 치운다. 11시 직전에 소방대가 도착했을 때는 창문과 합각머리에서 화염이 타오르고 있었다. 건물은 구할 수 없다. 자정이 되어 이웃 교회의 종소리가 새해를 알릴 즈음 인지학자들에게는 더 이상 예배할 곳이 남아 있지 않다.

화재의 원인이 합선인지 방화인지는 밝혀지지 않는다. 그런데도 슈타이너는 자신의 가르침에 반대하는 급진주의자들이 불을 질렀다고 비난한다. 하지만 그는 초기의 충격을 빠르게 극복하고 그걸 새로운 활동력으로 다시금 전환한다. 불과 몇 주 후 슈타이너는 능력 있는 기부자들의 지원을 받아 불연성이 더 강한 현대적 건축 자재인 콘크리트로 새

건물을 지을 계획을 세운다. 슈타이너가 공동 설계한 괴테아눔은 공동체의 새로운 본부가 된다.

~~~~~~

슈타이너는 인지학의 빛나는 형상이다. 그의 열정은 어떤 저항에 맞닥뜨려도 더 불붙을 뿐이다. 이 독학자는 자아와 세계가 융합하는 객관적 관념론을 추구한다. 그에 따르면 진리는 감각이 아니라 오로지 '내적 정신'에만 드러난다. 그는 자신이 확립한 가르침을 신앙의 교의가 아니라 절대적 인식에 도달하기 위한 방법으로 본다.

슈타이너에게 문제는 더 높은 뭔가와 하나가 되는 것이다. 그는 기존의 과학에서 침묵하는 물음에 대한 답을 제공한다. 죽음 이후에는 어떻게 될까? 우리의 운명은 미리 정해져 있을까? 인류는 어디로 향하고 있을까? 설명에 대한 그의 열정은 생리학자 에밀 뒤부아레몽(Emil du Bois-Reymond)이 〈자연 인식의 한계에 대하여〉라는 강연에서 정식화한 신조와 정면으로 대립한다. "물질과 힘이 무엇이고 그것들에 대해 어떻게 생각할 수 있는가 하는 수수께끼에 직면할 때 인간은 최종적으로 '이그노라비무스(Ignorabimus)'라고 평결해야 한다." 번역하자면, 우리는 결코 알 수 없을 것이다! 이런 겸손은 슈타이너의 것이 아니다. 그는 쾨니히스베르크의 계몽철학자 이마누엘 칸트가 인식의 가능성을 좁게 제한해 설명한 《순수 이성 비판》을 저급한 정신의 산물로 본다. 슈타이너는 칸트가 이런 어리석음으로 인해 '흑인'으로 다시 태어났다고 말한다.

1917년에 베를린 대학교의 심리학 교수 막스 데스와(Max Dessoir)와 벌인 논쟁은 슈타이너가 비판에 대한 면역력을 스스로 기른다는 인상을 준다. 데스와는 영혼과 관련한 것 저편에 정신적 현상이 존재한다는 견해를 설명하기 위해 '초심리학'이라는 용어를 만든다. 데스와는 사람이 육체적인 에테르체와 정신적인 아스트랄체로 이뤄지고, 업보를 지고, 다른 형태로 다시 태어난다는 것을 망상으로 간주한다. 그는 슈타이너의 비밀스러운 가르침을 '특정한 정신적 과정에 대한 잘못된 해석과 사라진 세계관의 잘못 평가한 잔재를 혼합한 것'으로 바라본다.

슈타이너는 데스와가 자기와 자기 가르침을 질책하는 데 분노한다. 그는 습관과 달리 반론하기로 결심한다. 슈타이너는 대학의 심리학자가 자신이 전혀 옹호하지 않는 테제를 입에 올린 후 터무니없는 것으로 제시했다고 주장한다. 예를 들어 데스와는 잠잘 때 사지에서 에테르체와 아스트랄체가 일시적으로 분리한다는 슈타이너의 근거 없는 생각을 책망했다. 인지학자에 따르면 데스와는 단지 자기를 오해했을 뿐이다. 왜냐하면 데스와가 인용을 문맥에서 떼어냈기 때문이다.

슈타이너는 다른 측면에서도 자신을 변호한다. 인지학자는 앎이란 정신의 내적 직관이라고 설명한다. 하지만 그렇다면 상상과 미신을 어떻게 진리와 구별할 수 있을까? 슈타이너도 환상이 존재한다는 사실을 논박하지 않는다. 그러나 그것은 진리와 간단히 분리할 수 있다. 정통한 사람의 판단을 신뢰하기만 하면 된다! 그가 인정하는 것이 참이며, 말 그대로 비밀스러운 비교의 지식이다.

데스와와 논쟁하면서 슈타이너는 해부하는 과학과 멀찍이 거리를 둔다. 얼마 지나지 않아 그는 질병과 치유에 대한 대안적 가르침을 기획하고, 이를 1920년 1월에 한 강연에서 제시한다. 그는 〈육체적·정신적 건강의 정신과학적 기초〉에서 다음과 같이 말한다. "지난 서너 세기 동안 그토록 많은 분야를 축복한 자연과학의 길은 결코 병든 사람을 위한

사진 31 한 남자의 형상: 8미터 높이의 목조각상 〈인류의 대표〉를 작업하는 슈타이너.

치유의 길이 될 수 없다." 치료에 대한 슈타이너의 접근법은 '직관적 의학'에 기반한다. 그는 이 의학을 정신분석의 언어를 상기시키는 방식으로 기술한다. "우리는 치료 작업을 할 때 삶으로부터 의식으로 들어가며, 의식은 치료 과정의 조력자가 된다." 해석이 환자의 정신에서 작용하는 정신분석과 달리, 슈타이너에게 의식은 말할 것도 없이 다른 영역과 이어주는 다리다. 그의 가르침에서 신적 지혜라는 주장은 많은 사람에게 매력적으로 보인다. 비록 그 지혜를 어디서 어떻게 인식할지와 이런 인식을 위해 무엇을 해야 하는지는 여전히 열려 있지만 말이다.

8미터 높이의 나무 조각상 〈인류의 대표〉를 보면 슈타이너가 이 연극에서 자신의 역할을 어떻게 생각하는지 짐작할 수 있다. 한 팔은 하늘을 향해 들어 올리고 다른 팔은 아래로 위엄 있게 뻗은 이 조각상은 인간을 고통에서 구해내는 현대의 구원자를 표현한다. 봉헌관을 위해 제작한 이 조각품은 슈타이너의 특성을 뚜렷이 드러낸다. 슈타이너 전기의 작가 헬무트 찬더는 "슈타이너가 자기 이미지를 따라 영원한 '그리스도'를 만들었음을 많은 증거가 시사한다"고 말한다. 이 기념비적 조형물은 화재 당시 미완성이었고, 그래서 화염을 피할 수 있었다.

슈타이너는 심리학자도 치료자도 아니며, 의학적 치유에는 관심이 없다. 그럼에도 수많은 추종자가 그의 가르침에서 도움을 받는다. 목표로 향하는 더 높은 힘과의 결합은 그들에게 확신과 지향을 제공한다. 영혼을 구제하는 시장에는 예로부터 현대인의 뿌리 뽑힘에 뭔가 중요한 것, 즉 자기 효능감을 대립시키는 다양한 영적 흐름이 존재했다. 영겁의 시간 전부터 사람들은 부적, 의식 또는 만트라를 통해 자신의 운명을 통제하려고 노력해왔다. 주문을 외우기만 하면 모두 잘될 것이다. 확신에 찬 비교도 슈타이너는 자기 추종자들에게 이 향유를 아낌없이 나눠준다.

누가 이유를 아는가

1927년의 어느 봄날 저녁, 알프레트 아들러와 추종자들이 빈 대학교의 조직학연구소 강의실에 모인다. 몇몇 정신분석학자들도 관객으로 참석한다. 그들은 주목할 만한 광경을 보게 된다. 개인심리학자 루돌프 알러스(Rudolf Allers)와 오스발트 슈바르츠(Oswald Schwarz)가 두 발표를 통해 상사에게 공개적으로 반박한다. 그들은 권력과 명예의 추구가 정신생활의 상수라는 교의에 의문을 제기한다. 이런 총결산 이후 알러스와 슈바르츠는 학회 탈퇴를 선언한다.

잠시 당혹스러운 침묵이 흐른다. 아들러는 또 다른 반란자들로 추정되는 이들과 함께 맨 앞줄에 앉아 있다. 그는 자리에서 일어나 주위를 둘러보며 말한다. "자, 이제 자네들의 영웅들이 된 건가?"

빅토르 프랑클이 연단에 선다. 그는 앞서 이야기한 사람들에게 동의하며 시작하지만, 전혀 다른 결론을 끌어낸다. 개인심리학은 자기의 심리학주의, 즉 모든 것을 설명하는 기제에 대한 고착을 스스로 극복할 수 있다는 것이다. 어쨌든 그는 학회를 떠날 이유가 없다고 생각한다. 그다음 주에 아들러는 그에게 학회를 떠나라고 여러 차례 촉구하고 마침내 자기 손으로 파문한다. 제시한 이유는 '정통적이지 않은 태도(의미에 대한 의문)'였다.

프랑클의 잘못은 그가 인간의 주요 동기를 다르게, 즉 일관성과 더 큰 전체를 추구한다고 파악한 것이다. 물론 아들러도 이런 생각을 하지만 그것을 사회적 결합, 공동체 감정과 연관시킨다. 이런 유사성에 근거해 프랑클의 접근법은 처음에 개인심리학의 변형으로 여겨진다. 어쨌든 프랑클을 배제하는 아들러에게 문제는 내용이 아니다. 그는 자기 권위를 염려하며, 그리하여 오로지 자신만이 운동의 운명을 주도한다고 신호한다.

프랑클은 1926년 9월 한 학술 대회에서 '로고테라피'라는 표현을 처음 사용한다. 그는 사람들이 고통을 극복하려면 그 고통에 의미를 부여해야 한다고 확신한다. 아들러는 사람들로 하여금 공동체의 요구에서 벗어날 수 있게 해주는 신경증을 목적에 부합하는 수단으로 보는데, 프랑클은 거기서 내적 공허감의 진정한 표현을 본다. 우리는 아들러가 생각하는 것처럼 당사자가 의지력을 갖도록 교육하는 것이 아니라 자기 삶에 대한 책임에 어떻게 부응할 수 있는지 보여줘야 한다.

프랑클은 프로이트와 아들러가 주장하는 결정론에 반대한다. 사람들은 창조적 노력으로든 추상적 가치나 종교적 믿음에 대한 헌신으로든 원하는 의미를 자유롭게 선택할 수 있다. 우리는 무엇이 우리를 행복하게 하는지가 아니라 피할 수 없는 패배와 좌절에 어떻게 대처할 것인지 물어야 한다. 사람들은 삶이 자신에게 던지는 물음에 답해야 한다. 프랑클은 고유한 자기 가치의 나침반을 찾아 나서는 것을 당시 막 떠오르던 실존철학에 기대 '실존 분석'이라고 부른다.

프랑클은 초월주의자다. 그는 '초감각', 즉 자신의 존재를 더 큰 대의에 바치는 인간의 욕구에 매료당한다. 또한 그는 욕동 이론에 따르면 리비도 배출의 결과인 긴장 해소를 추구할 가치가 있는 목표로 보지 않는다. 긴장과 갈등은 병리적인 것이 아니라 변화를 위한 원동력이다. 프랑클에 따르면 사람은 책임의 저주를 받은 존재다. 치료는 이를 인식시키는 것을 목표로 해야 한다.

아들러는 프랑클을 자기 학회에서만 밀어낸 것이 아니다. 추정컨대 이때부터 그는 길거리에서 프랑클을 만나도 대화를 나누지 않았을 것이다. 프랑클은 개인심리학에서 분리된 후에도 1930년까지 계속 의학을 공부한다. 여기에 더해 나쁜 성적으로 인해 자살 충동을 느끼는 빈의 학생들을 위한 상담사로 자원봉사하며, 강연하면서 연설의 능력을 연마한다. 자신감 넘치는 그의 태도에 젊은 여성들은 경탄한다. 그는 이들 가운데 한 명을 '재능 있는 연설가'의 강연에 초대하고, 강연장에서 그의 놀란 시선을 받으며 연단에 올라 삶의 의미에 대해 얘기한다. 어린 나이에도 프랑클의 성격에서는 상당한 자기애가 드러난다.

갓 시작한 신경학자이자 정신의학자인 그는 1933년부터 빈에 있는 '암슈타인호프' 클리닉에서 자살 병동이라고도 부르는 제3병동을 담당한다. 여기서 그는 삶에 지친 수많은 유대인을 비롯해 사회에서 증오와 원한에 시달리는 수백 명의 사람들을 만난다. 프랑클은 침울함의 부담을 너무나 잘 안다. 그는 종종 공허함을 느끼고 골똘히 생각하며 하루하루 헤쳐나간다.

이 시기에 프랑클은 몇몇 환자들에게, 그리고 자신에게도 효과가 있는 기법을 실험하기 시작한다. 몇 년이 지난 후에야 그는 논문에서 이 기법을 '역설 지향'이라고 처음 기술한다.[19] 이 기법에서 환자는 불안이 권하는 바와 정반대를 시도해야 한다. 예를 들어 엘리베이터에 갇히거나 다른 사람들 앞에서 땀을 흘리는 것이 두렵다면, 바로 그 상황을 적극적으로 상상하고 자신에게 말해야 한다. 엘리베이터에 올라타자마자 가능한 한 가장 큰 불안에 빠져라! 다른 사람들이 나를 바라볼 때 미개인처럼 땀을 흘리기 시작해라! 프랑클은 환자가 두려워하는, 가장 심각한 결과를 시각화함으로써 실제로는 아무것도 두려워할 필요가 없음을 깨닫는다고 믿는다. 그렇게 그는 자기 두려움의 부조리함을 의식하고 거리를 두게 된다. 불안을 정신적으로 억누르고 두려워하는 재앙이 일어나지 않는 만큼 위협감은 줄어든다. 이 원리는 인지행동치료에서 불안의 유발 요인을 직시하고 그것을 견뎌내는 '지원받는 직면'으로 발전한다.

하지만 환자가 어떻게 자기를 그렇게 놀라게 하는 것을 시도할 수 있을까? 그러는 척할 수도 있지만 **실제로** 그 재앙을 실행할 수 있을까? 여기에 대해 프랑클의 학생 알프리드 랭글(Alfried Längle)은 강의실에서 궁금해하며 딴지를 건다. "붕괴를 두려워하는 사람이 어떻게 자기가 붕괴하길 바랄 수 있나요?" 프랑클은 격분한다. 랭글은 다음과 같이 상기한다. "하지만 내 머릿속에 떠오른 것은 분명 그런 일을 어떻게 할까 하는 것이었다. 우리는 그것을 행동으로 옮겨야 한다. 그러나 그는 자기 교육 내용을 그렇게 손상하는 것은 전혀 다루려고 하지 않았다."[20] 프랑클에 따르면 '그런 척함'으로써 자신의 두려움을 관리하는 것이야말로 목표가 돼야 한다.

그는 어릴 적부터 고소 공포증이 있었고, 그래서 학생 시절에 애써 산에 오르곤 한다. 그는 정상에 기어오르고 산등성이를 걸으면서 점차 두려움을 극복하고 결국 열정적 산악인이 된다. 정신에 대해서도 신체 장애 같은 원리를 적용한다. 회피와 보호는 문제의 고착으로 이어진다. 왜냐하면 불쾌한 상황을 어쩔 수 없다고 생각하며 계속 회피하는 사람은 그런 회피가 필요하고 그렇게 하지 않으면 자기가 위험해진다고 스스로 증명하는 것이기 때문이다. 이는 고통을 치료할 때 금세 진퇴양난으로 이어진다. 치료자는 한편으로는 환자의 회피 행동을 조장해서는 안 되고, 다른 한편으로는 환자를 지나치게 몰아붙여 불안과의 대결에서 의지가 약해지게 해서는 안 된다. 어떤 사람들은 지옥을 통과하기보다 불안과 함께 살기를 선호하며, 따라서 치료는 제대로 시작하기도 전에 끝난다.

프랑클은 자서전에 수용소 이송을 유예받는 데 역설 지향 기법 덕을 본 경험을 묘사했다. 어느 날 게슈타포가 그를 소환한다. 그를 심문하는 나치는 치료자 빅토르 프랑클이 맞냐고 묻는다. 그렇다고 대답하자 다른 나치가 자기 친구가 폐소 공포증을 겪고 있는데 어떻게 하면 도움이 될 수 있는지 묻는다. 프랑클에 따르면 "나는 역설적 방법을 추천했다. 불안이 나타날 때 그는 이렇게 말해야 한다. 나는 길거리에서 쓰러지지 않을까 두려운가? 좋다, 그게 바로 내가 원하는 거다. 내가 쓰러지면 사람들이 달려올 것이고, 더군다나 나는 두들겨 맞을 것이다."²¹ 이 추천은 분명 효과가 있었던 듯하다. 적어도 프랑클은 더 이상 심문받지 않았다.

아주 오랫동안 회피해온 것을 원하는 데 성공하면 자기 기대의 단절을 체험하게 된다. 내게는 아무 일도 일어나지 않을 거야! 일이 다르게 풀릴 거야! 프랑클은 이것을 치료의 근본 요소로 인식한다. 달라질 수 있다는 경험은 내적 속삭임을 현실과 혼동하는 대신 극복하도록 도와준다. 그것은 회복을 향한 큰 발걸음이 되기도 한다.

프랑클의 레퍼토리에서 두 번째 비결은 반성 제거다. 여기서 핵심은 골똘히 생각하는 것을 중단하고 그것만으로는 문제를 해결할 수 없음을 이해하는 것이다. 반성 제거의 목표는 대답할 수 없는 물음으로 자기를 괴롭히지 않는 것이다. 하지만 이런 목표를 어떻게 달성할 수 있을까? 프랑클은 활동적 생활을 권고한다. 사람은 의미 있는 일을 하고 열정을 따르고 대의를 위해 불타오를 때 의미를 경험한다.

프랑클은 풍부한 임상 자료를 활용한다. 그는 1937년까지 4년 동안 '암 슈타인호프' 클리닉에서 일한다. 1938년 3월 오스트리아 '합병' 이전부터 이미 유대인에 대한 모욕과 공격이 급격히 증가하는데, 왜냐하면 오스트리아 파시스트들이 쿠르트 슈슈니크(Kurt Schuschnigg) 총리하에서 반유대주의를 부추겼기 때문이다. 클리닉은 자살을 시도한 희생자들로 넘쳐난다. 그는 수년 동안 수천 명을 치료한다.

상황은 독일군이 오스트리아를 점령하면서 더 악화한다. 프랑클은 자기 진료실 문을 연 지 얼마 되지 않아 닫지 않을 수 없었고 의사의 지위를 잃는다. 그는 '유대인 치료자 빅토르 이스라엘 프랑클'로서 나치의 법령이 규정하는 대로 유대인문화협회의 로트쉴트 병원으로 자리를 옮긴다. 이 일은 생계를 보장하는 동시에 부모가 수용소에 이송당하지 않게 보호해준다. 하지만 프랑클은 위험을 의식하고 있었다. 그는 미국 비자를 신청하고 발급되기를 초조하게 기다린다.

마침내 구원과도 같은 소식이 온다. 그는 출국할 수 있다. 프랑클은 영사관에 가서 준비한 비자를 받으면 된다. 하지만 그의 부모는 어떻게 될까? 그가 사랑에 빠져 결혼하고 싶어 하는 간호사 틸리는? 프랑클은 저녁 늦게 성 슈테판 대성당에 들어가 생각에 잠긴다. 그는 목도리로 외투에 달린 다윗의 별을 가린다. 하지만 그는 답을 찾지 못한다. 집으로 돌아오자 아버지가 유대인 학살로 폐허가 된 회당에서 주운 파편을 들고 그를 맞이한다. 이 파편은 십계명 선포 장면을 묘사한 부조에서 나온 것이다. 프랑클은 그것이 네 번째 계명이 적힌 석판이라고 믿는다. "네 아버지와 어머니를 공경하라, 그러면 네가 장수하리라." 그때 그는 가족과 함께 머물기로 결심한다. 비자는 실효된다.

프랑클은 당분간 의료 분야에서 계속 일할 수 있게 된다. 로트쉴트 병원은 아직 유대인 환자를 치료할 수 있는 마지막 병원이다. 1941년 12월 17일, 프랑클은 레오폴트슈타트의 가족 관계 등록 사무소에서 틸리 그로서와 결혼한다. 얼마 지나지 않아 신부는 임신한다. 그는 유대인 여성이 아이를 가지면 바로 강제 수용소로 추방당할 수 있다는 위협을 받고 낙태해야 했다. 젊은 부부는 큰 충격을 받는다. 1942년 여름, 로트쉴트 병원도 마침내 문을 닫는다. 이는 프랑클과 가족이 수용소 이송을 더는 피할 수 없다는 의미다. 9월 25일, 그들은 사람으로 넘치도록 채운 열차를 타고 빈을 떠나 테레지엔슈타트로 향한다.

~~~~~~

프라하 북서쪽 '모범 게토'의 상황은 재앙과 같다. 식량은 엄격하게 배급되고 의료 서비스는 없다시피 하다. 게다가 게토 주민들은 경비병과 나치친위대의 가혹 행위에 노출돼 있다. 테레지엔슈타트 외곽의 수용소인 '작은 요새'에서 노역을 마친 프랑클은 집에 내던져진다. 그는 걷지 못하고 온몸이 상처와 멍으로 뒤덮였다. 틸리는 그를 보고 눈물을 흘린다. "빅토르, 그들이 당신한테 무슨 짓을 한 거야?"

프랑클의 아버지는 이송 직후 사망한다. 아들이 응급 상황에 대비해 갖고 다니는 모르핀 앰풀은 폐부종으로 인한 아버지의 고통을 덜어준다. "다른 소원이 있으세요?" 아들이 작별 인사를 하며 여든한 살 노인에게 묻는다. "없어." "괜찮으세요?" "그래." 그는 아버지를 다시는 보지 못한다.

"신이 원하시는 대로 나는 참으리." 독실한 믿음의 가브리엘 프랑클은 테레지엔슈타트로 향할 때 자신과 다른 이송자들을 이렇게 격려했다. 이런 스토아적 태도는 고통 뒤에 숨은 의미를 찾으며 항상 인내에서만 해결책을 구하는 치료 철학의 이면을 드러내기도 한다. 폭력의 지배 아래서나 강제 수용소에서는 확실히 대안이 거의 없다. 반항하는 사람에게는 죽음의 위협이 다가오기 때문이다. 하지만 대안이 분명히 존재하는 일상적 상황일 때도 '모든 것에도 불구하고' 항상 의미를 찾는 사람은 억압적 환경에서 뭔가를 바꾸려는 욕망을 포기하기도 한다. 이유가 있는 사람은 어떤 상황이라도 참아낸다. 여기에는 무능력을 선고하는 요소도 들어간다.

1944년 10월, 프랑클의 가족은 뿔뿔이 흩어진다. 그의 어머니와 형

사진 32　흰 가운을 입은 의미의 추
구자: 젊은 의사 빅토르 프랑클.

발터는 아우슈비츠로 옮겨진다. 얼마 후 빅토르와 틸리도 집단 학살 수용소로 실려간다. 그들은 문이 잠긴 가축 운반용 화물 열차를 타고 꼬박 이틀에 걸쳐 그 땅을 가로지른다. 프랑클은 이송 전에 서둘러 마무리한 자신의 원고《영혼을 치유하는 의사》를 '살균' 전에 다른 소지품과 함께 내줘야 한다. 그는 죽은 사람의 옷을 받는다. 안주머니에서 유대인 기도서의 찢어진 쪽을 발견한 그는 희망을 품는다.

　프랑클은 아우슈비츠에 3일간 머무른다. 그는 수용소 의사 요제프 멩겔레(Josef Mengele)의 선별 과정에서 처음에는 '샤워실'로 가는 사람들의 긴 대열에 배치된다. 그는 노동력 있는 다른 집단에서 낯익은 얼굴을 발견하고 멩겔레 몰래 거기로 넘어간다. 이것이 그를 확실한 죽음에서 구해준다.

테레지엔슈타트, 아우슈비츠, 카우퍼링 III, 튀르크하임. 프랑클은 3년 동안 네 군데의 수용소를 거치며 살아남는다. 전쟁이 끝나기 직전 인 1945년 4월 27일, 미군이 튀르크하임을 해방한다. 고통은 끝났지만 정신적 부담은 남는다.

~~~~~~

전쟁이 끝난 후 프랑클은 강제 수용소에서 살아남은 사람들을 위한 군 인 병원에서 일한다. 해방된 사람들 가운데 상당수는 너무 쇠약해져서 몇 주 안에 사망한다. 프랑클은 빈에서 어머니와 틸리, 형을 다시 만나 길 바란다. 그래서 기력을 되찾자마자 그 일을 그만둔다. 그러고 나서 집으로 돌아가는 500킬로미터의 여정에 오른다. 빈에서 그는 정처 없이 헤매다닌다. 익숙한 장소를 방문하고 익숙한 얼굴을 찾아다닌다. 그는 어머니가 아우슈비츠에 도착한 직후 살해당했다는 사실을 알게 된다. 기차역에서 작별 인사를 할 때 살아남기 위해 뭐든 하겠다고 약속한 틸 리는 베르겐벨젠 수용소로 보내졌다. 거기 뤼네부르거하이데에서 그는 1945년 4월 15일 영국군에 의해 해방돼 병원으로 옮겨졌다. 그는 수감 생활로 인해 얼마 지나지 않아 사망했다. 발터 역시 아우슈비츠 인근의 강제 노역장에서 살아남지 못했다. 1945년 9월 14일 프랑클은 다음과 같이 적었다. "그래서 이제 나는 완전히 홀로 남았다. 나는 말할 수 없 이 지치고, 말할 수 없이 슬프고, 말할 수 없이 외롭다."[22] 그의 여동생 슈텔라만이 생존했다. 그녀는 전쟁이 시작되기 전에 멕시코로 이민을 떠났고, 오빠보다 몇 년 먼저 오스트레일리아에서 고령으로 사망한다.

프랑클은 대학 옆 마리안넨가세에 거처를 구한다. 그는 학생 시절부터 알던 폴리클리닉에 자리를 얻고 타자기를 마련한다.[23] 프랑클은 튀르크하임에서 오래된 강제 수용소의 양식 조각에 연필로 메모를 해뒀다. 이제 머리 위에 안전한 지붕이 생긴 그는 몇 주 만에 잃어버린 원고를 다시 쓴다. 1946년, 그의 회고록 《죽음의 수용소에서》[24]와 《영혼을 치유하는 의사》가 거의 같은 시기에 나온다.

프랑클은 이웃과 동료들이 어떻게 추방당하는지를 보면서도 그들을 비난하거나 박해하는 데 동조한 빈 시민들에게 놀라울 정도로 관대했다. 그는 집단의 연대 책임을 전혀 믿지 않는다. 연극 〈비르켄발트에서의 동기화(Synchronisation in Birkenwald)〉에서는 "인간은 한 사람 한 사람으로 남으며 그 모든 어려움에도 불구하고 자기가 할 수 있는 일을 한다"고 말한다. 이 말은 《죽음의 수용소에서》에 일종의 에필로그로 등장한다. 거기서 프랑클은 묻는다. "당신은 무엇을 정의롭다고 말하는가? 증오에는 증오로, 불의에는 불의로 대답하는 것? 다른 사람들이 한 것과 똑같은 일을 우리도 하는 것? 그건 정의가 아니다. 불의를 영속화할 뿐이다."[25]

또한 프랑클은 오랫동안 나치당원이던 옛 스승 오토 푀츨(Otto Pötzl)을 찾아간다. 나중에 그는 푀츨과 함께 등반 중에 한 죽음의 경험에 관해 기사를 발표한다. 모든 쓰라린 체험에도 불구하고 프랑클에게는 추상적·역사적 죄책감보다 개인적인 것이 더 중요했다.

프랑클의 관대함은 자기에 대한 뚜렷한 찬양과 합쳐져 비판을 불러일으키기도 한다. 가령 역사학자 티머시 파이텔(Timothy Pytell)은 프랑클이 나치에 협력하지는 않았을지라도 잠재적으로는 동조했다고 주장한다. 그의 책 《빅토르 프랑클―신화의 종언?(Viktor Frankl―Das Ende eines Mythos?)》[26]에서는 의미치료의 창시자를 가혹하게 공격한다. 비난의 요지는 프랑클이 실제로는 파시즘에 매료당했다는 것이다. 파이텔은 그 증거로 프랑클이 나치 의사협회인 '조국전선'의 회원이었다는 사실을 지적한다. 그러나 오스트리아의 공직에 있는 모든 의사는 원하든 원치 않든 자동으로 협회원이 됐다. 게다가 파이텔에 따르면 프랑클은 "한계 경험에 대한 애착"이 있었다. 그는 추방을 당해야 의미치료를 만들어낼 수 있었다. 이는 나치의 테러에서 겨우 살아남은 사람에 대한 기괴하고 그릇된 주장이다. 프랑클이 강제 수용소에서 비로소 '정신의 도전적 힘'을 키웠다고 해서 그가 겪은 일이 그에게 적합한 것은 아니다.

자기 초월이라는 개념은 프랑클의 심리치료에서 특별한 역할을 한다. 우리의 존재는 항상 그 자체를 넘어서는 뭔가를 가리킨다. "개인적 책임에 대한 의식, 특별한 사명에 대한 체험만큼 자기를 넘어서게 하는 것은 없으며, 그렇게 사람들을 깨어나게 하는 것도 불편함과 어려움을 극복하게 하는 것도 없다."[27] 어느 날 밤, 카우퍼링 III 수용소를 굶주린 채 아픈 발로 헤매던 프랑클은 자신에 대해 이런 깨달음을 얻는다. "내 상황은 암울하고 절망적으로 보였다. 나는 크고 아름답고 따뜻하고 밝은 강의실에서 관심을 가진 청중에게 '강제 수용소에서의 심리치료 경험'이라는 제목으로 강연하고 있다고 상상했다. ……그리고 나는 방금 체험한 그 모든 것에 관해 이야기하고 있었다."[28]

강연자로서의 재능은 프랑클에게 탈출구가 된다. 언젠가 많은 청중 앞에서 자기 경험을 공유할 수 있을 거라는 생각은 살아남겠다는 그의 열망에 불을 지핀다. 그리고 정말 그렇게 된다. 전쟁이 끝난 후 프랑클은 전 세계에서 수많은 강연을 했고, 사람들은 그의 용기와 저항에 대한 의지를 높이 평가한다. 그는 이런 모습을 통해 인류에게 영향력 있는 조언자가 된다. 빈에서 그의 학생이던 알프리드 랭글은 선생의 자기중심성을 직설적으로 묘사한다. "그는 자기 말을 듣기를 아주 좋아했다."[29] 프랑클의 자서전 《빅터 프랑클: 어느 책에도 쓴 적 없는 삶에 대한 마지막 대답》도 인정에 대한 욕구를 드러낸다. 가령 그는 다음과 같이 회고한다. "한번은 인스브루크에 있는 대학 병원 정신의학과의 한 심리학자가 나에게 로르샤흐 검사를 한 후, 한편에 있는 극단적 합리성과 다른 한편에 있는 심오한 정감성 사이의 폭이 그렇게 넓은 것을 본 적이 없다고 주장했다."[30] 다른 부분에는 이렇게 적혀 있다. "내가 이미 하던 생각을 훨씬 나중에 다른 사람들이 한다는 사실을 깨달으면 나는 언제나 즐거웠다. ……사실 누군가가 내 아이디어로 노벨상을 받는다고 해도 아무 상관없을 것이다."[31]

삶의 유한성을 중심에 놓는 '실존치료'의 대표적 인물이자 미국의 정신분석학자인 어빈 얄롬은 1970년 빈에 머물 때 프랑클을 만난다. 얄롬은 그를 캘리포니아로 초대한다. 스탠퍼드 대학교에서 프랑클은 칼 로저스의 내담자 중심 전통 속에서 훈련받은 전공의들에게 몇 가지 임상 사례를 제시한다. 의사들은 경악을 금치 못한다. 얄롬에 따르면 "그의 접근법은 본질적으로 10~15분간의 면담을 통해 환자에게 삶의 의미가 무엇인지 결정하고 그것을 권위적 방식으로 설명하는 것이었다."[32] 프랑클은 분명 공감 능력이 뛰어난 치료자가 아니었지만 그의 이념은 오늘날에도 살아 있다.

질병이라는 무기

하이델베르크 외곽의 목가적 시골 비젠바흐의 여름은 말 그대로 여름이다. 낮의 열기가 지나간 후 선선한

밤바람이 불어오고 하늘에는 별이 반짝이고 귀뚜라미가 울며 시냇물은 멀리서 졸졸 흐른다. 그저 그런 또 한 번의 여름이 아니다. 너무나 많은 젊은이가 현상 전복을 꿈꾸고 혁명의 기운이 감돈다. 사람들을 노예로 만들고 병들게 하는 자본주의를 타도하자! 낡은 권위, 천년의 곰팡이는 물러나라! 부모의 집, 부르주아 가족의 편협함, 점잖은 시민의 어리석음에서 벗어나자! 자유로, 삶으로, 명확한 의식으로 나아가자!

그들이 엽서에 나올 것 같은 목가적 정경 속에 사는 볼프강을 만나러 떠나는 때는 아직 밤이다. 근처 숲 뒤편에는 혁명적 투쟁에 필요한 모든 것, 즉 돈·무기·기폭 장치와 폭발물·위조한 신분증이 숨겨져 있다. 비젠바흐의 집들이 시야에 들어오고, 차가 모퉁이를 돌자 마을 입구에 불현듯 사람들이 서 있고, 경광봉을 흔든다. 경찰이 검문하고 있다. 이제 어쩌지? 당황한 그들은 천천히 운전해 나아간다. 순찰 중인 경찰 두 명을 처리하는 거야 식은 죽 먹기일 것이다. 차가 멈춘다. 경찰서장 브란트는 손전등을 비추며 차에 탄 사람들을 자세히 살핀다. 긴 머리에 지저분한 차림새의 그들은 이 밤에 오덴발트에서 뭘 하는 걸까? 브란트의 머릿속에서 의심이 일기 시작한다. 그가 손전등을 들고 "운전면허증, 아니면 서류"를 중얼거리는 동안 총알 한 발이 날아오고 바로 또 한 발이 이어진다. 동승자가 경고도 없이 권총을 꺼내 방아쇠를 당긴 것이다. **경찰, 네 놈 잘못이야!** 움직이는 타이어 소리와 엔진의 굉음으로 갑자기 정적이 깨진다.

브란트는 자신에게 무슨 일이 일어났는지 깨닫지 못한다. 팔이 타는 듯한 느낌만 있다. 그는 땅에 쓰러지지만 총알은 다행히 어깨를 관통했다. 고통스러우나 생명에는 지장이 없다. 동료가 무기의 안전장치를 해제하고 질주하는 차를 향해 발사하지만, 총알은 목표물을 빗나간다. 그가 추격을 시작했을 때는 이미 범인이 시야에서 사라진 뒤였다. 지원군을 요청하고 구급차가 도착하기까지 몇 분이 흐르고, 새벽이 되자 헬리콥터가 마을 상공을 선회한다.

경찰이 주위를 샅샅이 뒤진다. 곧바로 하이델베르크 폴리클리닉의 의사 볼프강 후버(Wolfgang Huber)가 사는 집이 표적이 된다. 후버는 이 도시에서 유명한 혁명가다. 지난 3월 대학 경영진이 환자를 마르크스·레닌주의 교의에 따라 치료하는 것을 금하자 그는 사회주의환자회(Sozialistische Patientenkollektiv, SPK)를 설립했다. 그는 환자들에게 고통의 근원, 즉 그가 다른 수단을 통해 지속하는 파시즘이라고 보는 자본주의로 인해 질병이 발생하는 조건을 의식화하고자 한다. 또한 그는 환자들을 혁명적 투쟁으로 이끌고 싶어 한다. 그들은 사회주의환자회의 전단지에서 말하고 있는 대로 자신들의 '병을 무기로' 사용해야 한다.

비젠바흐에서 총격 사건이 발생한 지 며칠 후 후버는 경찰에 체포된다. 범인이 후버의 환자회원이라고 의심할 만한 정황이다. 후버의 반려자가 가명으로 임대한 주택의 지하실에서 총기와 탄약 그리고 수많은 전단지 뭉치가 발견된다.

서른다섯 살의 후버는 최근까지 하이델베르크 의료계의 명예로운 일원이었지만, '돼지 시스템에 대해 결산'하기 시작했다. 인간에 대한 착취, 강제적 소비와 경쟁적 사고, 노동으로부터의 소외, 일부일처제 결혼에 대한 강요, 가족 내의 복종과 억압……. 후버는 진정 자유로워지기 위해서는 먼저 체제를 무너뜨려야 한다고 믿는다. 오랜 우여곡절 끝에 대학 경영진은 분쟁으로 폴리클리닉을 떠난 후버가 혁명적 집단 및 개인 치료를 계속할 수 있도록 도심에서 가장 좋은 지역에 있는 주택을 제공한다.

사진 33 영혼을 위한 마르크스와 헤겔: 사회주의환자회의 대표인 의사 볼프강 후버에게는 개인이 아니라 사회가 병든 것이다.

사회주의환자회에서는 가출한 사람과 실업자, 술꾼과 학생, 괴짜와 의미를 추구하는 사람들이 만나며, 그중에는 연금 수급자와 주부도 있다. 그들이 정확히 몇 명인지는 아무도 모른다. 시간제로 치료받으러 오는 사람도 있고 다른 사람들, 주로 젊은 '부랑자'와 노숙자들이 복도의 매트리스에서 잠을 청하기도 한다. 후버는 말을 잘한다. 많은 집단 원들은 그와 같이 자신감 있고 판단이 분명한 사람이 되고 싶어 한다. 좌절한 사람들과 가정 폭력 및 방임의 희생자들이 주로 환자회에 도움을 요청한다. 후버는 자신이 치료하는 여러 여성과 관계를 시작한다. 안 될 이유가 있을까? 결국 섹스는 낡은 도그마에서 벗어날 수 있는 가장 좋은 길이다. 아프거나 아프지 않은 것은 어차피 무엇도 말해줄 수 없다. 아픈 것은 사람이 아니라 그가 사는 사회다.

낡았지만 넓은 주택은 때때로 열두 명 이상의 회원에게 숙소가 되기도 한다. 대개 집단으로 진행하는 치료 회기에서는 기금으로 5마르크를 낸다. 사람들이 몰려들자 후버는 환자들 중 일부를 공동 치료자로 지명한다. 치료는 주로 게오르크 헤겔(Georg Hegel), 카를 마르크스, 프리드리히 엥겔스(Friedrich Engels)를 읽는 것이다. 한 환자는 이렇게 보고한다. "마르크스주의 이론과 변증법을 파악하는 것이 치유의 성공을 위한 기초가 된다." 또 다른 환자는 다음과 같이 설명한다. "방출된 에너지는 마르크스주의로 전환한다. 증상에 대한 변증법적 해석을 통해 억압이 사라진다."[33]

화해를 위해 노력하는 신학자이자 사회민주당원인 롤프 렌토르프(Rolf Rendtorff) 총장에게서 후버의 혁명적 접근법에 대한 전문적 평가를 요청받은 정신의학자들에게 사태는 명확하다. 후버가 정신 착란은 아니지만, 그가 하는 일은 무책임하고 위험하다. 그는 자신의 환자들, 특히 조현병과 자살 충동이 있는 환자들을 정치적 선동의 인질로 삼고 있다. 후버는 구루처럼 행동하고, 줄담배를 피우며, 치료 중에 환자들을 조용히 쳐다보거나 자본주의의 종말에 대한 물음에 독서를 바탕으로 대답하기를 요구하기도 한다. 개업의 면허가 없는 까닭에 그는 약을 처방할 수 없으며, 활동은 강의로 제한된다. 후버에 따르면 개인에 대한 치료는 무의미하다. 파시즘적 사회의 형식을 극복하는 사람만 건강해질 수 있다. 이런 일은 필요하다면 폭력을 통해 이뤄져야 한다.

후버는 정신적 고통의 유일한 원인은 상황이라고 선언함으로써 환자들의 증오와 공격성을 경찰, 거물급 인사, 반동분자 등 외부로 돌린다. 1971년 4월, 젊은 여성이 하이델베르크 위쪽 숲에서 스스로 목숨을 끊는다. 그는 유서에 마르크스와 엥겔스를 따라 묻히고 싶지 않다며 자기가 버림받은 것 같고 죄책감을 느낀다고 썼다. 그러자 후버는 렌토르프와 문화부 장관 그리고 '의료 돼지'를 살인자로 규정하는 팸플릿을 배포한다. 그 여성의 죽음에 책임이 있는 것은 그들이지, 공감하지 못하고 학대하는 방식으로 대한 자기는 아니라는 것이었다.

그러고 나서 1971년 6월 24일, 사회주의환자회의 종언을 알리는 총성이 울린다. 온 나라가 경악한다. 학생들은 베트남 전쟁에 반대하고, 전직 나치가 영향력 있는 위치를 차지한 데 항의하고, 성적 자기 결정 및 낙태의 권리를 주장하며 시위를 벌인다. 그들이 보기에 독일연방공화국은 파시스트에게 침투당하고 있다. 이 체제는 사라져야 한다! 노동 계급이 일어나고 사회주의가 승리할 날이 머지않았다.

구원의 환상이 끝나고 망상이 시작하는 곳은 어딜까? 환자회가 해산되고 경찰이 방에서 회원들을 쫓아낼 때 소수의 회원이 지하로 숨어든다. 그들 가운데 일부는 1975년 4월 스톡홀름의 독일 대사관을 공격하는 데 관여했다. 후버는 구드룬 엔슬린(Gudrun Ensslin)과 울리케 마인호프(Ulrike Meinhof)에게 자금을 조달하고 은신처를 제공했다. 그는 범죄 조직의 일원으로서 4년 6개월의 징역형을 선고받는다.

인간 해방을 위해 일어서는 사람은 희생할 준비가 돼 있어야 한다. 그가 해서는 안 되는 일은 단 하나, 자신이 흔들리도록 허락하는 것이다. 투쟁은 정당한가? 대중을 뒤흔들 것인가? 체제는 전복될 것인가? 이 모든 것은 무슨 의미가 있을까? 후버는 장식 없는 감옥에서 의미란 부르주아지의 장식품일 뿐이라고 생각한다. 심리학자들은 언제나 인간을 다양하게 해석했을 뿐이며, 중요한 것은 사회를 바꾸는 것이다. 사회가 준비돼 있든 아니든 그렇다.

에필로그: 이것이 무슨 의미인지 말하라

여기까지 온 것을 축하한다! 이제 심리치료의 초기 단계에 대한 우리의 여정이 끝났으므로 여러분은 아마 그 모든 것 가운데 무엇이 남아 있는지가 궁금할 것이다. 프로이트의 억압된 리비도 이론은 여전히 현실적일까? 아들러의 열등감 개념은 믿음직한 것으로 입증됐을까? 라이히의 성격 분석과 페를스의 게슈탈트 이론부터 모레노의 심리극, 로저스의 대화치료와 프랑클의 의미치료를 거쳐 울프와 커버의 행동치료나 벡과 엘리스의 인지적 접근법에 이르기까지 많은 후계자와 경쟁자들의 형편은 어떨까? 오늘날의 관점에서는 어떻게 평가할 수 있을까? 이 물음에 일괄적으로 대답할 수는 없다. 왜냐하면 심리치료 초기의 선구적 아이디어가 빠르게 발전하고 무엇보다 다양해졌기 때문이다. 그래서 시간이 지나면서 새로운 변형·분파·반대의 기획이 덧붙었고, 한눈에 조감할 수 없는 수백 가지 치료법의 촘촘한 연결망이 생겨났다. 그리고 그 수는 계속 증가하고 있다.

이렇게 혼란스러운 다양성의 이유는 한편으로는 임상심리학 및 정신의학의 진보와 관련한, 사태적인 것이다. 다른 한편으로는 심리치료가 수요와 공급의 경제 논리를 따른다는 사실에도 뿌리내리고 있다.

전자에 대해 말하자면, 오늘날에는 정신적 문제를 과거에 비해 훨씬 더 분화한 방식으로 고찰한다. 이제 **하나의** 신경증이 아니라 수많은 하위 유형이 있는, 너무도 다양한 장애와 증후군이 존재한다. 현재 사용하는 진단 편람들에 따르면 우울증만 해도 계절성 우울증, 복합성 애도, 양극성 장애 등 스무 가지가 넘는 변종이 있다. 많은 치료 프로그램에서 특정한 문제 상황에 '장애에 맞춰' 접근하기 때문에 여러 방법을 활용하는 것은 당연한 일이다.

심리치료는 정신 질환을 포함한 모든 질병에 반드시 신체적 원인이 존재한다는 도그마를 포기했을 때 시작됐다. 두려움, 강박, 불안, 설명할 수 없는 고통이나 멜랑콜리는 뇌의 이상이나 기관의 약화 탓으로 돌릴 수 없었지만 분명 '꾀병' 이상이었다. 당사자들이 언제나 의식하진 못하는 생각·기억·감정·사고의 방식이 증상을 유발한다는 사실은 사람들이 어떻게 '가는'지에 완전히 새로운 빛을 비추는 혁명적 통찰이었다. 정신은 젊은 전문가들로 이뤄진 길드가 그 수수께끼를 풀겠다고 약속한, 숨은 과정의 무대가 됐다. 그들은 영혼의 극장을 들여다봄으로써 적어도 이론적으로는 자기 인식을 통한 도움을 줬다. 거기에 더해 정상과 비정상의 경계도 유동적으로 바뀌었다. 아픈 영혼과 건강한 영혼의 움직임에서 나타나는 근본적 차이를 가정하는 대신 그들은 하나의 연속체에서 출발했다. 모든 사람은 부도덕한 욕망을 어느 정도 품고 있고, 때때로 우울하거나 긴장하거나 강박적이거나 불안해한다. 그 정도 그리고 관련한 고통의 압박이 병을 일으키는 것뿐이다.

치료법이 기적적으로 늘어난 두 번째 이유는 단순한 자본주의적 필요성이다. 영혼을 구제하는 시장에서 입지를 다지고자 하는 사람에게는 매력적인 브랜드, 틈새, 고유한 개성이 필요하다. 자신을 차별화하고 독자적 상표로 브랜드를 구축하는 목적은 시대정신에 '부합하는' 그럴듯한 제안을 하는 것이다. 그래서 예로부터 심리치료는 특별한 긴장이 특징이다. 심리치료는 도움과 안도감을 주며, 종종 약물 치료보다 효과적이다. 한편 그것은 모든 사람이 곤경을 해결하고 행복을 찾을 수 있다는 희망으로 거래하는 산업이기도 하다. 서구 문화는 이런 약속, 즉 치료의 서사를 스펀지처럼 흡수해왔다.

오늘날 심리치료는 어느 때보다 호황을 누리고 있다. 자아와 마음의 상태에 세심한 주의를 기울이고 위험을 피하고 회복탄력성을 강화하는 것, 이런 동기가 삶의 모든 영역에 스며들어 있다. 민감한 감수성은 문제를 조기에 파악하고 낙인을 줄이는 데 이바지하는 경우 의심의 여지없이 장점이 있다. 그러나 이것은 단순히 불쾌할 뿐인 많은 감정을 성급히 병적인 것으로 보이게 할 수도 있다. 이럴 때 빅토르 프랑클은 생각하는 대신 행동하고, 숙고하는 대신 참여하는 '반성 제거'를 권했다. 그런데 치료법에 대한 과장 광고는 오히려 그 반대, 즉 생각이 끊임없이 자기를 중심으로 돌아가는 과잉 반성을 유발한다. 이는 에너지의 차단·억압당한 트라우마·내면 아이들로 북적대는, 광범위한 취약성의 언어로 나타나고 있다.

프로이트의 시대 이후 치료를 하는 사람과 받는 사람 사이의 관계도 크게 변화했다. 지식이 풍부한 치료자가 자신의 인식에 힘입어 더 나은 자기 통제력을 갖도록 환자를 돕는 것은 이제 구식이 됐다. 당사자에게 그의 문제가 뭔지, 어떻게 해결해야 하는지 위에서 내려다보며 설명하는 것이 더 이상 선택지가 아닌 이유도 내담자의 자기의식이 성장했기 때문이다. 오늘날 심리치료를 시작하는 사람은 뭐가 잘못됐고 어떻게 해야 하는지 대략이나마 알고 있는 경우가 많다.

동시에 치료자 쪽에서도 장애를 극복하기에 설명만으로는 충분치 않음을 인식했다. 따라서 내적 갈등을 냉정히 분석하는 대신 감정을 공유하는 것을 전면에 놓게 됐다. 중요한 것은 치료적 관계에서 눈높이를 맞춰 긍정적 경험을 가능케 하고 새로운 습관을 함께 연습하는 것이다. 그리하여 오늘날의 치료자들은 이전 개척자들에 비해 교조적이거나 세계관이 편향적이지 않으며, 이와 관련해 여성이 훨씬 더 많다. 그들은 더 이상 프로이트, 아들러, 융처럼 의심할 여지가 없는 진실을 제시함으로써 정신적 고통을 치료하려고 하지 않는다. 오히려 자신의 고객이 일상생활에서 더 잘 대처할 수 있도록 실용적으로 뒷받침한다.

여기서 도움이 되는 것은 무엇이든 환영받는다. 하지만 악의 원인을 찾는 것은 부차적인 일에 지나지 않는다. 대개 장애를 유발한 것이 정확히 뭔지는 답할 수 없다. 왜냐하면 유전자, 살아온 이력과 경험, 사회적 환경의 압력, 상실과 패배를 비롯한 스트레스 요인 등이 복합적으로 작용하기 때문이다. 정신적 문제의 원인은 다면적이며, 따라서 파묻힌 트라우마 같은 개별 요인으로 환원할 수 없다. 따라서 '어디서 발생했는가'보다 더 중요한 것은 '앞으로 어떻게 할 것인가'와 문제를 완화하는 수단이다. 그 수단은 부담과 더불어 살아가는 법을 배우는 것일 수도 있다. 최근의 수용과 거리 두기 접근법은 치료를 탈이데올로기화하는 데 큰 공헌을 했다.

눈에 띄는 것은 행동치료와 인지치료를 제외한 주요 학파가 오랫동안 학문적·과학적 심리학 외부에서 발전했다는 점이다. 심지어 치료자들은 종종 자기를 주류가 반대하는 진리의 옹호자로 내세움으로써 주변화를 자행하기도 했다. 이 이야기 또한 무지한 대중이 자기 통찰력을 억압한다고 주장한 프로이트에서 시작했다. 리비도의 힘이나 열등감의 보상, 막힌 에너지 흐름 같은 교조적 가정은 정신의 비밀을 밝히고 영혼을 탐구하는 사람의 원형이었다. 이런 진부한 생각은 진지한 심리치료에서 점차 사라졌다. 하지만 많은 상담 및 코칭 서적에는 계속 등장하고 있다.

한 가지 확실한 것은 심리치료가 카리스마 넘치고 빛나는 인물들의 마법에서부터 건강을 위한 실천에 이르기까지, 탁월함에서 증거로 이어지는 긴 도정을 걸어왔다는 점이다. 대중의 관심을 끌기 위해 노력한 존 왓슨부터 깨달음의 구루 프리츠 페를스까지, 심리치료의 많은 선구자가 명확히 알 수 없는 암시적 개념을 만들어냈다. 치료의 효과에 대한 비판적 검토가 자리를 잡기까지 오랜 시간이 걸렸다. 특히 인지행동치료의 대표자들은 여기서 척도를 정립했다. 다른 어떤 방법론도 그 효과에 대해 좋은 증거를 그렇게 많이 제시할 수 없다. 따라서 오늘날 행동치료를 표준으로 여기는 데는 이유가 있다.

예나 지금이나 치료법 연구에는 한 가지 방법을 신봉하는 사람들이 그것을 전문적으로 적용해서 이익을 얻는다는 사실과 관련한 문제가 있다. 아무도 자기 밥벌이에 도움이 되는 일을 일부러 망치지 않는다. 반대로 많은 경우에, 아마 무의식적으로 그 방법을 과도하게 옹호하고 효과를 최대한 크게 보이도록 한다.[1]

메타분석이라고 하는 광범위한 조사가 보여주듯 평균적으로 심리치료를 받은 사람의 절반 정도가 지속적 효과를 본다.[2] 심리치료가 마법처럼 증상을 없애는 것은 아니며, 불안이나 걱정이 많은 사람을 새로운 사람으로 만들지도 못한다. 그러나 심각한 증세를 완화할 수는 있다. 10명 가운데 1명 정도는 원치 않는 부작용을 겪는다. 이들은 치료 전보다 도중이나 이후에 기분이 더 나빠지거나 약물에 의존하게 된다.[3]

그리고 종종 무시당하는 또 하나의 수치가 있다. 심리치료 효과의 절반쯤은 공감적 애정과 유능한 사람을 만났으며 부끄러움 없이 터놓고 말할 기회가 왔다는 좋은 느낌, 요컨대 플라세보 효과에 기반한다.[4] 이는 부끄러운 일이 아니라 이점이다. 부러진 다리나 염증도 치료를 신뢰할수록 확실히 더 잘 낫는다. 하지만 신체의학에서는 뒷받침일 뿐인 것이 심리치료에서는 전제, 즉 프로이트가 이미 요구한 환자의 '깊은 믿음에서 나오는 기대'다.

이런 식으로 믿음이 (함께) 치유한다면 속마음을 털어놓고 비판적 물음은 한쪽으로 치워야 할 이유가 충분하다. 아마도 그런 까닭에 많은 치료자가 자극적인 자기 확신을 표현하고, 적지 않은 내담자가 그의 말에 매달릴 것이다. 이런 경우 확신의 정도가 강할수록 의심에 대한 면역력을 키우고자 하는 충동도 커질 수 있다. 이런 딜레마를 보여주는 것이 이 책의 등장인물들을 선정할 때 중요한 동기였다. 그들은 위대한 사상과 강력한 구원의 가르침을 창시했지만, 동시에 자기 이론과 자아의 포로가 되기도 했다.

대조적으로 최근의 연구는 뭔가 놀라운 것을 밝혀준다. 요컨대 치료의 유용성은 근저에 있는 이론과는 거의 관련이 없다는 것이다.[5] 누군가가 **어떤** 설명을 받아들이는지보다 더 중요한 것은 그가 이 설명을 확신한다는 **사실**이다. 그것은 참이든 아니든 심리적 안정감을 주고 마음을 편안하게 해준다. 그런 한에서는 "삶에 '왜'가 있는 사람은 '어떤' 것이든 다 견딘다"는 말이 타당하다.

오늘날 우리는 진정한 자신이 되자는 유일한 목표가 어디나 존재하는 자기 계발 문화 속에 살고 있다. 자기의 참된 자아를 인식하고 거기에 맞게 사는 것이다.[6] 그러나 지나치게 일방적인 남 탓("당신의 부모님 탓입니다")이나 거창한 약속("성공 보장")은 경계해야 한다. 왜냐하면 고통을 심화할 수 있기 때문이다. 예를 들어 어렸을 때 트라우마를 겪고 그 기억을 억눌러왔다고 믿는 사람은 스스로에게 호의를 베푸는 경우가 거의 없다. 범인으로 추정하는 사람이 있다면 마음이 가벼워지겠지만, 책임의 문제는 뒤로 미루는 편이 좋다. 프로이트의 방식, 즉 묻혀 있던 기억을 의식화해 영원히 해소하는 것은 신화임을 기억 연구자들이 오래전에 폭로했다. 우리의 기억 속에는 사실과 허구가 풀 수 없는 실뭉치처럼 얽혀 있다.

초기의 심리치료자들은 이야기의 힘에 대한 놀라운 예를 보여준다. 정신역동·인간주의·학습 이론 학파의 창시자들은 오늘날의 치료자 사회는 생각할 수 없는 서사를 만들어냈다. 저항력을 얻기 위해 자기 영혼을 주의 깊게 관찰하고 해석해야 한다는 것, 모든 사람이 단순히 기능하는 대신 자신을 탐구해야 한다는 것, 이런 통찰은 개인뿐만 아니라 사회 전체에도 도움이 된다. 우리가 무의식 앞에 서서 스스로를 '들여다보고' 마음을 열고 진정성 있게 행동함으로써 세상 전체는 좀더 자유롭고 평화로우며 자주적이 될 것이다. 이런 진부한 주장을 위해 다양한 색깔의 영적 지도자들이 거듭 노력한다. 그것은 이 서술의 마지막을 장식한, 68세대를 위한 구원의 비전에서 불합리의 정점에 이르렀다.

프로이트, 아들러, 융과 동료들은 영혼의 마법을 독창적 야심을 위한 직업으로 바꿨다. 그들은 무의식을 발견하지는 못했지만, 그것을 폭로하고 비밀로 장식했다. 그리하여 그들은 오늘날까지 살아 있는 사고방식을 창안했다. 하지만 행복을 무의식적 저항의 극복이든 완전한 깨달음이든 오르가슴의 힘이든 오로지 자기 척도로만 측정하는 사람들은 자신의 존재와 그것을 극복하지 못하는 무능력으로 인해 이중의 고통을 겪는다.

심리학의 세기에 영혼의 이미지는 근본적으로 바뀌었다. 세계관의 문제에서 과학이 생겨났고, 논란의 여지가 있는 서비스에서 의료 시스템의 기둥이 비롯했다. 오늘날 우리가 알고 있는 심리치료는 삶의 도전에 부딪힌 사람들을 뒷받침할 좋은 기회를 제공한다. 우리가 이를 올바르게 평가하려면 모든 것이 어떻게 시작했는지 알아야 한다.

감사의 글

한 권의 책은 정신과 마찬가지로 언제나 공동 작품이다. 그리고 영혼의 영역에서와 마찬가지로, 우리는 종종 작업의 결과를 만들어내는 수많은 끈과 연결 고리에 대해 알지 못한다. 문학 에이전트인 Michael Gaeb 와 그의 팀, 특히 Andrea Vogel과 Bettina Wißmann의 열정과 소중한 제안에 감사드린다. 편집자 Charlyne Bieniek의 건설적 비평이 없었다면 이 책은 불가능했을 것이다. 그와 책에 열광하는 dtv의 모든 담당자들에게 진심으로 감사를 표한다. 전문적으로 지도해주신 Michael Schröter, Katrin Angst, Erich Seifritz, Eva-Lotta Brakemeier, Bernhard Strauss, Winfried Rief에게 누구보다 감사드린다. 또한 안식년 기간에 원고를 완성할 기회를 준 〈학문의 스펙트럼(Spektrum der Wissenschaft)〉의 편집장 Daniel Lingenhöhl, 〈뇌와 정신(Gehirn&Geist)〉의 동료들 및 Corinna Hartmann에게도 감사의 마음을 보낸다. 마지막으로 아내와 딸 Mira에게 정서적 지지를 보내준 것에 대해 고마움을 전한다. 이들 모두가 내게 단지 책 쓰기만을 훨씬 쉽게 해주는 데 그치지 않는 것, 즉 앎과 기다림 그리고 신뢰를 선물해줬다.

1 무의식

1. Kluy, Alexander (2019): Alfred Adler. Die Vermessung der modernen Psyche. DVA, München, S. 24. Schorske, Carl E. (1982): Wien. Geist und Gesellschaft im Fin de Siècle. S. Fischer, Frankfurt am Main도 참조.

2. 이 기록은 1910년에 깨졌다. 오늘날 빈의 인구는 거의 같은 수다.

3. 1904년 알프레트 아들러는 자신의 두 딸과 함께 비밀리에 개신교로 개종한다.

4. Misik, Robert (2022): Das große Beginnergefühl. Moderne, Zeitgeist, Revolution. Suhrkamp, Berlin, S. 112.

5. Lohmann, Hans-Martin (1998): Sigmund Freud. Rowohlt, Reinbek, S. 125 f.

6. 실제로는 1899년부터 1902년 사이 신문과 전문 잡지에 《꿈의 해석》에 대한 논평이 무려 22건이나 실렸다. 대부분의 의사는 매우 비판적인 입장을 표명했지만, 작가·예술가·문예란 필자들은 이 작품을 호평했다. 사람들이 이 책을 '뭉개버렸다'는 것은 프로이트에 의해 널리 퍼진 신화다. Kiell, Norman (1988): Freud without hindsight. Reviews of his work 1893-1939. International UP, Madison도 참조.

7. 프로이트는 정신분석이라는 용어를 1896년 이후부터 사용한다.

8. Freud, Sigmund (1925): Selbstdarstellung. In: Tögel, Christfried (Hrsg.) (2021): Sigmund Freud Gesamtausgabe. Psychosozial-Verlag, Gießen, Bd. 18, S. 106.

9. 1883년 8월 22일 프로이트가 마르타 베르나이스에게 보낸 편지. Gay, Peter (1989): Freud. Eine Biographie für unsere Zeit. S. Fischer, Frankfurt am Main, S. 53에

서 인용.

10. Freud, Sigmund (1925): S. 106.

11. 1902년 3월 11일 프로이트가 플리스에게 보낸 편지. In: Freud, Ernst L. (Hrsg.) (1960): Sigmund Freud—Briefe 1873-1939. S. Fischer, Frankfurt am Main, S. 243.

12. 1911년 9월 21일 또는 22일 융이 슈필라인에게 보낸 편지. In: Carotenuto, Aldo (Hrsg.) (1986): Tagebuch einer heimlichen Symmetrie. Sabina Spielrein zwischen Jung und Freud. Verlag Traute Hensch, Freiburg im Breisgau, S. 202.

13. 1911년 10월 12일 프로이트가 융에게 보낸 편지. In: McGuire, William & Sauerländer, Wolfgang (Hrsg.) (1974): Sigmund Freud, C. G. Jung—Brief-wechsel. S. Fischer, Frankfurt am Main, S. 493.

14. Buckley, Kerry W. (1989): Mechanical Man. Guildford Press, New York, S. 15.

15. 같은 책, S. 11.

16. 같은 책, S. 41.

17. Watson, John B. (1910): The New Science of Animal Behavior. Harper's Magazine 120, S. 346-353.

18. Watson, John B. (1913): Psychology as the behaviorist views it. Psychological Review 20 (2), S. 158-177.

19. 같은 책, S. 158.

20. 같은 책, S. 160.

21. James, William (1963): Psychology. Briefer course. Fawcett, New York, S. 407.

22. Breuer, Josef & Freud, Sigmund (1895): Studien über Hysterie. In: Tögel, Christfried (Hrsg.) (2015): Sigmund Freud Gesamtausgabe. Psychosozial-Verlag, Gießen, Bd. 5, S. 141.

23. 같은 책, S. 54.

24. Gay, Peter (1989): Freud. Eine Biographie für unsere Zeit. S. Fischer, Frankfurt am Main, S. 54.

25. Breuer, Josef & Freud, Sigmund (1895): S. 169.

26. Ellenberger, Henri F. (1973): Die Entdeckung des Unbewussten. Huber, Bern, Bd. 2, S. 667.

27. 1932년 6월 2일 프로이트가 슈테판 츠바이크에게 보낸 편지. In: Freud, Ernst L. (Hrsg.) (1960): S. 406.

28. 1907년 11월 21일 브로이어가 오귀스트 포렐에게 보낸 편지.

29. Jung, Carl Gustav (1906): Die Hysterielehre Freuds. Eine Erwiderung auf die Aschaffenburgsche Kritik. GW, Bd. 4, S. 3-10. (여기서는 S. 6.) Makari, George J. (2011): Revolution der Seele. Die Geburt der Psychoanalyse. Psychosozial-Verlag, Gießen, S. 246에 따라 인용.

30. Aschaffenburg, Gustav (1906): Die Beziehungen des sexuellen Lebens zur Entstehung von Nerven- und Geisteskrankheiten. Münchener Medizinische Wochenschrift 53, S. 1793-1798.

31. Jung, Carl Gustav (1906): Psychoanalyse und Assoziationsexperiment. Journal für Psychologie und Neurologie 7, S. 1-24.

32. Aschaffenburg, Gustav (1907): Die neueren Theorien der Hysterie. Deutsche Medizinische Wochenschrift 33 (44), S. 1809-1813(여기서는 S. 1811).

33. 같은 글, S. 1812.

34. Jung, Carl Gustav (1906): Diagnostische Assoziationsstudien. Beiträge zur experimentellen Psychopathologie. Barth, Leipzig, S. 286.

35. Jung, Carl Gustav (1961/1990): Erinnerungen, Träume, Gedanken. Walter, Olten, S. 137.

36. Bair, Deirdre (2005): C. G. Jung. Eine Biographie. Knaus, München, S. 95.

37. 같은 책, S. 170 f.

38. Jung, Carl Gustav (1961/1990): S. 171.

39. 같은 곳.

40. 이 말의 공은 종종 지크문트 프로이트에게 돌아가지만, 아마 그의 제자 테오도어 라이크에게서 나왔을 것이다.

41. Freud, Sigmund (1905): Bruchstück einer Hysterie-Analyse. Monatsschrift für Psychiatrie und Neurologie 18 (4), S. 283-310 und 18 (5), S. 408-467.

42. Freud, Sigmund (1905): Bruchstück einer Hysterie-Analyse. In: Tögel, Christfried (Hrsg.) (2018): Sigmund Freud Gesamtausgabe. Psychosozial-Verlag, Gießen, Bd. 10, S. 134 f.

43. Zimmer, Dieter E. (1986): Tiefenschwindel. Die endlose und die beendbare Psychoanalyse. Rowohlt, Reinbek, S. 129 f.

44. Freud, Sigmund (1905): S. 163.

45. Zimmer, Dieter E. (1986): S. 341.

46. 같은 책, S. 27.

47. Crews, Frederick (1984): The Freudian way of knowledge. The New Criterion 6, S. 7-25. 〔Zimmer, Dieter E. (1986): S. 131에 따라 인용.〕

48. Freud, Sigmund (1905): S. 198.

49. 이 논문은 프로이트가 처음에 영어로 출간한 몇 안 되는 것들 가운데 하나다. Freud, Sigmund (1913): A Note on the Unconscious in Psycho-Analysis. Proceedings of the Society for Psychical Research 24, S. 312-318〔번역은 Freud, Sigmund (2006): Das Lesebuch. S. Fischer, Frankfurt am Main, S. 210에 따라 인용.〕

50. Freud, Sigmund (1899): Die Traumdeutung. In: Tögel, Christfried (Hrsg.) (2017): Sigmund Freud Gesamtausgabe. Psychosozial-Verlag, Gießen, Bd. 7, S. 21.

51. 1927년 1월 30일 프로이트가 베르너 아켈리스에게 보낸 편지. In: Freud, Ernst L. (Hrsg.) (1960): S. 372.

52. 같은 곳.

53. Jones, Ernest (1960): Das Leben und Werk von Sigmund Freud. Huber, Bern, Stuttgart, Bd. 1, S. 379.

54. Freud, Sigmund (1899): S. 121.

55. 같은 책, S. 277. S. 312.

56. 1895년 3월 8일 프로이트가 빌헬름 플리스에게 보낸 편지.

57. 1900년 6월 12일 프로이트가 빌헬름 플리스에게 보낸 편지. In: Freud, Ernst L. (Hrsg.) (1960): S. 237.

58. Freud, Sigmund (1899): S. 55.

59. Klein, Stefan (2014): Träume. Eine Reise in unsere innere Wirklichkeit. S. Fischer, Frankfurt am Main, S. 166.

60. 프로이트는 이 저술을 생전에 출판하지 않고 친구 빌헬름 플리스에게 보내 평가를 부탁했다. 이 글은 프로이트 사후인 1950년에 《정신분석의 시작으로부터(Aus den Anfängen der Psychoanalyse)》라는 책으로 출간됐다.

61. Hübl, Philipp (2017): Der Untergrund des Denkens. Eine Philosophie des Unbewussten. Rowohlt, Reinbek, S. 168.

62. Breuer, Josef & Freud, Sigmund (1895): S. 278.

63. Nunberg, Herman & Federn, Ernst (2008): Protokolle der Wiener Psychoanalytischen Vereinigung. 4 Bände, Psychosozial-Verlag, Gießen.

64. Lück, Helmut E. (2016): Die psychologische Hintertreppe. Die bedeutenden Psychologinnen und Psychologen in Leben und Werk. Herder, Freiburg im Breisgau, S. 97에 따라 인용.

65. 두 사람이 처음에 어떻게 알게 되었는지는 전해지지 않는다. 나중의 전기 작가들에 따르면, 프로이트는 아들러가 부정적으로 언급되던 《꿈의 해석》을 옹호하는, 불꽃 튀는 변론을 〈프라이엔 노이엔 프레세(Freien Neuen Presse)〉에 발표했을 때 그에게 주목하게 되었다고 한다. 하지만 이 신문사의 기록 보관소에서는 그런 혹평이나 아들러가 썼다고 추정되는 반론을 발견하지 못했다.

66. Adler, Alfred (1904): Der Arzt als Erzieher. In: Witte, Karl Heinz (Hrsg.) (2007): Alfred Adler Studienausgabe. Vandenhoeck & Ruprecht, Göttingen, Bd. 1, S. 33.

67. Freud, Sigmund (1909): Analyse der Phobie eines fünfjährigen Knaben. In: Tögel, Christfried (Hrsg.) (2018): Sigmund Freud Gesamtausgabe. Psychosozial-Verlag, Gießen, Bd. 11, S. 318. 프로이트는 제1차 세계대전의 종언 이후에야 비로소 여기에 관한 자기 견해를 수정하고 《쾌락 원리의 저편》(1920)에서 고유한 죽음 욕동을 가정한다.

68. 아들러의 진료실에서 가깝던 프라터 공원의 예술가들과 한 상담이 그의 과잉 보상 개념을 강화했다는 것은 나중에 미화된 많은 이야기 가운데 하나로 보인다.

69. Nunberg, Herman & Federn, Ernst (2008): Bd. 1, S. 36.

70. Handlbauer, Bernhard (1990): Die Freud-Adler-Kontroverse. S. Fischer, Frankfurt am Main, S. 50.

71. Nunberg, Herman & Federn, Ernst (2008): Bd. 1, S. 135.

72. Bloch, Ernst (1985): Das Prinzip Hoffnung. In: Gesamtausgabe in 16 Bänden. Suhrkamp, Frankfurt am Main, Bd. 5, S. 65.

73. Musil, Robert (1943/1987): Der Mann ohne Eigenschaften. Aus dem Nachlaß. Rowohlt, Reinbek, Bd. 2, S. 1176.

74. Bair, Deirdre (2005): C. G. Jung. Eine Biographie. Knaus, München, S. 232에 따라 인용.

75. Jung, Carl Gustav (1961/1990): S. 179.

76. Adler, Alfred (1912): Über den nervösen Charakter. In: Witte, Karl Heinz (Hrsg.) (2008): Alfred Adler Studienausgabe. Vandenhoeck & Ruprecht, Göttingen, Bd. 2, S. 32.

77. Bruder-Bezzel, Almuth (1983): Alfred Adler. Die Entstehungsgeschichte einer Theorie im historischen Milieu Wiens. Vandenhoeck & Ruprecht, Göttingen, S. 90 f.도 참조.

78. Adler, Alfred (1933): Der Sinn des Lebens. In: Witte, Karl Heinz (Hrsg.) (2008): Alfred Adler Studienausgabe. Vandenhoeck & Ruprecht, Göttingen, Bd. 6, S. 147.

79. 문제가 되는 것은 본래 영어로 저술된 논문, 즉 프로이트가 1912년 말에 〈심리 연구학회 자료집〉을 위해 쓴 〈정신분석에서 무의식에 관한 주해(A Note on the Unconscious in Psycho-Analysis)〉(Bd. 24, 1913, S. 312-318)다. 여기서 번역 은 S. Fischer 사에서 출간한 전집의 판본(Bd. 8, S. 430-439)을 따른다. 원문은 Tögel, Christfried (Hrsg.) (2018): Bd. 13, S. 112에서 확인할 수 있다.

80. Freud, Sigmund (1912): Einige Bemerkungen über den Begriff des Unbewussten in der Psychoanalyse. In: Tögel, Christfried (Hrsg.) (2018): Bd. 13, S. 113.

81. 같은 곳.

82. 같은 책, S. 115.

83. 같은 곳.

84. Roudinesco, Elisabeth & Plon, Michel (2004): Wörterbuch der Psychoanalyse. Springer, Wien, S. 815.

85. 프로이트가 쓴 마지막 신경학 논문인 〈유아의 뇌신경 마비〉는 1897년에 출간됐다.

86. 병명뿐만 아니라 불안, 사고 장애, 망상, 환각, 감정의 기복 등 질병의 핵심 증상도 오늘날까지 의학 진단 편람에 비슷하게 포함돼 있다. 다만 이제 조현병은 원인과 관련해 주로 유전적으로 제약된 뇌의 질환으로 여겨진다. 어려운 가족 관계와 약물 및 트라우마는 발병을 촉진하는 요인이지만 원인은 아니다.

87. 미트라스는 원래 페르시아의 신이었는데, 로마인들이 이 신을 1세기에 받아들여 각색한 것으로 보인다. 마르쿠스 아우렐리우스 황제가 친밀했다고 하는 이 미트라스 숭배는 19세기에 기독교의 초기 경쟁자로 여겨졌다. 하지만 최근의 종교학 연구에 따르면 그것은 다소 느슨하고 비교적인 남성 집단이었다. 우리의 크리스마스 축제와 '일요일(Sonntag)'이라는 독일어 명칭은 아마 태양신 미트라스에서 유래했을 것이다.

88. 이름이 같은 아버지 요한 야코프 호네거도 부르크횔츨리에서 정신과 의사로 활동했다. 조현병으로 추정되는 병이 나타난 후 그도 여러 해 동안 그곳에 환자로 입원했다.

89. 1912년에 책 형식으로 출간된 원본의 제목은 《리비도의 변용과 상징》이었다. 융은 나중의 개정본을 짧게 《변용의 상징》이라고 명명했다.

90. Jung, Carl Gustav (1912/1991): Wandlungen und Symbole der Libido. dtv, München, S. 8.

91. Flournoy, Théodore (1905): Quelques faits d'imagination créatrice subconsciente. Par Miss Frank Miller de New York. Archives de Psychologie 5, S. 36-51.

92. 1910년 3월 2일 융이 프로이트에게 보낸 편지. In: McGuire, William & Sauerländer, Wolfgang (Hrsg.) (1974): Sigmund Freud, C. G. Jung—Brief-wechsel. S. Fischer, Frankfurt am Main, S. 339. 이 서술은 융이 1910년 1월 헤리자우에서 열린 의학 회의에서 다양한 사고방식의 분화를 설명한 강연 내용과 관련한다.

93. Jung, Carl Gustav (1912/1991): S. 9.

94. 프로이트가 레오나르도 연구에 있어 번역 오류에 편승하는 까닭에 그의 주장은 카드로 만든 집처럼 무너져 내린다. 프로이트는 독수리 한 마리가 자기의 꽁지깃을 어린 레오나르도의 입에 밀어 넣는 그의 환상을 분석한다. 프로이트에 따르면 독수리는 고대 이집트에서 어머니를 상징했다. 하지만 실제로 레오나르도의 기록에서 다룬 것은 솔개였다. 프로이트는 솔개를 독수리로 오역한, 역사 소설의 잘못된 독일어본을 참고했다.

95. 1911년 5월 8일 융이 프로이트에게 보낸 편지. In: McGuire, William & Sauerländer, Wolfgang (Hrsg.) (1974): S. 465.

96. Jung, Carl Gustav (1912/1991): S. 370. 〔또한 Kerr, John (1993): Eine gefährliche Methode. Freud, Jung und Sabina Spielrein. Rowohlt, Reinbek, S. 619도 참조.〕

97. 1913년 1월 3일 프로이트가 융에게 보낸 편지. In: McGuire, William & Sauerländer, Wolfgang (Hrsg.) (1974): S. 598 f. 〔또한 Kerr, John (1993): S. 675도 참조.〕

98. 1913년 1월 6일 융이 프로이트에게 보낸 편지. In: McGuire, William & Sauerländer, Wolfgang (Hrsg.) (1974): S. 600. 〔또한 Kerr, John (1993): S. 676도 참조.〕

99. 1913년 5월 8일 프로이트가 페렌치에게 보낸 편지. Gay, Peter (1989): Freud. Eine Biographie für unsere Zeit. S. Fischer, Frankfurt am Main, S. 270에 따라 인용.

100. Kerr, John (1993): S. 536.

101. 1913년 5월 8일 프로이트가 페렌치에게 보낸 편지. Gay, Peter (1989): Freud. S. 270에 따라 인용.

102. Wittels, Fritz (1924): Sigmund Freud. Der Mann, die Lehre, die Schule. Tal, Leipzig, Wien, Zürich, S. 133 f. Kluy, Alexander (2019): S. 71에 따라 인용.

103. 1911년 12월 4일 블로일러가 프로이트에게 보낸 편지. In: Schröter, Michael (Hrsg.) (2012): "Ich bin zuversichtlich, wir erobern bald die Psychiatrie". Sigmund Freud, Eugen Bleuler—Briefwechsel 1904-1937. Schwabe, Basel, S. 151.

104. Kerr, John (1993): S. 790.

2 성

1. 짐작할 수 있듯 슈필라인은 융과의 친밀한 관계에 대해 정확히 밝히지 않았다. 그녀의 보존된 편지와 일기는 여기에 관해 간접적 정보만 제공한다. 그러나 그녀는 1909년 6월 11일에 프로이트에게 이렇게 써 보낸다. "융 박사는 4년 반 전에 제 의사였고, 그 후 친구가 되었으며, 마침내 '시인', 즉 연인이 됐습니다. 그는 끝내 제게로 왔고, 그것은 보통 시에서 그렇듯이 진행됩니다. 그는 일부다처제를 설교했고, 아내도 동의해야 한다는 등의 말을 했습니다."〔Carotenuto, Aldo (Hrsg.) (1986): Tagebuch einer heimlichen Symmetrie. Sabina Spielrein zwischen Jung und Freud. Traute Hensch, Freiburg im Breisgau, S. 91 f.〕 나중에 그녀는 다음과 같이 설명한다. 융은 "그것을 참을 수 없었고 시를 원했습니다. 저는 여러 이유로 그에게 저항할 수 없었고 저항하려 하지 않았습니다."(같은 책, S. 95.) 그녀의 가족과 관련한 경험에 근거할 때 마조히즘적 경향은 비록 추측이기는 해도 명백하다. 〔또한 Kerr, John (1993): Eine gefährliche Methode. Freud, Jung und Sabina Spielrein. Rowohlt, Reinbek, S. 354-360도 참조.〕

2. McGuire, William & Sauerländer, Wolfgang (Hrsg.) (1974): Sigmund Freud, C. G. Jung—Briefwechsel. S. Fischer, Frankfurt am Main, S. 99 f.

3. Makari, George J. (2011): Revolution der Seele. Die Geburt der Psychoanalyse. Psychosozial-Verlag, Gießen, S. 278에 따라 인용.

4. 또 다른 여성 정회원은 단 한 사람, 마르가레테 힐퍼딩뿐이었다. 아들러의 추종자인 그녀는 1911년에 학회를 떠난다.

5. Schmidt, Christine (2023): Sabina Spielrein. Frauen-Biographieforschung Fembio e. V. online (2023년 11월 17일 검색). https://www.fembio.org/biographie.php/frau/biographie/sabina-spielrein/.

6. 같은 곳.

7. Freud, Sigmund (1920): Jenseits des Lustprinzips. In: Tögel, Christfried (Hrsg.) (2020): Sigmund Freud Gesamtausgabe. Psychosozial-Verlag, Gießen, Bd. 16,

S. 440. 〔또한 Kerr, John (1993): S. 774도 참조.〕

8. Spielrein, Sabina (1912): Die Destruktion als Ursache des Werdens. In: Jahrbuch für psychoanalytische und psychopathologische Forschung 4, S. 503.

9. 또한 Kerr, John (1993): S. 775 f.도 참조.

10. Carotenuto, Aldo (Hrsg.) (1986): S. 107.

11. 1909년 7월 10일 융이 프로이트에게 보낸 편지. In: McGuire, William & Sauerländer, Wolfgang (Hrsg.) (1974): Sigmund Freud, C. G. Jung—Brief-wechsel. S. Fischer, S. 265.

12. 1909년 6월 18일 프로이트가 융에게 보낸 편지. In: McGuire, William & Sauerländer, Wolfgang (Hrsg.) (1974): S. 259.

13. Freud, Sigmund (1919): Wege der psychoanalytischen Therapie. In: Tögel, Christfried (Hrsg.) (2020): Sigmund Freud Gesamtausgabe. Psychosozial-Verlag, Gießen, Bd. 16, S. 224.

14. 또한 Bos, Jaap; Groenendijk, Leendert; Sturm, Johan & Roazen, Paul (2007): The Self-Marginalization of Wilhelm Stekel. Freudian Circles Inside and Out. Springer, New York도 참조.

15. Wittels, Fritz (1924): Sigmund Freud. Der Mann, die Lehre, die Schule. Tal, Leipzig, Wien, Zürich, S. 116.

16. Stekel, Wilhelm (1895): Über Coitus im Kindesalter. Eine hygienische Studie. Wiener Medizinische Blätter 16, S. 247-249.

17. Gross, Otto (1913): Zur Überwindung der kulturellen Krise. In: Die Aktion 3, S. 384.

18. Kauders, Anthony D. (2014): Der Freud-Komplex. Eine Geschichte der Psychoanalyse in Deutschland. Berlin Verlag, Berlin, S. 57에 따라 인용.

19. Zimmer, Dieter E. (1986): Tiefenschwindel. Die endlose und die beendbare Psychoanalyse. Rowohlt, Reinbek, S. 15에 따라 인용.

20. Voswinckel, Ulrike (2009): Freie Liebe und Anarchie. Schwabing—Monte Verità. Entwürfe gegen das etablierte Leben. Allitera, München, S. 53에 따라 인용.

21. 오늘날 정신의학자들은 박해 망상과 환각을 동반하며 주로 유전적 영향을 받은 사고 및 정서 장애를 조현병, 즉 융의 상사인 블로일러가 1908년에 도입한 개념으로 설명한다.

22. Schröter, Michael (2023): Auf eigenem Weg. Geschichte der Psychoanalyse in Deutschland bis 1945. Vandenhoeck & Ruprecht, Göttingen, S. 253.

23. Abraham, Hilda C. & Freud, Ernst L. (Hrsg.) (1965): Sigmund Freud, Karl Abraham—Briefe 1907-1926. S. Fischer, Frankfurt am Main, S. 86.

24. Laska, Bernd A. (1981): Wilhelm Reich. Rowohlt, Reinbek, S. 11.

25. 라이히의 집에서 일어난 비극적 사건의 정확한 전모에 대해서는 여러 설명이 있다. 나는 여기서 우선 라이히의 제자이던 마이런 새라프가 쓴 전기를 바탕으로 한다. 〔Sharaf, Myron (1994): Wilhelm Reich. Der heilige Zorn des Lebendigen. Die Biografie. Simon & Leutner, Berlin을 참조.〕

26. Reich, Wilhelm (1942/1969): Die Funktion des Orgasmus. Kiepenheuer & Witsch, Köln, S. 31. (라이히가 1942년 미국 망명 중에 '학문적 자서전'으로 저술한 이 책은 1927년에 출간한 동명의 저작과 다르다.)

27. Sharaf, Myron (1994): S. 78에 따라 인용.

28. 정신분석이 미국에서 그토록 빠르게 자리를 잡을 수 있었던 것은 어쩌면 프로이트의 '성 이야기'가 신중한 미국인들에게 특별히 많은 자극과 짜릿함을 불러일으켰기 때문일지도 모른다.

29. Sharaf, Myron (1994): S. 94 f.

30. Laska, Bernd A. (1981): S. 29.

31. Reich, Wilhelm (1927/1969): S. 32.

32. 1927년 5월 9일 프로이트가 루 안드레아스살로메에게 보낸 편지.

33. Reich Rubin, Lore (2019): Erinnerungen an eine chaotische Welt. Psychosozial-Verlag, Gießen, S. 25 f.

34. Freud, Sigmund (1930): Das Unbehagen in der Kultur. In: Tögel, Christfried (Hrsg.) (2021): Sigmund Freud Gesamtausgabe. Psychosozial-Verlag, Gießen, Bd. 19, S. 74.

35. Sharaf, Myron (1994): S. 223.

36. 라이히는 1957년 미국에서 사기 혐의로 2년의 징역형을 선고받고, 그해 11월 3일 그곳에서 심근 경색으로 사망한다.

3 불안

1. Freud, Sigmund (1909): Analyse der Phobie eines fünfjährigen Knaben. In: Tögel, Christfried (Hrsg.) (2018): Sigmund Freud Gesamtausgabe. Psychosozial-Verlag, Gießen, Bd. 11, S. 239.

2. 같은 책, S. 291.

3. Freud, Sigmund (1933): Neue Folge der Vorlesungen zur Einführung in die Psychoanalyse. XXXI. Vorlesung: Die Zerlegung der psychischen Persön-lichkeit. In: Tögel, Christfried (Hrsg.) (2021): Bd. 19, S. 347.

4. Schröder, Christina (1995): Der Fachstreit um das Seelenheil. Psychothera-piegeschichte zwischen 1880 und 1932. Lang, Frankfurt am Main, S. 176.

5. Eissler, Kurt R. (1979): Freud und Wagner-Jauregg vor der Kommission zur Erhebung militärischer Pflichtverletzungen. Löcker, Wien, S. 31-34.

6. Buckley, Kerry W. (1989): Mechanical Man. Guildford Press, New York, S. 124에 따라 인용.

7. Breuer, Josef & Freud, Sigmund (1895): S. 410.

8. Watson, John B. (1913): Psychology as the behaviorist views it. Psychological Review 20, S. 158-177.

9. 이는 2014년에 러셀 파월, 낸시 딕던 등이 새롭게 분석한 문서에서 밝혀진 사실이다. 더 오래된 이론에 따르면 '어린 앨버트'는 거의 같은 나이이던 더글러스 메리트(Douglas Merritte)로, 그는 실험 시점에 신경학적 장애를 겪던 것으로 추정되며, 6세에 뇌막염으로 사망했다. (Powell, Russell A.; Digdon, Nancy; Harris, Ben & Smithson, Christopher (2014): Correcting the record on Watson, Rayner, and Little Albert: Albert Barger as "Psychology's lost boy". American Psychologist 69 (6), S. 600-611 참조.)

10. Watson, John B. (1930): Behaviorism. University of Chicago Press, Chicago,

S. 82.

11. Canetti, Elias (1980): Die Fackel im Ohr. Lebensgeschichte 1921-1931. Hanser, München, S. 130.

12. 최근 메이오의 연구 결과에 대해 부분적 의문이 제기되고 있다. 물론 연구 대상이 된다는 단순한 사실만으로도 노동자들에 대한 배려는 측정할 수 있는, 상당한 영향을 미쳤다. 하지만 이 영향의 수준은 메이오 연구팀이 처음에 주장한 것보다 낮았다.

13. Rank, Otto (1924): Das Trauma der Geburt und seine Bedeutung für die Psychoanalyse. Internationaler Psychoanalytischer Verlag, Leipzig, Wien, Zürich.

14. Ferenczi, Sándor & Rank, Otto (1924): Entwicklungsziele der Psychoanalyse. Zur Wechselbeziehung von Theorie und Praxis. Internationaler Psychoanalytischer Verlag, Leipzig, Wien, Zürich.

15. Schröter, Michael (2023): Auf eigenem Weg. Geschichte der Psychoanalyse in Deutschland bis 1945. Vandenhoeck & Ruprecht, Göttingen, S. 506.

16. Cover Jones, Mary (1924a): The elimination of children's fears. Journal of Experimental Psychology 7, S. 389.

17. 같은 곳. 피터의 치료에 대한 좀더 자세한 설명이 곧이어 출간되었다. Cover Jones, Mary (1924b): A laboratory study of fear: The case of Peter. Pedagogical Seminary 31, S. 308-315.

18. Watson, John B. & Rayner Watson, Rosalie (1928): Psychological care of infant and child. Norton and Company, S. 81 f. (Buckley, Kerry W. (1989): S. 162에 따라 인용.)

19. Watson, John B. (날짜가 적혀 있지 않은 원고): Why I don't commit suicide. Library of Congress, Washington D. C. (Buckley, Kerry W. (1989): S. 179에 따라 인용.)

20. "When you're dead, you're all dead."

21. Kauders, Anthony D. (2014): Der Freud-Komplex. Eine Geschichte der Psychoanalyse in Deutschland. Berlin Verlag, Berlin, S. 101에 따라 인용.

22. Mann, Thomas (1991): Freud und die Psychoanalyse. Reden, Briefe, Notizen,

Betrachtungen. Hrsg. von Urban, Bernd, S. Fischer, Frankfurt am Main, S. 21 f. 〔Kauders, Anthony D. (2014): S. 79에 따라 인용.〕

23. 1938년 6월 런던으로 강제 망명한 프로이트는 빈과 자신의 관계를 다음과 같이 설명한다. "사람들은 그토록 오랫동안 산 감옥도 아주 사랑했다."

24. Schröter, Michael (2023): S. 589에 따라 인용.

4 자아

1. Adler, Alfred (1927): Menschenkenntnis. In: Witte, Karl Heinz (Hrsg.) (2007): Alfred Adler Studienausgabe. Vandenhoeck & Ruprecht, Bd. 5 (hrsg. von Jürg Rüedi), S. 63.

2. Kluy, Alexander (2019): Alfred Adler. Die Vermessung der menschlichen Psyche. DVA, Frankfurt am Main, S. 281.

3. Adler, Alfred (1933): Religion und Individualpsychologie. In: Witte, Karl Heinz (Hrsg.) (2008): Alfred Adler Studienausgabe. Vandenhoeck & Ruprecht, Bd. 6 (hrsg. von Reinhard Brunner und Ronald Wiegand), S. 198.

4. Vaihinger, Hans (1911/2021): Die Philosophie des Als Ob. System der theoretischen, praktischen und religiösen Fiktionen der Menschheit auf Grund eines idealistischen Positivismus. Felix Meiner, Leipzig, S. 2.

5. Adler, Alfred (1912): Über den nervösen Charakter. In: Witte, Karl Heinz (Hrsg.) (2008): Alfred Adler Studienausgabe. Vandenhoeck & Ruprecht, Bd. 2 (hrsg. von Karl Heinz Witte, Almuth Bruder-Bezzel und Rolf Kühn), S. 66.

6. Kluy, Alexander (2019): S. 91.

7. Vaihinger, Hans (1911/2021): S. 14 f.

8. Rattner, Josef (1972): Alfred Adler. Rowohlt, Reinbek, S. 55.

9. Kluy, Alexander (2019): S. 179.

10. Adler, Alfred (1914): Lebenslüge und Verantwortlichkeit in der Neurose und Psychose. Ein Beitrag zur Melancholiefrage. Zeitschrift für Individualpsychologie 1, S. 44-53.

11. Adler, Alfred (1912): Bd. 2, S. 32.

12. Kluy, Alexander (2019): S. 180.

13. 아들러의 팬인 필리프 메레(Philip Mairet)가 이 표현을 선택한 이유는 유교의 핵심 개념인 인(仁)을 흔히 '타인에 대한 애정'으로 번역하고, 이것이 아들러의 공동체 감정을 상기시키기 때문이다.

14. 마네스 슈페르버가 자신의 아들러 전기에서 이렇게 표현했다. 〔Sperber, Manès (1926): Alfred Adler. Der Mensch und seine Lehre. Springer, Berlin, Heidelberg 를 참조.〕

15. 프로이트는 그럴듯한 것이 언제나 참된 것은 아니라고 말하며 비텔스의 의혹을 반박했다. 하지만 프로이트는 《쾌락 원리의 저편》의 초안에 죽음 욕동이 처음 등장한 장을 1920년 여름에 덧붙였다는 사실을 숨겼다. 그러므로 아마 운명적 시련을 둘러싼 우울증은 이 작품에 흔적을 남겼을 것이다.

16. Freud, Sigmund (1920): Jenseits des Lustprinzips. In: Tögel, Christfried (Hrsg.) (2020): Sigmund Freud Gesamtausgabe. Psychosozial-Verlag, Gießen, Bd. 16, S. 440.

17. 같은 책, S. 444.

18. Groddeck, Georg (1923): Das Buch vom Es. Psychoanalytische Briefe an eine Freundin. Internationaler Psychoanalytischer Verlag, Leipzig, Wien, Zürich, S. 287.

19. Zenaty, Gerhard (2022): Sigmund Freud lesen. transcript Verlag, Bielefeld, S. 290에 따라 인용.

20. Freud, Sigmund (1923): Das Ich und das Es. In: Tögel, Christfried (Hrsg.) (2020): Sigmund Freud Gesamtausgabe. Psychosozial-Verlag, Gießen, Bd. 17, S. 277.

21. 같은 책, S. 309.

22. Jones, Ernest (1982): Das Leben und Werk von Sigmund Freud. Bd. III: Die letzte Phase 1919-1939. Huber, Bern, S. 119.

23. 1923년 6월 11일 프로이트가 카타(Kata)와 라요스 레비(Lajos Lévy)에게 보낸 편지.

24. Freud, Sigmund (1930): Das Unbehagen in der Kultur. In: Tögel, Christfried

(Hrsg.) (2021): Sigmund Freud Gesamtausgabe. Psychosozial-Verlag, Gießen, Bd. 19, S. 74. 프로이트가 생각한 이 책의 원래 제목은 《문명 속의 불행》이었다. 그는 책을 인쇄하기 전 '불행'을 '불만'으로 부드럽게 수정했다.

25. 같은 책, S. 93.

26. Boadella, David (1981): Wilhelm Reich. Scherz-Verlag, Bern, München, S. 79 에 따라 인용.

27. Freud, Sigmund (1930): S. 107.

28. 같은 책, S. 104.

29. 같은 책, S. 134.

30. Kluy, Alexander (2019): S. 202.

31. 당시의 구매력으로 보면 2500달러는 오늘날 약 4만에서 5만 유로에 해당한다. 〔Kluy, Alexander (2019): S. 221도 참조.〕

32. 같은 책, S. 243.

33. 같은 책, S. 240.

34. 같은 책, S. 311에 따라 인용.

35. Großmann, Gustav (1927/1993): Sich selbst rationalisieren. Lebenserfolgist erlernbar. Ratio-Verlag, Grünwald, S. 125.

36. 같은 책, S. 426.

37. Straub, Jürgen (2021): Selbstoptimierung als Rationalisierung der Lebensführung. Gustav Großmanns Exzess als Paradigma: Buchhalterische Existenz für zweck-rationale Zwangscharaktere. In: King, Vera; Gerisch, Benigna & Rosa, Hartmut (Hrsg.): Lost in Perfection. Zur Optimierung von Gesellschaft und Psyche. Suhrkamp, Frankfurt am Main, S. 270-330. (여기서는 S. 310.)

38. Reinhardt, Max (1993): "Es ist nicht die Welt des Scheins……" Max Reinhardt über das Theater. Deutsches Theater Berlin, S. 82. 〔Bocian, Bernd (2007): Fritz Perls in Berlin 1893-1933. Expressionismus, Psychoanalyse, Judentum. Peter Hammer, Wuppertal, S. 79에 따라 인용.〕

39. Bocian, Bernd (2007): S. 53에 따라 인용.

40. Perls, Frederick S. (1946/1978): Das Ich, der Hunger und die Aggression.

Klett-Cotta, Stuttgart, S. 79.

41. Perls, Frederick S. (1974/2002): Gestalt-Therapie in Aktion. Klett-Cotta, Stuttgart, S. 56.

42. Wolpe, Joseph (1954): Reciprocal inhibition as the main basis of psychotherapeutic effects. Archives of Neurologic Psychiatry 72, S. 205-226.

43. 이 표현은 1958년 울프의 제자 아널드 라자러스가 〈심리치료의 새로운 방법: 사례 연구〉라는 논문에서 처음 사용한다. Lazarus, Arnold (1958): New methods in psychotherapy: A case study. South African Medical Journal 32, S. 660-664.

44. Wolpe, Joseph (1958): Psychotherapy by reciprocal inhibition. Stanford University Press, Stanford, S. 32.

45. Ellis, Albert (2010): All out! An autobiography. Prometheus Books, Amherst, S. 302 f. 이 책에서는 다음과 같이 말한다. "내가 '진짜' 부도덕한 성범죄를 저질렀던가? 솔직히 말해서 그렇다. 몇 번? 아니, 많이. 수백 번이 확실하다. ……마찰 성욕 도착증은 열다섯 살에서 열아홉 살까지 내 일상생활의 확고한 구성 요소였다. ……지하철에서 쉽고 빠르고 고통 없이 수백 번의 오르가슴을 얻는 방법이었다."

46. 독일어 번역본 Das Ich, der Hunger und die Aggression은 페를스가 미국에서 인간 잠재력 회복 운동을 통해 명성을 획득한 후인 1960년대 말에야 출간됐다.

47. Perls, Frederick S. (1946/1978): S. 132.

48. 같은 책, S. 136.

49. 같은 곳.

50. 같은 곳.

51. 같은 책, S. 146.

52. 같은 책, S. 247.

53. Maslow, Abraham H. (1943): A theory of human motivation. Psychological Review 50 (4), S. 370-396.

54. 1892년에 설립된 이 협회는 19세기 말부터 대학에서 여러 분야로 나뉘어 있던 심리학의 이익을 오랫동안 대변해왔다. 심리치료학교는 예전부터 이 협회와 독립적으로 조직돼 있었다.

55. 1973년에 모턴 리버먼과 동료들이 수행한 고전적 연구에 따르면 대면 집단에 참

여한 대학생 170명 가운데 18퍼센트가 이후 심리적 안정감을 덜 느꼈다. 12주 동안의 세미나를 끝까지 마치지 못한 사람들은 데이터 분석에서 제외됐기 때문에 바람직하지 않은 부작용의 비율은 훨씬 높았을 것이다. 이는 자주 나타나는 문제다. 연구에서 치료 중단을 실패로 분류하지 않으면 효과가 실제보다 크게 나타난다. (Lieberman, Morton A.; Yalom, Irvin D. & Miles, Matthew B.: Encounter Groups—First Facts. Basic Books, New York 1973을 참조.)

56. Yalom, Irvin D. (2007): Theorie und Praxis der Gruppenpsychotherapie. Ein Lehrbuch. Klett-Cotta, Stuttgart, S. 589 f.

57. Perls, Frederick S. (1969): In and out the garbage pail. Real People Press, Lafayette, S. 262. (번역은 지은이.)

58. Perls, Frederick S. (1969): S. 68. 〔번역은 Quitmann, Helmut (1996): Humanistische Psychologie. Psychologie, Philosophie, Organisation-sentwicklung. Hogrefe, Göttingen, S. 127에 따름.〕

59. Quitmann, Helmut (1996): S. 137.

60. Kripal, Jeffrey J. (2007): Esalen. America and the religion of no religion. University of Chicago Press, Chicago, London, S. 209.

61. Perls, Stephen (1998): Meine Eltern, die Gestalttherapeuten. Gedanken eines Sohnes. Gestaltkritik S. 1-99.

5 타자들

1. Rank, Otto (1936): Will therapy. An analysis of the therapeutic process in terms of relationship. Norton, New York, S. 8. 〔Kramer, Robert (2002): The birth of relationship therapy. Psychosozial-Verlag, Gießen, S. 77에 따라 인용.〕

2. Lieberman, E. James & Kramer, Robert (Hrsg.) (2014): Sigmund Freud und Otto Rank. Ihre Beziehung im Spiegel des Briefwechsels 1906-1925. Psychosozial-Verlag, Gießen, S. 304.

3. Lieberman, E. James (2014): Otto Rank. Leben und Werk. Psychosozial-Verlag, Gießen, 2. Auflage, S. 454.

4. Lieberman, E. James & Kramer, Robert (Hrsg.) (2014): S. 287에 따라 인용.

5. 같은 책, S. 308.

6. 같은 책, S. 292.

7. 같은 책, S. 309.

8. Kripal, Jeffrey J. (2007): Esalen. America and the religion of no religion. University of Chicago Press, Chicago, London, S. 160 f에 따라 인용.

9. Lieberman, E. James & Kramer, Robert (Hrsg.) (2014): S. 290.

10. 1926년 7월 2일 프로이트가 아이팅곤에게 보낸 편지. 〔Lieberman, E. James & Kramer, Robert (Hrsg.) (2014): S. 294 및 S. 313을 참조.〕

11. Lieberman, E. James (2014): S. 485에 따라 인용.

12. Kirschenbaum, Howard (1979): On becoming Carl Rogers. Delta Books, New York, S. 113. 〔Kramer, Robert (2002): The birth of relationship therapy. Psychosozial-Verlag, Gießen S. 92도 참조.〕

13. Rogers, Carl (1961/2021): Entwicklung der Persönlichkeit. Psychotherapie aus der Sicht eines Therapeuten. Klett-Cotta, Stuttgart, S. 74.

14. 같은 책, S. 26.

15. Kirschenbaum, Howard (2007): The life and work of Carl Rogers. PCCS Books, Monmouth, S. 197.

16. 같은 책, S. 208.

17. 이 이야기는 Yalom, Irvin D. (2017): Wie man wird, was man ist. Memoiren eines Psychotherapeuten. btb, München, S. 243 f.를 조금 바꾼 것이다.

18. Marcus, Dorothea (2007): Besser handeln als reden. SWR2 Feature "Therapien für die Seele", 3 CDs. Beltz, Weinheim.

19. Marcus, Dorothea (2007)에 따라 인용.

20. 이 개념은 심리극 전문가 크리스토프 후터(Christoph Hutter)가 주조했다.

21. Buchanan, Roderick D. (2010): Playing with fire. The controversial career of Hans J. Eysenck. Oxford University Press, New York, S. 209.

22. 같은 책, S. 208.

23. Eysenck, Hans Jürgen (1952): The effects of psychotherapy: An evaluation.

Journal of Consulting Psychology 16, S. 319-324.

24. 이 수치는 아이젠크가 환자의 이사·사망·증상 악화로 인한 것도 포함해, 치료 중
단을 원칙적 실패로 평가한 데 근거한다. 이런 급진적 방식은 견지하기 어렵다.

25. Wolpe, Joseph (1952): Objective psychotherapy of the neuroses. South African
Medical Journal 20 (42), S. 825-829.

26. Buchanan, Roderick D. (2010): S. 38.

27. Freud, Anna (1965/1968): Wege und Irrwege in der Kinderentwicklung.
Klett-Cotta, Stuttgart, S. 14.

28. 같은 책, S. 37.

29. Graf-Nold, Angela (1988): Der Fall Hermine Hug-Hellmuth. Eine Geschichte
der frühen Kinder-Psychoanalyse. Verlag Internationale Psychoanalyse,
München, Wien, S. 286.

30. 같은 책, S. 260.

31. Deutsch, Helene (1973/1994): Selbstkonfrontation. Eine Autobiographie. S.
Fischer, Frankfurt am Main, S. 123.

32. 1944년 10월 라디오 특집 방송 원고: www.melanie-klein-trust.org.uk.

33. Horney, Renate (1999): Lazarus, what's next? A Memoir by the daughter of
noted psychoanalyst Karen Horney. Laurel Press, Laguna Beach, S. 18.

6 의미

1. Jung, Carl Gustav (1961/1990): Erinnerungen, Träume, Gedanken. Walter,
Olten, Freiburg im Breisgau, 9. Auflage, S. 18.

2. Lindenberg, Christoph (1992): Rudolf Steiner. Rowohlt, Reinbek, S. 71에 따라
인용.

3. Zander, Helmut (2011): Rudolf Steiner. Die Biographie. Piper, München,
S. 22.

4. 같은 책, S. 35 f.

5. Steiner, Rudolf (1886): Grundlinien einer Erkenntnistheorie der Goetheschen

Weltanschauung. 〔Zander, Helmut (2011): S. 49에 따라 인용.〕

6. Zander, Helmut (2011): S. 36.

7. 1921년 12월 23일 도르나흐에서의 강연. 〔Steiner, Rudolf (1922/1978): Die gesunde Entwickelung des Menschenwesens. Eine Einführung in die anthroposophische Pädagogik und Didaktik. In: Rudolf Steiner Gesamtausgabe, Bd. 303, Rudolf Steiner Verlag, Basel을 참조.〕

8. Zweig, Stefan (1942/1985): Die Welt von Gestern. Erinnerungen eines Euro-päers. S. Fischer, Frankfurt am Main, S. 141.

9. Halbe, Max (1935): Jahrhundertwende. Erinnerungen an eine Epoche. Langen Müller, München, Wien, S. 135.

10. Zander, Helmut (2011): S. 248에 따라 인용.

11. 같은 책, S. 244.

12. 스위스의 목사이자 작가인 게오르크 크리스토프 토블러(Georg Christoph Tobler, 1757~1812)가 쓴 것으로 추정되지만 괴테의 글로 알려져온, 1783년 〈티푸르터 저널(Tiefurter Journal)〉에 익명으로 게재된 단편 〈자연〉의 첫 줄에서 발췌했다.

13. Längle, Alfried (1998): Viktor Frankl. Ein Porträt. Piper, München, S. 56에 따라 인용.

14. Frankl, Viktor E. (1924): Zur mimischen Bejahung und Verneinung. Interna-tionale Zeitschrift für Psychoanalyse 10, S. 437-438.

15. 니체의 원전을 인용하면 다음과 같다. "사람이 삶에서 자기의 **왜?**를 지닌다면, 그는 어떤 것이든 거의 다 견딘다―인간은 행복을 추구하지 **않는다**. 오직 영국인만 그렇게 한다." Nietzsche, Friedrich (1889): Götzen-Dämmerung oder Wie man mit dem Hammer philosophiert. C. G. Naumann, Leipzig, § 12.

16. Popper, Karl R. (1963): Wissenschaft: Vermutungen und Widerlegungen. Reclam, Stuttgart, S. 17.

17. Popper, Karl R. (1974): Ausgangspunkte. Meine intellektuelle Entwicklung. Piper, München, 6. Auflage, S. 49.

18. Zimmer, Dieter E. (1986): Tiefenschwindel. Die endlose und die beendbare Psychoanalyse. Rowohlt, Reinbek, S. 11.

19. Frankl, Viktor E. (1939): Zur medikamentösen Unterstützung der Psychotherapie bei Neurosen. Schweizer Archiv für Neurologie und Psychiatrie 17, S. 26-31.

20. Mosser-Schuöcker, Birgit (2022): Viktor Frankl—Auf der Suche nach dem Sinn. In: Leidinger, Hannes; Rapp, Christian & Mosser-Schuöcker, Birgit: Freud, Adler, Frankl. Die Wiener Welt der Seelenforschung. Residenz-Verlag, Wien, S. 229에 따라 인용.

21. Frankl, Viktor E. (2017): Dem Leben Antwort geben. Autobiographie. Beltz, Weinheim, S. 103.

22. 1945년 9월 14일에 빌헬름 뵈르너(Wilhelm Börner)와 슈테파 뵈르너에게 보낸 편지. Frankl, Viktor E. (2015): Es kommt der Tag, da bist du frei. Unveröffentlichte Briefe, Texte und Reden. Kösel, München 2015, S. 48에 따라 인용.

23. Mosser-Schuöcker, Birgit (2022): S. 216.

24. 강제 수용소 시절에 대한 프랑클의 회고록 초판은 표제면에 저자명이 없는 상태로 나왔다. 나중에 이 책에 프랑클의 이름이 실렸고 ……trotzdem Ja zum Leben sagen이라는 제목이 붙었다(영문 제목: *Man's search for meaning*).

25. Mosser-Schuöcker, Birgit (2022): S. 218.

26. 이 책은 1997년에 완성한 박사 학위 논문의 독일어 번역본이다.

27. Frankl, Viktor E. (1939): Philosophie und Psychotherapie. Zur Grundlegung einer Existenzanalyse. Schweizerische Medizinische Wochenschrift 69, S. 707-709. 〔Frankl, Viktor E. (2017): Frühe Schriften 1923-1942. Maudrich, Wien, München, Bern, S. 188에 따라 인용.〕

28. Frankl, Viktor E. (2017): Dem Leben Antwort geben. Autobiographie. Beltz, Weinheim, S. 121.

29. Längle, Alfried (1998): Viktor Frankl. Ein Porträt. Piper, München, S. 122 ff.

30. Frankl, Viktor E. (2017): S. 9.

31. 같은 책, S. 18.

32. Yalom, Irvin D. (2017): Wie man wird, was man ist. Memoiren eines Psychotherapeuten. btb, München, S. 213.

33. 둘 다 Pross, Christian (2016): Wir wollten ins Verderben rennen—Die Geschichte des Sozialistischen Patientenkollektivs Heidelberg. Psychiatrie-Verlag, Köln, S. 235에서 인용.

에필로그: 이것이 무슨 의미인지 말하라

1. 여기에는 여러 이유가 있다. 중요한 것을 몇 가지 제시하면, 치료 효과가 너무 약하거나 부정적으로 나타나는 결과는 종종 발표되지 않고 연구자의 서랍 속으로 사라진다. 또한 치료를 중단한 사람들 가운데 상당수는 치료로 도움을 받지 못했음에도 불구하고 그들을 평가에 포함하지 않아 표본이 편향되는 경우도 많이 있다. 그리고 연구에 참여하는 대조군(만약 있다면)은 보통 긴급 치료가 필요한 환자들이기 때문에 그들은 더한 고통을 겪는다. 이런 이유만으로도 치료받는 사람들의 평균 상태에서 나타나는 격차는 벌어진다.

2. 예를 들어 Plessen, Constantin Yves; Karyotaki, Eirini; Miguel, Clara; Ciharova, Marketa & Cuijpers, Pim (2023): Exploring the efficacy of psychotherapies for depression: a multiverse meta-analysis. British Medical Journal (Mental Health), 26 (1), e300 626 또는 Dragioti, Elena; Karathanos, Vasilis; Gerdle, Björn & Evangelou, Evangelos (2017): Does psychotherapy work? An umbrella review of meta-analyses of randomized controlled trials. Acta Psychiatrica Scandinavia, 136 (3), S. 236-246을 참조.

3. Linden, Michael & Strauß, Bernhard (Hrsg.) (2018): Risiken und Nebenwirkungen von Psychotherapie. Medizinisch Wissenschaftliche Verlagsgesellschaft, 2. Auflage, Berlin.

4. Rief, Winfried (2022): Was kann die Psychotherapie vom Placeboeffekt lernen? Psychotherapeut 67, S. 191-194.

5. 예를 들어 Cuijpers, Pim; Karyotaki, Eirini; Reijnders, Mirjam & Ebert, David Daniel (2018): Was Eysenck right after all? A reassessment of the effects of psychotherapy for adult depression. Epidemiology and Psychiatric Sciences 28 (1), S. 1-10. Wampold, Bruce E. & Imel, Zac E. (2015): The great psycho-

therapy debate: The evidence for what makes psychotherapy work. Routledge, London은 훌륭한 개관을 제공한다.

6. 이에 관한 더 많은 정보는 Illouz, Eva (2009): Die Errettung der modernen Seele. Therapien, Gefühle und die Kultur der Selbsthilfe. Suhrkamp, Frankfurt am Main에서 볼 수 있다.

사진 출전

1: © picture-alliance/akg-images/Marion Kalter

2: © akg-images/brandstaetter images/k. A. ;

3: © akg-images/Science Source

4: © Getty Images/JHU Sheridan Libraries/Gade

5: © akg-images/brandstaetter images

6: © Baugeschichtliches Archiv der Stadt Zürich /Ganz Rudolf

7: © akg-images/Science Source

8: © akg-images/Science Photo Library/Library of Congress, Rare Book and Special Collections Division

9: © akg-images/brandstaetter images/k. A.

10: © akg-images/Science Source

11: © akg-images/Fototeca Gilardi

12: © akg-images/brandstaetter images

13: © Sabina Spielrein (Familienfoto via Wikimedia Commons)

14: © Otto Gross (via Wikimedia Commons)

15: © Fondazione Monte Verità, Fondo Harald Szeemann

16: © Deutsche Kinemathek/Hans G. Casparius

17: © Wilhelm Reich Infant Trust의 허락을 얻어 사용했다.

18: © John Broadus Watson

19: © akg-images/brandstaetter images

20: © Sigmund Freud: Neue Folge der Vorlesungen zur Einführung in die Psy-
choanalyse. Kapitel 31. Internationaler Psychoanalytischer Verlag, Wien 1933
Reproduktion als Fotografie von Rolf Nemitz

21: © Christof Weber

22: © Richard Mittleman/Gon2Foto/Alamy Stock Photo

23: © GRANGER - Historical Picture Archive/Alamy Stock Photo

24: © Getty Images /Pam Walatka

25: © picture alliance/Courtesy Everett Collection

26: 저작권자를 추적할 수 없었다.

27: © akg-images/brandstaetter images/k. A.

28: © Wellcome Collection 44394i, 멜라니 클라인 재단의 도움으로 구했다.

29: © akg-images/fine-art-images

30: Mohr Siebeck GmbH und Co. KG의 허락을 얻어 사용했다.

31: © Rudolf Steiner Archiv/Otto Rietmann

32: © picture-alliance/brandstaetter images | Viktor Frankl Institut

33: © Rhein-Neckar-Zeitung의 허락을 얻어 사용했다.

참고문헌

Adler, Alfred (2007-2008): Studienausgabe. Hrsg. v. Karl Heinz Witte. 7 Bände, Vandenhoeck & Ruprecht, Göttingen.

Aschaffenburg, Gustav (1906): Die Beziehungen des sexuellen Lebens zur Entstehung von Nerven- und Geisteskrankheiten. Münchener Medizinische Wochenschrift 53, S. 1793-1798.

Aschaffenburg, Gustav (1907): Die neueren Theorien der Hysterie. Deutsche Medizinische Wochenschrift 33 (44), S. 1809-1813.

Bair, Deirdre (2005): C. G. Jung. Eine Biographie. Knaus, München.

Beck, Hall P.; Levinson, Sharman & Irons, Gary (2009): Finding little Albert. A journey to John B. Watson's infant laboratory. American Psychologist 64 (7), S. 605-614.

Boadella, David (1981): Wilhelm Reich. Leben und Werk des Mannes, der in der Sexualität das Problem der modernen Gesellschaft erkannte und der Psychologie neue Wege wies. Scherz, Bern und München.

Bocian, Bernd (2007): Fritz Perls in Berlin 1893-1933. Expressionismus, Psychoanalyse, Judentum. Peter Hammer, Wuppertal.

Bos, Jaap; Groenendijk, Leendert; Sturm, Johan & Roazen, Paul (2007): The Self-Marginalization of Wilhelm Stekel. Freudian Circles Inside and Out. Springer, New York.

Bruder-Bezzel, Almuth (1983): Alfred Adler. Die Entstehungsgeschichte einer Theorie im historischen Milieu Wiens. Vandenhoeck & Ruprecht, Göttingen.

Breuer, Josef & Freud, Sigmund (1895/1991): Studien über Hysterie. S. Fischer, Frankfurt am Main.

Buchanan, Roderick D. (2010): Playing with fire. The controversial career of Hans J. Eysenck. Oxford University Press, New York.

Buckley, Kerry W. (1989): Mechanical Man. Guildford Press, New York.

Canetti, Elias (1980): Die Fackel im Ohr. Lebensgeschichte 1921-1931. Hanser, München.

Carotenuto, Aldo (Hrsg.) (1986): Tagebuch einer heimlichen Symmetrie. Sabina Spielrein zwischen Jung und Freud. Traute Hensch, Freiburg im Breisgau.

Clarkson, Petruska & Mackewn, Jennifer (1995): Frederick S. Perls und die Gestalttherapie. Edition Humanistische Psychologie, Köln.

Cooper-White, Pamela & Kelcourse, Felicity Brock (2019): Sabina Spielrein and the Beginnings of Psychoanalysis: Image, Thought, and Language. Routledge, London.

Cover Jones, Mary (1924a): The elimination of children's fears. Journal of Experimental Psychology 7, S. 382-390.

Cover Jones, Mary (1924b): A laboratory study of fear: The case of Peter. Journal of Genetic Psychology 152 (4), S. 462-469.

Cover Jones, Mary (1924c): A laboratory study of fear: The case of Peter. Pedagogical Seminary 31, S. 308-315.

Cover Jones, Mary (1974): Albert, Peter, and John B. Watson. American Psychologist 29, S. 581-583.

Crews, Frederick (1984): The Freudian way of knowledge. The New Criterion 6, S. 7-25.

Cuijpers, Pim; Karyotaki, Eirini; Reijnders, Mirjam & Ebert, David Daniel (2018): Was Eysenck right after all? A reassessment of the effects of psychotherapy for adult depression. Epidemiology and Psychiatric Sciences 28 (1), S. 1-10.

Davis, Timothy L. & Hill, Clara E. (2005): Spiritual and non-spiritual approaches to dream work: Effects on clients' well-being. Journal of Counseling and Development 83 (4), S. 492-503.

Deutsch, Helene (1973/1994): Selbstkonfrontation. Eine Autobiographie. S. Fischer, Frankfurt am Main.

Dragioti, Elena; Karathanos, Vasilis; Gerdle, Björn & Evangelou, Evangelos (2017): Does psychotherapy work? An umbrella review of meta-analyses of randomized controlled trials. Acta Psychiatrica Scandinavia 136 (6), S. 236-246.

Dührssen, Annemarie (1962): Katamnestische Ergebnisse bei 1004 Patienten nach analytischer Psychotherapie. Zeitschrift für Psychosomatische Medizin 8, S. 94-113.

Dührssen, Annemarie & Jorswieck, Eduard (1965): Eine empirisch-statistische Untersuchung zur Leistungsfähigkeit psychoanalytischer Behandlung. Der Nervenarzt 36, S. 166-169.

Eissler, Kurt R. (1979): Freud und Wagner-Jauregg vor der Kommission zur Erhebung militärischer Pflichtverletzungen. Löcker, Wien.

Eysenck, Hans Jürgen (1952): The effects of psychotherapy: An evaluation. Journal of Consulting Psychology 16, S. 319-324.

Eysenck, Hans Jürgen & Rachman, Stanley (1967): Neurosen. Ursachen und Heilmethoden. Einführung in die moderne Verhaltenstherapie. Verlag der Wissenschaften, Berlin.

Fallend, Karl & Nitzschke, Bernd (Hrsg.) (2002): Der "Fall" Wilhelm Reich. Beiträge zum Verhältnis von Psychoanalyse und Politik. Psychosozial-Verlag, Gießen.

Federn, Ernst & Wittenberger, Gerhard: (Hrsg.) (1992): Aus dem Kreis um Sigmund Freud. Zu den Protokollen der Wiener Psychoanalytischen Vereinigung. S. Fischer, Frankfurt am Main.

Ferenczi, Sándor & Rank, Otto (1924): Entwicklungsziele der Psychoanalyse. Zur Wechselbeziehung von Theorie und Praxis. Internationaler Psychoanalytischer Verlag, Leipzig, Wien, Zürich.

Flournoy, Théodore (1905): Quelques faits d'imagination créatrice subconsciente. Par Miss Frank Miller de New York. Archives de Psychologie 5, S. 36-51.

Frankl, Viktor E. (1939): Zur medikamentösen Unterstützung der Psychotherapie bei Neurosen. Schweizer Archiv für Neurologie und Psychiatrie 17, S. 26-31.

Frankl, Viktor E. (1939): Philosophie und Psychotherapie. Zur Grundlegung einer Existenzanalyse. In: Schweizerische Medizinische Wochenschrift 69, S. 707-709.

Frankl, Viktor E. (2017): Dem Leben Antwort geben. Autobiografie. Beltz, Weinheim.

Frankl, Viktor E. (2017): Frühe Schriften 1923-1942. Maudrich, Wien, München, Bern.

Freud, Anna (1965/1968): Wege und Irrwege in der Kinderentwicklung. Klett-Cotta, Stuttgart.

Freud, Ernst L. (Hrsg.) (1960): Sigmund Freud—Briefe 1873-1939. S. Fischer, Frankfurt am Main.

Freud, Sigmund (2015-2023): Gesamtausgabe. Hrsg. von Christfried Tögel, 23 Bände, Psychosozial-Verlag, Gießen.

Gay, Peter (1989): Freud. Eine Biographie für unsere Zeit. S. Fischer, Frankfurt am Main.

Graf-Nold, Angela (1988): Der Fall Hermine Hug-Hellmuth. Eine Geschichte der frühen Kinder-Psychoanalyse. Verlag Internationale Psychoanalyse, München, Wien.

Green, Martin (1976): Else und Frieda—die Richthofen-Schwestern. Kindler, München.

Groddeck, Georg (1923): Das Buch vom Es. Psychoanalytische Briefe an eine Freundin. Internationaler Psychoanalytischer Verlag, Leipzig, Wien, Zürich.

Gross, Otto (1913): Zur Überwindung der kulturellen Krise. Die Aktion 3, S. 384-387.

Gross, Werner (2021): Wie man lebt, so stirbt man. Vom Leben und Sterben großer Psychotherapeuten. Springer, Berlin.

Großmann, Gustav (1927/1993): Sich selbst rationalisieren. Lebenserfolg ist erlernbar. Ratio-Verlag, Grünwald.

Halbe, Max (1935): Jahrhundertwende. Erinnerungen an eine Epoche. Langen Müller, München, Wien.

Harris, Ben (1979): Whatever happened to Little Albert? In: American Psychologist 34 (2), S. 151-160.

Highhouse, Scott (2002): A history of the T-Group and its early applications in management development. In: Group Dynamics: Theory, Research, and Practice 6 (4), S. 277-290.

Horney, Renate (1999): Lazarus, what's next? A Memoir by the daughter of noted psychoanalyst Karen Horney. Laurel Press, Laguna Beach.

Hübl, Philipp (2017): Der Untergrund des Denkens. Eine Philosophie des Unbewussten. Rowohlt, Reinbek.

Hurwitz, Emanuel (1979): Otto Gross—Paradies-Sucher zwischen Freud und Jung. Suhrkamp, Zürich.

Jones, Ernest (1960): Das Leben und Werk von Sigmund Freud. 3 Bände, Huber, Bern, Stuttgart.

Jung, Carl Gustav (1906): Diagnostische Assoziationsstudien. Beiträge zur experimentellen Psychopathologie. Barth, Leipzig.

Jung, Carl Gustav (1906): Psychoanalyse und Assoziationsexperiment. Journal für Psychologie und Neurologie 7, S. 1-24.

Jung, Carl Gustav (1906): Die Hysterielehre Freuds. Eine Erwiderung auf die Aschaffenburgsche Kritik. GW, Bd. 4, S. 3-10.

Jung, Carl Gustav (1912/1991): Wandlungen und Symbole der Libido. dtv, München.

Jung, Carl Gustav (1961/1990): Erinnerungen, Träume, Gedanken. Walter, Olten.

Kauders, Anthony D. (2014): Der Freud-Komplex. Eine Geschichte der Psychoanalyse in Deutschland. Berlin Verlag, Berlin.

Kerr, John (1993): Eine gefährliche Methode. Freud, Jung und Sabina Spielrein. Rowohlt, Reinbek.

King, Vera; Gerisch, Benigna & Rosa, Hartmut (2021) (Hrsg.): Lost in perfection. Zur Optimierung von Gesellschaft und Psyche. Suhrkamp, Frankfurt am Main.

Kirschenbaum, Howard (1979): On becoming Carl Rogers. Delta Books, New York.

Klein, Stefan (2014): Träume. Eine Reise in unsere innere Wirklichkeit. S. Fischer, Frankfurt am Main.

Kluy, Alexander (2019): Alfred Adler. Die Vermessung der menschlichen Psyche. DVA, Frankfurt am Main.

Kripal, Jeffrey J. (2007): Esalen. America and the religion of no religion. University of Chicago Press, Chicago, London.

Längle, Alfried (1998): Viktor Frankl. Ein Porträt. Piper, München.

Laska, Bernd A. (1981). Wilhelm Reich. Rowohlt, Reinbek.

Laska, Bernd A. (2003): Otto Gross zwischen Max Stirner und Wilhelm Reich. In: Dehmlow, Raimund & Heuer, Gottfried (Hrsg.) 3. Internationaler Otto-Gross-Kongress, LMU München. Literaturwissenschaft.de, Marburg, S. 125-162.

Lazarus, Arnold A. (1958) New methods in psychotherapy: A case study. South African Medical Journal 32, S. 660-664.

Leidinger, Hannes; Rapp, Christian & Mosser-Schuöcker, Birgit (2022): Freud, Adler, Frankl. Die Wiener Welt der Seelenforschung. Residenz Verlag, Wien.

Lieberman, Morton; Yalom, Irvin D. & Miles, Matthew B. (1973): Encounter groups: First facts. Basic Books, New York.

Lieberman, E. James (2014): Otto Rank. Leben und Werk. Psychosozial-Verlag, Gießen.

Lieberman, E. James & Kramer, Robert (Hrsg.) (2014): Sigmund Freud und Otto Rank. Ihre Beziehung im Spiegel des Briefwechsels 1906-1925. Psychosozial-Verlag, Gießen.

Lindenberg, Christoph (1992): Rudolf Steiner. Rowohlt, Reinbek.

Lohmann, Hans-Martin (1998): Sigmund Freud. Rowohlt, Reinbek.

Makari, George J. (2011): Revolution der Seele. Die Geburt der Psychoanalyse. Psychosozial-Verlag, Gießen.

Mann, Thomas (1991): Freud und die Psychoanalyse. Briefe, Reden, Notizen, Betrachtungen. (Hrsg.) von Urban, Bernd. S. Fischer, Frankfurt am Main.

Maslow, Abraham H. (1943): A theory of human motivation. Psychological Review 50 (4), S. 370-396.

McGuire, William & Sauerländer, Wolfgang (Hrsg.) (1974): Sigmund Freud, C. G. Jung—Briefwechsel. S. Fischer, Frankfurt am Main.

Misik, Robert (2022): Das große Beginnergefühl. Moderne, Zeitgeist, Revolution. Suhrkamp, Berlin.

Mosser-Schuöcker, Birgit (2022): Viktor Frankl—Auf der Suche nach dem Sinn. In: Leidinger, Hannes; Rapp, Christian & Mosser-Schuöcker, Birgit: Freud, Adler, Frankl. Die Wiener Welt der Seelenforschung. Residenz, Wien.

Musil, Robert (1987): Der Mann ohne Eigenschaften. 2 Bände, Rowohlt, Reinbek.

Nietzsche, Friedrich (1889): Götzen-Dämmerung oder Wie man mit dem Hammer philosophiert. C. G. Naumann, Leipzig.

Nitzschke, Bernd (2007): Vorwärts zur Freiheit!—"Zurück zur Natur"? Wilhelm Reich (1897-1957) zum 50. Todestag. Zeitschrift für Sexualforschung 20, S. 199-209.

Nunberg, Herrman & Federn, Ernst (Hrsg.) (2008): Protokolle der Wiener Psychoanalytischen Vereinigung. 4 Bände. Psychosozial-Verlag, Gießen.

Perls, Frederick S. (1946/1978): Das Ich, der Hunger und die Aggression. Klett-Cotta, Stuttgart.

Perls, Frederick S. (1969): In and out the garbage pail. Real People Press, Lafayette.

Perls, Frederick S. (1976): Grundlagen der Gestalt-Therapie. Einführung und Sitzungsprotokolle. Klett-Cotta, Stuttgart.

Perls, Stephen (1998): Meine Eltern, die Gestalttherapeuten. Gedanken eines Sohnes. Gestaltkritik, S. 1-99.

Poppen, Roger (1995): Joseph Wolpe. Sage, London.

Popper, Karl R. (1963/2008): Wissenschaft: Vermutungen und Widerlegungen. Reclam, Stuttgart.

Popper, Karl R. (1974/2004): Ausgangspunkte. Meine intellektuelle Entwicklung. Piper, München.

Powell, Russell A.; Digdon, Nancy; Harris, Ben & Smithson, Christopher (2014): Correcting the record on Watson, Rayner, and Little Albert: Albert Barger as "Psychology's lost boy". American Psychologist 69 (6), S. 600-611.

Pross, Christian (2016): Wir wollten ins Verderben rennen—Die Geschichte des Sozialistischen Patientenkollektivs Heidelberg. Psychiatrie-Verlag, Köln.

Pytell, Timothy (2005): Viktor Frankl—Das Ende eines Mythos? Studienverlag, Innsbruck.

Quitmann, Helmut (1996): Humanistische Psychologie. Psychologie, Philosophie, Organisationsentwicklung. Hogrefe, Göttingen.

Rachman, Arnold W. (2007): Sándor Ferenczi's contributions to the evolution of psychoanalysis. Psychoanalytic Psychology 24 (1), S. 74-96.

Rank, Otto (1924): Das Trauma der Geburt und seine Bedeutung für die Psycho-analyse. Internationaler Psychoanalytischer Verlag, Leipzig, Wien, Zürich.

Rank, Otto (1936): Will therapy. An analysis of the therapeutic process in terms of relationship. Norton, New York.

Rattner, Josef (1972): Alfred Adler. Rowohlt, Reinbek.

Reich, Wilhelm (1920): Libidokonflikte und Wahngebilde in Ibsens "Peer Gynt" [Antrittsvortrag in der Wiener Psychoanalytischen Vereinigung am 13. Oktober 1920]. In: Reich, Wilhelm (1977) Frühe Schriften 1. Kiepenheuer & Witsch, Köln, Band 1, S. 19-77 (Erstveröffentlichung).

Reich, Wilhelm (1922): Trieb- und Libidobegriff von Forel bis Jung. Zeitschrift für Sexualwissenschaft 9, S. 17-19, 44-50, 75-85.

Reich, Wilhelm (1927): Die Funktion des Orgasmus. Zur Psychopathologie und zur Soziologie des Geschlechtslebens. Internationaler Psychoanalytischer Verlag, Leipzig, Wien, Zürich.

Reich, Wilhelm (1933): Massenpsychologie des Faschismus. Zur Sexualökonomie der politischen Reaktion und zur proletarischen Sexualpolitik. Verlag für Sexualpolitik, Kopenhagen, Prag, Zürich (weitgehend umgearbeitete Neu-auflage unter demselben Titel: Kiepenheuer & Witsch, Köln 1971).

Reich, Wilhelm (1933): Charakteranalyse. Technik und Grundlagen für Studierende und praktizierende Analytiker. Selbstverlag, o. O. (weitgehend umgearbeitete Neuauflage unter demselben Titel: Kiepenheuer & Witsch, Köln 1971).

Reich, Wilhelm (anonym veröffentlicht) (1935): Der Ausschluss Wilhelm Reichs aus der Internationalen Psychoanalytischen Vereinigung. Zeitschrift für politische Psychologie und Sexualökonomie 2, S. 54-61.

Reich, Wilhelm (1936): Die Sexualität im Kulturkampf. Sexpol, Kopenhagen.

Reich, Wilhelm (1942/1969): Die Funktion des Orgasmus. Kiepenheuer & Witsch, Köln.

Reich, Wilhelm (1966): Die sexuelle Revolution. Zur charakterlichen Selbst-steuerung des Menschen. Europäische Verlagsanstalt, Frankfurt am Main.

Rief, Winfried (2022): Was kann die Psychotherapie vom Placeboeffekt lernen? Psychotherapeut 67, S. 191-194.

Rogers, Carl R. (1961/2021): Entwicklung der Persönlichkeit. Psychotherapie aus der Sicht eines Therapeuten. Klett-Cotta, Stuttgart.

Roudinesco, Elisabeth & Plon, Michel (2004): Wörterbuch der Psychoanalyse. Springer, Wien.

Schönpflug, Wolfgang (2022): Kurze Geschichte der Psychologie und Psycho-therapie (1783-2020). Paradigmen und Institutionen: Vereint oder getrennt? Band 33 der Reihe "Beiträge zur Geschichte der Psychologie", Hrsg. v. Helmut E. Lück und Armin Stock. Peter Lang, Berlin.

Schorske, Carl E. (1982): Wien. Geist und Gesellschaft im Fin de Siècle. S. Fischer, Frankfurt am Main.

Schröder, Christina (1995): Der Fachstreit um das Seelenheil. Psychotherapie-geschichte zwischen 1880 und 1932. Peter Lang, Frankfurt am Main.

Schröter, Michael (Hrsg.) (2012): "Ich bin zuversichtlich, wir erobern bald die Psychiatrie". Sigmund Freud—Eugen Bleuler, Briefwechsel 1904-1937. Schwabe, Basel.

Schröter, Michael (2023): Auf eigenem Weg. Geschichte der Psychoanalyse in Deutschland bis 1945. Vandenhoeck & Ruprecht, Göttingen.

Sharaf, Myron (1994): Wilhelm Reich. Der heilige Zorn des Lebendigen. Die Biografie. Simon & Leutner, Berlin.

Smith, Mary L. & Glass, Gene V. (1977): Meta-analysis of psychotherapy outcome studies. American Psychologist 32 (9), S. 752-760.

Sperber, Manès (1926): Alfred Adler. Der Mensch und seine Lehre. Springer, Berlin, Heidelberg.

Spielrein, Sabina (1912): Die Destruktion als Ursache des Werdens. Jahrbuch für psychoanalytische und psychopathologische Forschung 4, S. 465-503.

Steiner, Rudolf (1961-): Rudolf Steiner Gesamtausgabe. 354 Bände. Steiner Verlag, Dornach.

Stekel, Wilhelm (1895): Über Coitus im Kindesalter. Eine hygienische Studie. Wiener Medizinische Blätter 16, S. 247-249.

Straub, Jürgen (2021): Selbstoptimierung als Rationalisierung der Lebensführung. Gustav Großmanns Exzess als Paradigma: Buchhalterische Existenz für zweckrationale Zwangscharaktere. In: King, Vera; Gerisch, Benigna & Rosa, Hartmut (Hrsg.): Lost in Perfection. Zur Optimierung von Gesellschaft und Psyche. Suhrkamp, Frankfurt am Main, S. 270-330.

Vaihinger, Hans (1911/2021): Die Philosophie des Als Ob. System der theoretischen, praktischen und religiösen Fiktionen der Menschheit auf Grund eines idealistischen Positivismus. Felix Meiner, Leipzig.

Voswinckel, Ulrike (2009): Freie Liebe und Anarchie. Schwabing—Monte Verità. Entwürfe gegen das etablierte Leben. Allitera, München.

Wampold, Bruce E. & Imel, Zac E. (2015): The great psychotherapy debate: The evidence for what makes psychotherapy work. Routledge, London.

Watson, John B. (1930): Behaviorism. University of Chicago Press, Chicago.

Watson, John B. & Rayner, Rosalie (1920): Conditioned emotional reactions. Journal of Experimental Psychology 3 (1), S. 1-14.

Watson, John B. & Rayner, Rosalie (1921): Studies in Infant Psychology. The Scientific Monthly 13 (6), S. 493-515.

Watson, John B. & Rayner Watson, Rosalie (1928): Psychological care of infant and child. Norton and Company, New York.

Wittels, Fritz (1924): Sigmund Freud. Der Mann, die Lehre, die Schule. Tal, Leipzig, Wien, Zürich.

Wolpe, Joseph (1952): Objective psychotherapy of the neuroses. South African Medical Journal 26 (42), S. 825-829.

Wolpe, Joseph (1954): Reciprocal inhibition as the main basis of psychotherapeutic effects. Archives of Neurologic Psychiatry 72 (2), S. 205-226.

Wolpe, Joseph (1958): Psychotherapy by reciprocal inhibition. Stanford University Press, Stanford.

Yalom, Irvin D. (2007): Theorie und Praxis der Gruppenpsychotherapie. Klett-Cotta, Stuttgart.

Yalom, Irvin D. (2017): Wie man wird, was man ist. Memoiren eines Psychotherapeuten. btb, München.

Zander, Helmut (2011): Rudolf Steiner. Die Biografie. Piper, München.

Zeller, Uwe (2001): Psychotherapie in der Weimarer Zeit—die Gründung der "Allgemeinen Ärztlichen Gesellschaft für Psychotherapie" (AÄGP). MVK, Tübingen.

Zenaty, Gerhard (2022): Sigmund Freud lesen. Eine zeitgemäße Re-Lektüre. transcript Verlag, Bielefeld.

Zimmer, Dieter E. (1986): Tiefenschwindel. Die endlose und die beendbare Psychoanalyse. Rowohlt, Reinbek.

Zweig, Stefan (1942/1985): Die Welt von Gestern. Erinnerungen eines Europäers. S. Fischer, Frankfurt am Main.

연표

1880~1889년	1890~1899년

1882년 3월 21일, 프로이트가 마르타 베르나이스를 처음 만난다. 3월 30일, *멜라니 라이체스(나중에 클라인)가 빈에서 태어난다. 10월 18일, 의사 요제프 브로이어가 프로이트에게 자신의 환자 베르타 파펜하임에 대해 이야기한다. 그녀는 이후 '아나 오'로 유명해진다.

1884년 프로이트가 코카인을 실험한다. 4월 22일, *오토 로젠펠트(나중에 랑크)가 빈에서 태어난다.

1885년 9월 16일, *카렌 다니엘센(나중에 호르나이)이 함부르크 인근 블랑케네제에서 태어난다. 11월 7일, *사비나 슈필라인이 로스토프나도누에서 태어난다. 10월에서 1886년 2월까지 프로이트는 파리의 장마르탱 샤르코 아래서 한 학기 동안 연구한다.

1886년 4월 25일, 프로이트는 라트하우스슈트라세 7번지에 신경과 진료실을 연다. 9월 13일, 프로이트는 반츠베크에서 다섯 살 연하인 마르타 베르나이스와 결혼한다. 두 사람은 발트해로 신혼여행을 떠난다.

1887년 10월 16일, *마르타와 지크문트의 첫째 아이 마틸데 프로이트가 태어난다(요제프 브로이어의 아내 마틸데 브로이어의 이름을 땄다).

1889년 5월 18일, *야코프 레비(나중에 모레노)가 부쿠레슈티에서 태어난다. 12월 17일, 프로이트의 장남 *장마르틴이 빈에서 태어난다.

1891년 9월, 다섯 명의 프로이트 가족(자녀 마틸데, 장마르틴, 올리버)이 9구역의 베르크가세 19번지로 이사한다. 여기서 에른스트, 소피, 아나가 태어난다. 10월 22일, +프로이트의 친구 에른스트 플라이슐 폰 마르크소프가 사망한다.

1893년 7월 8일, *프리드리히 살로몬 페를스가 베를린에서 태어난다.

1895년 5월 3일, 요제프 브로이어와 프로이트가 공저《히스테리 연구》를 출간한다. 7월 24일, 프로이트가 여름휴가를 보낸 빈 근교의 빌라 벨뷔에서 처음 자신의 꿈을 욕망의 성취로 해석한다. 12월 3일, 마르타와 지크문트의 여섯째(그리고 마지막) 자녀 아나 프로이트가 태어난다.

1896년 4월 21일, 프로이트가 빈 의사들 앞에서 히스테리의 원인으로 자신의 '유혹 이론'을 제시한다. 유명한 리하르트 폰 크라프트에빙은 이를 '과학적 동화'라고 표현한다. 5월 15일, 프로이트가 논문에서 처음으로 '정신분석'에 대해 말한다. 10월 25일, 프로이트가 이틀 전 81세로 사망한 아버지의 장례식에 늦게 도착한다.

1897년 3월 24일, *빌헬름 라이히가 갈리치아 도브자우에서 태어난다. 그는 부코비나의 유이네츠에 있는 부모의 영지에서 자란다.

1898년 오이겐 블로일러가 부르크횔츨리 병원의 관리를 맡는다.

1899년 11월 초, 프로이트의 고전《꿈의 해석》이 출판된다(처음 몇 년 동안은 몇백 부만 판매된다).

1900~1909년	1910~1919년
1900년 12월, 융이 취리히의 부르크횔츨리에서 오이겐 블로일러의 조교가 된다. 12월 31일, 이다 바우어('도라')가 프로이트와의 치료를 중단한다.	1910년 10월 12일, 카를 구스타프 융을 초대 회장으로 하는 국제정신분석학회가 창립된다. 학회의 공식 본부는 취리히에 자리한다. 크리스마스에 프로이트가 취리히의 부르크횔츨리 병원 원장인 오이겐 블로일러를 학회에 가입하도록 설득한다.
1901년 프로이트의 《일상생활의 정신병리학》이 출판된다.	
1902년 3월 3일, 프로이트가 원외교수가 된다. 7월 28일, *칼 포퍼가 빈에서 태어난다. 11월 6일, 첫 수요 모임이 열린다(목요일).	1911년 1월, 마르가레테 힐퍼딩이 빈 정신분석학회에 최초의 여성 회원으로 가입한다. 뒤이어 사비나 슈필라인이 두 번째 여성 회원이 된다. 5월 24일, 아들러가 프로이트의 학회 회의에 마지막으로 참석한다. 10월 11일, 프로이트는 아들러가 설립한 '자유정신분석연구협회'의 모든 회원을 자기 학회에서 제명한다. 11월, 블로일러가 정신분석학회에서 탈퇴한다.
1903년 2월 14일, 융이 에마 라우셴바흐와 결혼한다.	
1904년 8월 17일, 슈필라인이 부르크횔츨리에 입원한다. 12월 12일, 프로이트가 빈의 의사들에게 《심리치료에 관하여》를 강연한다.	
1905년 3월 26일, *빅토르 에밀 프랑클이 빈에서 태어난다. 8월 15일, *로어 포스너(나중에 페를스)가 포르츠하임에서 태어난다. 프로이트가 《성욕에 관한 세 편의 에세이》 〈한 히스테리 분석의 단편〉을 출간한다.	1912년 아들러의 《신경질적 성격에 대하여》가 출판된다. 슈필라인이 〈생성의 원인으로서 파괴〉를 출간한다. 12월 28일, 슈타이너가 '인지학회'를 설립한다.
	1913년 왓슨의 〈행동주의자가 보는 심리학〉이 출판된다. 9월, 프로이트와 융이 갈라선다.
1907년 3월 3일, 융과 프로이트가 베르크가세에서 처음 만난다. 아들러의 〈기관의 열등성에 관한 연구〉가 출판된다.	1914년 4월 20일, 융이 국제정신분석학회 회장직에서 물러난다. 7월 28일, 오스트리아·헝가리 제국이 세르비아에 선전포고를 하면서 제1차 세계대전이 시작된다.
1908년 3월 30일, 프로이트가 진료실에서 '어린 한스'와 상담한다. 4월 8일, 빈 정신분석학회가 설립된다. 6월 17일, 오토 그로스가 부르크횔츨리에서 도주한다.	1918년 9월 28~29일, 부다페스트에서 제5차 국제정신분석학회 대회가 열린다.
1909년 3월, 융이 부르크횔츨리에서 사임한다. 6월 1일, 융과 에마가 퀴스나흐트로 이사한다. 9월 5일, 프로이트, 융, 페렌치가 미국 우스터에 도착한다.	

1920~1929년	1930~1939년

1920~1929년

1920년 2월 13일, 쇠약해져 치료 중이던 +오토 그로스가 베를린에서 사망한다. 2월 14일, 베를린 정신분석폴리클리닉이 개원한다.

1923년 11월 15일, 초인플레이션으로 작은 빵 한 덩이의 값이 800억 마르크에 이른다. 12월 3일, 메리 커버 존스가 토끼에 대한 어린 피터의 불안을 치료한다.

1924년 칼 포퍼가 박사 학위를 마치고 아들러의 교육상담소에서 일한다. 오토 랑크가 《출생의 트라우마와 정신분석에 대한 그 의미》를 출간한다.

1925년 프로이트의 《나의 이력서》가 출판된다. 3월, +루돌프 슈타이너가 사망한다(사인은 암으로 추정). 12월, +카를 아브라함이 사망한다.

1926년 5월 6일, 프로이트는 70번째 생일을 전 세계적으로 축하받는다.

1927년 7월 15일, 빈에서 노동자 봉기를 폭력적으로 진압한다. 7월 26일, 라이히가 프로이트에게 저서 《오르가슴의 기능》을 선물한다. 프로이트의 반응은 "그렇게 두꺼운가?"였다.

1929년 10월 28~29일, 월스트리트 붕괴로 인해 세계 경제 위기가 시작된다.

1930~1939년

1930년 8월 28일, 프로이트가 프랑크푸르트암마인시의 괴테상을 받는다. 9월, 라이히와 프로이트가 마지막으로 만난다.

1932년 7월 31일, 독일제국의회 선거에서 나치당이 37퍼센트의 표를 얻는다. 아들러, 랑크, 호르나이, 작스, 알렉산더가 미국으로 망명한다.

1933년 1월 30일, 아돌프 히틀러가 제국 총리가 된다. 5월 10일, 베를린의 오페라 광장에서 분서 사건이 벌어진다. 봄과 여름에 라이히와 페를스가 각각 베를린을 떠나 피신한다.

1934년 프리츠와 로어 페를스가 요하네스버그(남아프리카공화국)로 이주한다. 8월, 라이히가 마지막으로 정신분석학 대회에 참석한다.

1936년 6월, 랑크가 미국 뉴욕의 로체스터에서 로저스를 만난다. 8월, 페를스가 빈에 있는 프로이트를 방문한다.

1937년 5월 28일, +아들러가 스코틀랜드 애버딘에서 사망한다.

1938년 6월, 프로이트가 52년이 넘는 의료 활동을 접고 빈을 떠나 런던으로 피신한다.

1939년 7월 15일, +오이겐 블로일러가 취리히의 촐리콘에서 사망한다. 9월 23일, +지크문트 프로이트가 모르핀 과다 복용으로 사망한다. 10월 31일, +오토 랑크가 뉴욕에서 사망한다. 멜라니 클라인이 아동 분석에 관해 아나 프로이트와 논쟁한다.

1940~1949년	1950~1959년
1940년 6월 25일, 중병에 걸리고 세계 정치 상황에 절망한 +빌헬름 슈테켈이 런던 망명 생활 중에 자살한다. 9월 11일, 칼 로저스가 자신의 '내담자 중심 치료'에 대해 발표한다.	1951년 프리츠 페를스, 폴 굿맨, 랠프 헤퍼린의 책 《게슈탈트 치료》가 출판된다. 칼 로저스가 저서 《내담자 중심 치료》를 출간한다.
1941년 카렌 호르나이를 비롯한 독립적 정신분석가들이 뉴욕에서 '정신분석진흥회'를 설립한다.	1952년 프리츠와 로어 페를스가 뉴욕에 게슈탈트 연구소를 설립한다. 12월 4일, +카렌 호르나이가 뉴욕에서 사망한다.
1942년 8월 11일, +사비나 슈필라인이 사망한다(로스토프나도누에서 나치친위대에게 살해당함).	1955년 빅토르 프랑클이 빈 대학교의 신경학 및 정신의학 교수로 초빙된다.
1945년 4월 27일, 미군이 튀르크하임 수용소에서 빅토르 프랑클을 해방한다. 5월 8일, 제2차 세계대전이 끝난다. 칼 포퍼의 《열린 사회와 그 적들》이 출판된다.	1957년 11월 3일, +빌헬름 라이히가 미국 루이스버그의 감옥에서 수감 중 사망한다. 그는 자신의 이론에 따르면 성적 에너지를 증가시킨다는, 자체 제작한 '오르곤 축적기' 밀매 혐의로 2년 형을 선고받고 복역 중이었다.
1946년 포퍼 가족이 뉴질랜드 망명을 정리하고 런던으로 이주하며, 거기서 칼 포퍼는 런던 정치경제대학교 교수가 된다. 페를스의 《자아, 굶주림, 공격성》이 출판된다.	1958년 7월 3일, 한스 위르겐 아이젠크가 한 의학회에서 정신분석의 임상적 효과를 부인한다. 9월 25일, +존 브로더스 왓슨이 미국 코네티컷주에서 사망한다.
1947년 페를스 부부가 뉴욕으로 이주한다.	

1960~1969년	1970년 이후
1960년 9월 22일, +멜라니 클라인이 런던에서 사망한다.	**1970년** 3월 14일, +프리츠 페를스가 시카고에서 사망한다. 샌프란시스코에서의 장례식은 한 편의 즉흥극이 된다. 6월 8일, +에이브러햄 매슬로가 멘로파크에서 사망한다.
1961년 캘리포니아에서 에살렌 연구소가 문을 연다. 6월 6일, +카를 구스타프 융이 퀴스나흐트에서 사망한다.	**1971년** 6월 24일, 하이델베르크 근처에서 '사회주의환자회' 회원들이 경찰에 총격을 가한다. 12월, 사회주의환자회의 창립자인 정신과 의사 볼프강 후버와 그의 아내 우르셀이 테러 조직을 지원한 혐의로 4년 6개월의 징역형을 선고받는다(그들은 1976년 1월에 석방된다).
1962년 6월, 에이브러햄 매슬로와 그의 아내 버사가 샌디에이고 인근 라호이아로 여행하다가 우연히 에살렌 연구소에 들른다.	**1974년** 5월 14일, +야코프 모레노가 미국 비컨에서 사망한다.
1963년 크리스마스에 프리츠 페를스가 처음으로 에살렌을 방문하고, 태평양 연안의 꿈같은 장소에 반한다. 여기서 그는 1969년까지 수많은 게슈탈트 및 깨달음 강좌를 진행한다.	**1975년** 4월 24일, '사회주의환자회'의 전 회원들이 수감 중인 적군파 테러리스트 석방을 위한 스톡홀름 주재 독일 대사관 점거에 참여한다. 인질 중 2명은 사망하고, 다른 4명은 중경상을 입는다.
1967년 치료 비용을 절감하는 것으로 입증된 정신분석이 독일에서 대중화한다.	**1982년** 10월 9일, +아나 프로이트가 런던에서 사망한다.
1968년 빌헬름 라이히의 《파시즘의 대중심리》 《성혁명》이 학생 운동의 컬트적 서적이 된다.	**1985년** 11월 25일, 에살렌의 공동 설립자 +리처드 프라이스가 빅서에서 하이킹을 하던 중 낙석에 맞아 사망한다.
	1990년 7월 13일, +로라(로어) 페를스가 포르츠하임에서 사망한다. 그는 이 도시의 유대인 공동묘지에 있는 프리츠 옆에 눕는다.

찾아보기